윌리엄 불 선교사
부부 편지 I
1906~1938

내한선교사편지번역총서 8

윌리엄 불 선교사 부부 편지 I
1906~1938

윌리엄 불 부부 지음
송상훈 옮김

역자 서문

저와 미국남장로교 한국선교회 선교사들과의 인연은 고등학교 시절로 거슬러 올라갑니다. 저는 미국남장로교 한국선교회에서 세운 학교를 다녔습니다. 고등학교 시절 학교 본관 복도에 걸린 학교 연혁과 사진들에서 낯선 이름들을 보고 참 특이하다고 생각한 적이 있습니다. 교장 선생님 중 한 분이 '구례인'이었던 것으로 기억하는데, 하여간 왠지 모르게 어색한 이름인데 한국 이름도 아니고 미국 이름도 아닌 것이라고 생각했습니다.

그러다 같은 선교회에서 세운 전주기전학교 100주년 기념으로 넬리 랭킨 선교사 편지글을 번역하게 되었습니다. 그 일을 하며 처음으로 선교사들에 대해 진지한 관심이 생겼습니다. 그래서 서의필 박사가 기전학교에 보내준 영문 자료를 컴퓨터에 하나하나 쳐넣어 한글 파일 작업을 했으며 그 자료를 기회가 닿을 때마다 번역했습니다.

다시 시간이 흘러 같은 선교회에서 설립한 전주신흥학교에서 근무하는 중 미션 학교와 관련된 선교사들의 자료를 인돈학술원 등을 통해 모을 수 있었고 서의필 박사가 신흥학교에 보내준 영문 자료(A4, 450쪽 분량) 전체를 타자 작업하여 한글 파일로 만들었습니다. 그러다 연세대학교 연합신학대학원에서 선교사편지 DB 작업을 하는 것을 알게 되었고, 20여 년 전에 번역한 넬리 랭킨의 편지 글을 새롭게 번역하게 되었습니다. 이런 인연이 이어져 군산에 있는 전킨기념사업회를 알게 되었고, 군산에서 40년을 사역한 불 선교사를 알게 되었습니다.

두꺼운 불 선교사의 편지 모음집을 읽고, 불 목사 사역의 역사적, 지리적 맥락을 알고 싶어서 편지에 언급된 장소를 답사했습니다. 군산과 궁말은 말할 것도 없고, 충청남도 서천부터 전북 부안까지 시간이 날 때마다 답사했습니다. 그러면서 이것이 과연 한 사람이 다 다룰 수 있는 지역인지, 이런 사역이 가능했던 것은 무엇인지, 불 선교사는 어떤 사람인지 궁금했습니다. 그래서 불 선교사의 가계도부터 조사했습니다.

편지를 번역하다가 불 선교사가 선교 후반부에 너무 힘들고 괴로웠겠단 생각이 들었습니다. 젊음을 다 바친 곳에서 "에이 미국놈" 소리를 듣는, 사랑하는 교인들을 교회에서 만나지도 못하고 정말 좋아하던 천막 전도도 못하게 된, 기도문조차도 검열받아야 하고 자신이 개척하고 보살핀 교회에서 거부당하는 불 선교사의 글을 읽으며 인간적인 배신감에 힘들었을 그가 떠올랐습니다. 한편, 한국인들과 교회에서 함께 하지 못하는 대신 자녀들과 매 주일날 편지로 사랑을 나누는 모습에 가슴이 찡했습니다. 평생 선교하느라 많은 시간을 함께하지 못했던 사랑하는 자녀들을 향한 애틋한 마음을 표현하는 그의 글을 읽을 때, 따뜻한 마음을 가진 한 사람이 보였습니다.

불 선교사 편지 번역에 도움 주신 모든 분께 감사드립니다. 군산 전킨기념사업회를 소개해주시고 번역하도록 격려해주신 주명준 교수님, 기도와 관심을 주신 기념사업회 회장 중동교회 서종표 목사님, 불 선교사의 전별사를 풀이해주신 불 선교사가 가장 사랑한 만자산교회(현, 지경교회) 김성원 장로님, 드류 선교사와 이영춘 박사에 대해 알려주신 이강휴 원장님, 끝까지 격려해주시고 큰 힘을 주신 연세대 연합신학대학원 허경진 교수님과 윤현숙 박사님, 마지막으로 『기전여학교 교장 랭킨 선교사 편지』에 이어 또다시 멋진 책을 만들어주신 보고사 편집부의 이경민 선생님께 감사드립니다.

2023년 5월 1일
옮긴이 송상훈

차례

번역문

원문

일러두기

1. 인돈학술원에 보관된 자료를 저본으로 번역했다.
2. 원문에서 알아볼 수 없는 것은 [illegible]로 표시하였고, 번역문에는 [해독불가]로 표시했다.
3. 번역문의 이해를 돕기 위해 필요한 경우 원문의 단어를 덧붙였다.
4. 번역문의 이해를 돕기 위해 필요한 경우 한자를 넣었다.
5. 원문에서 문법, 철자 실수, 구두점 등은 가급적 수정하지 않았다.
6. 번역문의 각주는 옮긴이가 붙였다.
7. 자녀에게 보낸 편지는 특별한 경우가 아니라면 'I'를 '아빠', '엄마'로 번역했다.
8. Korea를 특별한 경우 아니면 한국으로 번역했다.
9. 글의 저자가 불 선교사가 아닌 경우 상단에 별도로 저자를 밝혔다.

해제

1. 자료 소개

원자료는 미국 장로교역사연구소(Presbyterian Historical Society)에 소장되어 있다. 한남대학교 사학과 교수를 역임한 서의필(John Nottingham Somerville) 박사와 그의 아내 서진주(Virginia Bell Somerville) 여사가 원본을 복사한 후 타자기를 이용하여 전사(傳寫)한 다음 한남대학교 인돈학술원에 자료를 보관하였다. 불 선교사 부부의 편지와 사역 보고서에 더하여 딸 마가렛이 쓴 「두 개의 유산」 등이 있다.

2. 편지의 저자

불 선교사에 대한 소개는 레이놀즈 목사의 추모글로 대신한다. 리비 앨비 불에 대해서는 1957년 10월 10일 편지와 마가렛의 「두 개의 유산」을 참고하길 바란다.

불 선교사를 기리며

레이놀즈 목사

윌리엄 포드 불은 버지니아 노폭에서 1876년 2월 2일 출생했으며, 그곳에서 1941년 12월 17일 사망했습니다. 햄든 시드니 대학에서 1892년에서 1896년까지 4년을 공부했으며, 버지니아의 유니온 신학대학에서 3년을 공부하고 1899년 5월 졸업했습니다.

노폭 노회에서 해외선교사로 안수받은 후에, 그는 1899년 가을 한국으로 출발했으며 군산선교부에 배정되었습니다. 그곳에서 그는 적극적인 복음사역을 하며 41년의 행복한 세월을 보냈습니다.

1901년 5월 14일, 그는 버지니아 스톤턴 출신의 리비 S. 앨비 선교사와 결혼했습니다. 리비 선교사는 1900년 한국선교회에 합류했습니다. 이 행복한 결합에서 다섯 자녀가 태어났는데, 두 명은 아들이고, 세 명은 딸이었습니다. 윌리엄, 버지니아, 마가렛, 코넬리우스, 앨비입니다. 코넬리우스는 두 사람의 첫 안식년 동안 사망했으나 나머지 네 명은 현재 아버지의 유족입니다.

불 박사 부부는 1940년 봄 그들의 마지막 안식년에 미국으로 돌아갔고 버지니아 리치먼드에 있는 미션 코트에서 행복한 1년을 보냈으며, 1941년 3월 31일 사역 현장에서 은퇴하여 노폭으로 이사한 후 여동생인 펜톤 프리스트 부인의 집과 가까운 근교에 안락한 가정을 꾸렸습니다. 그곳에서 그는 하늘의 고향으로 갔는데, 이사한 지 8개월도 되지 않았습니다.

글쓴이의 목적은 불 박사의 경력을 간략하게 밝히려는 것이 아닙니다. 저는 평생 친구이며 40년이 넘는 시간 동안 동료 선교사였던 불 박사를 (1) 운동선수, (2) 음악가, (3) 언어학자, 무엇보다 (4) 복음전도자로 제대로 평가하고자 합니다.

(1) 운동선수

"빌리 불"은 취미로 운동하는 사람 중 제가 아는 최고의 만능선수입니다. 그는 소년 시절부터 튼튼한 체격을 가졌고, 근육이 발달했으며, 레슬링, 권투, 야구, 미식축구 등의 게임과 스포츠에서 탁월했습니다. 그는 "대학 대항 미식축구의 아버지"라고 불렸으며, 재학하는 4년 동안 온 힘을 다해 겨룬 운동장에서 햄든 시드니 대학의 "호랑이들"을 많은 승리로 이끌었습니다. 햄든 시드니 대학은 그가 1933년 안식년으로 귀국했을 때 그에게 두 부분에서 훈장을 수여했는데, 첫 번째는 운동선수로서 뛰어난 업적을 인정하여 대학 졸업식장에서 그에게 금으로 된 작은 미식축구공을 선물한 것이고, 두 번째는 한 세기의 3분의 1 동안 한국에서의 적극적인 선교사역 동안에 그가 행한 전도의 업적을 인정하여 신학박사(Doctor of Divinity) 학위를 수여한 것입니다.

선교사로서 한창때에 그는 물구나무서기, 앞으로 뒤로 공중제비, 심지어는 서 있는 자세에서 직선으로 위로 뛰기 등 그의 힘과 민첩성을 보여주는 묘기로 한국인들을 놀래주었습니다.

우리 둘이 평양에 있는 신학교에서 같이 가르치고 있던 어느 봄날, 평양 시내의 교회 사람들이 신학교 교수진과 학생들에게 오래된 소나무 숲속에서 소풍 시간을 갖게 해주었습니다. 여러 가지 묘기로 즐거워하며 모두가 엄청나게 큰 원을 그리고 앉아있는데, 계속 보고만 있던 '불 목사'가 갑자기 자기의 머리를 가장 앞으로 하고 사람들의 머리 위를 뛰어넘어 원 안으로 들어와서 사람들을 전기가 통하듯 놀라게 했습니다. 그는 원으로 들어오면서 손과 목의 뒷면을 땅에 댔다가 즉시 직립 자세로 일어섰습니다. 그는 뛰어난 테니스 선수인데 상대방이 외국인이건 한국인이건 대부분 이겼습니다.

(2) 음악가

'빌리 불'은 타고난 음악가로 기타, 만돌린, 하모니카 등을 연주하였습니다. 그는 연주뿐만 아니라 작곡도 했는데, 그가 만든 곡 중 하나인 "앤 공주, 두 걸음(Princess Anne Two Steps)"은 그가 미국을 떠나 선교지로 행하기 전에 출판되었습니다. 수백의 한국 기독교인들이 10일 사경회를 위해 다양한 선교부에 모였을 때, 그들은 '불 목사'가 그들을 위해 곡을 연주해주는 것을 기쁘게 생각했습니다. 로드히버 씨가 한국을 방문하고 나서, 불 목사는 젊은이들로 '로드히버 전도대'를 조직하고 훈련 시켰는데, 그 젊은이들이 전도 여행에 불 목사와 함께하며 그들의 음악으로 전도 천막에 많은 군중을 끌어들였습니다. (로드히버 씨가 불 목사에게 악기를 보내줬으며 이 전도대를 가능하게 만들었습니다.)

(3) 언어학자

예민한 음악적 귀가 있어서 불 목사는 젊은 선교사였을 때 한국어를 빠르게 그리고 정확하게 배울 수 있었습니다. 그래서 그는 구어체 한국어의 대가가 되었습니다. 온화하고 다정다감한 그는 그의 서재에서 셀 수 없이 많은 방문객과 한국어가 모국어인 것처럼 자유롭게 대화했습니다. 그는 규모가 큰 10일 사경회에서, 한 달 또는 두 달 성경학원에서, 그리고 이따금 신학교에서 세 달 간 분명하고 유창하게 가르쳤습니다. 이 일은 그가 설교하기 위하여 그리고 세례 지원자 문답하기 위하여 일 년에 적어도 두 번 심방했던 그의 시골 지역의 '많은 교회를 돌보는' 일에 더하여 한 일이었습니다.

(4) 전도자

위의 마지막 문단에 언급된 일상적인 교회 사역과 선교사 사역을 하는 것에 만족하지 못한 불 박사는 우리 한국선교회의 천막 전도자의 선구자가 되었습니다. 그는 두 개의 큰 천막을 만들었는데 천막은 어느 마을에서나 볼 수 있는 큰 가마니 위에 수백 명을 수용할 수 있었습니다. 전에 복음이 전해지지 않았던 지역들과 교회가 없는 마을에서 이런 순회 천막 전도를 통해서 구원받은 영혼의 수는 오직 하나님만이 아실 것입니다. 바울처럼, 불 박사도 '그리스도의 이름을 부르는 곳이 아닌 곳에서 복음을 전파하려고 힘썼다. 듣지 못한 자들이 깨달을 것이다'라고 말하곤 했습니다. (로마서 15장 20, 21절[1])

한국에서 영국성서공회 대표로 35년을 섬겼던 휴 밀러 박사(Dr. Hugh Miller)로부터 막 받은 편지에는 '불 박사는 오랜 세월 유지된 복음의 열정의 훌륭한 예를 남겼다.'라고 되어있습니다. 이런 '훌륭한 복음의 열정'의 근원은 그의 열렬한 기도 생활이었는데 영적인 삶을 깊게 하기 위한 개인적인 기도와 수양회에서의 기도입니다. 불 목사는 다양한 선교회에서 온 생각이 같거나 비슷한 사람들이 참석한 수양회에서 기도하기도 하고, 한국인 목사와 지도자들이 참석한 수양회에서 기도하였습니다. 어느 해에 한국 총회에서 금강산에 설립한 아주 큰 석조 회의장에서 한국인 전도자들과 선교사 전도자들을 대상으로 하는 '수양회'를 개최하기로 계획되었습니다. 불 박사가 도착했을 때, 그는 '불온사상'이 선포될 수도 있다는 의심 하에 일본 경찰들이 집회를 금지하고 있다는 말을 들었습니다. 그는 즉시 경관을 찾아가서 모임의 진정한 목적을 설명했습니다. 그러면서 정치적 연설이나 토론은 없을 거라고 보장했습니다. 그 경관은 마지못해서 '수양회'를 개최하는 것에 대한 반대를 철회했지만, 검열을 위해 먼저 글로 제출했던 것이 아닌 어떤 연설도, 어떤 기도도 해서는 안 된다는 것을 조건으로 내세웠습니다.

놀라운 운동선수, 능숙한 음악가, 유창한 언어학자, 그리고 열정적인 전도자인 불 박사는 그의 몸, 영혼, 입술, 그리고 정신의 모든 힘을 우리의 주인이며 구세주이신 분을 평생 섬기는 일에 헌신하였습니다.

---

1   로마서 15장 20-21절. "내가 그리스도의 이름을 부르는 곳에는 복음을 전하지 않기를 힘썼노니 이는 남의 터 위에 건축하지 아니하려 함이라. 기록된 바 주의 소식을 받지 못한 자들이 볼 것이요 듣지 못한 자들이 깨달으리라 함과 같으니라."

From MEMORIAL VOLUME of Board of World Missions:
Rev. William Ford Bull, D.D.

An appreciation

By W. D. Reynolds

William Ford Bull, born at Norfolk, Virginia, February 2, 1876,
and died there December 17, 1941. He took four years at
Hampden-Sydney College, 1892-96, and three years at Union
Theological Seminary, Virginia, graduating in May, 1899.

After his ordination as a foreign missionary by the Presbytery
of Norfolk, he was sent out to Korea in the fall of 1899, and assigned
to Kunsan Station, where he was destined to spend forty-one happy
years in active evangelistic work.

On May 14, 1901, he was married to Miss Libbie S. Alby of
Staunton, Virginia, who had joined the Korea Mission in 1900. Of
this happy union there were born five children, two boys and three
girls; viz: William, Virginia, Margaret, Cornelius and Alby. Cornelius
died during their first furlough, but the remaining four survive their
father.

Dr. and Mrs. Bull returned to America on their last furlough in
the Spring of 1940, spent a happy year in Mission Court, at
Richmond, Virginia, retired from active service March 31, 1941,
moved to Norfolk, and established a comfortable home in the
suburb near his sister, Mrs. Fenton Priest, whence he was called
to his Heavenly home, barely eight months later.

The purpose of the writer, however, is not to present a sketch
of Dr. Bull's career, but as a life-long friend and fellow-missionary

for over forty years to express my sincere appreciation of Dr. Bull as (1) an athletic, (2) a musician, (3) a linguist, and (4) above all, an evangelist.

(1) As an Athlete. "Billy Bull" was the best all-around amateur I ever knew. From early boyhood he was sturdily built, well muscled, and easily excelled in all games and sports such as wrestling, boxing baseball, football, etc. He was called the "Father of Inter-Collegiate Footfall", and led the H. S. C. "Tigers" to victory on many a hard-fought field during his four years' course. The college conferred twofold honors upon him during his 1933 furlough by presenting to him at commencement a tiny golden football as a souvenir of his athletic achievements, and by conferring upon him the degree of D.D. in recognition of his evangelistic achievements during one third of a century of aggressive mission work in Korea.

In the prime of his career he astonished the natives by his feats of strength and agility—walking on his hands, turning handsprings forward and backward, and even leaping straight up from a standing position, turning completely over backward and landing in his tracks without touching his hands to the ground!

One spring when we were teaching together in the Seminary at Pyengyang, the church people of the city gave a picnic to the faculty and students in an ancient pine grove. While all were seated in a huge circle, being entertained with various stunts, 'Pastor Bull', who was looking on, suddenly electrified the crowd by leaping head foremost over their heads into the circle, landing on his hands and the back of his neck, and coming up instantly into a standing position. He was a crack tennis player, usually defeating his opponent, whether foreign or Korean.

(2) As a Musician; 'Billy Bull' was a born musician, playing on the guitar, mandolin, harmonica, etc. He not only played but composed music, one of his pieces, the 'Princess Anne Two Step' having been published before he left America for the mission field; when several hundred Korean Christians gathered in the various stations for ten days of Bible study, they delighted to have 'Pastor Bull' play tunes for them. After Mr. Rodeheaver visited Korea, Mr. Bull organized and trained 'The Rodeheaver Gospel Band' of young men, who accompanied him on evangelistic tours, and attracted large crowds to the Gospel Tent by their music. (Mr. Rodeheaver sent Mr. Bull the instruments and made this band possible.)

(3) As a Linguist. His keen musical ear enabled Mr. Bull as a young missionary to learn the Korean language rapidly and accurately, so that he became a master of the colloquial. Being of a genial disposition and affable manner, he conversed as freely with the numerous visitors in his study as though Korean had been his native tongue. He taught clearly and fluently in the large ten-day Bible Training classes, in the one- or two-month Bible Institutes, and occasionally in the three month term of the Union Seminary. This was over and above the 'care of the many churches' in his country district, which he visited at least twice a year to preach and to examine applicants for baptism.

(4) As an Evangelist. Not content with doing the routine church and missionary work mentioned in the last paragraph, Dr Bull became the pioneer Tent Evangelist of our Korea Mission. He had two big tents made, capable of seating several hundred Koreans on large rice mats found in every village. Eternity alone will reveal the number of souls saved through this itinerant Tent Evangelism in previously unevangelized districts and churchless villages. Like

Paul, Dr. Bull would say, 'So have I strived to preach the gospel, not where Christ was named—and they have not heard shall understand'. Romans 15:20, 21.

A letter just received from Dr. Hugh Miller, Agent of the British and Foreign Bible Society in Korea for 35 years, says: 'Dr. Bull has left behind him a wonderful example of evangelistic fervor maintained over the years.' One source of this 'wonderful evangelistic fervor' was his fervent prayer life, both in private and in retreats for deepening the spiritual life, sometimes attended by kindred spirits in various missions, sometimes by Korean pastors and leaders. One year it had been planned to hold the 'Retreat' for Korean and Missionary Evangelists at a large stone conference building that had been erected in the Diamond Mountains by the Korean General Assembly. When Dr. Bull arrived he was told that the Japanese police were forbidding the meeting on suspicion that 'dangerous thought' would be promulgated. He called on the officer at once, and explained the true object of the gathering, guaranteeing that there would be no political speeches or discussions. The officer reluctantly withdrew his opposition to the holding of the 'Retreat', but stipulated that no address should be delivered nor prayer offered that had not first been submitted in writing to the police for censoring!

A remarkable athlete, a skilled musician, a fluent linguist, and a fervent evangelist, Dr. Bull dedicated all his powers—of body, soul, lips, and spirit—to the life-long service of his Lord and Saviour.

3. 편지의 내용

불 선교사 부부의 사역 보고서와 불 선교사가 미국에 있는 친구들에게 보내는 편지, 가족에게 보내는 편지, 불 부인의 모교에 도움을 요청하는 편지, 마가렛의 회상으로 구성되어 있다.

사역 보고서의 내용은 연례회의에 제출하는 것으로 1년간의 사역을 정리하여 보고한 내용이다. 불 선교사의 사역 내용을 보면 어느 때는 군산 선교부에 선교사가 없어서 네 명이 해야 할 일을 혼자 하고 있음을 알 수 있는데, 부족한 인력에도 최선을 다하는 모습을 볼 수 있다.

친구들에게 보내는 내용은 전도대(Gospel Band)에 대한 이야기가 상당 부분 차지한다. 이는 불 선교사의 관심사를 잘 보여주는 것으로, 불 선교사의 전도대가 전라북도의 음악발전에 어떤 영향을 끼쳤는지도 흥미로운 연구 대상이 될 것이다.

가족들에게 보내는 편지는 주로 마가렛에게 쓴 것인데 여기에 엮어진 편지말고도 다른 가족들에게 보낸 편지도 많았을 것이 틀림없다. 가족들에게 보낸 편지는 귀국에 관한 일, 군산 집정리, 안부 인사 등 사적인 내용이 대부분이고 자녀를 그리워하는 부모의 마음이 간절히 드러난다.

편지를 쓴 장소는 주로 군산의 궁말로, 불 선교사는 군산선교부가 있던 궁말에 묻힌 전킨 선교사의 옆에 묻히길 희망할 정도로 궁말을 사랑하였다.

4. 편지의 가치

첫째, 한국 근현대사 역사 자료로 활용할 수 있다. 특히 군산 3.5 만세 운동 직전 일어났던 군산영명학교 만세 운동, 일제의 신사참배 강요, 종교를 통한 황국신민화 정책의 예, 현실 정치에 대한 선교회의 입장을 알 수 있다.

둘째, 교회사 연구 자료로 활용할 수 있다. 사경회에 관한 글, 노회에서 있었던 일, 전북, 충남 지역에서의 천막 전도 등에 관한 자료는 구체적인 내용이 담겨 연구에 도움이 될 수 있다.

셋째, 환갑잔치, 장례 풍경, 가뭄 등 당시 시대와 문화를 이해할 수 있는 향토사적 자료의 가치가 있다.

마지막으로, 40년을 선교한 불 선교사의 편지를 통해, 아버지로서, 남편으로서의 한 인간을 발견할 수 있다.

주요 인물 소개

• 윌리엄 포드 불(Bull, William Ford)

출생 1876년 2월 2일, 버지니아 노폭

교육 햄든 시드니 대학, 문학 전공, 1892~96, 96년 졸업

     유니온 신학대학, 정식 과정, 1896~99, 99년 졸업

결혼 1901년 5월 14일 리비 앨비와 결혼함.

임명 1899년 7월 4일

선교지로 출발 1899년 11월 17일, 샌프란시스코에서 배를 타고 출발함.

소속 교회 버지니아주 노폭 노회, 노폭 제2장로교회

사역지 한국. 1899년 군산선교부 합류

은퇴 1941년 4월 1일

사망 1941년 12월 17일, 버지니아주 노폭에서 사망함.

• 리비 앨비 불(Bull, Libby Alby)

출생 1869년 11월 26일, 버지니아주 스턴톤

교육 메리 볼드윈 대학

결혼 1901년 5월 14일 선교 현장에서 결혼함.

선교지로 출발 1900년 봄

교회 조지아주, 애틀랜타 노회, 디케이터 장로교회

사역지 한국

은퇴 1941년 4월 1일

사망 1957년 5월 11일 (딸 앨비 채임벌런에게서 전보가 옴)

자녀 총 5명

• 자녀

1. 윌리엄: 빌 B(Bill Bull) William Ford Bull Jr.(1902.2.22.~1965.2.4.)
   젤마: Zelma Vivian Duke Augustine(1905.3.9.~1953.3.16.)
2. 버지니아: 진저(Ginger) Mary Virginia Bull Moose(1903.5.1.~1982.7.)
   러셀: Williams Russell Moose Jr.(1907.1.23.~1994.6.11.)
3. 마가렛: 마지(Margie) Margaret Gertrude Bull(1905.2.25.~1985.12.3.)
4. 코넬리우스: Cornelius Griffin Bull(1906.12.2.~1908.1.12.)
5. 앨비: Elizabeth Alby Bull Chamberlain(1911.5.12.~2007.7.25.)
   빌 C(채임벌린): William Bolling Chamberlain(1906.4.23.~2000.6.11.)

• 불 선교사의 여동생

매미 고모(Aunt Mamie)
Mary Augusta Bull Priest(1879.9.16.~1947.6.1.)

• 불 선교사의 누나

마가렛 고모(Aunt Margaret): Eugene Bell(배유지) 선교사의 두 번째 부인
Margaret Whitaker Bull Bell(1873.11.26.~1919.3.26.)

번역문

1906년 6월 7일

미국남장로교한국선교회 제15차 연례회의에 제출한
불 부인 사역 보고서(1905~1906)

　　지난 연례회의 이후 지나온 달들을 감사하는 마음으로 뒤돌아봅니다. 사역에 있어서 실망을 주고 마음 상하게 하는 많은 일이 있었지만, 기운을 북돋아 주며 위로해주는 일들이 더 많았습니다.

　　사역의 새로운 기간은 제가 한국[1]에 온 이후로 살아왔던 곳에서 하루 여정 안에 있는 전주를 10일 동안 행복하게 방문한 것으로 아주 기분 좋게 시작했습니다. 이번이 제가 시골을 통해서 가는 첫 번째 여정이었는데, 남편 불 선교사, 아이들, 그리고 저에게 큰 즐거움이었습니다. 남자 네 명이 운반하는 가마는 여행을 위한 재미있는 이동 수단임이 드러났습니다. 가마의 움직임이 너무도 마음을 진정시켜주어서 가마꾼들이 자주 필요한 휴식을 하기 위하여 멈추는 때를 제외하고 갓난애[2]가 눈을 거의 뜨지 않았습니다. 전주의 좋은 친구들을 보고, 그들의 환대를 즐기며, 하나님께서 당신의 일꾼들을 시켜 그곳에서 자리잡게 하신 위대한 일들의 일부를 보는 것은 큰 즐거움이었습니다. 하루하루가 너무도 빠르게 지나갔습니다. 전주의 동산들 사이에서 보낸 시간[3]에 대한 기억은 겨

1　Korea를 한국으로 번역함. 1935년 1월 15일 편지처럼 Korea(Chosen)처럼 병기하는 경우와 문맥상 '조선'으로 번역하는 것이 더 자연스러워 보이는 경우 '조선'으로 번역함.

2　넷째 코넬리우스(Cornelius Griffin Bull, 1906.12.2.~1908.1.12.).

3　넬리 랭킨, 송상훈 역, 『기전여학교 교장 랭킨 선교사 편지』(보고사, 2022), 26쪽에 "전주는 이곳 왕국에서 다섯 번째의 도시인데 성벽으로 둘러져있습니다. 우리 선교부는 성벽 바로 바깥의 동산들 위에 있습니다. 우리는 상당히 큰 장소를 가지고 있으며, 각각의 집은

울 내내 생생하고 달콤했습니다. 그곳에서 잘 쉬었는데 돌아가야만 한다는 것이 아쉬웠지만, 집에 돌아와서 우리에게 맡겨진 사역을 하게 되어서 기뻤습니다.

우리가 연례회의로 서울에 있는 동안 그리고 전주에 있는 동안 우리가 이곳에 없을 때 주일학교에 있는 소녀들이 그들의 시간을 잘 활용하였다는 것을 알고 아주 기뻤습니다. 두 명의 소녀는 소요리문답[4](小要理問答, Shorter Catechism)을 할 준비가 되었었고, 많은 아이가 어린이 소요리문답(the Child's Catechism) 준비가 되었는데, 어린이 소요리문답 대부분을 우리가 없는 사이에 배웠습니다. 우리는 두 명의 한국 여성의 도움을 받아 주일학교를 재조직했습니다. 그 사람들은 어린 소녀들을, 저는 조금 나이 든 소녀들을 맡았습니다. 이 여성들은 일을 잘했으며 아이들도 좋은 진척을 보였습니다. 1월에 다니엘 부인[5]이 소녀들과 함께 수업을 재개할 수 있어서 기뻤습니다. 그렇게 해서 우리는 주일 학교에 교사가 네 명이 되었습니다. 10월 이래로 43명의 소녀들과 젊은 여자들이 등록했는데 평균 25명이 출석했습니다. 매우 규칙적으로 참석하는 많은 수의 결혼한 여자들을 포함하지 않은 수입니다. 주일학교는 무엇인가를 이루고자 하는 표정을 지닌 소녀들과 젊은 여자들로 아주 큰 기쁨과 즐거움의 원천이었습니다. 소녀 중 11명이 어린이 소요리문답을 그리고 세 명은 소요리문답을 완벽하게 암송했습니다. 나머지들은 같은 결과를 얻기 위해 열심히 하고 있습니다. 금요일 저녁에는 전거(典據, proof text)[6]를 가지고 소요리문답을 공부하는 특별반을 했습니다. 이 성경공부반은 공부를 정말로

로마의 양식을 따라서 하나의 동산에 한 채씩 건축되었습니다."라는 표현이 있음. "전주의 언덕들에서 보낸 시간"은 "전주의 선교사들 집에서 보낸 시간"으로 이해하는 것이 타당함.
4 요리문답(要理問答): 중요한 진리에 대한 질문과 답변
5 Sarah Dunnington Daniel(1879.10.27.~1969.5.3.).
6 전거(典據, proof text)는 말이나 문장의 근거가 되는 문헌상의 출처를 뜻하는 말.

하고자 하는 사람들이 참석하며 좋은 진척이 있었습니다. 제가 기도를 하도록 요청한 사람들이 전거로 학습한 소중한 말씀 중의 일부를 좋은 연관 속에서 단어 대 단어로 잘 맞춰 기도에 사용하여 그 전거가 반복되는 것을 듣는 것은 만족스러운 일입니다. 이 수업은 천천히 진행할 수밖에 없지만, 이 소녀들과 여성들을 주님께로 더 가까이 이끌고 그들이 주님의 나라에서 일하는 것을 준비하도록 주님께서 그들의 마음에 주님의 책의 복된 말씀을 쌓아두셨다고 저는 희망하며 믿습니다.

우리는 또다시 주간 학교[7](a day school)의 문을 열 수가 없었습니다. 그래서 제가 남편 불 선교사의 서재에서 월요일과 목요일 아침 11시부터 1시까지 조금 큰 소녀들 다섯 명을 가르쳤습니다. 이 수업은 2월 말까지 쉼 없이 이어졌는데 그때에 가장 똑똑한 소녀가 결혼해서 남편을 따라 다른 마을로 가야만 했습니다. 또 다른 소녀는 언니의 결혼 때문에 자신에게 부과된 일을 해야 해서 오전에 집에서 필요로 했습니다. 또 다른 소녀는 건강이 좋지 않아서 집에 있어야 했습니다. 그래서 두 명만 남게 되었는데 저는 그 두 명에게 더 많은 시간을 줄 수 있었습니다. 그 둘은 쏟아부은 노력에 대해서 항상 보답하며 공부에 열성을 보이고 아주 빨리 배우기에 저에게 변치 않는 기쁨 거리이며 제가 어린 소녀들과 있을 때 항상 큰 도움을 줍니다.

화요일 저녁에 우리는 많은 소녀를 모두 모읍니다. 저는 더 진보한 여학생 다섯 명을 데려다가 온 시간을 쏟습니다. 그들은 아주 열정적이고 출석이 아주 규칙적이며 정말로 감사할 줄을 알아서 그들을 정말이지 좋아합니다. 그들은 정말 좋은 일을 막 하기 시작합니다. 다른 소녀들은 제가 월요일과 목요일 아침에 가르치는 다섯 명 학생들 사이에 나눴습니

---

7 day school을 (비인가) 주간 학교로 번역함. 보고서 작성 시 교육 당국에 의해 인가를 받지 않은 학교로 보임.

다. 자신보다 덜 운이 좋은 자매들을 돕는 것에 있어서 그들의 자발성과 열정에 대해서 칭찬을 할 수밖에 없습니다. 모두가 잘하고 있습니다. 그러나 이들 중 세 명은 대단히 좋은 선생들입니다. "교사양성반[8]"이 이렇게 하여 **빠른** 결과를 가져왔습니다.

이것이 제가 소녀들을 위해서 할 수 있었던 전부입니다. 많은 일이 아니었습니다. 저의 유일한 위안은 여학생들이 자기 할 일을 잘했다는 것이며 이들 여학생의 대부분은 주간 학교를 규칙적으로 다닐 수 없었던, 집에서 열심히 일하는 소녀들이라는 것입니다. 우리는 주간 학교와 능력 있는 교사를 정말 필요로 합니다. 한국인들은 똑똑하며 그들에게 주어질 수 있는 최고의 것들을 감사히 여깁니다.

우리는 테이트 선교사[9]를 모시고 5월에 일주일간 사경회(Training Class)를 하게 되어 아주 기뻤습니다. 우리 외국인들도 그녀와 함께 하는 것이 즐거웠는데 한국 여자들과 소녀들은 그녀가 가진 큰 지식에 대해서 그리고 그녀가 재미있게 가르치는 것에 대해서 아주 열광적이었습니다. 그녀가 행한 충실하고 성실한 가르침이 이곳 사역에서 오랫동안 복된 일로 있기를 기도합니다.

---

8 원문에 "normal" class라고 되어있는데, 보통반이라는 번역보다는 교사양성반이라 번역이 문맥상 맞음. 1906년 미국남장로교한국선교회 15차 연례회의 회의록에 "It was moved and carried that the Committee on holding a normal class for teachers be discharged. This was amended by having it to read "the normal Class for teachers shall be held next spring."
It was moved that in view of our urgent need of competent day school teachers each Station be given permission to send any or all of our day school teachers to the Pyeng Yang Normal School, provided,
1st, that satisfactory arrangements can be made with those in charge of the school. 2nd, that the expenses be defrayed by training class funds or other money in the hands of the Station without asking for special funds."라는 기록이 있음. 여기서 말하는 Pyeng Yang Normal School은 평양에 있던 숭실학교를 일컫는 것으로 보임.
9 Martha Samuel "Mattie" Tate(1864.11.24.~1940.4.12.).

저는 소녀들에게 사용된 교재를 이용하여 저의 가정에서 저의 두 명의 여자들[10]과 함께 1월부터 오후에 짧은 공부시간을 가졌습니다. 세 명의 자녀들은 이 수업에 부득이하게도 마음 내켜 하지 않는 구성원들이었습니다. 처음에 세 명의 아이들은 30분이라는 공부시간에 반대했습니다. 그러나 마침내 어쩔 수 없는 상황에 항복했습니다. 윌리엄은 순교자처럼 자신의 작은 의자에 앉아있고, 버지니아는 저의 무릎 위에 올라서 자려고 하며, 착한 마가렛은 두 여자 중 한 명의 등에 올라서, 그 아이가 생각하는 가장 편한 자세를 잡습니다.

남편 불 선교사가 아주 많이 시골에 있기에 저는 혼자서 한국인들과 아주 많이 있게 됩니다. 그래서 결과적으로 저는 한국어에 많은 도움을 받았으며 한국인들을 더 잘 아는데 도움을 받았습니다.

많은 구경꾼을 맞아들이고 그들에게 성경 이야기를 해주었습니다. 제가 보고 드릴 것은 다 드렸습니다. 보살필 남편이 있고, 신경 써야 할 아이들이 있고, 살펴야 할 집안일이 있어서, 저는 제가 하고자 바랐던 것들 전부를 할 수는 없었습니다. 그러나 하나님께서 제가 할 수 있도록 허락해준 것들은 제게 큰 즐거운 일이었습니다. 제가 한, 이 조그마한 일들이 하나님의 이름으로 행해졌기 때문에 하나님께서 이 일을 축복해주시길 기도합니다.

위와 같이 제출합니다.

---

10 "my two women"은 식모와 유모를 뜻하는 듯함. 유모에 관해서는 이 책 마지막에 있는 마가렛의 "두 개의 유산(Double Heritage)"을 참조할 것.

1907년 5월

불 부인(Mrs. William F. Bull)

우리의 첫 번째 안식년 휴가가 다가오자, 우리는 미국을 향해 떠났습니다. 윌리(Willie)[1]는 8년을, 저는 7년을 섬겼습니다. 태평양의 증기선들에 예약이 너무 넘쳐서, 우리는 시베리아를 거쳐 미국으로 가기로 된 헐버트 박사[2](Dr. Hulbert)의 강권에 따라 그의 가족과 함께하기로 하였습니다.

서울까지는 해안선을 따라 올라가는 증기선을 타고 갔으며 그곳에서 레이놀즈 박사 부부와 이틀을 함께 했고, 일본이 설치한 괜찮은 기차를 탔으며 일본으로 갔습니다[3]. 한국 부산에서 해협을 건넜고 시모노세키로 가서는 거기서 고베로 가는 기차를 탔습니다. 고베에서 기차를 타고 쓰루가시(Tsuruga)로 가서 러시아 선박을 타고 블라디보스톡으로 갔습니다. 배가 형편없었고, 음식도 형편없었고, 파도는 정말 거칠었습니다. 그곳으로 건나가는데 12시간 걸릴 예정이었으나 이틀 이상 걸렸습니다. 마침내 우리는 블라디보스톡에 도착했으며 괜찮은 시베리아 기차인 왜건스

---

1 William Ford Bull의 이름 William을 Willie로 친근하게 부름.

2 Homer Bezaleel Hulbert(1863.1.26.~1949.8.5.).

3 1901년 8월 20일에 서울 영등포에서, 같은 해 9월 21일에 부산 초량에서 일본 자본의 회사인 경부철도주식회사에 의해 기공되어 4년 후인 1904년 12월 27일 완공되었다. 1905년 1월 1일을 기하여 전선(全線)의 영업이 개시되었다. 그 해 5월 25일에 서울 남대문 정거장(지금의 서울역) 광장에서 개통식이 거행되었다. 경부선이 개통되자 같은 해 9월 11일에는 부산과 일본의 시모노세키(下關)를 연결하는 부관연락선(釜關連絡船)을 매체로 경부철도와 일본철도를 연결하는 연대 운수가 개시되었다. [출처: 한국민족문화대백과사전(경부선(京釜線))]

(Wagons) 회사에 큰 기차 칸이 있는 것을 알게 되었습니다. 우리 일행은 헐버트 박사 부부, 그분들의 두 아들과 사랑스러운 딸, 널 박사(Dr. Null) 부부와 그분들의 어린 아들, 남편 윌리, 윌리엄, 버지니아, 마가렛, 어린 코넬리우스 그리고 저입니다[4]. 우리는 이르쿠츠크(Irkutsk)까지 그 기차에 있었는데 그곳에서 객차를 바꾸어 달고 같은 기차의 또 다른 구역으로 갔습니다. 우리는 상당히 좋은 식당차에 갈 수도 있었으며, 특별한 역 중 몇 군데에서 괜찮은 우유, 버터, 좋은 빵 등을 살 수 있었습니다. 우리는 이르쿠츠크에서 모스크바로 갈 수 있었는데 그곳에는 11일째 날의 끝에 도착했습니다. 바이칼 호수를 건너는 것은 긴 여정의 단조로움을 깨뜨렸습니다. 호수는 얼어붙었고 뱃길을 가능하게 만들기 위해서 쇄빙선이 기차를 실어나르는 여객선 앞에 가야만 했습니다. 우리는 모스크바에서 그랜드 호텔에 머물렀는데 방이 좋았고 식사도 좋았습니다. 아침식사는 방에 제공되었는데 큰 주전자에 든 뜨거운 초콜렛, 좋은 버터 그리고 맛있는 바게트였습니다. 우리의 친구인 헐버트 부부는 상트페테르부르크(St. Petersburg)로 갔습니다. 널 부부는 우리만큼 호텔 방에 대해서 운이 좋지는 않았습니다. 그분들은 자신들만이 그 방에 대한 유일한 점유자가 아님을 알았습니다. 우리는 여권이 없는 승객들을 태우고 있는 형편 없는 러시아 기차를 타고 모스크바를 출발했습니다. 윌리는 아프다고는 하지 않았지만, 그 여정에서 활기차게 보이지 않았습니다. 그런데 모스크바에서 타고 간 그 기차 안에서 윌리는 아주 격렬한 말라리아 오한을 겪었습니다. 아주 추웠습니다. 우리는 침대차를 구할 수가 없었지만, 담요는 제공하겠다는 약속을 받았습니다. 그렇지만 우리를 위한 어

---

4   넬리 랭킨의 1907년 4월 30일 편지에 보면 불 선교사가 제 때에 표를 예약하지 못해서 시베리아횡단 열차를 탈 수밖에 없었으며 어린 아이들 네 명을 데리고 가는데 가장 어린 아이는 겨우 다섯 달이라는 표현이 나옴. 넬리 랭킨, 송상훈 역, 『기전여학교 교장 랭킨 선교사 편지』(보고사, 2022), 52쪽.

떤 담요도 없었습니다. 우리가 가진 가장 따뜻한 옷들을 아이들에게 입히려고 했으며 윌리에게는 우리가 가지고 있던 모든 덮개를 줬습니다. 저는 밤의 대부분 동안 통로에서 걸었습니다. 제가 누웠을 때, 제가 덮고 있던 유일한 것은 제 어깨 위에 걸친 저의 양모 스커트였습니다. 우리는 아침에 바르샤바(Warsaw)에 도착했으며 당시 아름답고 매우 흥미로운 도시인 그곳에서 좋은 하루를 보냈습니다.

고베에 머물 때 일입니다. 헐버트 박사는 미국으로 돌아가고 있었는데 일본이 한국을 강탈한 것과 관련되어서 미국의 루즈벨트(Theodore Roosevelt) 대통령과 국무장관인 루트(Elihu Root)에게 그가 전달해야만하는 한국의 황제가 보낸 서류들을 지니고 있었습니다. 그는 1905년 워싱턴에 갔지만 일본인들이 미국 대통령 등을 설득해서 하게 만든 것들을 되돌릴 수는 없었습니다. 헐버트 박사는 일본인들이 자신을 아주 밀접하게 주시하고 있다는 것을 알고 있었으며 일본인들이 그의 짐을 뒤져 서류가 발견되면 한국에서 문제가 더 악화되지나 않을지 불안했습니다. 그분이 우리에게 그의 고민을 이야기했습니다. 저는 담대하게 그분에게 서류를 가져오라고 말했으며 그 서류들을 아이들 옷이 있는 상자에 두겠노라고 했습니다. 그분이 그 제안을 받아들였습니다. 저는 그 서류들을 모스크바에서 그분에게 줄 수 있었습니다. 다시 이어서 말씀드리겠습니다. 우리가 탄 기차는 오후에 바르샤바를 떠나게 되어 있었고 우리는 (소위) 침대 열차에서 한 칸을 구할 수 있었습니다. 저는 아이들과 짐을 싣고 그 칸에서 아이들과 분주하게 있었습니다. 기차가 역에서 떠나갈 때, 저는 윌리가 우리와 함께 있지 않다는 것을 알게 되었고, 윌리를 찾아서 객차 안을 끝까지 달려가며 객차 옆 통로를 봤습니다. 윌리는 통로에 있는 좌석 중 하나에 앉아있었는데 문제가 있는 것처럼 보였습니다. 저는 서둘러 그이에게 갔는데 너무도 놀라서 움직일 수가 없었습니다. 하나님께서 큰 고통에서 그를 아주 확실히 건지셨습니다. 그이는 한국에 있을 때 총이라고 부를 수도 없는 오래된 총을 구입했고 이런 오래된 총기류를 좋아할 것이라고 생각하여 사냥과 운동을 매우 잘하는 노폭에 사는 그의 형[5]에게 그것을 가져가고 있었습니다. 그이가 저와 아이들과 짐을 기차에 실을 때, 그 총이 그이 눈에 보이지 않았습니다. 짐꾼들이 그 총을 구석에 박아놓았기 때문입니다. 그래서 윌리는 서둘러서 기차에서 뛰어내려서 대합실로 달려갔는데 물론 거기서도 총을 발견할 수가 없었습니다. 우리가 탄 기차로 그이가 뛰어오려고 돌아설 때는 문이 다 닫혀있었습니다. 그이는 건물을 따라 달렸으며 아주 깊은 창측 자리로 뛰어올랐으나 그 창측 자리가 무거운 철책으로 막혀있는 것을 알게 되었습니다. 이때 즈음에 철도 경비병들이 그이를 뒤쫓고 있었습니다. 그이는 철봉으로 막혀있지 않은 창문을 발견했고, 그 창문을 힘껏 제쳐 열은 다음, 승강장으로 뛰어내렸습니다. 기차는 그때 움직이고 있었으나 하나님의 도움으로 그이는 마지막 기차 차량의 계단에 뛰어오를 수 있었습니다. 제가 그이를 봤을 때 그이는 쓰러지기 일보 전이었습니다. 몸을 추스리려고 하면서, 그이는 수첩을 두는 호주머니에 손을 넣어보더니 호주머니가 비어있는 것을 발견했습니다. 그 수첩에는 그이가 모스크바에서 사증을 받은 그의 여권이 담겨있었기에 그이가 얼마나 놀랐는지 상상하기 어려울 것입니다. 자정에 우리는 알렉산드로보(Alexandrovo)에 도착할

---

5 불 선교사 아버지 William Augustus Bull(1841.4.20.~1881.7.28.)과 불 선교사 어머니 Mary Cornelia Holland Bull(1841.~1912.3.1.) 사이의 자녀는 불 선교사 누나 Margaret Whitaker Bull Bell(1873.11.26.~1919.3.26.), 불 선교사 본인, 그리고 불 선교사 여동생 Mary Augusta Bull Priest(1879.9.16.~1947.6.1.)임. 여기서 불 선교사의 형이라고 하면, 불 선교사 아버지의 첫째 부인이자, 불 목사의 친이모인 Florence Rebecca Holland Bull(1844.5.19.~1869.10.28.)의 아들 Cornelius Holland Bull(1866.10.28.~1912.10.24.)이거나 Rev Griffin William Bull(1869.10.11.~1916.4.16.)인데 후자를 말하는 듯함. 불 목사의 아버지는 미남부군에 소속되었다가 전쟁 중 북부군에 포로로 잡혀 2년간 수감생활을 함. 1865년 첫 부인과 결혼함. 첫 부인은 1869년 10월 23일 사망함. 이후 1872년 10월 21일 첫 부인의 언니, 즉 불 선교사의 어머니와 결혼함.

예정이었는데 이곳은 국경선 마을로 이 여정을 계속하기 전에 우리는 여권을 보여줘야만 했습니다. 기차에서 우리는 많은 나라에서 온 사람들과 함께 있었는데 언어장벽 때문에 그들과 대화할 수가 없었습니다. 우리는 이 상황에 대해서 기도했습니다. 모든 사람이 눈물을 이해할 것이라는 생각이 들었습니다. 또한, 제가 거의 울기 직전이었기에 눈물을 흘리는 데는 어려움이 없었습니다. 그래서 저는 윌리를 아이들과 함께 침대칸에 두고 나가서는 통로에 있는 의자에 앉아서 울었습니다. 곧 두 명의 남자가 제게 와서는 영어로, 정말 영어로, 무엇이 문제인지를 물었습니다. 제가 그분들에게 말했을 때, 그분들은 즉시 우리가 처해있는 불운하고 아주 힘든 상황을 깨달았습니다. 윌리가 우리의 대화에 함께했습니다. 그리고 이 남자분들이 한 사람은 덴마크 사람이고 한 사람은 스웨덴 사람인데 그 나라를 떠나려고 하는 반동분자들과 혁명가들이 바르샤바에서 여권을 어떻게 훔치는지, 여권에 묘사된 것들이 그들과 맞으면 도망가는데 여권을 어떻게 사용하는지, 맞지 않으면 맞는 사람에게 어떻게 파는지를 말해줬습니다. 다행히도 윌리는 그 수첩에서 돈을 빼서 옷 아래에 띄고 있던 돈주머니에 넣어두었습니다. 그 남자분들이 베를린으로 가고 있던 러시아계 유대인과 그녀의 어머니가 사용하는 객차의 문으로 갔습니다. 그녀가 나왔고, 그들은 서로 머리를 맞대었습니다. 그리고 그분들이 우리를 도와주려고 노력하겠다고 했습니다. 다음날 윌리에게 또다시 오한이 찾아왔습니다. 우리는 베를린에 가서 널 박사(Dr. Null)를 만나기를 간절히 바랐습니다. 널 박사는 윌리가 일반적인 퀴닌(quinine)을 먹을 수가 없기에 퀴닌을 주사해주기로 했습니다. 기차에 있는 남자들이 알렉산드로보는 어떤 괜찮은 숙소도 구할 수 없는 곳이며 윌리가 아프고 아이들이 네 명이 있기에 그곳에 그저 머무를 수는 없다고 말했습니다. 기차는 다시 굴러갔습니다. 아이들은 잠을 잤지만 우리는 잠이 없었습니다. 우리는 알렉산드로보에 가까워갔습니다. 그 두 분의 남자들과 윌리는 아주 아름다운 러시아 숙녀와 함께 내렸는데 그들 중 한 분은 승강장에서 왔다 갔다 하며 제게 정보를 주었습니다. 저는 이 순간을 절대 잊지 않을 것입니다. 저는 저의 모든 믿음을 기도에 쏟았습니다. 인간적으로 말하자면 우리는 어떤 희망도 없었습니다. 우리가 기차에서 어쩔 수 없이 내려야만 했고 바르샤바와 모스크바에 보고서가 보내졌다면, 윌리가 바르샤바에서 창문을 통해 뛰어내리고 기차의 마지막 차량을 탄 것 때문에 관리들이 윌리를 의심하게 되었을 것입니다. 마침내 영원과 같았던 시간 후에 승강장에 있던 남자분이 제게 와서는 모든 것이 괜찮다고 말해줬습니다. 러시아 관리들은 단호했으며 그 경우와 관련된 법을 깰 수도 없고 깨지도 않으려고 했습니다. 그러나 그 러시아 숙녀가 관리에게 사정하고 언쟁하자 관리는 우리를 계속 가게 하는 데 동의했습니다. 두 남성분은 그 숙녀의 미모와 매력 때문에 그 관리가 무너졌으며 우리가 통과하는 것이 가능했다고 말했습니다. 마치 하나님께서 우리가 이 세 명의 사람들과 한 기차 차량에 타게 주관하셨던 것처럼 보입니다. 다음날 베를린에서 괜찮은 호텔에 들어가고, 윌리를 널 박사의 손에 맡겨서 오한과 말라리아가 없어지는 것을 볼 때 얼마나 위안이 되고 평안하던지요. 헐버트 박사 부부도 그곳에서 우리를 만났습니다. 우리는 그 아름다운 도시에서 그리고 친절하고 다정다감한 독일 사람들 사이에서 즐거운 날들을 며칠 보냈습니다.

　윌리의 건강 때문에, 우리는 학수고대했던 관광은 단념하고, 대서양 증기선을 탈 수 있는 첫 예약을 할 수 있도록 런던으로 서둘러 가기로 결정했습니다. 우리는 베를린에서 플러싱(Flushing)까지 괜찮은 기차에서 좋은 여행을 했습니다. 우리는 플러싱에서 배를 타고 영국해협을 건너 도버로 갈 예정이었습니다. 기차가 플러싱에 저녁 11시 경에 도착할 예정이었기에 저는 아이들을 어떻게 깨워서 배를 타고 가게할까 걱정되었습니다. 그런데 걱정할 필요가 없었습니다. 영국인 짐꾼들이 기차에 올랐습니다. 그리고는 아이들을 깨우지 않고 배의 깨끗하고 하얀 객실로 옮겼습니다. 제 생각에 아이들은 옮겨졌다는 것을 모르는 것 같았습니다. 영국해협의 거친 파도에 대해서 너무도 많이 들어서 해협을 건너는 여정을 무서워했습니다. 다행히도, 바다는 완벽하게 고요했으며 배에 좋지 않은 움직임은 없었습니다.

우리는 런던에서 좋고 조용한 호텔에 개인 욕조가 있는 방들을 확보했고 화이트 스타 라인의 튜터닉(S.S. Teutonic) 호를 타고 대서양을 가로지르는 우리의 여행을 계속할 수 있기까지 일주일을 그곳에서 보냈습니다. 버지니아는 우리가 베를린에 있는 호텔에 있는 동안 무릎 한쪽을 다쳤습니다. 그 다친 무릎을 특히 배에서 너무 많이 사용하지 않도록 하는 것은 어려웠습니다. 우리는 운 좋게도 상냥하고 교양있는 기독교인들의 무리 속에 있게 되었습니다. 그 승객들이 우리가 아이들을 돌보는 것을 도우면서 보여준 친절함, 관심 그리고 예의범절에 대해 저는 항상 감사할 것입니다.

베를린에 있는 동안에 우리는 그곳에서 유명한 동물원에 갔습니다. 버지니아는 원숭이 우리에 너무도 가까이 갔는데 원숭이 중의 한 마리가 손을 뻗어서 그 아이의 빨간색 머리 리본을 움켜잡았습니다.

우리는 대서양을 건너면서 조용한 여정을 가졌고, 정시에 뉴욕에 도착했습니다. 그런데 그곳 날씨는 끔찍이도 더웠습니다. 그곳에서 필요한 재정적인 문제를 다룬 후에, 우리는 밤에 펜실베니아 철도(Penn. Railroad)를 타고 떠났으며 아침에 케이프 찰스(Cape Charles)에 도착했습니다. 부두에서 윌리의 가족들을 만났는데 그분들이 우리에게 사랑스럽고 따스한 환영을 해주었고, 케이프 찰스에서 윌리의 어머니와 다른 사랑하는 가족들이 있는 노폭으로 가는 배에서 우리를 돌보아주었습니다.

리비 앨비 불(Libby Alby Bull)

1919년

한국에서의 독립운동에 있어서 몇 가지 사건들

1909년 일본이 이 나라를 점령하고 난 후, 이 나라의 독립을 다시 찾고자 하는 희망을 자신들과 자신들의 국민 앞에서 가졌던 상당히 많은 수의 이 나라의 젊은이들이 있었는데 특히 높은 계급 사람들과 교육받은 사람 중에 있었습니다. 그들은 다른 나라의 도움이 없이는 무력으로 그들의 독립을 획득하려고 하는 것이 희망 없다는 것을 알고 있었습니다. 먼저는, 일본인들이 그들의 손에서 모든 총기류를 가져가는 제반 예방조치를 취했기 때문이며, 두 번째로는 그들에게 무기와 탄약이 제공된다고 하더라도 수적인 면과 훈련에서 일본인들보다 훨씬 떨어지기 때문입니다. 상황이 희망적이지 않음을 느끼고, 그들은 "권력자들"에 반대하는 어떠한 공개적인 시위도 삼갔습니다. 그러나 비밀스럽고 체계적인 반일 운동을 실행하고 있었으며 백성들의 마음속에 그들 나라의 독립의 회복에 대한 희망을 계속 살리고 있었습니다. 이러한 소요(騷擾, agitation)[1]는 대개 우리 선교회 학교들에서, 일본이 운영하는 공립학교에서, 일본, 미국, 그리고 유럽에서 교육받은 이 나라의 젊은이들에 의해서 진행되어왔습니다. 사실 일본에 있는 학교들과 대학들은 한국 학생들에게 개방되어 있었는데, 반일본 정서와 정치 소요의 진정한 온상이었습니다. 짧게 말

---

1 소요(騷擾)는 여러 사람이 모여 폭행이나 협박 또는 파괴 행위를 함으로써 공공질서를 문란하게 함. 또는 그런 행위를 의미하는 말임. 3·1독립운동에 대해서 당시 군산에서 목회하던 일본인 목사의 시각을 포함한 일본 기독교의 입장은 다음 논문 참조. 도히 아끼오, 서정민 역, 「3·1독립운동과 일본 기독교」, 『기독교사상』(대한기독교서회, 1990), 114-123쪽.

하자면, 한국의 젊은 세대가 국내와 국외에서 받은 현대식 교육이 현 상황의 주된 원인이 되었고, 이 교육을 받은 젊은이들은 (많은 경우 잘못된 통치입니다만) 다른 민족의 통치 하에서 괴로워하며, 밤낮으로 자신들의 국가 재건을 위해 일하게 되었습니다. 높은 이상을 가진 많은 젊은이들이 현재 상황에서 너무도 화가 나서 자신의 영토에서 외국의 지배를 받느니 그들의 나라를 떠나는 것을 선호했으며, 그래서 블라디보스톡, 시베리아, 만주, 상하이, 하와이, 그리고 샌프란시스코로 피난 갔습니다. 그곳들에서 그들은 비밀 조직들로, 애국 정서를 퍼트릴 목적으로 신문을 발행하는 등으로 독립의 희망을 계속 살려왔습니다. 그들은 계속해서 서로 서로 비밀 연락을 하였으며 고국에 지도자들을 두고 국내와 국외 둘 다에서 애국심의 불꽃을 부채질하고 있었습니다. 그들이 목전에 둔 것은 그들이 말하길 조만간에 반드시 오게 될 기회를 그저 기다리기만 하는 것을 제외하고 어떤 것도 시도하지 않는 "지켜보며 기다리기"였습니다. 그들은 "일본이 다른 나라 예를 들면 중국이나 (조각 나버리기 전의) 러시아와 같은 나라와 다툼이 있을 것은 단지 시간의 문제이다. 우리는 그 기회를 잡아 일어설 것이고 일본의 반대편 나라에 운명을 던지고 그렇게 우리의 자유를 찾을 것이다."라고 했습니다. 윌슨 대통령이 14개의 조항을 공표했을 때, 작은 나라의 민족들이 그들의 정부에 있어서 자결권을 갖는다는 항목에 힘입어 그들은 "이제 우리의 기회다"라고 말했습니다. 그래서 그들은 파리에서 열린 평화협상에 그들의 독립을 인정해달라는 탄원서를 제출하려고 했습니다. 나라의 지도자 33명이 "독립선언서"를 작성했으며, 그분들 중 몇 명은 우리의 가장 존경받는 목사들이었습니다. (독립선언서는 전 세계의 많은 신문에 실렸습니다.) 그리고 독립선언서는 전역에 뿌려졌습니다. 미국에서 난민으로 상당히 있었던, 프린스턴 대학교를 졸업한 이승만 박사가 그의 동지들 일부와 함께 그의 나라 사람들의 독립 요구를 제출하려고 파리로 향했습니다. 한국에 있는 한국인들은 일본이 무슨 짓을 해서라도 파리에서 자신들의 대표자들을 불신임하고 그 나라가 완벽하게 조용하며 일본의 통치에 완전히 만족하고 있다는 증거를 만들어내리라는 것을 알고 있었습니다. 일본인들이 이런 주장을 하리라고 한국인들이 알고 있어서 일본인들의 이런 주장에 반박하기 위해서 한국인들은 일본인들이 나라를 점령하고 있다는 것에 항의하는 많은 시위를 계획했습니다. 그중 첫 번째가 전임 황제의 장례식에서 일어나게 되었는데, 전임 황제는 한국인 왕자와 일본인 공주 사이의 결혼 협정에 옥새를 찍기보다는 자살을 했다고 한국인들은 말하고 있습니다. 서울에서 장례식날 시위는 계획대로 이루어졌습니다. 이 시기에, 그 도시는 장례식을 위해서 각지에서 올라온 수 만의 사람들로 가득했습니다. 소요의 지도자들은 독립선언서의 복사본을 군중들 사이에 돌렸으며 약속된 시간에 엄청난 인파가 총독이 머무는 궁과 그 도시의 다른 중요한 장소에 모여서 한국 국기를 흔들고 "대한[2] 독립 만세"를 외쳤습니다. 이것은 그 도시 전역에서 일어났습니다. 군인들이 소집되었고 군중들이 해산되었으며 엄청나게 많은 수가 체포되었습니다.

저는 (우리 선교부 옆에 있는 지역인) 전주의 성경학원[3](聖經學院)에서 가르치고 있었는데, 그때 이런 시위가 일어날 거라는 것을 들었습니다. 두피 선교사(Miss Dupuy[4])가 안식년 휴가로 떠나있는 동안에 여학교를 담당하

---

2 Korea를 대한으로 번역했는데 이는 당시 한국인들이 자신의 나라를 부르던 말이기 때문임. "Our Taihan(the Korean name for Korea) is between the Japanese dragon and the deep blue sea." 넬리 랭킨, 송상훈 역, 『기전여학교 교장 랭킨 선교사 편지』(보고사, 2022), 379쪽.

3 영어로는 Men's Bible School로 되어있으나, 불 선교사의 다른 편지에는 Men's Bible Institute로 된 경우도 많음. Men's Bible Institute를 성경학원(聖經學院)으로 번역함. 전라북도의 중심지인 전주에 성경학원이 있었고 실제 全州聖經學院學友會一同記念撮影 (1933)이라는 글이 새겨진 사진이 남아있기도 함. 한 달 동안 교육이 이뤄져서 달 성경학교로 불리기도 함.

4 Lavalette Dupuy(1883.1.28.~1964.6.2.).

고 있던 아내에게 즉시 글을 써서 돌아가는 상황을 면밀히 살펴서 우리 여학교 학생들이 휘말리지 않도록 하고, 린튼 목사(Mr. Linton)[5]에게 말해서 남학교를 잘 살필 수 있도록 하라고 충고했습니다. 우리는 일본인들이 우리 학교들을 반일 감정과 반역의 온상지로 여기는 것이 두려워서 우리 학교가 정치적 사건에 휘말리지않게 항상 노력했습니다. 저는 위에 언급한 편지를 쓰고 직접 그 편지를 보내기 위해서 우체국으로 갔습니다. 그런데 그 편지가 아내에게 도착하지 않을지 몰라서 편지 하나를 더 써서 주말을 보내려고 군산으로 가는 버클런드 선교사(Miss Buckland[6])에게 보냈습니다.

우리 성경학원은 3월 5일 끝났습니다. 저는 그날 기차를 타고 전주를 출발하여 오후 5시 20분 군산에 도착했습니다. 집으로 곧장 가지 않고 저는 우체국으로 가서 미국에 있는 아들과 딸에게서 편지가 왔는지 알아봤습니다. 자전거를 타고 읍내를 통과해서 갈 때 저는 이례적인 흥분처럼 보이는 것과 군중들이 거리에서 떼 지어 몰려다니는 것을 봤는데, 특히 일본인 무리들이 그들의 가게와 집 앞에 있는 것을 목격했습니다. 저는 또한 많은 수의 일본인 소방대들이 소방관 옷을 입은 채 거리를 돌아다니며, 불타는 집을 무너뜨리는데 그들이 사용하는 손잡이가 긴 곡괭이 같은 것으로 무장한 것을 봤습니다. 저는 일어난 일에 대해서 전혀 모른 채, 도시를 가로질러 자전거를 타고 가면서 길가에서 만난 일본인들 쪽에서 상냥함이 전혀 없다는 것에 깊은 인상을 받았습니다. 그들의 얼굴에서 "어떤 일"이 일어나고 있으며, 제 쪽으로 특별히 상냥하게 느끼지 않는다는 것은 아주 명백했습니다. 저는 우체국으로 가서 우편물을 받았습니다. 제가 돌아오는 길에 많은 군중이 모여있는 경찰서 앞을 지

---

5 William Alderman Linton(1891.2.8.~1960.10.13.), 한국명은 인돈(印敦).
6 Sadie M. Buckland(1865.2.14.~1936.12.22.), 한국명은 박세리.

났습니다. 경찰서를 지나가다가 저는 경찰들이 우리 병원 조수 중 두 명을 수갑 채워 데리고 들어가는 것을 봤습니다. 저는 무슨 일이 있었다는 것을 이미 추측했습니다. 그러나 이것을 보고서 저는 알았습니다. 그렇지만 몇 가지 질문을 하기 시작할 때까지는 진짜 상황을 깨닫지 못했습니다. 온갖 사람들이 참여했고 많은 사람이 체포된 대중 시위가 있었다고 생각했습니다. 제가 무슨 일이 일어났는지 알아보자, 경찰들이 우리 남학교를 급습했으며 학생들 전체와 교사 전체를 체포했다는 말을 들었는데 그 말은 사실로 드러났습니다.

3월 6일은 군산에서 장날이었습니다. 장날 전 며칠 동안 학교 남학생들과 선생님들이 장날 큰 시위를 준비하면서 한국 국기와 수백 장의 독립선언서를 부지런히 만들고 있었던 것으로 보입니다. 독일인들처럼, 일본인들은 생각할 수 있는 모든 장소에 밀정을 가지고 있습니다. 그들은 밀정을 통해 떠도는 것을 감지할 수 있었습니다. 만세 운동이 일어나기로 한 날 이틀 전에 일본 경찰들이 와서는 연약한 병원 조수 중 한 명을 잡아다 밤새도록 잠을 재우지 않고 심한 압박을 가해서 그 사람이 모든 것을 불어버렸는데, 관련된 사람 전체의 이름과 그들이 정확히 하는 일, 어디서 하고 있었는지 그리고 만세 시위를 위해서 한 모든 준비를 말해버렸습니다. 그다음 날 (시위가 있기로 한 전날) 10명의 경찰이 와서 선생님들을 체포했고, 학교 건물을 수색했으며, 그들이 발견한 모든 혁명 문서들을 가져가 버렸습니다. 그들이 감옥으로 끌어가려고 선생님들을 수갑 채울 때, 모든 남학생이 몰려나와서 에워싸고 "선생님들을 데려가려면 우리 모두를 데려가야 한다. 우리 모두가 선생님들만큼이나 그 일에 참여했기 때문이다."라고 말했습니다. 경찰들은 이렇게 많은 수를 체포할 것을 생각하지도 못했으며, 소요의 지도자들만을 원했습니다. 그래서 그들은 60명이 넘는 사람들을 체포하느라 겨우 10명으로는 손이 분주했습니다. 그들은 선생님들을 데리고 군산으로 출발했습니다. (우리는 읍내에서 약 2마일 떨어져 있습니다) 그러자 학생들 전체가 한국 국기를 흔들며 "대한독립만세"를 외치며 군산까지 먼 길을 뒤에서 따라갔습니다. 병원에서는 오후에 진료가 진행되고 있었습니다. 그런데 선생님들이 체포되고 있다는 소식이 들어오자 병원 조수들 모두가 가운과 모자를 벗더니 경찰들이 선생님들을 결박하고 있는 곳으로 내달아가서 "선생님들을 데려가려면 우리 모두를 데려가야한다. 우리 모두가 선생님들만큼이나 그 일에 참여했기 때문이다."라고 말했습니다. 그들이 출발하려고 하자 아주 어린 학생들로 된 아주 많은 수가 뒤따랐습니다. 경찰들은 그 아이들에게 아주 거칠게 "돌아가라. 너희 어린 것들이 뭐하러 졸졸 따라오냐"고 말했습니다. 그러자 그 아이들은 "너희들이 이분들을 데려가려면 우리도 또한 데리고 가야 한다. 왜냐면 우리 모두가 한국 사람들이기 때문이다"고 응수했습니다. 경찰들이 선생님들을 묶고 있을 때, 학생들이 무리 지어 에워쌌습니다. 그래서 경찰들은 권총을 꺼내서 그들에게 겨냥하고 쏘겠다고 협박했습니다. 그러자 남학생들이 그들의 어깨를 뒤로 하고 가슴을 쭉 내밀면서 "쏴, 쏴"라고 했습니다. 경찰 중 한 명이 칼을 뽑아서 선생님 중의 한 명에게 대며 그분을 위협했습니다. 그 선생님은 머리를 쳐들고 "네가 원하면 베라. 이것을 위해 내가 10년을 일해왔다"고 말했습니다.

행렬이 군산 시내로 들어가자 무리가 서너 집단으로 나누어 길모퉁이나 광장의 전략적인 장소들을 골랐고 연설하기 시작하면서 그들 나라의 독립을 위해 민중들이 일어설 것을 호소했습니다. 곧 많은 수의 경찰들이 소집되었고 소방대도 군중을 해산시키기 위해서 불려 나왔습니다. 이것이 무슨 일이 일어났었는지를 전혀 알지 못한 채로 제가 군산에 도착했을 때 마주친 일입니다. 이 일은 이 나라 전역에서 일어나고 있는 것의 단지 한 사례입니다. 이곳에서의 시위가 계획된 날보다 이른 시기에 즉 하루 일찍 일어났을 뿐입니다. 그래서 시장에서 벌어졌다면 수천 명의 사람들이 시위에 참여했을 것인데, 이 시위는 단지 지역에 있는 사람들만이 시위를 목격했으며, 다른 사람들도 아니고 우리의 선교 학교 남학생과 선생님들, 병원 조수들, 그리고 군산에 있는 두세 명의 우리 동네 기독교인들이 시위에 참여했습니다.

여기에서의 시위는 가장 초기에 일어났던 것 중의 하나라서 일본인들이 꽤 온건하게 다루었습니다. 우리 자매 선교학교 중의 한 구성원이 그가 목격한 시위에 대해서 저에게 자세히 설명해주었습니다. 그분이 말하길 3월 4일 정오경 그분이 사는 읍내의 시장에서 고함치는 소리가 계속 울리는 것을 들었다고 합니다. 무슨 일이 벌어지는지를 보기 위해 서둘러서 그곳에 갔다고 합니다. 가까이 가면서 그분은 일본 소방대가 딱딱한 나무 곤봉과 긴 손잡이가 있는 곡괭이를 들고 오른쪽 왼쪽을 세게 치면서 군중들을 몰아가고 있는 것을 봤습니다. 그분은 어떤 남자가 깨진 두개골에서 뇌가 돌출된 채로 감옥으로 끌려가고 있는 것과 한 일본인 여자가 그 사람 뒤를 뒤따르면서 그 사람을 찌르고 비웃는 것을 목격했습니다. 또 다른 아무 해를 끼치지 않는 노인은 무거운 곤봉으로 머리 뒤를 강타당했는데, 앞으로 쓰러질 때 다른 곤봉이 얼굴 정면을 내리쳤습니다.

이들 시위자들은 절대적으로 비무장이었습니다. 어떤 사람은 턱을 맞아서 턱이 다른 쪽으로 돌아갔는데 그 상태로 감옥으로 끌려갔습니다. 이들 중 몇은 죄 없는 구경꾼들이거나 일상적으로 하던 일을 평범하게 추구하기 위해 시장으로 나왔던 사람들입니다. 폭력을 사용하기 위해서 막대기 하나도, 돌 하나도, 손도 발도 사용되지 않았습니다. 머리를 개처럼 두들겨 패는 사람들에 대해서 욕하는 말 한마디도 없었습니다. 운동의 지도자들은 민중들에게 어떤 폭력도 사용하지 말며 그저 주장을 말로만 하고 수동적인 저항만 하라고 촉구했습니다. 이곳에서 가까운 시장 마을에서 일본인 군인들에 의한 총격이 있었고, 물 항아리를 머리에 이고 가던 한 여성이 목을 관통당해서 가던 길에서 쓰러져 죽었습니다.

다른 선교사는 제가 듣는 데서 말하기를 이런 시위 중의 하나에 자신이 있었는데 어떤 군인이 아무런 해를 끼치지 않고 옆에 서 있기만 하던 한 노인을 찌르는 것을 봤는데 그 노인이 피하려고 하자 다른 일본군이 칼을 그 노인의 등에 꽂았으며 그 칼을 뽑을 때 피가 솟구쳤다는 것을 말해줬습니다. 이 친구는 그 노인이 살았는지 죽었는지 밝혀지기 전에 그 읍내를 떠났습니다.

이 운동은 결코 기독교인들에게만 한정된 것들이 아니었습니다. 그러나 기독교인들이 아주 적극적인 역할을 했습니다. 그 결과로 일본인들의 분노가 교회에 쏟아지게 되었습니다. 일본 신문들은 선교사들이 현지인들을 사주해서 반역을 일으키고 있다고 주장하는 험한 기사들로 가득 찼습니다. 물론 선교사들은 어떤 식으로든 정치에 휘말리는 것과 한국인들이 권위를 가진 사람들에 대항하여 반란을 하도록 고취시키는 것으로 해석될 수도 있는 어떤 것도 애써서 피해왔습니다. 문제가 생길 경우 선교사들이 그 문제의 밑바닥에 있다는 완벽한 개 짖는 소리가 위로 올라갈 것을 우리는 알고 있었기 때문입니다.

많은 사례에 있어서 나라 전체에 봉기를 억누르려는 시도는 점차 교회에 대한 박해로 이어졌습니다. 일본인 경찰들이 거리에서 남자 어른을 만나면 "기독교인인가?"라고 묻고 그 질문에 "예"라고 말하면 더 이상의 예비 조치나 설명 없이 그 사람을 패는 것이 흔하지 않은 일이 아니었습니다. 남자 어른들은 그들이 단지 기독교인들임을 시인했다는 이유로, 유죄가 될 어떤 증거도 없는데 매 맞고 감옥에 던져졌으며 며칠간 감옥에 갇혔습니다. 다른 곳에서는 교회들이 파괴되었으며 일부는 불탔습니다. 성경은 찢겨 졌고 밟혔으며 민중들(people)은 기독교인을 그만두라는 말을 들었습니다. 일본 경찰들이 군산 사역지의 어떤 목사와 장로 서너 명을 불러서는 그들에게 믿음을 포기하도록 말했는데, 물론 이것에 대해 그들은 한순간도 포기하는 것을 생각할 수 없다고 응수했습니다.

이것에서 약 15마일 떨어진 곳에 큰 시장 읍내가 있는데, 주변 지역의 사람들이 상당 기간 독립 시위를 할 준비를 하고 있었지만, 조직과 지도력이 부족했습니다. 몇 주간 그 지역 전체가 그곳에서 가까운 우리 교회 중의 한 곳의 교인들에게 시위에서 지도자가 되어달라고 도움을 청했습니다. 특정한 장날에 우리 남학교에서 (비밀스럽게) 빌린 등사판에서 만들어진 수백 장의 독립선언문과 상당한 양의 한국 국기를 싣고 장터로 갔습니다. 정오 경 장터에 군중들이 가장 많을 때 지도자들은 군중들 사이를 들어갔다 나갔다 하면서 독립선언서를 배부했으며, 깃발로 모여들면서 만세(이 말은 천 년을 의미합니다.)를 외치도록 요청했습니다. 장터 근처에는 질서를 유지하기 위해 일본군 한 분대가 주둔하고 있었습니다. 이 시위를 계획했던 사람들은 자신들이 빈손이며 폭력을 사용할 막대기 하나도 자신들의 손에 가지고 있지 않다는 것에도 불구하고 군인들이 자신들에게 발포할지도 모른다는 것을 알고 있었습니다. 약속된 시간에 그들은 국기를 흔들고 나라의 독립을 위해 외치기 시작했습니다. 군인들이 외치는 소리를 듣고 쏟아져 나오면서 그들의 총을 공중에 쏘며 군중들을 겁박하려고 했습니다. 그렇지만 어떤 것도 겁내지 않고, 군중들을 계속해서 함성을 질렀습니다. 그러자 군인들이 군중들에게 일제히 사격해서 서너 명이 사망하고 다른 이들은 부상당했습니다. 동시에 소방대가 장터에 있는 군중들을 덮쳤으며, 사람들의 머리를 무거운 곤봉으로 때리며 온 사방으로 내달렸으며 곡괭이로 많은 사람을 끔찍하게 상처입혔습니다. 한 젊은이가 만세에서 지도자였는데 군인에게 잡혀서 감옥으로 따라오라는 명령을 받았습니다. 그는 "나는 내가 체포되어야 할 아무런 죄를 짓지 않았다. 그래서 나는 감옥에 가는 것을 거부한다."라고 응답했습니다. 군인이 "네가 가는 것을 거부한다면 나는 너를 현장에서 죽일 것이다"라고 했습니다. 그 젊은이는 머리를 쳐들고 가슴을 쫙 내밀려 "너는 너 좋을 대로 나를 죽일 수는 있겠지만 내 나라에 대한 나의 만세를 멈추게 할 수도 없다"고 했습니다. 이 말에 그 일본인 병사가 칼을 그의 가슴에 쑤셔 넣었습니다. 그 군인이 칼을 빼내자 피가 쏟아져 나왔으며 그 젊은이는 땅에 푹 주저앉았습니다. 군인이 칼을 빼낼 때 그 젊은이가 "네가 나를 죽였다. 그러나 이 행위에 대해서 하나님께서 너의 나라를 벌하실 것이다"라고 말했다고 합니다. 그가 마지막 숨과 힘을 가지고 땅에 쓰러질 때 그는 "대한 독립 만세, 만세, 만세"를 외쳤습니다. 이 사건으로 여섯 명이 살해당했는데, 전부가 기독교인들이었습니다. 13살 먹은 어린 소년은 총으로 팔을 관통당해서 우리 병원으로 옮겨져 왔습니다. 저는 그 소년을 보려고 내려가서는 그 소년에게 만세를 외치면 군인들이 쏠 것을 몰랐냐고 물어봤습니다. 그 소년은 "쏠 것을 알고 있었습니다. 그래도 저는 외쳤습니다."라고 대답했습니다. 그 일이 있고 2주 후 즉 그 소년이 매일 와서 상처를 소독하고 총알 파편을 빼내느라 고통을 겪은 후에, 저는 그 소년에게 "네가 겪은 모든 고통을 보건데, 시위에 참여했던 것을 후회하지 않니?"라고 물었습니다. 그는 "아니요, 전혀 후회하지 않습니다."라고 답했습니다.

우리 학교 남학생 중의 한 명은 감옥에서 풀려나왔는데 자신의 모든 동료학생들이 나라를 위해서 갇혀있는데 자신만 밖에서 있을 수는 없다고 말했습니다. 그래서 그 학생은 되돌아가서 자신을 다시 감옥에 가두어야만 한다고 당국자들에게 말했습니다. 이 나라 전체의 감옥에는 자신들이 했던 일을 부정하고 더 이상 다른 소요에 참여하지 않겠다고 약속한다면 감옥 밖으로 나갈 수천의 한국인들이 있습니다. 그렇지만 그들은 이런 제안을 받아들이지 않으려고 하며 나라가 해방될 때까지 감옥에 머무르겠다고 합니다. 이런 자세를 우리 남학생들, 선생님들 그리고 병원 조수들이 모두가 사실상 가지고 있습니다.

한국인들 사이에서 몇 년간 살았고 사역했던 우리들은 이 모든 것을 한국인들이 계획하고 실행했다는 것에 놀랐습니다. (물론 모두 비밀입니다만) 그들의 조직은 경탄스러웠으며 나라에 밀정들로 들끓지만, 한국인들은 그들의 정치적 선전을 밤낮으로 진행했으며, 일본인들이 추적하려고 할 때 끝없는 고통을 주었습니다. 벨기에처럼 그들은 주기적으로 모습을 보이는 (대한독립신문[7](大韓獨立新聞)이라고 불리는) 그들의 작은 비밀 신문을 가지고 있는데, 그 신문은 일본인들이 수천의 밀정을 시켜서 어디서 인쇄되는지를 발견하려고 해도 일본인들이 불편스럽게도 계속해서 등장합니다.

최근에 감옥에서 풀려난 우리 직원 중 몇 명이 투옥 중 겪었던 아주 참혹한 이야기들을 가지고 왔는데, 감옥에 남겨진 사람들이 그 참혹한 것들을 겪고 있습니다. 그들은 소 떼를 실어 나르는 차에 있는 소 떼처럼 감옥에서 빽빽하게 있었고 숨 쉴 공기가 없어서 고통을 겪었습니다. 그들이 말하길, 그들의 감방은 좁아서 상자와 같았으며 약간의 빛과 공기가 들어오도록 한 꼭대기 근처의 작은 구멍 두 개만 있었다고 합니다. 우리는 다른 곳에서는 뜨거운 인두로 태운다거나, 머리를 뒤로 젖혀서 잡고 콧구멍 속으로 뜨거운 물을 붓는 등의 강도 높고 악의적인 방법을 써서 심한 고문을 한다는 소식을 들었습니다. 이런 보고들에 대해서는 저는 확신하지는 않지만, 일본인들은 그런 일을 하고도 남는다는 것을 알만큼 저는 일본인들에 대해서 잘 알고 있습니다. 그들이 그런 것과 그보다 더한 것들을 대규모로 하는 것을 막을 수 있는 유일한 것은 그들이 그런 짓을 해서는 안 된다는 것과 세계로부터 그런 일들을 은폐할 수 없다는 사실입니다. 그들은 세계의 눈에 좋게 보이고, 문명화된 나라

---

7 http://encykorea.aks.ac.kr/Contents/Item/E0014974
   대한독립신문(大韓獨立新聞) 간도 용정촌에서 구춘성 등이 해외 독립지사들의 활동상황을 전하기 위하여 1919년에 창간한 신문. 교민신문. [출처: 한국민족문화대백과사전(대한독립신문(大韓獨立新聞))]

중 하나라는 평판을 갖는 것을 간절히 바라고 있습니다. 그런데, 그들은 그들의 손을 쓰지 않고 희생자들에게 박해를 가하는 기술에 있어서 노련한 대가입니다. 모든 것이 "규칙과 규정" 그리고 법의 이름으로 행해집니다. 만약 그들이 무력으로 고문을 한다면, 감옥에 있던 사람들이 나올 때 세상 사람들에게 보여줄 그들의 몸에 있는 흔적을 가지게 될 것이고 일본인들에게 불리한 증거가 될 것입니다. 그러나 고문을 당해도, 그저 한국인들이 하는 보고서는 세계 앞에서 일본 정부의 명예를 떨어뜨리기 위해 만든 모두 거짓말이고, 순전한 악의에 자신들에 대한 적대감으로 조작된 거짓말이라고 말해버립니다. 그래서 그들은 정말로 문명화된 민족들은 생각할 수도 없는 방법들을 사용합니다. 이런 방법들 전부가 사소한 박해라고 불릴 수 있는데, 이것 중 어느 것도 그 자체로 크게 되지는 않습니다만 오랫동안 계속되고 다른 것들과 결합하면 끔찍합니다. 사람들이 이렇게 환기가 되지 않는 감옥에 빼곡히 있으면서, 아침 6시부터 저녁 잘 준비를 마칠 때까지 양발을 무릎 아래에 두고 발은 뒤로한 채 무릎을 꿇고 앉아있어야만 합니다. 손은 앞무릎 위에 올려야만 하고 오른쪽, 왼쪽을 보는 것도, 옆 사람과 대화하는 것도 허락되지 않습니다. 자세를 바꾸거나 옆 사람에게 말을 걸면, 밤낮으로 근무를 서는 일본인 간수라는 완벽한 맹견 불독이 머리채를 홱 잡아당기거나 잔인하게 차거나, 때로는 손을 작은 구멍으로 내밀게 하여 손가락 관절 전체를 때릴 목적으로 만든 막대기를 이용해서 세게 칩니다. 또는 손가락들 사이에 막대기를 끼우고 손가락을 뒤틀어버립니다. 감옥에 있다가 나온 한국인들은 그들이 겪었던 고통이 말로 표현할 수 없는 것이며 죽음 자체가 큰 위안일 것이라고 말합니다. 그들이 말하길 밤의 끔찍한 일들이 낮의 끔찍한 일보다 더 심하다고 합니다. 낮에는 밤을 간절히 바라며 밤에는 낮을 간절히 바랍니다.

일본인들은 위의 것을 기독교인의 종교에 대해서 조롱하는 일에 사용했습니다. 일본인들은 "너희가 믿는 하나님이 어디에 있느냐? 너희들을 돕기 위해 왜 그는 어떤 것도 하지 않느냐?"라고 말합니다. 우리 병원 조수 중 한 명이 제게 말을 해주었는데, 어떤 경찰이 자신을 묶으면서 "왜 너는 너의 신에게 요청하여 너를 도와 풀려나게 해달라고 하지 않느냐? 너의 늙은 신은 쓸모가 없다. 그렇지 않으면 그가 내려와서 너를 풀어줄 것이다."라고 했다고 합니다.

힘에 의해서도 아니요, 능력에 의해서도 아님[8]을 기뻐합니다. 과거에 주님께서 감옥 문을 여시고 갇힌 자들을 풀어주셨듯이, 주님의 선한 시간과 방식으로 주님께서 주님의 거룩한 이름에 큰 영광과 존귀를 돌리기 위하여 이 멸시받는 민족을 사용하실 수 있고 사용하실 것에 기뻐합니다.

---

8 스가랴 4장 6절. "그가 내게 대답하여 이르되 여호와께서 스룹바벨에게 하신 말씀이 이러하니라 만군의 여호와께서 말씀하시되 이는 힘으로 되지 아니하며 능력으로 되지 아니하고 오직 나의 영으로 되느니라."

1926년 2월 2일

한국, 군산

고국에 있는 사랑하는 친구들에게,

안식년 휴가에서 돌아온 후 하루하루가 너무도 짧고 일정이 너무 빡빡해서 우리가 하고자 했던 것 중 절반이라도 하는 것이 불가능하게 보였습니다. 좀 더 좋은 시기가 되면 하려고 기다리며 하지 못한 많은 것들에는 많은 편지를 쓰는 것이 있었습니다. 개인적으로 편지를 써서 정말로 마음 깊이 감사를 해야 할 너무도 많은 친구들이 있습니다. 그런데 한분 한분 모두에게 편지하는 것이 전적으로 불가능한 것으로 보여서, 이런 방법을 써서 여러분에게 소식을 전합니다.

우리가 고국에서 머물렀던 것이 우리에게 큰 기쁨이었다는 것은 말할 필요가 없습니다. 아이 중 둘과 7년이나 헤어져 있었고, 또 다른 아이와는 3년을 헤어져 있었는데, 우리가 그 아이들과 다시 한번 함께했다는 그것 자체 때문에 우리의 안식년이 최고로 행복한 휴가가 되었습니다. 그렇지만 아이들과 함께한 것 때문에 이번 안식년이 우리 삶에 가장 행복했던 해가 된 것만은 아닙니다. 우리가 보고자 했던 친구들을 만나지 못해서 크게 실망하기도 했지만, 많은 친구를 만나서 지난날의 유대감과 우정을 새롭게 하게 되어서 아주 기뻤습니다. 아주 운 좋게도 버지니아 리치먼드의 "미션 코트"에서 안식년을 보내게 되어서, 우리는 다른 곳에 있었다면 만났을지도 모르는 친구들보다 훨씬 많은 친구를 만날 수 있었습니다.

옛 친구들을 그렇게 많이 만난 것이 큰 즐거움과 개인적인 큰 영예였을 뿐 아니라 아주 존경받는 많은 새 친구들을 사귈 수 있어서 특별히 기뻤습니다. 모든 이들이 우리에게 아주 친절하고 사랑스럽게 대해서 우리의 안식년이 다른 어떤 것도 아닌 정말 즐거운 일이 되었습니다. 그렇지만 이곳 한국에 우리의 평생 사역이 있으며, 우리가 한국 민족을 아주 많이 사랑하게 되어서 우리는 되돌아온 것이 기뻤습니다. 그렇다고 고국에 있는 우리의 사랑하는 친구들에게 "안녕히 계세요"라고 말하고, 우리와 우리 자식들 사이에 하나의 큰 대륙과 넓은 태평양을 두고 그 대륙 반대편에 아이들을 남기고 떠나온 것이 덜 힘들었다는 것은 아닙니다.

제가 한국으로 돌아오면서, 우리 한국선교회가 저에게 맡긴 특별한 사역을 위해 사용할 자동차를 가져올 수 있어서 특별히 감사드립니다. 이 일은 두세 명의 개별적인 친구들의 관대한 기부와 햄든 시드니 대학 학생회가 학생들과 동문들에게서 기금을 완료하는데 필요한 돈을 모금하여 가능하게 되었습니다.

저는 "햄든 시드니 전도 차량(Hampden-Sydney Gospel Car)"과 트레일러를 뉴포트 뉴스(Newport News)까지 가져가서 그곳에서 8월 17일 고식 프린스(Gothic Prince)에 선적했습니다. 이 배는 파나마 운하를 가로질러 일주하면서 일본으로 가는 항구에 들렀습니다. 우리는 정확히 한 달 뒤인 9월 17일에 밴쿠버에서 배를 타고 떠났고 9월 28일 아침에 일본 요코하마에 도착했습니다. 우리가 요코하마 항구로 들어가고 있을 때 정확히 같은 시간에 거의 바로 우리 옆에서 가는 배 한 척을 봤습니다. 우리 배의 유리창을 통해 그 배의 옆면에 "고식 프린스"라는 이름을 읽고, 그 배에 저의 자동차가 실려있으며 요코하마 항구 입구에서 저를 만났다는 것과 저와 함께 항구로 들어왔다는 것을 알게 되었을 때 우리가 얼마나 놀라고 기뻤는지 상상이 가지 않을 것입니다. 자동차는 일본에서 다른 배로 옮겨 선적되어야만 했습니다만 이곳으로 며칠 뒤에 좋은 상태로 도착했습니다. 제가 미국에서 이 차량을 사용했었기 때문에, 차에 대한 관세를 물지 않을 수 있었다는 말을 할 수 있어 정말 감사드립니다. 그렇지 않았다면 차의 실제 가격과 화물비, 보험료, 그리고 다른 선적 비용을 포함하여 자동차 가격에 따라서 35%를 세금으로 내야 했을지도 모릅니다. 그 차는 아주 큰 기쁨이자 위안거리라는 것을 이미 증명했습니다. 저는 지금 하루에 상당한 거리를 나가서, 약속을 지키고, 같은 날 돌아옵니다. 그런데 제가 시골에서 약속을 지키기 위해 자전거를 타고 간 다음 날에 종종 느끼던 것과는 달리, 돌아온 다음 날 진이 빠지거나, 피곤하거나, 몸이 무겁지 않습니다. 자동차는 시간과 힘을 놀랍도록 아끼게 해주며, 자동차 때문에 우리는 사역을 훨씬 수월하고 편하게 수행할 수 있으며, 현지인 조수들을 데리고 가는 것과 순회전도여행(巡廻傳道旅行)[1] 장비(itinerating outfit)를 가지고 가는 것이 가능해집니다.

약 1년 6개월 동안 닫혀있던 우리 집에 돌아왔을 때, 우리는 집 상태가 아주 좋지 않으며 수리할 곳이 많다는 것을 알게 되었습니다. 도둑이 창틀 여러 개를 깨고 집으로 들어오려고 했으나, 뭐라도 가지고 도망가기 전에 다행히도 적발되었고 잡혔습니다. 지붕에 물이 샜으며, 회반죽 일부가 떨어져 나갔고, 집은 전체적으로 수리와 칠을 해야 합니다. 상황이 이렇기에 집을 거주할 만한 상태로 만들기 위해서 가을에 상당한 시간을 보냈습니다. 제가 여전히 저의 담당 지방의 20여 교회가 포함된 거의 50마일이나 되는 사역지를 감독하고, 이 담당 지방에서 규칙적인 일상적 사역을 하며, 한겨울 남사경회[2]에서 가르치느라 우리 선교회에서

---

1 itinerate의 사전적 뜻은 (특별히 목회자나 판사가) 직무를 수행하기 위해 (짧은 기간) 이곳저곳을 돌아다니다 즉 순회(巡廻)하다를 뜻함. itinerating은 '순회전도', '순회전도여행', '순회목회', '순회선교', '순회선교여행' 등으로 번역되는데 이 편지에서는 '순회전도여행'으로 번역함.

2 성경공부반, 성경훈련반 등의 이름으로 번역할 수 있으나, 기존에 일반적으로 사용된 "사경회(査經會)"로 번역함. 사경회의 뜻은 성경을 연구하고 공부하는 모임. 사경회에

하도록 임명받은 특정 사역에서 어떤 특별한 것을 아직 하지 못했습니다만, 저는 이번 봄에 적합한 아주 꽉 찬 프로그램과 분주한 춘계 사역을 가지고 있습니다. 조직 교회[3]에서의 많은 집회에 더하여, 저는 현재 교회가 없지만 많은 사람이 사는 곳에서 몇 번의 집회를 계획했습니다.

저는 아직 저의 조직을 완성하지는 못하고 있지만 그 목적을 위해 확실히 움직이고 있습니다. 제가 호머 로디히버 씨로부터 최근에 편지 한 통을 받았는데 그 편지에 (개인적으로) 그분이 저의 전도 집회에서 "복음 전도대"가 사용할 악기를 통째로 보내주겠다는 말이 있다는 것을 여러분들이 아시면 많은 관심이 생기실 것으로 믿습니다. 이렇게 되면 저의 특별 사역에 필요한 것 중에서 중심적인 것을 구성하는 데 부족한 것은 단지 천막과 풍금뿐입니다. 제가 악단의 단원들을 완성하고 단원들을 잘 사용할 준비가 될 때에 주님께서 그것들을 제공하실 거라는 것을 확신합니다. 아주 뛰어나며 능력을 갖춘 젊은 한국인을 음악 지도자로 구할 전망이 확실합니다. 그는 평양에 있는 우리 기독대학 졸업생이며, 아주 재능이 뛰어난 음악가[4]입니다. 그는 피아노, 바이올린, 코넷을 연주하며 상당히 뛰어난 독창가수입니다. 그는 우리 전도 집회에 아주 좋은 자산이 될 것입니다.

한국으로 돌아온 후에 교회에 대한 눈에 띄는 관심과 신실한 믿음, 영적인 삶과 열정에 대한 많은 증거를 보게 되어서, 또한 자신들의 교회에서 부흥회를 하고자 하는 진실한 욕망과 복음화가 되지 않는 곳에서

대해서 임희국, 「한국교회 100년 돌아보며 내다보며, 한국교회 부흥의 원동력, 성경공부와 사경회」, 『새가정』(2006), 56-59쪽 참조. 사경회에 대한 자세한 설명은 불 선교사의 1936년 1월 11일 편지 참조.

3 조직 교회(組織 敎會, organized church): 당회(堂會, Session)가 갖춰진 교회.

4 현제명(玄濟明, 1902.12.8.~1960.10.16.)을 말하는 것으로 보임. 현제명은 미션학교인 대구 계성학교와 평양 숭실학교 대학부를 졸업하고 전주 신흥학교에서 음악을 가르친 경력이 있음.

전도 집회를 여는 것에 협조하겠다는 강한 열망을 보고 저는 크게 고무되었습니다.

아이들 셋이 미국에 있고, 넷째이며 가장 어린 앨비가 평양에 있는 학교에서 일 년의 많은 부분을 보내기에, 아내와 저는 전에는 아주 활기찼던 집에서 아주 조용히 있습니다. 우리의 심장과 손이 주님의 일과 이 민족을 위한 일로 가득 차 있다는 사실이 아니라면 우리는 아마도 이렇게 헤어져 있는 것을 견딜 수 없을 것이며, 주님께서 우리에게 행하신 일을 생각할 때만이 우리는 이 이별을 견디어 낼 수 있습니다.

편지를 마무리하며, 저는 여러분에게 주님께서 우리를 불러서 맡긴 이 특별한 사역에 여러분의 계속된 관심과 여러분께서 기도 속에 계속해서 이 사역을 기억해주실 것을 매우 진지하게 요청합니다. 제가 아주 특별한 방식으로 여러분의 대표자라고 생각하니 큰 즐거운 일입니다. 저는 어느 때고 여러분들이 저에게 편지를 해주실 시간을 갖는다면, 여러분의 소식을 듣는 것이 정말 큰 기쁨일 것이라는 것을 확실히 말씀드립니다. 우리가 고국에 있는 사랑하는 친구들의 관심과 공감을 받는다는 것과 우리가 그들의 진정 어린 기도로 후원받고 있다는 것을 아는 것은 현장에서 일하는 사람들에게는 항상 격려가 되는 일입니다.

주님을 섬기는 여러분의 형제 W. F. Bull 배상(拜上).

1926년 3월 테네시 내쉬빌
주소: 한국, 군산, W. F. Bull 목사
편지 5센트 우표, 엽서 2센트 우표

1926년 12월 20일

한국, 군산

고국에 있는 사랑하는 친구들에게,

지난번 제가 편지를 보낼 때에는 다음 편지까지 이렇게 많은 시간이 걸리리라고는 생각지도 못했습니다. 편지가 이렇게 늦어진 것은 제가 써야 할 것들이 너무도 많지만 쓸 시간이 없었기 때문입니다.

저는 시골에 있는 교회 중 마지막 교회를 심방[1](尋訪)하고 나서 어젯밤 늦게 집에 도착했습니다. 이번 심방으로 저의 정기적인 가을 사역이 마무리되었습니다. (현재 겨울도 마찬가지입니다만) 이번 가을은 제가 담당하고 있는 지방에 있는 스무 남짓한 교회에 대한 정기적인 사역을 감독하는 것에 더해서 우리 남장로교한국선교회에 소속된 다른 곳들에서 부흥회와 전도 집회를 맡아서 매우 힘에 부쳤습니다. 비록 사역은 매우 힘들었지만 정말로 사역이 즐거웠습니다. 제가 몇 년간 이러한 일에 대해서 특히 관심을 가지고 있었기 때문이며 모든 곳에서 훌륭한 예배를 드리는 기회 때문입니다.

선교회의 업무 분장에 맞춰서, 저는 저의 담당 지방에 있는 교회들을 심방하는 데 꼭 필요한 시간을 제외하고는 이번 가을에 우리 선교회에 속한 다른 지역들에서 있었던 집회에 갔습니다. 저는 광주선교부의 녹스

---

1 원문에 있는 visitation을 어떤 사람이나 장소를 찾아가서 만나거나 봄을 의미하는 '방문(訪問)'으로 일반적으로 번역하나, 기독교 용어로 방문하여 찾아봄의 의미인 '심방(尋訪)'으로 번역함.

박사(Dr. Knox)[2]의 담당 지방에서 열린 집회에서 그분을 도왔으며, 순천 지역에서 코잇 목사(Mr. Coit)[3]의 집회를 도왔습니다.

코잇 목사는 자신이 수년간 가지고 있었던 작은 천막을 저에게 양도했습니다. 그런데 이 천막은 여러 해 사용하고 함부로 다루어서 수리가 시급합니다. 아주 작아서 집회에 참석하기 위해 모인 군중들을 수용하기에는 절대적으로 충분하지 않습니다. 곳곳에 구멍이 나 있어서 비바람을 막을 수도 없습니다. 이 천막과 상황에 맞춰 우리가 임시변통으로 만든 것들을 이용해서, 이번 가을에 우리는 네 개의 큰 읍내에서 집회를 열었습니다. 저는 "로드히버 전도대" 대원 중 다섯 명으로 집회 모두에서 도움을 주었습니다. 다섯 명은 저의 매서인(賣書人[4]), (저의 시골 요리사를 포함하는) 정규적인 복음 전도 조사(助事)들이며, 로드히버 씨가 이런 사역을 하라고 제게 보내준 악기 중 일부를 사용할 수 있도록 제가 가르쳤습니다. 나 선생[5](Mr. Narh)은

---

2 Dr Robert Knox(1880.3.3.~1959.3.), 한국명은 노라복(盧羅福).

3 Robert Thornwell Coit(1878.12.21.~1932.5.12.), 한국명은 고라복(高羅福).

4 여러 곳으로 돌아다니며 전도하며 성격책이나 전도 책자를 파는 사람. 권서인(勸書人)이라고도 함.

5 나기룡(羅基龍): 『신흥90년사』 152쪽을 보면 "1930년대 초반 신흥학교에는 밴드부가 있었는데 10여 명으로 구성되었으며, 이 밴드부의 지도는 보통과 근무하면서 고등과에서도 음악을 지도했던 나기룡 선생님이 맡았다. 이 밴드부는 학교 행사뿐만 아니라 각 교회의 행사에 참가하여 봉사하기도 하였다."라는 기록이 있음. 또한, 『전주시 마을조사사업 "동심(洞心)"찾기 중화산 1동』(재단법인 전주문화재단, 2018) 53쪽에는 "1930년대에 교회에는 찬양대가 생기게 되고 신흥학교에는 합창단과 전주사범학교에는 일인교사(村山一夫·작곡 피아노 등 음악전반에 걸친 일익담당)가 지도한 취악대가 형성되었다. 당시 김완동(金完東)은 동요작곡은 물론 합창지도의 일인자였고, 나기룡(羅基龍)은 작곡에서, 조화석(趙華錫)은 성악에서, 김갑주(金甲珠)는 피아노에서 각광을 받았다. 특히 영강일랑(永江一郞)은 1930년 초기부터 8·15 해방까지 현악교육에 진력하였으며, 「금학회(金鶴會)」를 조직하기도 한 일본인 바이올리니스트였다. 고창고보 교원 모기윤(毛麒允)은 교회음악에 공을 세웠으며 이 무렵에 나기룡 교사가 지도한 신흥학교 합창단은 서울에서 개최한 콩쿨대회에서 2회나 우수한 성적으로 입상했다."는 기록이 있음. 신흥학교 교사로 있던 시기 나기룡은 『가요노래곡집』(1935년 12월 16일 전주신흥학교 발행, 기리방 인쇄, 87쪽)을 편집해서 음악교재로 사용하기도 함.

저를 위해 선교회가 서울에서 데리고 온 사람인데, 이 악대를 가르치는 것에 놀라운 결과를 보여주었습니다. 이들이 서양 음악에 대한 어떤 지식도 없다는 것을 생각하면 이렇게도 짧은 시간에 연주를 아주 잘하게 되었다는 것은 놀라운 일입니다. 악대가 매일 읍내에서 미리 행진하며, 집회를 홍보합니다. 그리고 정말로 뛰어난 음악을 제공함으로써 집회에 크게 도움을 줍니다. 읍내에 아주 많은 사람이 몰리는 장날에는, 우리는 말을 할 장소(현관, 수레, 혹은 다른 높은 곳)를 선정합니다. 악대가 장터를 다니면서 연주하는데 "조지아 행진곡(Marching Through Georgia)[6]"이 악대가 가장 좋아하는 행진곡입니다. 호기심이 있는 군중들이 소리를 듣고 악대를 따라서 우리가 설교하려고 준비한 곳까지 옵니다. 그러면 우리는 더 많은 군중을 모으기 위해서 노래를 한 두 곡 부릅니다. 그런 후 준비한 메시지를 전달합니다.

집회 중 세 가지는 기성 교회와 연관되었습니다. 매일 밤 많은 군중이 왔습니다. 천막은 가득 찼으며 천막 밖에서 듣는 사람들이 있었습니다. 자주 천막이 꽉 차서 사람들이 앉을 수가 없었고 문자 그대로 꽉 찬 상태 속에서 팔꿈치와 팔꿈치를, 어깨와 어깨를 맞대고 집회 내내 서 있어야만 했습니다. 바깥에는 집회에 참석하여 끝나는 순간까지 계속 머무르는 많은 군중이 있었습니다.

이들 집회 모든 곳에서 주의 집중이 좋았으며, 복음에 많은 관심을 보였고 믿겠다고 결심하는 사람들이 많았습니다. 우리는 방문했던 모든 곳으로부터 아주 고무적인 서한을 받았는데 이런 특별 집회 동안 교회에 나왔던 아주 많은 사람이 계속해서 믿음을 지키고 있으며 집회를 열었던 교회들이 크게 새롭게 되었다고 합니다.

제 생각에는 목포에서의 집회가 가장 중요했고 영향력이 컸습니다. 11월에 그 도시에서 큰 규모의 산업과 농업 박람회[7]가 열렸습니다. 저는

---

6 찬송가 359장 : 우리들이 싸울 것은.

이 박람회 기간에 전도 집회하는데 도와달라는 목포선교부의 요청을 받아 저의 조수들과 함께 내려갔습니다. 내려가면서 천막과 활동에 필요한 장비를 가지고 갔는데, 나흘 동안 집회를 했으며 매일 세 번 즉 오전, 오후, 저녁에 집회를 가졌습니다. 목포선교부 전 지역에 있는 조사들과 지도자들이 이 집회에 참석했으며 군중들을 모으고, 복음서를 판매하고, 전도지를 배부하고, 개인 사역을 하는데 훌륭한 일을 했습니다. 이 시기 한국 남쪽 지방 전역에서 온 사람들이 목포에서 큰 무리를 이루고 있었습니다. 이때가 많은 사람과 널리 퍼진 사역지에 복음의 소식으로 다가갈 좋은 기회였습니다. 천막은 매일 저녁 꽉 찼으며 많은 군중이 천막 밖에 서 있었습니다. 이 집회 중 하나에서 조사 중 한 명이 세어봤는데 천막에 들어오지 못하여서 밖에서 듣고 있던 사람들이 거의 400명이나 되었습니다. 나흘간의 집회에서 그리스도를 믿겠다고 결심하지 않은 날은 단 하루도 없었습니다. 대부분의 예배에서 엄청난 사람들이 믿기로 결심했습니다. 집회 동안에 복음서 1,000권이 넘게 판매되었으며, 수천 개의 전도지가 무료로 배포되었습니다.

한국은 외국과의 교류에 대한 문을 개방하고부터, 복음의 씨앗에 정말로 비옥한 땅이었으며, 진지하고, 충실한 복음의 씨 뿌리기가 풍성한 추수를 가져오지 못한 적이 없었습니다. 그렇지만 저는 한국에서의 27년 동안에 오늘날처럼 진리에 대한 명백하고 두려움 없는 설교에, 복음 메시지에 한국인들이 더 개방적인 것을 본 적이 없었습니다. 이는 상당

---

7 목포에서 열린 조선 면업공진회를 말함. "1897년 개항 이래 목포는 면화 교역 중심 도시로 성장하였다. 목포는 식민지 도시화 과정을 거치면서 1926년 조선인 극장 목포극장을 개관하고 공진회(共進會)-좁은 의미의 박람회(博覽會)-를 개최했으며 1927년 식민지 조선 최초로 동춘서커스를 결성하였다. 목포의 조선인 극장 설립과 박람회의 동시적 개최 그리고 근대적 형태의 유랑연예 서커스 조직은 여타 지역에 비해 두드러진 현상이었다." (위경혜, 「식민지 근대문화의 혼종성-1920년대 목포극장과 동춘서커스」, 『韓日民族問題研究』 25호, 2013, 37~78쪽.)

부분 한국인들의 가망 없는 경제적 상황과 정치적 상황 때문입니다. 한국인들은 인간의 관점에서 자신들의 절대적인 절망을 깨닫게 된 것으로 보입니다. 한국인들이 자신들의 죄악으로 인해서 현재 상황에 빠지게 되었으며 그들의 유일한 희망은 회개하고 죄에서 돌이켜 하나님께 돌아가는 것뿐임을 한국인들에게 보여주는 데는 많은 논쟁의 여지가 없습니다.

현재 한국에는 세 가지의 또렷한 사상이 있습니다. 첫 번째는 젊은이들 사이에서 널리 퍼진 것인데 볼셰비키 사상(Bolshevism)입니다. 두 번째는 순전한 물질주의 사상인데 이 사상은 급료가 있는 자리를 얻기 위해 일본인들의 요구를 맞춰주거나 기회주의적인 형태로 드러납니다. 이러한 두 유형은 총계로 보면 상당히 많은 수이지만 전체 인구로 보면 단지 적은 비율입니다. 세 번째가 한국인 대다수의 사상입니다. 그들은 볼셰비키의 극단적인 생각에 동의하지 않으며 일본인들이 자신 나라를 점령한 것에 대해서 아직 인정하지 않고 있으면서 절박한 경제적 상황을 아주 예민하게 느끼고 있습니다. 그들이 느끼는 극단적인 무기력함과 그들이 복음 메시지가 선포될 때 복음 메시지에 관심을 갖는 것을 보면 하나님께서 주신 또 다른 기회라는 것이 아주 명백합니다. 이렇게 활짝 열린 문을 통해서 압박해 들어가서 주님을 위해서 또다시 큰 모임을 가질 수는 없을까요?

특별 집회에 대한 방방곡곡에서 오는 큰 요구를 보면 집회에 대한 항상 있는 큰 필요가 있다는 것뿐만이 아니라 이것이 한국에서의 또 다른 큰 기회라는 것을 전반적으로 깨닫게 됩니다. 그런데 우리가 지금 하던 속도대로 한다면 즉 이 사역에 부분적인 시간만을 낸다면, 집회를 요청한 모든 장소를 돌아보는 데 5년이 족히 걸릴 것입니다. 그래서 선교회는 제가 이런 특별한 사역을 하는데 저의 모든 시간을 쏟을 수 있도록 저의 선교 사역지를 대신할 사람을 보내달라고 요청하고 있습니다.

저는 여러분들이 저의 이 특정한 사역에 특별한 관심을 가지시기를 희망하며 이러한 사실들에 대해서 글을 쓰고 있습니다. 저는 무엇보다도

"힘으로 되지 아니하고 능력으로 되지 아니하며 오직 내 영으로 되느니라. 만군의 주가 말하노라.[8]"라는 것을 깨닫고 있기에 우리가 주님을 위해 하는 모든 일에 있어서 주님께서 우리에게 힘을 주시라고 비는 여러분들의 가장 신실한 기도를 요청합니다.

아주 훌륭한 기회가 있지만 또한 특별한 요구가 있습니다. 첫째는 좀 더 크고 좀 더 좋은 천막입니다. 우리가 볼 때 천막에 약 300달러 또는 400달러면 됩니다. 우리는 이런 집회의 운영비에 도움을 필요합니다. 이 사역에 저와 함께하는 사람들의 봉급을 포함하지 않고도, 일주일 혹은 열흘의 집회에 쓰이는 이동과 다른 부수적인 비용에 약 50달러가 듭니다. 이 비용에는 우리 "전도대"를 한 장소에서 다른 장소로 데려가며, 엄청난 시간과 노력을 절약해주고, 우리 모두에게 큰 위로가 되는데 아주 큰 역할을 하는 햄든 시드니 전도 차량의 유지비도 포함됩니다. 이 차량은 아주 울퉁불퉁한 길과 거친 조건들에서도 잘 견뎠으며 역할을 잘 수행했으며 앞으로 오랜 세월 동안 그렇게 계속하리라 희망합니다.

저의 모든 한국인 조사들은 아주 적은 봉급을 받고 있습니다. 그래서, 가족을 부양해야 하기에, 그들은 정말로 아껴 써야만 합니다. 그들의 한국식 옷은 너무도 비실용적이며 결국에는 특별히 경제적이지도 않습니다. 그래서 그들이 양복을 구할 수 있을 때 그들에게 큰 도움이 됩니다. 양복은 훨씬 더 실용적이고 기능적일 뿐만 아니라 훨씬 더 현대적인 외모를 갖게 해서 이것 자체가 상당한 자산이 됩니다. 더 진보적이며 현대적인 젊은이들 예를 들면 교사, 은행원, 공무원들과 같은 사람들이 양복을 입기 때문입니다. 저의 한국인 조사들이 양복을 살 형편이 되지 않기 때문에 중고 양복 선물 받는 것을 기뻐합니다. 정장, 코트, 스웨터, 혹은 구두든 어떤 것이든 보내주실 수 있으며 여러분들을 고맙게 여길 것이며

---

8 스가랴 4:6.

매우 존중할 것이며 여러분들이 보내주실 것이 무엇이건 아주 잘 이용될 수 있을 것을 여러분에게 보장합니다. 너무 낡았거나 아주 유행에 뒤쳐졌기에 보내는 것을 망설일 필요는 없습니다. 우리는 미국의 최신 양식에 보조를 맞추는 것에 큰 관심이 없기 때문입니다. (제가 1년이 조금 넘은 때에 미국을 떠나왔을 때 이후로 변함이 없었다면) 지금 미국에서 발이 둥근 구두를 신고 있을지라도, 아주 뾰족한 구두도 이곳에서는 아주 훌륭하게 사용될 것이고 그 구두를 신는 사람은 마치 그 구두가 해넌(Hannan) 또는 플로샤임(Florsheim)의 최신 제품인 것처럼 행복해할 것입니다.

그런 물건들은 많은 수고나 경비 없이 소포에 포장하여 보내질 수 있을 것입니다. 언제든 혹시 여러분들이 전해주고자 하는 이런 물품들을 가지고 계시면, 저의 조사들이 여러분을 고맙게 여길 것이며 그들에게 이런 것들을 구해줘서 제가 기쁠 것이라는 것을 확실히 말씀드립니다. 여러분에게 지금 당장 이런 것이 없을지라도 여러분과 함께 성경 공부하는 분들 혹은 형제 중에 관심 가지게 만드실 수 있습니다. 혹시 이런 것들을 보내시려면 소포에 "중고 옷―선물임. 상업적 가치 없음"이라고 분명히 표시해주십시오. 이렇게 세관에 신고가 되면 관세 없이 이곳 세관을 통과할 수 있습니다.

한국인들 속에서 주님을 섬기는 일에 있어서 우리의 연합된 노력을 주님께서 계속 축복해주시길 기도합니다.

주님을 섬기는 여러분의 형제 W. F. Bull 배상.

1927년 1월 테네시, 내쉬빌
주소: 한국 군산, W. F. Bull 목사
우편 요금: 편지 5센트, 엽서 3센트

1927년 2월 15일

한국, 군산

고국에 있는 사랑하는 친구들에게,

제가 내쉬빌에 있는 "통신부서(Correspondence Department)"를 통해 친구들에게 편지를 보낸 이후로 아주 긴 시간이 지나지 않았기에, 그 편지 뒤에 또 다른 편지가 뒤따르는 것은 다소 시기가 이릅니다. 그렇지만 제가 봄 사역을 하러 곧 떠날 것이기에 기회가 있는 이 시간에 편지를 쓰고 있습니다. 봄 사역이 시작되면 편지 쓸 시간이 아주 없을 것이기 때문입니다.

조금 전에 저는 우리 한국교회의 신문인 『긔독신보』(『기독신보』, *The Christian Messenger*[1]) 편집장으로부터 "오늘날 한국에서의 복음 전도"에 대한 글을 요청받았습니다. 그 글에 세세히 설명할 두 장의 사진을 보냈습니다. 그 사진들의 편집이 끝나고 제가 엽서로 몇 개를 인쇄했는데, 각각에 대한 사본 하나씩을 보내드립니다. 보시면 흥미를 갖게 되리라 확신합니다.

"전도대"가 갖춘 악기들은 로디히버 씨가 보내준 것인데, 그분은 한국에 왔으며 이런 사역에 특히 관심을 보이고 있습니다. 검은 코트와 흰 바지를 입고 손에 지휘봉을 들고 있는, 앞줄에 서 있는 젊은 남자는 저의 비서이자 전도대의 음악 지도자인 나 선생입니다. 그는 매우 재능

---

1 1915년 죠션예수교서회(朝鮮耶蘇教書會)(현, (재)대한기독교서회)가 장로교와 감리교의 통합 주간지로 위탁 발행함. 1933년 폐간됨.

있는 젊은이로 다른 대원들을 훈련시키는데 경이로운 성취를 보여주었습니다. 대원들은 정말로 괜찮은 음을 만들고 있으며 우리 뒤를 따라오는 사람들을 우리의 전도 집회에 크게 덧붙이고 있습니다.

천막에서 나오는 군중들의 사진을 보면 우리 집회에 모인 사람들이 얼마나 될 것인지를 잘 짐작할 수 있을 것입니다만 사진사는 남자 쪽만 찍는 데 성공했으며, 여자들 쪽은 거의 전적으로 제외되었습니다. 한국에서는 공개적인 모임에서 남자와 여자가 항상 떨어져 있는데 (집회가 어느 곳에서 열리는지에 상관없이) 남자, 여자 각자는 건물 혹은 천막의 지정된 쪽에만 있습니다.

우리는 이러한 집회에서 많은 사람이 앞으로 나와서 그리스도를 주님으로 영접하는 것을 보는데 큰 즐거움을 갖습니다. 그렇지만 우리는 또한 슬프며 마음을 힘들게하는 광경들도 많이 보게 됩니다. 예를 들어보면 이 사진이 찍힌 집회 중의 하나를 하던 중 아주 예쁜 얼굴을 가졌지만, 너무도 가엾고 기운 없는 모습을 한 젊은 여성이 천막으로 들어왔습니다. 상당히 앞으로 나와서는 맨 앞과 가까운 자리에 앉았습니다. (지금도 마찬가지입니다만) 예배하는 내내 그녀의 외모가 우리 모두를 따라다녔습니다. 그녀가 표현할 수 없을 정도로 슬프고 외로운 표정으로 그곳에 앉아있었기 때문입니다. 예배가 끝나자마자, 집회에서 도와주고 있던 우리 여자 선교사 중 한 분이 전도부인 한 명을 데리고 그 젊은 여성에게 갔습니다. 말을 걸어보고 그녀를 돕기 위해 무엇을 할 수 있는지를 알아보기 위함이었습니다. 여선교사와 전도부인은 그녀가 그 읍내의 홍등가에 사는 사람으로, 병이 들어서 포주에게 더 이상 도움이 되지 않자, 버려진 사람이라는 것을 알게 되었습니다. 그녀는 파멸된 인간이었으며 차갑고 냉혹한 세상에서 말로 할 수 없는 불행을 겪게 된 것입니다.

이 집회가 진행되던 어느 날 오전 우리가 천막으로 들어가려고 할 때, 그날 오전에는 예배를 드릴 수가 없다는 말을 들었습니다. 아편 중독자 한 사람이 바로 전날 밤에 그 천막에서 죽었기 때문입니다. 경찰은 검시관의 검시가 끝나기 전까지는 시신을 치우는 것을 허락하지 않으려고 했습니다. 조사를 해보고서 우리는 죽은 사람이 우리 천막의 맞은편 거리에 있는 어느 집에 세 들어 살던 사람이라는 것과 그 사람이 세를 낼 수 없게 되자 집주인이 그 사람을 추위와 비 속으로 쫓아냈다는 것을 알게 되었습니다. 어떤 경찰이 그가 거리에 있는 것을 발견했을 때 그는 추위로 너무도 고생하고 있었으며 그의 망가진 신경계가 울부짖으며 찾고 있던 아편을 그가 가지고 있지 않았기에 말로 표현 못할 고통으로 그의 몸이 몸부림치는 것을 보았습니다. 추위와 비에서 벗어나게 하려고 그 경찰이 그 사람을 끌어서 거리를 가로질러 우리 천막으로 데려왔습니다. 그 사람은 너무도 심하게 고통을 겪고 있었으며 그 경찰에게 고통을 덜어줄 아편을 조금 구해달라고 애걸했습니다 (그들은 제 때에 아편을 맞지 못하면 그런 고통을 겪게됩니다.) 경찰이 아편을 가지러 갔는데 그 경찰이 돌아오기도 전에 그 사람은 우리 천막 안에서 죽었습니다.

이런 것들은 우리가 거의 매일 보게 되는 슬픈 것 중의 두 개의 구체적인 예일뿐입니다. 우리는 많은 사람이 빠져있는 이런 깊은 죄와 타락에서 일부라도 구원하려고 하고 있으며, 이미 죄악에 빠진 사람들보다 훨씬 많은 사람을 구원하여 이 죄악에 빠지지 않도록 하려고 합니다.

정치적인 상황과 경제적인 극단 상황에서 기인하는 한국인들의 절망감 속에서, 한국인들은 온갖 악한 행위와 분별없는 방탕에 절망적으로 빠져들 강한 경향이 있습니다. (이런 것은 인간의 마음에 아주 자연스러운 일입니다.) "온전히 구원하실 수 있는 그 분[2]"에게 더 향해질 필요를 그들이 느끼는 것과 위로와 희망의 소식을 그들이 이보다 더 기꺼이 들으려고

---

2 히브리서 7장 25절. "그러므로 자기를 힘입어 하나님께 나아가는 자들을 온전히 구원하실 수 있으니 이는 그가 항상 살아 계셔서 그들을 위하여 간구하심이라."

하는 때는 없었습니다. 그러기에 오직 하나님의 아들의 힘으로만 깨부술 수 있는, 강철보다 강한 쇠사슬로 사탄에 의해서 묶인 너무도 많은 사람의 구원을 위해서 하나님께서 우리의 수고를 알아봐 주시고 축복해주시기를 여러분들이 기도하시면서 우리를 아주 확실하게 기억해주지 않으시렵니까?

주님을 섬기는 여러분의 형제 W. F. Bull 배상.

1927년 3월 테네시, 내쉬빌
주소: 한국 군산, W. F. Bull 목사
우편 요금: 편지 5센트, 엽서 3센트

1927년

불 선교사 개인 사역 보고(1926~1927)

좋은 일들이 아주 가득한 일 년 동안 모든 축복을 주신 하나님께 찬양과 감사를 드리며 보고를 시작하고자 합니다. 지난해는 아주 바쁜 해였기 때문에 매우 행복한 해였습니다. 우리가 받은 많은 현세적 축복과 육체적인 축복에 대해서 또한 감사드립니다. 주님께서 우리 전체 가족을 좋은 건강과 강건함으로 축복하셨으며 섬길 수 있는 아주 훌륭한 기회를 주셨습니다. 지난해는 활동이 거의 방해받지 않은 한 해였습니다.

연례회의를 마치고 우리는 최대한 이른 시간에 원산해변으로 휴가를 떠났는데 불 부인의 학교 때문에 그때가 7월 중순이었습니다. 이번이 (물론 안식년을 제외하고) 가족이 27년 만에 가져보는 첫 휴가였습니다. 우리는 새로운 변화와 휴식을 특별히 그런 장소가 제공하는 친교를 최대한 즐겼습니다.

8월 초에 군산선교부로 돌아오고서 우리는 여름의 나머지 시간을 집에서 보내면서 선교부 수리하는 것을 살피고, 불 부인이 담당하는 여학교 개학 준비를 돕고, 가을 사역을 계획하면서 시간을 보냈습니다.

9월은 대개 조선예수교장로회총회[1], 조선예수교장로회공의회, 조선예수교연합공의회(Federal Council)[2] 등의 회의에 참석하는 것으로 사용되었습니다. 이런 회의에서 돌아와 보니 본격적으로 가을 사역을 시작하기

---

1 장소: 평양 서문밖교회, 총회장: 김석창, 일시: 1926.9.11.~17.
2 공의회(公議會, Council)란 기독교에서 성직자들과 신학자들이 모여 교리, 의식, 규범에 대한 문제를 논의하는 교회 회의를 말함.

전까지 겨우 며칠만 남았습니다. 10월 2일부터 우리는 화순 읍내에서 녹스 목사의 집회를 그리고 구례 읍내와 곡성 읍내에서 코잇 목사의 집회를 돕는 큰 기쁨과 특권을 누리게 되었습니다. 이 집회들에 참석자가 많았으며, 많은 관심을 보였고, 그리스도를 믿노라고 공개적으로 밝힌 사람들이 많았습니다.

11월에는 목포선교부의 초대를 받아 저는 천막과 복음전도자 무리를 챙겨서 그곳으로 내려갔습니다. 당시에 그 지역에서 열린 큰 산업 및 농업 박람회 동안에 목포선교부가 행한 전도 행사를 돕기 위함이었습니다. 우리는 나흘간 매일 세 번의 말씀 전파를 하였습니다. 모든 집회에서 천막은 실제로 수용한계까지 꽉 들어찼습니다. 그리고 천막 밖에서는 사람들이 천막을 둘러싸고 말씀을 들었습니다. 어떤 집회에서 조사 한 명이 세어봤더니 천막 바깥에 거의 400명이 서서 말씀을 듣고 있었습니다. 목포에는 이 나라의 남서쪽 끝에 있는 사람들이 그 박람회에 참석하려고 수천 명이 있었습니다. 믿겠다는 결심을 한 사람이 몇 명이라도 없었던 집회는 단 한 번도 없었습니다. 대부분의 예배에서 믿겠다는 목적을 표시하면서 엄청나게 많은 사람이 손을 들었습니다.

올해 봄에는 남원 읍내와 운봉 읍내에서 원 목사(Mr. Winn)[3]를 돕는 개인적인 영광과 즐거움을 누렸습니다. 두 곳 모두에서 상당한 군중과 관심이 많았으며 그곳에 있는 교회들이 아주 많이 소생되고 고무된 것으로 보였습니다.

올해 가장 두드러진 일 중의 하나는 유명한 한국인 부흥사인 김익두 목사[4]로부터 많은 도움을 받은 부안 읍내에서의 일련의 집회였습니다. 그 지역에서의 사역은 과거 몇 년 동안 사연을 아는 사람들 모두에게

3 Samuel Dwight Winn(1881.8.27.~1954.12.9.), 한국명은 위인사(魏仁士).
4 김익두(金益斗, 1874~1950.10.14.) 일제강점기 신천의 개척전도사로 파송되어 신천교회 등에서 목회활동을 한 목사.

슬픔의 원인이었습니다. 그곳 기독교인들이 숫자 면에서 상대적으로 적은데 누가 봐도 가망 없이 두 집단으로 나누어졌습니다. 분열이 너무도 분명해서 같이 예배를 드리는 것이 불가능하다는 것을 알게 되어서 한쪽이 다른 쪽으로부터 갈라져 나가서 교회를 분립하여 조직하고 상당히 괜찮은 교회당을 지었습니다. 노회 앞에 그 안이 몇 년 동안 헌의(獻議)되었고 차이를 조정하고 화해를 이루기 위해서 몇 개의 위원회가 임명되었지만 그 건은 가망 없어 보였습니다. 그곳에서 이런 분열 상황은 큰 걸림돌이었고 교회의 성장에 극복할 수 없는 장벽이었고 결과적으로 몇 년 동안 우리 마음에 무겁게 얹혀있었습니다. 그래서 우리는 그것에 대해서 많은 기도를 드리고 있었습니다. 다행히 4월에 우리는 김익두 목사를 모시고 예배를 드리게 되었습니다. 그는 성령의 힘과 임재로 우리에게 왔으며 그의 신실한 노력의 결과 두 교회 모두 많은 복을 받았고 집회가 끝나기 전에 두 곳 회중들이 모두 해산하여 하나의 회중으로 모였습니다. 그들은 다시 화해한 것에 대해 아주 행복해하며, 새로운 사랑과 열정으로 목사 청빙을 계획하고 있습니다. 새 목사에 대한 지원은 그들이 전적으로 책임질 것입니다. 그 청빙은 노회 회의에 제출될 것입니다. 이러한 좋은 결과들이 지속되고 계속 지켜지기를 또한 주님께서 손으로 하신 일[5] 어느 곳에도 대적자(對敵者)가 끼어들어서 더 많은 분란을 일으키지 않도록 우리는 매우 진지하게 기도하고 있습니다.

지난 회기 동안 다른 어떤 것들보다 더 많은 즐거움과 만족을 준 것은 부안에서의 집회 다음으로 평양신학교 방문이었습니다. 봄에 삼사일 동안 신학교의 정규학업을 중단하고 그 시간 전체를 대학 졸업 후 공부 과정을 위해서 온 학생들과 한국인 목사들을 위한 집회를 여는 것이 지

---

5 시편 19장 1절. "하늘이 하나님의 영광을 선포하고 궁창이 그의 손으로 하신 일을 나타내는도다."

난 삼사년 간의 관습이었습니다. 저는 3월에 평양으로 올라와서 그들을 위한 집회를 인도하라는 초대를 작년 11월에 받았습니다. 초대를 수락할지 결정하는데 오랜 시간이 걸리지 않았습니다. 왜냐면 전할 소식이 있는 사람이라면 누구라도 바라는 그런 훌륭한 기회였기 때문입니다. 물론 이들은 전국 각지에서 온 조사, 장로, 지도자, 목사로 뛰어난 사람들이며, 대표하는 사람들입니다. 그리고 그들에게 말을 하는 것은 실제로 나라 전체에 말하는 것이라고 느낍니다. 전하는 사람은 적어도 이 나라의 모든 곳에서 온 대표자들에게 말하는 것입니다. 저는 그들과 하루에 세 번의 집회를 했으며 오후는 집단으로 또는 개인별로 그들이 마음속에 둔 것들에 대해서 논의하는 시간으로 보냈습니다.

저는 저의 담당 지방 교회 심방으로부터, 이 나라의 상당히 많은 부분에 뻗어있는 복음 사역에서의 경험과 관찰로부터, 그리고 다른 사역자들과의 협의로부터 특히 평양신학교에서의 집회 동안에 만난 사람들로부터 모든 교회에서 그리고 이 나라 전체 모든 영역에서 진정한 부흥이 있어야할 큰 필요가 있다는 것을 알게 되었습니다.

교회는 분명히 번창하고 있지만, 겉으로 보이는 것만 말하자면 수와 조직 그리고 심지어는 활동의 특정 노선에서 부흥을 해야 할 절박한 필요가 있습니다. 교회의 장로 등 직원(職員)들 마저도 돈을 버는 것, 사업의 이해관계 등에 너무 빠져있어서 교회 사역과 영적인 일을 할 시간이 많지 않다는 것을 저는 주목하게 되었습니다. 그리고 한국인들이 처한 지독한 경제적 상황 때문에, 삶의 문제에 너무 빠져있어서 교회 구성원들이 누구건 할 것 없이 상당 기간 영적인 면에서 안타깝게도 지고 있습니다. 그래서 과거 교회의 특징이었던 동포들에게 다가가려는 진지한 시도들이 안타깝게도 결핍되고 있습니다. 이러한 것들이 사실이기는 하지만, 아주 결정적으로 고무적인 국면이 있습니다. 즉 이 상황에 대해서 널리 인식하고 있다는 것과 교인들 각자뿐 아니라, 교회 지도자들의 부분에서 좀 더 좋은 것 즉 진정한 부흥을 위한 필요와 신실한 욕구에 대한 진실하고 신실한 깨달음이 있습니다. 기독교인들의 측면에서 이런 깨달음과 욕구가 아주 특별한 방식으로 저희의 관심을 끌었습니다. 그것은 부흥회에서 도와달라는 매우 진지하고 반복되는 요청이 온 나라에서 온다는 것입니다.

저는 널리 관찰한 것으로부터 이 시기가 부흥할 때가 특별히 무르익었다고 확신합니다. 비록 한국에서 현재 많은 낙담을 주는 것들이 있지만 저는 오늘날보다 복음을 전하기에 더 좋은 시기는 없었다는 것을 확신합니다.

제가 감사하게도 참여하는 영광을 누린 특별 복음 집회에 더해서 저는 평상시처럼 가을과 봄에 있는 정기 세례문답, 성례전의 집행, 그리고 다른 행정사무를 위해 저의 사역지 내의 모든 교회를 심방했습니다. 저의 사역지는 자연스럽게 세 부분으로 나뉘는데, 큰 강들에 의해서 나뉩니다[6]. 이 세 부분에 있는 교회들은 시찰(circuit)로 조직되며 이런 시찰들마다 한국인 조사가 있는데 이들은 한국선교회에서 봉급의 일부를 또한 교회에서 봉급의 일부를 받습니다. 저의 사역지에는 세 명의 현지인 목사들이 있는데, 이런 교회 중 다섯 교회를 감독합니다. 이들 목사 중 그 누구도 급료에 있어서 선교회로부터 어떠한 지원도 받지 않습니다.

평상시처럼 한겨울에 있는 사경회[7](Men's Training Class)가 이 해의 가장 두드러진 특색 중의 하나였습니다. 남감리교선교회 소속 송도교회의

---

6 금강과 만경강을 말함.

7 Men's Training Class는 Men's Bible Class를 일컫는 말로 보이며, 10일간 진행된다고 하여 "10일 성경학교"로 번역할 수도 있지만, 한 달 과정의 성경학원과 구별하기 위해 이 글에서는 "사경회"로 번역함. 사경회(査經會)는 성경을 가르치고 배우는 교회의 특별 집회를 말함. 한국교회에서는 사경회의 목적은 성경을 집중적으로 강의함으로써 신앙을 강화하고 삶을 변화시키는데 강조를 하는 것임. 불 선교사가 사경회에 대해 자세히 설명한 1936년 1월 11일 편지를 참조할 것.

김상천 목사와 서울의 쿤스 목사(Rev Mr. Koons)가 이번 사경회에서 우리를 도우려고 왔습니다. 두 분 모두 아주 훌륭한 사역을 하셨고 모든 남자가 큰 복을 받았으며 또 다른 해의 사역을 하기 위해 크게 힘을 얻고 자극받았습니다. 지난해에 저는 [해독불가] 명을 학습자로 그리고 어른 [해독불가] 명을 세례 주었으며, 저의 담당 지방에 있는 동료 한국인 목사들은 [해독불가] 명을 학습자로 하고 세례를 주었습니다.

황재삼 목사는 우리 한국인 목사 중 한 명인데 매키천 목사(Mr. McEachern)[8] 담당 지방에 있는 교회들을 심방했으며 [해독불가] 명을 학습교인으로 [해독불가] 명을 세례 주었다고 보고하였습니다.

삼가 보고드립니다.

W. F. Bull

---

8 Rev John Fairley McEachern Jr.(1884.10.22.~1957.11.18.), 한국명은 매요한(梅約翰).

1927년 10월 25일

한국, 군산

고국에 있는 사랑하는 친구들에게,

저는 지금 또 다른 전도 집회와 부흥집회를 위해 떠나기 전에 이삼일 집에 머무르고 있습니다. 탈마지 목사(Mr. Talmage)[1], 뉴랜드 목사(Mr. Newland)[2], 그리고 하퍼 목사(Mr. Hopper)[3] 사역지에서의 집회에서 돌아온 지 꼭 이틀입니다. 다음 전도 집회를 떠나기 전에 제가 살펴봐야만하는 일들이 거의 산처럼 쌓여있습니다. 그렇지만 제가 편지를 쓴 지가 너무도 오래되어서 저는 다른 모든 것은 당분간 내려놓고 다른 모든 것보다 이 편지에 우선권을 주고 있습니다. 낮에도 심지어 밤에도 해야할 일로 가득해서 편지 쓸 시간을 찾기가 불가능한 것처럼 보였습니다. 그렇지만 저는 편지에 쓰고자 하는 아주 흥미로운 점이 많았는데도 저의 봄 사역에 대해서 여러분들에게 어떤 것도 쓰지 않은 채 여름을 통째로 보내고 있었다는 것을 모르고 있었습니다.

4월에 저는 유명한 한국인 부흥사인 김익두 목사에게 부탁해 제 사역지 중에서 가장 큰 곳인 부안에서의 집회에 와서 저를 돕도록 요청했습니다. 그곳에서의 사역은 몇 년간 그곳에 대해 어느 것이라도 아는 사람들 모두에게 슬픔을 주는 것이었습니다. 그곳 기독교인들이 숫자에 있어

---

1 John Van Neste Talmage(1884.12.30.~1964.9.12.), 한국명은 타마자(打馬子).
2 LeRoy Tate Newland(1885.3.7.~1969.7.16.), 한국명은 남대리(南大理).
3 Joseph Hopper(1892.7.1.~1971.2.20.), 한국명은 조하파(趙夏播).

서 상대적으로 적지만, 그들은 누가 봐도 확연히 가망 없게 두 쪽으로 나누어졌습니다. 분열이 너무도 심해 함께 예배드리는 것이 불가능함을 알게 되어서 한 무리가 떨어져 나가 별개의 교회를 구성했으며 괜찮은 예배당을 세웠습니다. 그 건이 노회 앞에 삼사 년 헌의되었고, 차이를 조정하고 화해를 가져올 목적으로 서너 개의 다른 위원회가 임명되었지만, 가망 없어 보였습니다. 그곳 교회의 상황은 교회의 성장에 큰 걸림돌이었고 극복하지 못할 장애물이었습니다. 그래서 우리의 마음을 무겁게 짓눌렀고 우리는 그것에 관해서 많은 기도를 하고 있었습니다. 간단히 줄여서 말하자면, 양 교회가 모두 큰 복을 받았으며 집회가 진행되던 마지막 주일에 나뉘었던 회중들이 해산되어 하나의 교회로 재조직되었습니다. 새로운 교회 지도자들이 선출되었는데 양쪽에서 거의 절반씩입니다. 그들은 즉시 한국인 목사를 청빙하기로 결정하고 그렇게 했으며, 재정적인 면에서 그를 자신들이 전적으로 지원하고 있습니다. 양 교회에 있던 사람들은 서로 화해한 것에 아주 행복해하며 교회는 새로운 삶을 갖게 되었습니다.

부안에서의 집회 다음에, 지난 6개월 동안에 다른 무엇보다도 더 많은 즐거움과 만족을 저에게 준 일은 평양에 있는 신학대학 방문이었습니다. 5월에 신학대학에서 저를 평양으로 초청하여 신학생들을 위한 특별한 집회를 열어달라고 했습니다. 이런 집회를 5일 동안 열었는데 이 기간에 신학교의 다른 모든 일이 일시 정지되었습니다. 신학생들은 굉장히 선택받은 젊은 남자들로 이 나라의 실제 모든 부분을 대표하고 있습니다. 그들은 대학 졸업생들이거나 조사로 또는 안수받지 않은 전도자로 교회 사역에 있어서 몇 년의 경험을 가진 사람들입니다. 하루에 아침과 저녁 두 번의 집회를 열었는데 오후 시간은 이 사람들과의 대담 시간으로 지정했습니다. 학생들 자신이 선택하여서 한 명씩 혹은 집단으로 찾아왔습니다. 이렇게 훌륭한 사람들에게 영향을 주고, 그 사람들을 통해서 그렇게 많고 광범위한 교회 회중들에게 다가갈 수 있는 것은 정말로 큰 특권이었으며 훌륭한 기회였습니다.

춘계 정기 심방을 위해 저 자신의 담당 지방에 있는 모든 교회들을 방문한 것말고도, 저는 윈 목사와 매키천 목사의 담당 지방에서 집회를 돕는 특권을 가졌습니다.

"햄든 시드니 전도 차량"이 여전히 좋은 상태이며 아주 훌륭한 성능을 계속해서 보인다는 것을 알게 되시면 여러분들은 틀림없이 흥미로울 것입니다. 저는 지금 주님께서 제가 원래 계획한 대로 포드 회사 차량보다는 닷지 회사 차량을 사도록 확실하게 이끄셨다고 확신합니다. 왜냐하면 천막, 말뚝, 장비, 시골 순회전도여행 장비(음식 상자, 요리 도구들, 접이식 간이침대와 침구류, 사실 생존에 필요한 모든 것, 심지어 제 자신의 세숫대야까지), 한국인 조사들과 악기를 포함한 그들의 짐 등 제가 가져가야 할 짐의 양이 너무도 많아서 포드 차 두 대가 있어도 거의 싣지 못할 것입니다. 지금까지 저는 이 모든 짐들을 차 문 아래에 있는 좁은 판 위와 차 뒤편에 임시로 만든 물건 싣는 곳에다 실었습니다. 차 뒤쪽의 모든 덮개를 뜯어내서, 차의 뒤편에 저의 천막을 실을 수 있었고, 천막 위에 저의 조사들 네 명이 양반다리를 하고 앉습니다. 그래서 트레일러는 사용할 수 없었습니다. 그런데 저의 새 천막이 옛날 것보다 훨씬 커서 차에 더 이상 모든 것을 다 운반할 수는 없을 것입니다. 그래서 트레일러를 사용하기 시작할 것인데, 그 일은 이번 여정에서 하려고 계획 중입니다.

"닷지"와 같이 견고하고 충실한 차를 가진 것에 특별히 감사한 적이 있습니다. 윈 목사의 사역지인 운봉으로 가는 길에, 우리는 산의 개울을 건너야만 했습니다. 이 개울에 도착했을 때 전날 내린 많은 비로 인해서 개울이 심하게 불어있는 것을 발견했습니다. 아침에 반대편에서 T 모델 포드 차량이 그 개울을 건넜습니다. 그래서 우리도 건널 수 있을 것으로 생각했습니다. 그러나 우리는 그 포드 차량이 구형이라서 지면에서 운전석이 굉장히 높이 있다는 것과 그들이 내려올 때는 물의 흐름과 같은 방향으로 왔다는 것을 고려하지 못했습니다. 저도 건널 수 있을 것으로 생각하고 출발했습니다. 그러나 대각선으로 물을 거슬러 가야만 했습니다. 물살이 상당히 빨라서 그렇게 가니 차의 앞에 물이 쌓였습니다. 제가 개울의 한가운데서 내렸을 때 물은 차 문 아래 좁은 판을 넘어섰으며 앞쪽의 헤드라이트까지 물이 거의 찼습니다. 엔진이 꺼졌습니다. 기화기나 마그네토(magneto)에 물이 들어왔던 것은 아닌지 걱정되었고, 엔진이 고장난 것은 아닌지 걱정되었습니다. 저는 한국인들 몇 명을 불러서 밧줄로 잡아당겨 끌어내는 것을 상상해보았습니다. 그러나 다시 한번 시동을 걸어보자는 생각을 하고서는 기어를 중립에 두고 시동장치를 세게 밟았습니다. 마치 아무 일도 없었다는 듯이 엔진이 다시 살아났을 때 저의 기쁨을 상상하실 수 없을 것입니다. 개울 바닥에 큰 바위가 너무도 많아서 매우 조심스럽게 가야만 했으며 엔진에 충분한 연료를 넣지 못해서 그리고 너무도 엄청난 개울의 힘이 저에게 작용해서 엔진이 그만 멈춰버렸습니다. 그러자 저는 "무모하게 위험을 무릅쓰기보다는 신중을 기하는 것이 더 현명하다"라고 결정하고 후진하여 마른 땅으로 나왔고 가장 가까운 읍내로 갔으며, 그곳에서 밤을 보내고 나서 개울물이 줄어들자 다음날 우리의 목적지로 갔습니다. 이번과 다른 많은 경우에 저는 제가 의지할 수 있는 그렇게 견고하고 신뢰할만한 차를 가지게 된 것을 매우 고맙게 생각합니다.

우리의 실행위원회[4]가 내년도 우리의 예산에 대해서 어쩔 수 없이 내린 아주 큰 삭감에 대해서 여러분들은 분명 들으셨을 것입니다. 실행위원회가 처한 재정적 궁핍함 때문에 우리의 내년 예산을 현재 우리가 쓰

---

4 Executive Committee를 실행위원회로 번역함. 실행위원회는 미국남장로교 외지선교회 소속 부서로 이곳에서 해외선교에 관한 거의 모든 것을 정한다고 보면 됨. 일부 자료에는 이 위원회를 '해외전도국'으로 표현하기도 함.

고 있는 예산의 30% 아래로 삭감해야만 했습니다. 이 삭감은 우리 선교회에 소속된 총 다섯 선교부에서 두 선교부 전체에 대한 지원을 끊는 것과 같습니다. 우리의 학교들, 병원들, 그리고 전도 사역 모두가 어려움을 겪을 것입니다. 이 삭감은 특히 저에게 충격이 큽니다. 저는 제가 알지 못하는 어떤 방식으로 주님께서 이 삭감을 피하는 것이 가능하도록 해주시라고 기도하고 있습니다. 유용한 땅과 섬길 땅이 항상 더 많이 개방되고 있는 이때 저와 함께 이 기도에 동참하지 않으시렵니까?

제가 하고자 하는 사적인 또는 개인적인 모든 편지를 쓰는 것이 불가능하지만, 여러분들의 편지를 받는다는 것은 항상 큰 기쁨이라는 것은 확실합니다.

다시 한번 여러분들이 저와 저의 조사들이 하고자 하는 특별한 사역에서 저와 저의 조사들을 기억해주시고 계속해서 기도해주시길 간절히 요청합니다.

주님을 섬기는 여러분의 형제 W. F. Bull 배상.

1927년 12월 테네시 내쉬빌에서 수령함.
주소: 한국, 군산 W. F. Bull 목사
우표: 편지 5센트, 엽서 3센트

1927년 12월 6일

한국, 군산

사랑하는 친구들에게,

　뉴랜드 목사가 담당하는 교회 중 한 곳에서 우리가 최근에 열었던 집회에 대해서 뉴랜드 목사가 보고한 글을 테네시 내쉬빌에 있는 "통신 부서"를 통해서 여러분에게 보내드립니다. 그분이 제게 그 보고서를 보내면서 특별히 관심이 있는 고국에 있는 저의 친구 중 몇 명에게 보내는 것이 좋겠다고 하셨습니다.

　제가 이것을 보내드리는 것은 우리가 하고자 하는 것을 다른 사람의 눈으로 어떻게 보는지를 여러분들이 어느 정도 알 수 있기를 바라서이며 또한 이 특별한 사역에 대해서 여러분들이 기도하면서 계속해서 관심을 보여주시길 요청하기 위함입니다.

　　　　　주님을 섬기는 여러분의 형제 W. F. Bull 배상.

수신: 테네시 내쉬빌 1927년 12월
주소: 한국 군산, 미국남장로교 한국선교회 W. F. Bull 목사
우표: 편지 5센트, 엽서 3센트

불 목사의 천막전도

뉴랜드 목사

> "그들이 마치 목자 없는 양과 같았다.
> 그래서 예수께서 그들에게 여러 가지로 가르치기 시작하셨다."
>
> (마가복음 6:34)

작은 초가집 교회 앞에 큰 천막이 있다. 천막에서 교회 행진곡인 "믿는 사람들은 주의 군사니[1]"가 흘러나온다. 이 곡은 이따금 조(key)가 맞지 않고, 작곡가가 생각하기에는 필요하지 않다고 했을 몇 가지 음이 연주되는 7개의 악기로 구성된 밴드가 힘차게 연주한 것인데, 밴드는 단 한 번도 열정이 시들지 않고 앙코르를 기다리지도 않는다. 알토 호른을 가지고 있는 사람은 매서인인데 온종일 책을 판매하였다. 베이스 호른을 가지고 있는 사람은 지도자의 하인으로 지도자인 목사가 머무르는 방 주변에서 잡일을 하며 식사를 준비하느라 하루를 보냈다. 큰 시골 지역 사역지가 있는 두 명의 조사들은 트롬본과 세컨드 코넷을 연주하며 또 다른 매서인과 학생이 베이스 드럼과 스네어 드럼을 힘있게 친다. 밴드에서 음악훈련을 받은 사람이라곤 퍼스트 코넷 주자뿐인데 그는 부흥사의 비서로 독주도 하고, 때때로 피아노도 친다.

첫 선율이 천막을 둘러싸고 있는 마을에 들리자마자 군중들이 모여들기 시작한다. 선두에는 어디서나 보이는 아이들이 왁자지껄 천막 속으로

---

1 새찬송가 351장, 1871년, A. S. Sullivan 작곡.

무리 지어 들어온다. 아이들을 뒤따라 온갖 남자 어른들과 여자 어른들이 들어온다. 하루종일 허리가 끊어지게 일하고 나서 약간의 기분전환할 것을 찾는 막노동꾼, 여전히 논밭의 냄새가 따라붙어 다니는 농부, 자신들이 참석해서 전체 모임이 격이 있게 됐다는 생색을 내보이며 스스로 만족한 사무직원들, 확연히 못마땅해하는 표정이지만 어린아이들의 진지한 눈빛을 하고 밝게 밝혀진 실내를 보다 입이 벌어진 흰 머리의 남자 노인들이 그들이다.

그런데, 허리가 굽고 지친 여자들, 천박하게 화장하고, 천박하게 옷을 입은, 대범한 눈을 가진 여성들, 등에 어린아이들을 업은 엄마들, 낄낄거리는 어린 여학생들, 무책임하며 화를 막 내는 아이들, 못생긴 여자들, 매력적인 여자들, 바보스럽게 무지한 여자들, 그리고 총명한 얼굴을 한 지적인 여성들이 다수를 이루며 그들에게 배정된 부분으로 무리지어 들어간다.

바닥(즉 맨땅)에는 짚으로 만든 큰 깔판이 있는데 쌀을 건조할 때 주로 사용되는 것으로, 이 멍석들 위로 떼를 지어 몰려다니다가 부딪쳐서 혼란을 일으키는 빠르게 움직이는 무리들이 있다. 그런데 앞에 서서 모든 이들이 자리를 찾도록 살펴주는 기독교인 사역자 무리들이 있어 질서가 유지된다.

하급 관리나 부자가 눈에 띄는 행동을 하며 들어오면 가난한 사람들과 막노동꾼들이 즉시 일어서서 겸손한 복종을 보인다. 그들의 생계가 이들 엄한 얼굴과 튀어나온 술배를 가진 사람들의 마음 먹기에 달려있기 때문이다. 그들은 당연하다는 듯 앞줄 가장 가까운 곳의 옆면에 둔, 몇 안 되는 긴 의자를 마치 자기 것인 양 쓴다.

갓난아이가 크게 울자 여섯 명의 여자 어른들이 큰 소리로 아이의 우는 소리를 잠재운다. 한 소녀가 옆자리에 앉아있는 친구에 대해서 거리낌 없는 의견을 표현할 때 소년들 사이에서 싸움의 전조가 보인다.

덩치 큰 남학생들과 거들먹거리는 사무직원들이 이 모든 일들이 자신들의 사회적 지위에 맞는 것은 아니지만 이 행사에 윤기를 더해주고자 자신들이 참석했다는 것을 다른 사람들이 듣도록 말하기 시작한다.

이런 시간에 이 큰 천막이 가득 차고 적갈색 에인스코팅(wainscoting)이 세 면 모두를 장식할 때까지 밴드는 지치지 않고 "믿는 사람들은 주의 군사니"를 반복해서 연주한다. 갈 길을 잃은 양 천 마리가 선한 목자에 대해서 듣기 위해 참석한다. 그들 중 많은 사람이 말씀을 처음으로 듣게 된다.

이 모든 것이 준비되면, 집회를 시작하기 위해 설교자가 들어온다. 불 선교사처럼 한국어라는 어려운 언어를 사용하여 집회를 이끌 자격을 갖춘 사람은 없다. 불 선교사는 현지인의 언어를 뛰어나게 잘 사용하고, 영혼을 위한 불타오르는 사랑과 호소력이라는 아주 드문 선물을 가진 오늘날 한국의 저명한 부흥사 중의 한 명이다.

집회는 큰 종이에 적어 모두가 볼 수 있는 곳에 걸어놓은 친숙한 찬양을 부름으로써 열정적으로 시작된다. 집회의 이 부분이 특별히 어린아이들에게 호소력이 있어서 어린아이들은 모두가 자신이 낼 수 있는 목소리를 목청껏 내는데 놀랍게도 그 소리들은 잘 섞여서 어느 면에서는 듣는 사람들이 상당히 전율을 느끼는 곡이 되기도 한다.

기도 다음에 집회가 계속된다. 점차로 남자 노인들의 얼굴에서 외국인이 한국어를 한다는 사실에 대한 경이로운 표정이 사라진다. 곧 젊은 남자들 사이에서 오고 가던 거들먹거리는 눈짓들이 사라진다. 학생들은 고요 속으로 빠져들고, 밀치고 잡담하는 것이 그치고 천 명이 넘는 많은 군중이 연설자의 입술에서 쏟아져나오며 그의 열정적인 모든 몸동작에서 번쩍이는, 영혼을 뒤흔드는 메시지의 파도에 의해서 이리저리 휩쓸린다. 이교도(異敎徒)의 어리석음을 드러내는 이야기에 웃음의 파문이 일고, 그들의 연민을 불러일으키는 이야기에는 혀를 차는 소리와 숨을 갑자기들이마시며 침묵하는 것이 연이어 일어난다.

한 시간 동안 그들은 죄와 구원에 대한 이야기를 들이마시며 구세주의 사랑 이야기에 목마른 마음을 연다. 영혼을 멍하게 만드는 이교도의 어두움으로부터 그들은 예수 그리스도에게 새로운 삶이 있음을 보게 된다. 돌밭에서 그리고 육체를 찢는 가시떨기 속에서 그들을 찾는 구세주의 음성을 듣는다. 부드러운 목자를 믿도록 요청받을 때 그렇게 많은 청중 위로 적극적인 손이 올라간다. 조용하며 예의 바른 기독교인들은 나중에 그들을 방문하여 예수의 도를 좀 더 분명하게 가르쳐주도록 그들의 이름과 주소를 적는다.

일 주일간 이런 예배가 저의 교회 중의 하나에서 열렸으며 공동체 전체가 새로운 흥분으로 그리고 많은 경우에 새로운 생명으로 고동치고 있습니다. 불 선교사는 담당 지방에서의 과중한 사역에 더해서 이런 힘든 사역을 하고 있는데, 이 나라에 있는 우리 전체 교회가 한국인들 대상 부흥사로서의 그의 뛰어난 능력에 크게 빚을 지고 있습니다.

우리 한국교회는 전에 어느 때보다 오늘날 부흥이 필요합니다. 먹이를 찾아다니며 수를 불리고 있는 늑대무리가 잃어버린 양들의 몸과 영혼을 파괴하기 전에, 우리는 밖으로 나가서 잃어버린 양들을 찾기 위한 단호한 시도를 해야 합니다. 여기 우리가 하고 있으며 경이로운 결과를 낳고 있는 새로운 시도가 있습니다. 가능한 빠른 속도로 우리 사역에서 이 계획을 확장하라는 명령을 받을 것이 확실합니다. 그렇지만, 새로운 일이나 확장할 여지를 주지 않는 30%로 예산을 삭감하는 것 때문에, 불 선교사는 음악 지도자인 그의 비서를 다음 4월부터 잃게 될 것입니다. 기금의 부족 때문에, 이렇게 열매 맺는 노력의 흐름을 멈추게 되거나 적어도 이 흐름이 단순한 소량의 물로 줄어들 것입니다.

그는 군중들을 불러 모으는 데 아주 유용한, 밴드의 다른 구성원들도 잃게 될 것입니다. 조사들의 봉급에서 1/4을 삭감할 것이기 때문입니다. 그가 우리 담당 지방으로 오기를 바란다면 우리가 개인적으로 그 비용을 부담해야 합니다. 그러지 못하면 영혼을 구원하는 큰 기회를 우리가 잃게 될 것입니다.

주님께서 "내 양을 먹이라[2]" 말씀하십니다. 그런데 "보내심을 받지 않으면 어떻게 가르칠 것입니까?[3]"

한국 광주에서 L. T. Newland 배상.

---

2 요한복음 21장 17절. "세 번째 이르시되 요한의 아들 시몬아 네가 나를 사랑하느냐 하시니 주께서 세 번째 네가 나를 사랑하느냐 하시므로 베드로가 근심하여 이르되 주님 모든 것을 아시오매 내가 주님을 사랑하는 줄을 주님께서 아시나이다 예수께서 이르시되 내 양을 먹이라."
3 로마서 10장 15절. "보내심을 받지 아니하였으면 어찌 전파하리요 기록된 바 아름답도다 좋은 소식을 전하는 자들의 발이여 함과 같으니라."

1928년

군선선교부에 제출한 불 선교사 개인 사역 보고서(1927~1928)

"만복의 근원 하나님을 찬양합니다[1]"라는 말과 함께 이 보고서를 쓸 수밖에 없습니다. 왜냐면 지난해가 정말로 온갖 축복으로 가득하고 넘쳤기 때문입니다. 우선, 주님께서 우리에게 주신 아주 좋은 건강 때문에 주님을 찬양합니다. "특별한 방해 없이 계속해나갈 수 있게" 허락해주셔서 찬양 드립니다.

저희에게 이렇게 좋은 건강을 허락하신 하나님의 선하심으로 인해서, 어떠한 특별한 방해 없이 우리는 아주 충만하며 벅찬 프로그램을 계획하고 실행할 수 있었습니다. 이 모든 것에 대해서 우리는 주님의 거룩한 이름을 찬양합니다.

연례회의에서 돌아오고서, 우리는 7월에 있는 여학교의 종업(終業)까지 집에 머물렀다가 매우 필요한 휴식과 변화를 위해 원산해변으로 갔습니다. 우리는 그곳에서 단지 3주만 있을 수 있었지만, 휴식과 여가, 특히 그곳이 제공한 우정은 아주 만족스러웠고 덕분에 기분이 상쾌해졌습니다. 우리는 사역에서 해야 할 책무들을 새롭게 시작하기에 훨씬 "더 적합한" 상태를 느끼며 군산선교부로 복귀했습니다.

봄과 가을에 저의 담당 지방에 있는 교회들을 심방한 것에 더해서, 우리는 탈마지 목사의 담당 지방인 담양, 뉴랜드 목사의 담당 지방인 송정리, 하퍼 목사의 담당 지방인 영암, 해리슨 목사(Mr. Harrison)[2]의 담

---

1 찬송가 1장 : 송영(頌詠, Doxology).

당 지방인 와리[3](瓦里 Wah Ri), 그리고 저 자신의 담당 지방인 만경에서 전도 집회를 열었습니다. 이 모든 곳에서 우리는 많은 군중을 모았으며, 많은 사람이 기독교에 많은 관심을 가졌으며 믿겠다는 많은 사람이 있었습니다.

탈마지 목사가 우리의 전도 집회가 있은 지 6개월 뒤인 4월 18일자 편지에 "담양에서의 집회 결과에 대해서 생각나는 것을 간단히 씁니다. 교회가 꾸준히 성장하고 있는 것에 대해서 너무도 기쁩니다. 많은 수의 새로운 사람들이 교회로 왔습니다. 지난주일에는 목사를 청빙(請聘)했고, 장로와 집사를 선출했으며, 대여섯 명이 세례를 받아 교인이 되었고, 많은 수가 학습교인이 되었습니다. 교회는 차고 넘쳤습니다."라고 썼습니다.

송정리에서의 집회 후에, 뉴랜드 목사는 "전체 공동체가 새로운 흥분으로 고동치고 있습니다. 많은 경우 새로운 삶으로 고동치고 있습니다."라고 편지에 썼습니다.

와리에 있는 교회는 몇 달간 폐쇄되어있었는데, 와리에서의 전도 집회 이후 6개월간 사람들이 정기적으로 모였으며 평균적으로 약 60명이 참석했습니다.

전반적으로 전체 사역지에 있어서 교회가 처한 상황들은 아주 고무적입니다. 거의 죽었던 것처럼 보였던 또는 절대적으로 가망없어 보였던 교회들이 새로운 삶을 갖게 되고, 건강하고 복된 성장이라는 눈에 띄는 표시를 보입니다. 금산에 있는 교회는 몇 년간 가망 없어 보여서 결국 교회 문을 닫았으며 모임도 그쳤습니다. (교회는 영원히 죽은 것처럼 보였습니다.) 그런데 이번 봄에 그들은 예배를 재개했으며 제가 주중에 오전 11시에 그들을 심방 갔을 때 19명의 성도가 예배를 위해 모여있는 것을

---

2 William Butler Harrison(1866.9.13.~1928.9.22.), 한국명은 하위렴(河偉廉).
3 현 전북 익산시 함열읍 와리.

봤고, 새로운 삶과 열정을 보이는 표시를 관찰할 수 있었습니다.

몇 년 전에 고사(Kosa) 마을에 교회가 세워졌습니다. 고사리는 주로 최 씨 가문이 모여 사는 곳입니다. 그들은 공공연히 열렬한 공자의 추종자로, 열광적으로 조상을 숭배하기에 그들 마을에 교회가 설립되는 것을 심하게 반대했으며 마을 교회와 어떤 관계된 맺지않기로 서로 맹세하여 한 몸이 되었고, 마을 교회와 연관된 사람은 마을 사람이건 가문 사람이건 누구라도 추방하기로 의견을 모았습니다. 그 교회에서 특별한 집회를 하려고 했을 때 저희는 극렬한 반대에 직면했습니다. 그 마을 우두머리는 아무도 그 집회에 참석하지 못하도록 하는 명령을 돌렸고, 집회에 참석하고자 하는 사람을 돌려보내려고 길에 사람들을 배치했습니다. 그리고 실제로 집회에 와서는, 길을 지키는 사람들을 피해서 집회에 참석한 사람들을 불러냈습니다. 그렇게 강하고 조직된 반대를 극복하고 작년에 그 교회는 지속적인 성장을 경험했습니다. 이번 봄에 심방해서 보니 그 교회는 대적자들에 대해서 훨씬 더한 승리를 계획하고 있으며 이번 가을에 새로운 좋은 교회당을 건축할 계획을 하고 있는 활짝 깬 성도들로 가득 차 있었습니다.

대동리[4](Tal Tong Ni)에 있는 교회도 또한 몇 년간 안쓰러울 정도로 연약했습니다. 아주 보수적인 양반들이 주를 이루는 큰 마을에 있는 그 교회는, 마을 사람들에게 큰 인상을 남기지 못했는데 이삼 주 전에 저희가 그곳에 갔을 때 교회 성도들이 전적으로 그들 자신의 비용으로 그리고 스스로 주도적으로 교회의 크기를 두 배 이상으로 만들었으며, 교회 구성원들뿐 아니라 교회에 대해서 완전히 무관심했거나 공개적으로 반대했던 사람 중 많은 사람 사이에 복음에 대한 확고한 관심이 생겼습니다.

두말(Tumal)에 있는 성도들은 세례받은 사람들이 20여 명일 뿐인데,

---

4 전북 김제시 만경읍 대동리.

그곳에 약 1,500엔으로 작고 아름다운 교회를 최근에 세웠습니다. 그들은 보통의 농부계급인데 그들의 열정과 헌신을 통해 이런 큰 업적을 성취했습니다. 이번 해의 가장 만족스러운 것 중 하나는 부안 읍내에 있는 두 개의 교회가 (제가 바라건대) 최종적으로 또한 완벽하게 재결합하는 것입니다. 그곳에 있는 교회는 거의 희망을 가질 수 없을 정도로 의견 불일치로 인해서 쪼개졌으며 그들을 화해시키려는 모든 시도를 실제적으로 무시했습니다. 지난봄에 김익두 목사가 인도한 특별 집회의 결과로 그들은 "화해"하고 하나의 교회를 이루기로 결정했습니다. 그들은 즉시 목사를 청빙하고 최근에 평양신학교를 졸업한 이근호 목사의 시무[5]를 확보했습니다. 다툼의 주원인이었던 두 개의 교회당은 허물어졌으며 서로 하나가 된 성도들이 새로운 큰 교회에서 예배를 드리고 있습니다.

오월에 저는 매키천 목사의 담당 지방에서 집회를 열며 3주간 있었습니다. 우리는 보령, 웅천, 그리고 남포 읍내에서 각 1주간 있었습니다. 이 장소들마다 많은 군중이 있었으며, 복음에 많은 관심이 있었고, 믿겠다는 사람들이 많았습니다. 세 곳 각각에서 이런 집회의 결과로 40에서 50명의 새로운 이름이 등록되었습니다. 연약하고 어린 교회들이 크게 고무되었고 강화되었습니다. 그리고 보령에 있는 감리교회를 포함해서 근처에 있는 교회들이 이 집회의 혜택을 크게 누렸으며, 근처 교회들을 대표하는 사람들이 매일 저녁 집회에 참석했습니다.

우리는 웅천에서 아주 흥미로운 경험을 했습니다. 저희들이 그곳에 있는 동안에 곡마단(曲馬團)이 읍내로 왔습니다. 단원은 20여 명이었습니다. 그들은 오후에 그들의 쇼를 정력적으로 홍보했습니다. 그 지역 기독교인들과 심지어 우리 자신의 사역자들도 크게 낙담하였으며, 그들이 이

---

5 부안읍과당상리교회에서리근호목수를전도목수로련합청빙함은히시찰회에전권으로밋긔여처리캐하시오며(『전북노회 회의록 제1회~36회』, 1387쪽).

렇게 관심을 끌면 우리의 천막이 텅 빌 것이고 집회도 해산될 것이라고 느꼈습니다. 비록 그 서커스가 입장료를 부과했지만, 그들은 대중들이 그들의 천막으로 오고 우리의 천막으로는 가지 않을거라고 느꼈습니다. 이른 저녁에 우리 밴드가 동산 위에 친 우리 천막으로 가서 열정적으로 연주하기 시작했습니다. 곡마단은 시장에 천막을 치고 있었고 그들의 악단이 사람들을 그들의 공연으로 데리고 오려고 정력적으로 연주하기 시작했습니다. 우리의 집회가 시작할 즈음 사람들이 동산으로 올라와서 우리 천막으로 들어오기 시작했습니다. 곧 우리의 천막은 그곳에서 우리가 가졌던 가장 많은 군중으로 가득 찼습니다. 곡마단의 밴드가 시장에서 여전히 연주하고 있었지만, 그들은 겨우 세 장의 입장권만을 팔았을 뿐입니다. 그래서 그들은 그날 저녁 공연을 취소하기로 결정하고, 서커스의 모든 단원이 우리 집회에 왔습니다. 다음날 그들은 가방과 짐을 싸서 다른 곳으로 떠났습니다. 우리 조사들뿐 아니라 지역의 기독교인들이 모두 그날 밤 악마가 우리를 이기지 못한 것에 대해서 크게 기뻐했습니다.

저는 교회들을 돌아다니다 보면서 거의 보편적인 희망의 기운, 새로운 열망과 에너지의 기운을 관찰했습니다. 제가 심방한 저의 담당 지방뿐 아니라 다른 분들의 담당 지방까지 모든 곳에서 관심과 열정이 분명히 깨어났습니다. 제가 길에서, 기차에서, 혹은 집회에서 사람들과 이야기할 때 저는 몇 년간 없었던 관심을 발견하였습니다. 우리 집회 몇 군데에서 집회를 마칠 때 저는 천막 주변에 누군가가 나와서 말을 건네주기를 바라는 사람들이 서 있는 것을 발견했습니다. 최근에 교회에 온 사람 중 몇 명에게 누가 먼저 와서 말을 건넸는지 또는 어떻게 기독교인이 되도록 인도되었는지를 물었을 때 그들은 특정한 누군가가 자신들에게 와서 말을 건넸다고 말하지 않았습니다. 믿고자 하는 욕망이 "그들의 심장에서 튀어나왔다"라고 했습니다. 이것이 제가 한국에서 부흥의 또 다른 시기에 발견한 아주 흥미로운 점 중 하나인데, 각양각색의 남녀가 교회를 찾고 있으며, 그들에게 누군가가 개인적으로 호소해서가 아니고 기독교인이 되고자 하는 욕망이 그들의 심장에서 "그저 튀어나왔다"라고 말을 한다는 것입니다.

평상시처럼, 우리의 남사경회는 1년의 사역 중에서 가장 훌륭하며 뛰어난 특색 중의 하나입니다. 올해 특별 연사에 대한 우리의 선택에 대해서 아주 행복해합니다. 주님께서 우리에게 보내주신 서울에 있는 감리교회의 홍순택 목사라는 아주 훌륭한 분에 대해서 정말 감사를 드립니다. 그분의 말씀은 아주 영적이었으며 그 말씀에서 나오는 영향력이 여전히 우리 담당 지방 전체에서 느껴지고 있습니다. 등록자는 315명뿐이었으나 약 500명의 남자 어른들이 참석했습니다.

제가 단독으로 담당하는 교회에 52명이 세례자로 입교했으며, 51명이 학습교인이 되었습니다. 저와 동역하는 목사들은 34명을 세례자로 14명을 학습자로 받아들였습니다.

위와 같이 제출합니다.

W. F. Bull

1928년 4월 13일

한국, 군산

고국에 있는 사랑하는 친구들에게,

어제 시골에서 돌아왔는데, 내일 또 다른 시골 여정에 나서야 합니다. 그래서 오늘 정말 바쁩니다. 그렇지만 편지를 한 지 너무도 오래되었고, 편지할 또 다른 기회를 가지게 될지 알 수 없기에 비록 너무 서둘러 쓴 편지가 될지라도 오늘 여러분에게 편지를 써 보내야만 한다고 느낍니다.

무엇보다, 예산 삭감이 피해졌다는 즐거운 소식이 담긴 전보 때문에 며칠 전 우리 모두가 대단히 행복했다는 것을 말씀드리고자 합니다. 군산에 있는 우리는 너무도 기뻐서 즉시 함께 모여 감사와 찬양 예배를 드리고 싶었습니다. 우리를 살려주고 예산 삭감이 실제로 일어나지 않도록 하라는 것을 주님의 백성의 마음속에 넣어주신 선하신 주님께 감사를 드리면서 또한 아주 특별한 방식으로 우리의 이 위대한 사역에 동참하는 모든 선한 친구들에게 감사드렸습니다. 저는 여러분에게 저의 개인적인 감사의 마음을 전합니다. 이 일이 어느 누구도 알 수 없을 정도로 (우리의 사역이 더 맞는 표현입니다만) 저의 사역과 저에게 의미하는 바가 컸기 때문입니다.

예산 삭감이 되었다면 저의 비서겸 음악 지도자인 사람에 대한 비용이 완전히 없어지고, 시골 교회 학교가 문을 닫게 되며 13개의 교회를 돌보는 전도하는 조사 한 명이 그만둔다는 것을 의미했습니다. 저는 천막 수리비와 전반적인 유지비로 제가 사용할 수 있게 맡겨진 기금을 사용할 수 있도록 기부자들로부터 승낙받아서 저의 비서를 곁에 둘 수 있기를 희망했었습니다.(그 사람 없이는 어떻게 살아야 할지 저는 거의 알 수가 없습니다.) 그렇지만 그 시골 교회 학교를 계속할 희망은 절대적으로 없었으며, 제가 아는 한 교회 중의 아주 많은 수를 돌보고 있는 이 조사를 계속 데리고 있을 수가 없었습니다. 크게 기뻐하며 저는 교회들에 편지를 써서 긴축할 필요가 없어졌고 우리가 그들을 계속 도울 수 있다는 것을 말했습니다.

천막에 대해서 말씀드리자면, 우리가 그 천막을 가지고 치렀던 지난 연이은 집회 동안에 폭풍으로 아주 심하게 피해를 입었습니다. 그래서 저는 세 명의 남자를 시켜서 5일간이나 그 피해 부분을 수리하도록 했습니다. 지금은 새것처럼 좋아졌다는 말씀을 드리게 되어 기쁩니다. 천막에 사용하는 줄을 훔쳐 가는 도둑들 때문에 아주 골치가 아픕니다. 한국인들은 천막을 설치하는데 제가 사용한 마닐라(Manila)[1] 밧줄처럼 좋은 밧줄을 가지고 있지 않습니다. 그래서 그 밧줄들이 한국인들에게 큰 유혹 거리가 되며 한국인들은 빈번하게 그 줄을 잘라서 가져가 버립니다. 예산 삭감 문제가 해결되었기에 저는 천막 유지비와 다른 운영경비를 포함해서 춘계 전도 집회를 좋게 마무리할 충분한 기금을 갖게 되어서 사랑하는 주님과 저의 선한 친구들에게 정말 감사드립니다. 또한 저의 훌륭한 "닷지"(햄든 시드니 전도 차량)가 제가 필요로 하는 사역에서 잘 버티고 있고 상태가 아주 좋은 점을 감사드립니다. 그러나 나쁜 도로와 실어 나르는 무거운 짐 때문에 이 차는 아주 많은 연료를 소비합니다.

제가 막 떠나려고 하는 여정은 저의 담당 지방에 있는 한 무리의 교회들에 대한 정기 춘계 심방입니다. 저는 8일간 나가 있을 것이며 일곱

---

1 아바카 나무의 잎줄기로부터 얻은 마닐라삼 섬유를 원료로 하여 만든 밧줄. 매우 질겨 선박용으로 쓰임.

교회를 심방해서 학습과 세례 문답을 하며, 성례전을 집행하고, 필요한 곳에 권징(勸懲)할 일이 있나 살펴서 권징하며, 각 교회에서 두세 차례 설교할 것입니다.

제가 심방할 첫 번째 교회이며 이틀을 머물 곳에서 저는 군대용 간이침대에서 잘 것인데, 그 방은 누워서 쭉 뻗으면 양 면의 벽에 닿을 수 있는 아주 작은 방입니다. 그 후 며칠 뒤에 심방할 교회에서는 저는 저의 간이침대에 누워 손을 위로 뻗으면 천장에 닿을 수 있습니다.

이 모든 순회전도여행에서 간이침대와 침구, 음식과 조리 도구, 세숫대야, 전등 등 저에게 필요한 것을 사실상 모두 가져가야만 합니다. 특히 이맘 때나 지금부터 저의 순회전도여행 장비 중에 계속 챙겨가는 것에는 상당히 많은 벼룩 약이 있습니다. 한국 가정에는 실제로 벼룩이 득실거립니다. 저는 저의 슬픈 경험으로부터 벼룩이 사람들을 존중하는 것이 아님을 배웠습니다. 우리는 여름에 해당하는 달들 전에 모든 순회전도여행을 마치고 와야 합니다. 그 후로는 모기와 다른 해충들이 시골에서의 삶을 정말 견딜 수 없게 만들기 때문입니다.

그 여정에서 돌아오자마자, 저는 집에 하루만 있을 것이며 강을 건너서 충청도로 가서 매키천 목사의 담당 지방에서 두 번의 전도 집회를 열 것입니다. 충청도에서 돌아오면 저는 저의 담당 지방에 있는 한 무리의 교회를 심방할 것인데 그렇게 되면 저의 춘계 순회전도여행이 끝나게 됩니다. 그런 다음에 저는 스위코드 목사(Mr. Swicord)[2]의 담당 지방에서 2주간 전도 집회를 열 것입니다.

제가 시골로 가기 전에 서둘러서 여러분에게 이 편지를 써 보내려고 하는 특별한 이유는 여러분의 기도에 아주 특별한 관심거리를 요청하기 위함입니다. 저는 아주 꽉 찬 계획이 있습니다. 그리고 저는 우리의 집회

---

2 Donald Augustus Swicord(1894.8.21.~1969.2.20.), 한국명은 서국태(徐國泰).

에 성령의 임재의 필요성을 특별히 느끼고 있습니다. "만군의 여호와께서 말씀하시되 이는 힘으로 되지 아니하며 능력으로 되지 아니하고 오직 나의 영으로 되느니라.³" 라고 하셨기 때문이며 주님께서 힘으로 우리와 함께 하지 않으시면, 우리가 수고하는 모든 것이 쓸모없기 때문입니다. 우리에게 더 크고 더 넓은 사역지가 항상 열리고 있는데, 저의 조사들로 이루어진 군대를 잘 훈련하여 그들을 아주 능력 있는 사역자들로 만들고자 하는 것이 저의 큰 욕망입니다. 저는 최근에 서울로 올라와서 집회를 열어달라는 아주 긴급한 초대를 받았습니다. 그러나 선약 때문에 서울로 가는 것이 불가능했습니다. 이 말씀을 드리는 것은 우리 앞에 있는 기회들을 여러분들에게 보여주기 위함이며 주님께서 우리에게 이런 기회를 주시고 계시니 이 기회를 최대한 이용 할 수 있는 힘을 우리에게 주시라고 여러분들이 특별히 관심 갖고 주님께 기도해주십사하는 것입니다.

주님께서 우리에게 참여하도록 특혜를 주신, 이 큰 사역에 있어서 여러분들의 계속된 관심에 대해 정말 마음 깊이 고마워한다는 것을 다시금 여러분에게 확신시켜드리며, 또한 고국에서 사랑하는 친구들에게서 온 편지는 항상 "목마른 영혼에 시원한 물과 같다⁴"라는 말씀드립니다.

주님을 섬기는 여러분의 형제 W. F. Bull 배상.

---

3 스가랴 4장 6절.
4 잠언 25장 25절. "먼 땅에서 오는 좋은 기별은 목마른 사람에게 냉수와 같으니라."

1928년 8월 8일

한국, 군산

고국에 있는 사랑하는 친구들에게,

저는 막 일본 가루이자와(輕井澤)에서 돌아왔는데, 조선예수교연합공의
회(朝鮮예수敎聯合公議會)의 우호 사절단으로 일본기독교회동맹(Federation
of Missions in Japan)의 연례회의에 참석하러 그곳에 다녀왔습니다. 이 공
의회(conference)에 참석하려고 일본으로 간 시기가 넷째이면서 막내인
앨비가 9월 애그너스 스콧(Agnes Scott) 대학으로 입학하기 위해 미국으로
떠나는 시기와 다행히 겹쳤습니다. 그래서 저는 딸과 함께 일본까지 왔으
며 딸이 배에 오르는 것과 요코하마에서 출발하는 것을 봤습니다. 딸에게
작별 인사를 하고, 저는 회의를 위해 가루이자와로 올라갔습니다. 이 공의
회에는 32개의 선교회와 조직들이 참석했습니다.

가루이자와는 일본의 산맥 높은 곳에 있는 아주 아름다운 곳입니다.
이 아름다운 장소는 여름철 도시의 열기에서 벗어나려고 그곳으로 가기
시작한 몇 선교사들에 의해서 몇 년 전에 발견되었습니다.[1] 이제 이곳은
사람들이 여름에 휴양지로 많이 찾는 곳이 되었습니다. 매년 그곳으로
아주 많은 수의 선교사들과 사업가들이 갑니다. 많은 선교회에서 연례회
의를 그곳에서 개최할 뿐 아니라 일본기독교회동맹도 매년 그곳에서 공

---

[1] 가루이자와에 대한 소개는 랭킨(Nellie B. Rankin) 선교사가 1910년 8월 24일 일본,
내해에서 보낸 편지에 이미 나와 있음. 넬리 랭킨, 송상훈 역, 『기전여학교 교장 랭킨
선교사 편지』(보고사, 2022), 212-7쪽 참조.

의회를 엽니다.

일본에 있는 기독교회와 한국에 있는 기독교회 사이의 관계를 더 가까이할 목적으로, 우리는 지난 몇 년간 우호 사절단을 교류했습니다. 올해는 제가 한국에서 대표단으로 가는 영광을 누렸습니다. 딸 앨비에게 작별 인사를 하는 것을 제외하고는 이번 일본 여정은 아주 즐거운 경험이었습니다.

여름 가장 뜨거운 때에 군산선교부로 돌아왔지만, 많은 힘을 요구하는 일에 곧바로 뛰어들어야만 했습니다. 건강의 이유로 매키천 목사가 여전히 미국에 묶여있고, 건강이 나빠진 해리슨 목사는 우리를 떠났고 사실상 되돌아온다는 희망이 없기에, 저는 (약 여든 개의 교회를 품는) 세 명의 담당 지방을 돌봐야만 합니다. 물론 140명의 학생과 6명의 교사가 있는 우리 남자학교를 돌보는 것은 말할 것도 없습니다. 저의 아내는 군산 멜볼딘(Kunsan Mary Baldwin) 여학교의 교장인데 남학교와 멜볼딘 학교는 9월 초에 둘 다 개학합니다. 그래서 개학에 맞춰 학교 건물을 쓸 수 있도록 준비하는 것 등에 해야할 일이 정말로 많습니다.

여러분들에게 편지를 써 보낸 지가 몇 달이 되었습니다. 그렇지만 제가 편지 쓸 생각을 하지 않았거나 편지에 써 보낼 어떤 특별한 일들이 없었기 때문도 아닙니다. 그 반대가 맞습니다. 편지에 쓸 내용은 너무도 많습니다만 편지를 쓸 시간을 갖지 못했습니다. 매일 너무 일정이 빡빡해서 제가 하고자 하는 것 중 절반을 할 시간도 찾지 못합니다.

제가 담당하는 지방에 있는 모든 교회에 대한 정기적인 춘계 심방에 더하여, 매키천 목사의 담당 지방에서 세 번의 전도 집회를 여는 개인적 영광을 얻었습니다. 그 지방에는 삼사 년 동안 정말 긴급하게 그리고 끊임없이 자신들이 있는 곳으로 건너와서 특별 집회를 열어달라고 요청한 너무도 약한 일단의 교회들이 있습니다. 그런데 사역의 압박 때문에 저희가 그 일에 신경 쓰지 못했습니다. 그렇지만, 그들의 요구가 너무도 끈질겼기에 우리는 이번 봄에 서울에 있는 가장 큰 장로교회를 포함해서 좀 더 큰 장소들에서 온 요청을 거절했습니다. 비록 이런 교회들이 작지만 모두 전략적으로 중요한 곳에 자리 잡고 있습니다. 그래서 우리는 그 부분에 상당한 시간을 쏟는 것이 좋겠다고 느꼈습니다. 결과는 우리의 결정이 옳았다는 것 이상을 보여주었습니다. 매일 밤 각 장소에서 많은 군중을 모았으며, 많은 사람이 그리스도를 믿기로 결심했습니다. 그곳 교회들 자체도 크게 부흥했으며 집회의 결과에 아주 행복했습니다.

우리가 집회를 열었던 교회 중의 하나는 큰 장터에 있습니다. 우리는 읍내의 가장 자리 부분의 동산에 있는 아름다운 소나무 숲에 천막을 쳤으며 매일 밤 상당한 사람들과 많은 관심을 끌었습니다. 우리가 집회를 삼사일 진행하고 있었는데 유랑극단이 읍내로 들어와서는 시장통에 천막을 쳤습니다. 그 지역 기독교인들과 심지어 우리 전도대도 크게 고민이 되었습니다. 대항인력(對抗引力)이 너무도 커서 우리 천막이 비어버리고 우리 집회가 해산되는 것은 아닌지 걱정했습니다. 우리 전도대가 집회를 알리기 위해서 평상시처럼 읍내와 주변 마을로 나갔습니다. 유랑악단도 더 한층 열심히 선전했습니다. 그날 저녁 식사 이후, 우리 집회가 시작될 시간이 다가오자, 군중들을 모으기 위해 우리 전도대는 하던 대로 천막으로 가서 연주하기 시작했습니다. 보통 군중들이 모여들 때 천막 안에서 연주하는데, 이 특정한 저녁에는 천막 밖으로 가서, 제가 들어본 적이 없었던 것 같은 아주 활기찬 음악을 연주했습니다. 유랑극단의 악단은 장터에서 자리를 잡고 있었으며 그들의 천막으로 군중들을 끌어오기 위해서 꽹과리를 치며 요란한 소리를 냈습니다. 저녁 일찍 군중들이 동산으로 올라와 우리 천막으로 쏟아져 들어오기 시작해서 곧 그곳에서 모였던 중 가장 큰 군중들로 천막이 가득 찼습니다. 우리 천막이 빠른 속도로 채워지는 것과 우리 집회가 해산될 것이라는 염려가 사라지는 것을 본 이 지역의 기독교인들과 우리 전도대보다 더 행복해하는 무리를 저는 본 적이 없습니다. 우리 천막이 차고 제가 설교할 준비를 마치자, 저의 조사 중 한 명이 와서는 유랑극단이 그날 밤 표를 단지 세 장만 팔 수밖에 없어서 그들의 공연을 취소했고 단원 전체가 우리의 집회에 왔다는 것을 귓속말로 알려줬습니다. 그런 다음 그 조사는 군중들 가장자리에 있는 유랑극단 단원들을 제게 손짓으로 알려줬습니다. 그들은 상당히 많은 수였습니다. 이렇게 되자 저는 복음이 닿는 범위 속으로 자주 들어오지 않는 무리에게 설교할 좋은 기회를 얻게 되었습니다. 한국 공연은 항상 아주 부도덕한 것들입니다. 그래서 기독교인들은 자신들이 염려했듯이 우리의 집회가 해산되지 않았으며 복음이 어둠의 세력을 이겼다는 사실에 환하게 웃으며 행복해했습니다.

우리 한국선교회 연례회의가 올해는 전주에서 6월 14일부터 시작되었습니다. 다섯 선교부로 구성된 우리 선교회에 제출한 각 선교부의 올해 보고서는 지금까지 상당한 세월 동안의 보고서 중에서 가장 고무적인 보고서였습니다. 각 선교부는 의료와 교육뿐 아니라 모든 노선에 있어서 특히 전도 노선에서 두드러진 진보가 있었음을 보고했습니다. 우리 선교회 전체에 있는 교회가 새로운 생명의 모습을 갖게 되었으며 두드러진 발전을 이뤘습니다. 전주는 이곳에서 32마일 떨어져 있는데, 보통은 길이 아주 좋습니다. 그래서 우리는 "헴든 시드니 전도 차량"을 타고 그곳으로 갔습니다. 그런데 만약에 정부에서 최근에 "도로 공사"를 하지 않았었다면 다시 이곳으로 오는 여정도 아주 기뻤을 것입니다. 정부의 도로 공사는 (칼날과 같은 모서리가 있는) 쪼개진 돌로 도로를 4인치 깊이로 덮는 것으로 이루어져 있는데 이런 도로 위를 달려서 평평한 표면으로 만들어 쓰는 것은 통행하는 것들의 몫이 되었습니다. 부득이하게 소달구지, 마차, 자동차가 길을 닦는 증기 롤러의 일을 합니다. 전주로 가면서 바퀴에 구멍이 두 번 났습니다. 연례회의가 진행 중에 저는 군산 책방[2] (Kunsan Book Room)과 관련한 문제를 풀기 위해 특별위원회원들을 군산으로 데리고 가야 했습니다. 군산으로 가는 길에 구멍이 두 개 더 났으며, 전주로 오는 길에 한 번 더 났고, 제가 최종적으로 군산으로 돌아갈 때 한 번 더 났습니다. 이 모든 것은 이곳에서 유행 중인 훌륭한 도로 공사 방법 때문입니다.

"로드히버 전도대"의 엽서를 이번 편지에 여러분에게 보내드립니다. 고국에 있는 저의 특별한 친구들에게 이들 젊은이들을 소개해 드리고 싶기 때문입니다. 이들은 정말 좋은 젊은이들입니다. 그리고 제 생각에는 여러분이 알아두실 가치가 충분합니다. 저의 대원들이 제가 처음 조직한 이후로 많이 바뀌어서 영구적인 조직을 갖기는 어려울 수 있지만, 앞으로 몇 년은 제가 신뢰 할 수 있는 대원들을 갖게 되었다고 믿습니다. 대원 모두가 이 특별한 사역에 열성적으로 관심을 보이며 제가 믿기로는 제가 그들을 데리고 있으려고 하는 만큼이나 그들도 또한 이 전도대에 계속 있고자 합니다. 이 사진의 오른쪽에 트롬본을 가지고 있는 청년은 저의 전도 조사 중 한 명입니다. 그 사람 앞의 그의 부모님은 기독교인이었으며, 그는 어린아이였을 때부터 기독교인이었습니다. 그는 지금 모(母)교회에서 장로로 있는데, 실제 안수받지 않은 목사로서 일곱 교회로 된 소집단을 섬기고 있습니다. 그는 또한 목사직을 위해 공부하고 있는 학생입니다. 저의 왼쪽 아래 바로 뒤에 코넷을 가지고 서 있는 청년도 시골 지역 조사입니다. 그는 저와 함께 전도 집회하러 나와 있지 않을 때는 여러 교회를 돌보고 있습니다. 그 사람 오른쪽에 바리톤 호른을 가지고 있는 사람은 영국성서공회 매서인인데, 저의 담당 지방에서 일하

---

2   책방은 예수교서회와 깊이 관련됨. 1890년 6월 25일 설립된 The Korean Religious Track Society(죠션셩교셔회(朝鮮聖教書會))가 1907년 죠션예수교셔회(朝鮮耶蘇教書會)로 명칭을 변경함, 이후 1939년 조선기독교서회(朝鮮基督教書會), 1948년 8월 대한기독교서회(大韓基督教書會)로 개칭함. 서회는 "조선어로 기독교 서적과 전도지와 정기간행물의 잡지류를 발행하여 전국에 보급하기 위하여" 설립됨. https://www.clsk.org/history.php?bo_table=intro

고 있으며 제가 감독하고 있습니다. 그는 우리의 모든 전도 여행에 함께 하며, 낮 동안 자신의 일을 하고 밤에는 천막에서 음악과 개인적 일을 도우며, 책에 대한 관심을 갖고 책을 사고자 하는 사람이 있다면 그 사람에게 판매할 책을 가지고 있습니다. 이 사진의 맨 왼쪽에 바리톤 호른을 가지고 서 있는 사람은 저의 시골 사역 때 요리사이며, 잔심부름을 하는 사람입니다. 한국 음식을 먹을 수 없기에, 우리는 먹을 것을 챙겨가야 합니다. 시골 지역에는 우리 음식을 준비할 줄 아는 사람이 없기에 우리는 요리할 수 있는 사람을 데리고 가야만 합니다. 저의 오른쪽에 앉아있는 청년은 저의 비서로, 한국어로 된 교신문서를 모두 관리하며, 많은 면에서 정말 없어서는 안 될 사람입니다. 그는 3년 전 서울에 있는 북장로교가 세운 큰 규모의 남학교를 졸업했습니다. 약 15년간 음악을 공부했으며, 상당히 뛰어난 음악가입니다. 그는 피아노와 오르간을 연주하며 전도대에 있는 어떤 악기든 연주합니다. 대원들의 분야에 맞는 음악을 작곡하며, 그들에게 어떻게 연주하는지를 가르칩니다. 또한 그는 뛰어난 독창가수이며 우리 집회에 훌륭한 도움이 되는 사람입니다.

이 청년들은 모두가 아주 매력적이며 우리가 가는 곳 어디서나 아주 호의적인 인상을 심어주어서 그들이 저와 함께 있다는 바로 그것이 복음의 힘 즉 그들의 깨끗한 얼굴과 매력적인 성품에 대한 증언입니다. 그들이 우리 사역의 영적인 면에 깊은 관심이 있지만, 그들은 기질에 있어서 결코 "순진한 모범생"은 아닙니다. 그들은 위트와 유머로 가득합니다. 매서인이 정말 재미있는 사람인데 우리에게 항상 재미난 농담거리를 제공합니다. 우리가 무엇 때문에 밖으로 나와 있는지 절대 잊지 않으며 우리 사역을 정말 정말 진지하게 여기지만, 우리 집단은 항상 재미와 좋은 유머로 가득합니다. 그리고 우리는 가장 좋을 때를 함께 합니다. 저는 종종 조사들을 이용하여 젊은이들에게 다가가는데, 복음이 할 수 있는 것의 예시로 사용합니다. 또한 재미있는 시간을 갖기 위해서 반드시 거칠어야만 한 것은 아니라는 사실과 기독교인들이 가장 행복한 사람들일 수 있으며 일반적으로 그렇다는 사실을 보여주는 구체적인 사례로 저의 조사들을 사용합니다.

저는 우리가 어디로 가든 저의 조사들보다 더 좋은 계급의 비기독교 청년들과 비교해서 저의 조사들이 더 좋은 생김새를 갖고 더 호의적인 인상을 받게 하려고, 조사들이 가능한 좋게 차려입도록 특별히 신경 씁니다. 이 사진에 있는 그들이 입고 있는 옷과 우리의 실제 모든 집회에서 그들이 입고 있는 옷은 고국에 있는 저의 좋은 친구 중 일부가 그들에게 주라고 저에게 보내준 것이 대부분입니다. 이 옷들은 아주 크게 도움이 되며 소중히 여겨집니다. 대원들이 아주 적은 급료를 받기에 양복(미국식 옷)을 사는 것은 당연히 어렵습니다. 그래서 때때로 그들에게 보내지는 선물들을 정말 고맙게 생각합니다. 여러분들이 남성복에 있어서 여유 있는 것이 무엇이건 있다면 그것을 소포에 넣어서 우편으로 저에게 보내주시면 매우 고맙게 받겠습니다. 보내기에 "충분히 좋지 않다"라는 걱정은 하지 않아도 됩니다. 여러분이 보내주는 것은 외투, 레인코트, 스웨터, 정장, 목도리 등을 포함하여 신발부터 모자까지 거의 모든 것을 우리가 사용할 수 있다는 것을 말씀드립니다. 제가 보낸 이 사진에 있는 조사들 말고도 다른 조사들이 있는데 저의 전도 집회에는 함께 하지 않지만 시골 교회들을 관리하는 조사들이 있습니다. 이 사람들도 외국 옷을 간절히 원하지만, 외국 옷은 살 수 없습니다. 그러니 제가 좋은 쪽으로만 쓰겠거니 생각하시고 다른 염려는 하지 않으셔도 됩니다. 여러분들이 딱히 보내실 어떤 것이 없으시면, 같이 성경 공부하는 분들이나 교회 형제들이 이 사람들에게 관심을 가지게 하셔서 그분들이 이 사람들을 위해 뭔가를 보내시게 하실 수도 있습니다. 여러분들이 구할 수 있는 것을 어느 때건 보내주십시오. 관세 없이 이곳 세관을 통과할 수 있도록 반드시 소포에 "중고 옷-선물임. 상업적 가치 없음"이라고 표기해주십시오.

주님께서 우리에게 하라고 주신, 이 위대한 사역에 있어서 여러분의 계속된 관심과 계속된 협력에 대해서 깊이 감사를 드리면서 여러분의 기도 속에 계속적인, 아주 특별한 관심을 매우 진지하게 간구합니다.

주님을 섬기는 여러분의 형제 W. F. Bull 배상.

수신: 1928년 8월 30일 테네시 내쉬빌
주소: 한국, 군산, W. F. Bull 목사
우편: 편지 5센트, 엽서 3센트

1929년 4월 13일

한국, 군산

고국에 있는 사랑하는 친구들에게,

여러분에게 편지를 써 보낸 후 상당히 많은 달이 흘렀습니다. 그리고 그 시간 동안 너무도 많은 일이 일었고, 꽉 찬 시간을 보냈기에 이 편지에서 어디서부터 시작해야 할지 모르겠습니다.

여러분이 아시다시피, 저는 지난 몇 년간 해리슨 목사, 매키천 목사, (남학교의 교장이었던) 린튼 목사, 그리고 저 이렇게 네 명이 나누어서 하던 사역을 혼자서 하려고 시도하고 있습니다. 제가 한 사람의 사역만 할 수 있다는 것은 말할 나위가 없습니다만 네 명의 업무를 하려니 저의 시간이 일상적으로 분주했던 것 이상으로 분주해서 편지 쓸 시간을 찾는 것은 거의 불가능해졌습니다.

우리 군산선교부 인력에 있어서 이렇게 심하고 심각한 감소는 제가 주로 사역의 행정 고문(顧問) 역할로 한정되고 제가 그렇게 큰 즐거움을 발견하는 역동적인 전도사역에 제가 하려고 했던 것만큼 참여할 수 없었다는 것을 의미합니다. 이것은 큰 실망 거리였습니다. 이유는 제가 전략적인 중심지에서 부흥회와 전도 집회를 여는 일에 스스로 더 많은 시간을 주고자 희망했었기 때문입니다.

이렇게 힘든 업무 분장에도 불구하고 저는 가을에 6주간의 특별 집회를 계획했습니다. 우리가 일련의 집회 중 세 번째 집회를 한참 하던 중에 일본 경찰들이 우리를 방문해서 나머지 집회를 취소해달라고 요청하였습니다. 그 집회가 일본천황즉위식[1]의 시기였기 때문이었습니다. 그들은 아주 예의 바랐습니다. 명령이 아니라 진심 어린 요청을 하였습니다. 즉위식 때문에, 일본 경찰들은 전반적으로 대규모의 대중 집회를 금지하고 있었습니다. 그들은 사회주의자들 또는 다른 정치적인 선동가들이 이런 집회를 이용하여 문제를 불러일으키지는 않는지 두려워했습니다.

우리가 가을에 집회를 열었던 첫 번째 장소는 우리 군산 사역지의 남쪽 끝에 있는 산에 있었습니다. 상당히 크고 번창하던 교회가 그곳에 있었는데 몇 년 전에 그 교회의 지도자가 "나쁜 마음을 먹었습니다." 그리고는 아주 많은 교인이 죄에 빠지도록 만들었습니다. 그 지도자는 체포되었고 형무소에서 형기를 살았습니다. 그리고 교회는 산산조각 났고, 교인들은 빠른 속도로 빠져나가서 아름다운 계곡의 한가운데에 빈 교회당만이 남아있게 되었습니다. 예배당은 곧 좋지 않은 상태가 되었는데, 진리를 배웠던 사람 중에 몇이 언젠가는 그곳으로 되돌아올 것이라는 희망으로 우리가 그곳으로 내려가서 약간의 돈을 그 건물에 쓰지 않았다면 그 예배당은 아마도 무너져내렸을 것입니다. 우리는 그 교회를 살려두려고 노력했고 우리가 담당 지방에 있는 다른 교회들을 정기적으로 심방할 때와 더불어서, 매년 봄과 가을 그곳을 규칙적으로 심방했습니다. 그러면서 주님께서 우리의 노력을 아시고 축복하시기를 그리고 우리가 결국에는 그 교회를 재건하기를 희망하고 기도하였습니다. 그러나, 그 교회의 과거 기록과 경험 때문에 가망이 거의 없는 일로 보였습니다. 우리는 정말 가난한 두 가정만이 그 교회로 다시 돌아오게 하는 것만 성공했습니다. 여러 해 동안 그 교회에는 하나님의 약속과 하나님의 신실하심에 대한 우리의 믿음 말고는 단지 그 두 가정밖에는 없었습니다. 지난봄에 우리가 그곳에 갔을 때 기독교에 대한 관심이 매우 분명히 깨

---

1 1928년 11월 10일 히로히토 천황 즉위식.

어나는 것처럼 보이는 것을 보고 우리는 기뻤습니다. 그래서 우리는 가을에 천막 집회를 열 것을 제안했습니다. 우리는 사람들, 특히 교회를 다녔었지만 떨어져 나갔던 사람 중 몇 명이 그 생각에 대해서 즉시로 좋아해 줘서 크게 기뻤습니다. 우리가 와서 집회를 열면 교회를 다녔다가 떨어져 나갔던 사람 중 아주 많은 사람이 교회로 다시 들어올 것을 확신한다고 그들이 말했습니다. 이 말에 고무되어서 우리는 가을에 천막을 가지고 조사들과 함께 내려갔으며 전반적으로 그곳 주민들이, 특히 예전에는 기독교인이었던 사람들이, 매우 따뜻하게 맞아줘서 크게 기뻤습니다. 매일 밤 천막에 군중이 많이 왔었는데 떨어져 나갔던 사람 중 아주 많은 사람이 되돌아왔으며 아주 많은 새 신자들이 교회로 왔습니다. 이 집회 이후에 그 교회는 꾸준하고 정력적이며 건강한 성장을 하며 앞으로 나아가고 있습니다. 이 교회에서 상당한 수의 대표자들이 1월에 있던 우리의 남사경회(다른 말로 평신도 지도자양성반)에 왔습니다. 군산에서 150리(약 50마일)나 떨어져 있지만, 이 교회 출신의 여덟 명은 10일간 사경회에 참석하기 위해서 아주 거친 산길을 넘어서 왔습니다. 그들은 그 먼 거리를 눈이 오나 심한 추위가 있으나 걸어서 왔는데, 등에 자신의 식량(쌀)을 지고 왔습니다. 그리고 사경회에 참석한 500명 전부가 실제 그랬듯 스스로 밥을 지어 먹었습니다.

우리는 첫 번째 장소에서의 집회를 일요일 저녁에 끝내고 월요일 아침 다음 장소로 갔습니다. 이곳은 해안에 있는데 다음 장소도 또한 북쪽으로 약 30마일 떨어진 해안에 있었습니다. 길이 매우 거칠고 산이 많아서 우리는 (천막 등) 짐을 배편으로 보냈습니다. 배를 먼저 보내고 우리(저와 조사들)는 자전거로 이동했습니다. 우리가 다음 장소로 떠나자마자 곧 진한 먹구름이 몰려드는 것을 봤습니다. 그렇지만 이미 다리를 건넜기 때문에, 계속 나아가는 것밖에는 다른 방도가 없었습니다. 다음 장소로 가던 중간쯤 현지인 목사가 담당하고 있는 교회가 있는 큰 읍내가 있습니다. 우리가 그곳에 도착하기 바로 전에 비가 우리를 뒤쫓아와 잡아버렸고 우리는 흠뻑 젖었습니다. 길은 그 지점에서 황토였고 아무런 돌도 없었습니다. 그래서 진흙이 우리 자전거의 바퀴에 너무 많이 달라붙어서 자전거를 타는 것이 전혀 불가능했습니다. 그리고 자전거를 밀고 가다가 몇 걸음 안 되어 바퀴가 굴러갈 수 있도록 나뭇가지로 바퀴에 있는 진흙을 긁어내야 했습니다. 운 좋게도 저는 갈아입을 여벌의 옷이 있어서 그 현지인 목사의 집에서 갈아입을 수가 있었습니다. 그런데 제가 그의 집에 도착했을 때 벗어둔 외투가 너무 젖어서 걸어놓은 곳 아래 방바닥에 상당히 큰 웅덩이가 생길 정도로 물이 떨어졌습니다.

두 번째 장소에서의 우리 집회의 결과는 그렇게 만족스럽지 않았습니다. 그렇지만 세 번째 장소에서의 결과는 첫 번째 장소의 결과만큼이나 만족스러웠습니다. 세 번째 교회도 또한 신도가 거의 남아있지 않을 만큼 아주 심하게 쇠락했습니다. 그리고 막 문을 닫을 듯 보였습니다. 그러나 그곳 지도자는 아주 신실했으며 끝까지 버티려고 하고 있었습니다. 그분의 아주 긴급한 요청과 간구 때문에 우리는 집회를 열려고 갔는데 결과는 그 교회가 크게 부흥했으며 떨어져 나갔던 사람 중 아주 많은 사람이 다시 교회로 돌아왔고, 아주 많은 수의 새 신자가 교회에 생겼습니다. 이 교회도 아주 건강하고 번창하는 상태에 있습니다. 이 일로 우리는 매우 감사하며 행복합니다.

평상시처럼, 우리의 남사경회(다른 말로 평신도 지도자 양성반)는 올해의 가장 두드러진 일이었습니다. 우리 군산 사역지 전역에서 온 남자들 약 500명이 10일간 하나님의 말씀을 공부하고 자신들이 대표하는 교회에서 더 능력 있는 지도자가 되기 위한 준비를 위해 왔습니다. 이들 모두는 그들 자신의 경비를 내고 왔으며, 대부분이 집에서 자신의 쌀을 가지고 왔고 스스로 밥을 해 먹었습니다. 우리 선교회는 기숙사, 전기, 그리고 연료만을 제공했습니다. 우리는 이 목적으로 우리의 학교 건물들을 사용할 수 있도록 사경회를 성탄절 휴가 기간에 개최합니다. 사경회는 여섯 학년으로 나눠지며 우리는 가르치는데 우리를 도울 최고의 한국인 목사들을 가지고 있습니다. 이번 해에는 제가 교원 명단에 있는 유일한 외국인입니다. 이 사경회의 특색은 새벽 기도회입니다. 비록 이맘때가 1년 중에서 항상 심하게 추운 때고 땅에 눈이 있지만, 남자들은 (여전히 어두운데도) 아침이 되기 훨씬 전에 일어나 기도하러 교회에 모입니다. 우리는 항상 외부에서(즉 군산 사역지 밖에서) 이런 집회에 와서 집회를 인도하고 매일 밤 특별 설교를 해주도록 우리가 골라서 특별히 초청한 아주 뛰어난 강사를 모십니다. 우리의 연례 사경회는 항상 크게 소생되며 기운이 솟는 시기이며 참석한 사람들은 또 다른 해의 사역에 대한 새로운 열의와 열정을 가지고 크게 고무되어 집으로 돌아갑니다.

저는 지금 막 춘계 전도 집회 다른 말로 천막 집회를 시작하면서 군산에서 21마일 떨어져 있는 어떤 읍내에 나와 있습니다. 이 글을 쓰고 있는데 우리 전도대가 저녁 집회를 알리기 위해서 밖에서 연주하고 있는 소리가 들립니다. 연주 중인 곡은 "죄에서 자유를 얻게 함은[2]"입니다. 완벽한 박자와 화음으로 연주하고 있는데 듣기에 좋으며, 이 곡이 이교도들이 살고 있는 읍내 위를 흘러갑니다. 이곳에 아주 약한 교회가 있는데 그 교회의 초대로 우리가 이곳에 있습니다. 그런데 부자들이 많고 그 부자들이 자만심이 세고 고집이 센 것으로 유명한 동네이기 때문에 우리는 "매우 힘든 썰매 끌기"를 하고 있습니다. "부자는 천국에 들어가기가 어려우니라[3]"라고 말씀하신 주님의 말씀이 옳다는 것을 이곳에 있으면서 빈번하게 느끼게 되었습니다.

우리는 이곳을 떠난 후 다른 두 곳에서 집회를 열 계획입니다. 6월에

---

2 새찬송가 268장.
3 마태복음 19장 23절. "예수께서 제자들에게 이르시되 내가 진실로 너희에게 이르노니 부자는 천국에 들어가기가 어려우니라."

있는 선교회 연례회의에 참석하기 전에 춘계 정기 심방으로 찾아갈 교회가 34개 남았습니다.

이 위대한 사역에 있어서 제가 여러분의 대표자라고 아주 특별하게 느끼기 때문에 저는 여러분의 마음에서 우러나는 협력, 여러분 기도에서의 특별한 관심, 은총의 보좌 앞에서의 지지를 항상 갈망합니다. 우리가 간 후에도 이곳 사악하며 돈주머니를 자랑하는 곳에서 씨앗이 쑥쑥 자라서 열매를 맺을 수 있도록 지금 열리고 있는 이 집회를 위해서 특별히 기도해주지 않으시렵니까? 군산에 증원군이 파송될 수 있기를 아주 확실하게 기도해주지 않으시렵니까? 또한 제가 직접적인 전도 사역에 저 자신을 더 전적으로 드릴 수 있도록 기도해주지 않으시렵니까?

비록 제가 개인적인 편지에 대한 답장을 항상 쓸 수 있는 것은 아닐지라도, 고국에 있는 사랑하는 친구들로부터의 개인적인 편지는 항상 매우 고맙게 생각합니다.

지난 시간 보내준 관심, 협력에 대해서 깊은 감사를 드리며, 앞으로도 여러분에게서 똑같은 것으로 계속해서 축복받을 것을 전적으로 확신합니다.

주님을 섬기는 여러분의 형제 W. F. Bull 배상.

수신: 1929년 5월 9일 테네시 내쉬빌
주소: 한국, 군산, W. F. Bull 목사
우편: 편지 5센트, 엽서 3센트

1929년 10월 4일

한국, 군산

고국에 있는 사랑하는 친구들에게,

또다시 여러분에게 편지를 쓴 후 너무 오랜 시간이 되었습니다. 편지를 쓰지 않겠다는 것을 계속해서 마음속에 간직했기 때문이 아니라 나날이 너무 일정이 많아서 편지 쓰기로 한 계획을 대개 포기해야만 했기 때문입니다. 아시다시피, 우리 선교부의 구성원들이 다섯 명에서 두 명으로 줄어들어 버렸고, 우리를 떠난 세 명의 사역이 실질적으로 저에게 떨어졌습니다.

비록 지금 가을 사역에 한창이지만, 저는 아직 우리가 했던 좋았던 봄 사역에 대해서 여러분에게 편지를 써 알리지도 못했습니다.

다른 사역에 대한 부담 때문에, 저는 전도에 단지 3주만 쓸 수 있었는데 장소가 다른 세 곳에 각 1주일씩이었습니다. 제가 보낸 지난번 편지가 제가 이런 집회 중 첫 번째 집회를 시작하고 있을 때라고 생각합니다. 제가 편지에 썼듯, 그 지역의 요건들 때문에 첫 번째 장소는 매우 실망스러웠지만 다른 두 곳에서는 매우 만족스러웠습니다.

우리가 봄에 집회를 열었던 두 번째 장소는 한산면 소재지가 있는 곳이었습니다. 한산면에는 일곱 개의 교회가 있지만 면 소재지에는 교회가 없었습니다. 면에서 면소재지가 가장 중요하고 전략적인 장소라서, 일곱 교회의 기독교인들은 그곳에 교회가 없다는 것에 많은 걱정을 하고 교회가 세워지기를 간절히 바랐습니다. 그들은 제가 저의 조사들과 함께 그곳으로 와서 집회를 열어주라고 계속해서 요청했습니다만 저는 다른 약속들 때문에 그렇게 할 수가 없었습니다. 그러나, 이번 봄에는 그들의 반복적인 요청이 너무도 간절했습니다. 그래서 저는 다른 장소들을 뒤로 미루고 한산으로 가기로 결심했습니다. 그곳에서의 집회의 가장 만족스러운 특색 중의 하나는 한국 기독교인들의 진정성과 집회를 실제 하는 데 있어서 그들의 매우 적극적인 협력이었습니다. 그들은 천막 등의 운송비용, 저의 조사 다섯 명에 대한 접대, 모든 현지 비용들을 포함한 전체 집회 비용을 보장함으로써 집회에 대한 그들의 간절함을 증거로 보여주었습니다. 그러나 집회 비용은 다 더하면 너무도 많기에, 운송비용은 그들이 부담하지 않게 했습니다. 운송 비용은 여러분 중 몇 분이 아주 친절하게도 때때로 저에게 보내준 후원금에서 처리했습니다.

그곳 일곱 교회의 기독교인들이 자발적인 일꾼으로 집회를 돕기 위해서 어떻게 했는지 보는 것은 놀라운 일이었습니다. 그들은 개별적인 일, 가가호호 방문, 천막에 대한 필요한 일 등을 했습니다. 집회를 돕기 위해서 5명에서부터 15명, 20명까지 한 무리가 되어서 2마일부터 7마일까지의 거리를 왔으며 잠을 자러 밤에는 돌아갔는데 물론 오고 갈 때 모두 걸어서 갔습니다. 이런 기독교인들의 많은 열성과 간절함을 고려했을 때 이런 집회의 결과가 매우 만족스럽다는 것이 놀라운 일인가요? 집회가 월요일에 시작해서 일요일에 끝났는데 매일 밤 많은 군중이 있었고 기독교에 대한 강한 관심을 보였으며 상당히 많은 수가 믿기로 결심했습니다. 집회가 끝나고 그다음 주일에 전에는 교회가 없었던 그곳에 약 80명이 예배를 드리기 위해 모였습니다. 그 지역에 있는 조사는 아주 열정적이고 정력적인 젊은 사람입니다. 그는 예배드릴 장소를 제공하는 문제에 관한 일에 즉시 착수했습니다. 그의 믿음과 정력을 사용하여 그는 곧 새로운 신자들과 일곱 교회의 헌금으로 오래된 한국 집을 구매하기 충분한 돈을 모았습니다. 더 적합한 건물을 구할 수 있을 때까지 사람들은 그 집을 약간 수리하여 예배당으로 쓰고 있습니다. 우리는 그 교회가 여전히 계속해서 나아가고 있어서 아주 행복합니다. 그리고 우리는 그 교회가 계속 자라고 발전해서 강하고 번성하는 교회가 되기를 희망합니다.

한산 집회와 관련되어 아주 흥미로운 사건이 있었습니다. 집회가 서너 밤째 진행되고 있었고 그 지역 사람들에게 상당히 많은 관심과 호의를 우리가 얻고 있던 어느날 저녁, 그곳에 하룻밤 묵으려고 와서 술을 마시고 있었던 몇 명의 이웃 마을 청년들이 우리의 천막에 와서는 여자 출입구 바로 바깥에 서서 집회를 방해할 만큼 시끄럽게 말을 했습니다. 저는 막 설교하려고 했습니다. 그래서 저의 조사 중 한 명이 천막 밖으로 나가서 그들을 안으로 들어오도록 초대했습니다. 그런데 그들은 초대를 거부하였고 그들의 목소리가 더 높아졌습니다. 그러자 그 조사가 그들에게 집회를 방해하고 있으니 그렇게 크게 떠들지 말아 달라고 요청했습니다. 그런데 그들은 방해할 목적으로 온 것이 분명했습니다. 그들은 서양 (미국) 옷을 입고 있었고, 더욱 분명히 사회주의적이며 적그리스도적인 말을 했고, 문제를 일으키기 위해서 왔습니다. 그들이 교회와 기독교인들에 대해 비방하면서 목소리가 계속 커지자 그 동네의 비기독교인 젊은이 중 많은 사람이 무슨 일인지 알아보기 위해서 자리에서 일어서더니 천막 밖으로 나갔습니다. 문제를 일으키는 사람들이 대여섯 정도였기 때문에, 그들은 무모하게 위험을 무릅쓰기보다는 신중하는 편이 더 현명하다고 판단해서 그들이 머물고 있던 여관으로 최대한 빨리 물러났습니다. 그렇지만 동네 젊은이들은 그것에 만족하지 않았습니다. 그들은 다른 곳에서 온 젊은이 무리가 자신의 동네에서 문제를 일으킨다는 것에 대해서 아주 분개하고 있었습니다. 그래서 그들은 여관까지 따라가서 방으로 들어가 그들을 끌어내서 흠씬 두들겨 팼습니다. 무슨 일이 일어나는가를 알게 된 그들 중 한 명이 벌떡 일어서 내달려 도망가려고 하면서 여관에 괜찮은 봄 외투를 두고 갔습니다. 서둘러 도망가느라고 그 사람은 철조

망이 처진 울타리를 뛰어넘으려고 했는데, 그러다가 그의 모자도 분실했으며 옷은 찢어지고, 울타리 맞은편으로 심하게 떨어졌습니다. 고통을 겪었겠지만 뭔가를 배웠을 그 사람들 모두가 심각한 부상을 당하지않고 도망가서 우리는 기뻤습니다.

우리는 세 번째 집회를 하기 위해 한산에서 서천으로 갔습니다. 서천은 한산과 인접해있는 읍소재지입니다. 이곳도 또한 크고 전략적인 장소이며 여러 해 동안 이곳에 교회를 설립하기 위해서 우리는 노력하고 있었습니다. 저는 교회를 시작할 희망으로 지난 11월에 우리 조사 중 최고의 조사를 이곳에 와서 살도록 했습니다. 읍내에는 다른 곳에서 이사온 두세 명의 기독교인들이 있었지만, 그들은 함께 모이지 않았고 예배도 드리지 않았습니다. 이 사람들을 중핵(中核)으로 모아서, 그 조사는 즉시 예배를 드리기 시작했습니다. 그 사람은 충실하며 진정 어린 노력을 하여 점차로 약 40명의 회중을 모을 수 있었습니다. 이곳에서 한 주간 연 집회의 결과 약 40에서 50명이던 회중이 약 100명으로 늘었습니다. 이 숫자에서 이후 떨어져 나간 사람도 몇 있습니다.

시간이 부족하여서 이번 봄에는 더 이상의 특별 집회를 열지 못하였습니다. 그렇지만 5월에 홍산[1](Hong San)에 있을 때 우리는 그곳에서 약 100명의 회원이 있는 주일학교 조직 2주년 기념식에 참석하는 큰 기쁨을 누렸습니다. 이것은 2년 전에 우리가 열었던 집회의 직접적인 결과입니다. 우리가 열어왔던 이런 특별 집회의 결과가 때때로 꽤 실망스럽기는 하지만 몇 년 뒤에 보면 진정한 열매가 맺히고 있다는 것과 우리가 주님을 위해서 하려고 하는 일이 주님에게서 복을 받고 있다는 것에 대한 많은 증거들을 가지고 있다는 것을 아실 것입니다. 그러니 주님께서 우리에게 힘을 주셔서 우리가 매우 유익한 이 노선을 계속할 수 있도록

---

1 현 충청남도 부여군 홍산면.

여러분들께서 여러분들의 기도 속에 우리와 우리의 노고를 끊임없이 기억해주지 않으시렵니까? 제가 편지로 써 보냈다고 믿는데, 저는 지금 네 명의 업무를 보고 있습니다. 그리고 이 사역은 네 명의 업부 분장과는 별개입니다. 저는 주님께서 군산에 증원군을 보내주셔서 제가 80여 개의 교회 혹은 집회 장소가 있는 담당 지방을 감독하는 것을 그들에게 맡기고 저의 시간 전체를 차가운 날씨에는 교회에서 부흥 집회를 여는데, 그리고 가을과 봄에는 전도 집회를 여는데 쏟을 수 있게 되기를 기도하고 있습니다.

이번 가을에는 시간이 없어서 두 번의 집회만 열 수 있는데 우리 담당 지방에서 각 일 주 동안 열리며 그 집회 중 하나를 곧 시작하려고 합니다. 이 집회가 끝나면 우리는 서울에서의 집회를 돕기 위해 올라갈 것입니다. 지금 수도 서울에는 아주 큰 전국규모 박람회[2]가 열리고 있습니다. 한국 전역에서 온, 수없이 많은 사람이 모인 이 시기를 이용하여 서울에 있는 교회들은 특별한 전도 집회를 열고 있습니다. 서울에 있는 교회들은 많은 비용을 들여 장막, 다른 말로 설교하는 곳을 하나 세웠으며 그곳에서 매일 설교가 이루어지고 있습니다. 저의 전도대와 함께 올라와서 그 집회를 도와달라는 부탁을 받았습니다. 그래서 이곳에서의 일정이 끝나자마자 우리는 서울로 가서 그 집회에서 우리가 도울 수 있는 것을 하기 위해서 그곳에 약간 머무를 것입니다.

다시금 이 대단한 사역에 대한 여러분의 계속된 관심과 협력에 대해서 감사드립니다.

주님을 섬기는 여러분의 형제 W. F. Bull 배상.

---

2   조선박람회: 조선총독부가 시정(施政) 20년을 기념하여 1929년 9월 12일부터 10월 31일까지 50일간 경복궁에서 개최함.

수신: 1929년 11월 8일 테네시 내쉬빌
주소: 한국, 군산, W. F. Bull 목사
우편: 편지 5센트, 엽서 3센트

1930년

불 선교사 개인 사역 보고서(1929~1930)

이 보고서가 부당하게도 길게 보인다면 저를 비난해서는 안 됩니다. 개인 보고서라고 모두(冒頭)에 썼지만 사실 세 명의 전도자와 한 명의 교육가 이렇게 네 명에 의해서 다룬 영역을 다룰 의도이기 때문입니다.

우리의 영혼과 우리 속에 있는 모든 것들아 다 "주님의 이름을 송축하라!"고 하며 이 보고서를 시작하고자 합니다. 지난해가 인자와 긍휼로 정말로 차고 넘치는 시간이었기 때문입니다. 무엇보다, 주님께서 우리에게 뛰어난 건강으로 복을 주신 것과 일 년 내내 사실상 방해받지 않은 채 사역을 "계속할 수" 있도록 허락해주신 것에 대해서 주님께 감사드립니다.

연례회의 이후 우리는 7월 12일까지 집에 있었는데 그날에 소래 해변으로 가서 아주 즐거운 휴식과 휴양을 했으며 군산선교부에는 8월 첫 주의 끝에 돌아왔습니다.

8월 18일을 시작으로 우리는 조사들과 교회 지도자들을 위한 두 번째 여름 사경회(Conference)를 열었습니다. 성경공부와 헌신의 시간은 이 목사와 홍 목사 이렇게 두 분의 현지인 목사들이 인도했으며 음악 수업은 나 선생이 이끌었습니다. 참석한 사람은 단지 20여 명이었지만 사경회는

---

1 시편 103장 1-5절.
내 영혼아 여호와를 송축하라 내 속에 있는 것들아 다 그의 거룩한 이름을 송축하라
내 영혼아 여호와를 송축하며 그의 모든 은택을 잊지 말지어다
그가 네 모든 죄악을 사하시며 네 모든 병을 고치시며
네 생명을 파멸에서 속량하시고 인자와 긍휼로 관을 씌우시며
좋은 것으로 네 소원을 만족하게 하사 네 청춘을 독수리 같이 새롭게 하시는도다.

아주 성공적인 행사인 것으로 판명되었고 이번 해에는 사경회의 범위를 넓히려고 합니다. 이 사경회는 노회 주관으로 될 것인데, 노회 하에 있는 모든 목사, 장로, 조사, 평신도 지도자, 그리고 주일학교 교사들을 대상으로 할 것입니다.

9월에 저는 조선예수교장로회공의회, 조선예수교장로회총회, 그리고 조선예수교연합공의회에 참석했습니다. 이런 회의에서 되돌아와서 충청도의 해리슨 목사와 매키천 목사 담당 지방에서 천막 집회를 2주간 열었습니다. 이 집회를 마치고 들어와서는 조사들을 데리고 서울로 가서 조선박람회 동안에 그곳의 교회가 진행하고 있었던 전도 집회에 참석했습니다. 저는 단지 주말만 함께 할 수 있었지만, 저의 조사들을 그곳에 남겨서 일주일을 채우도록 했습니다.

서울에서 돌아와서 저는 곧바로 추계 교회 정기 심방을 시작해서 12월 18일까지 그 일로 바빴으며, 성탄절을 보내기 위해서 또한 12월 27일에서 시작하고 1월 6일까지 진행된 우리 남사경회 준비를 하기 위해 12월 18일 집으로 돌아왔습니다. 우리는 올해 한국교회가 중국으로 파송한 이대영 선교사[2]를 모실 수가 있었습니다. 그분은 정말 영적인 사람인데, 아주 매력적인 성품을 가지고 있고 연설 솜씨가 타고났습니다. 또한 우리는 YMCA의 클라크 씨(Mr. F. O. Clark)를 나흘간 모실 수 있어서 아주 운이 좋았습니다. 클라크 씨는 농촌 문제들에 관해서 사람들에게 아주 흥미롭고 유용한 강의를 하였습니다. (이곳에 첨부하는 글은 4쪽 노트를 보시오.)

1월 25일에는 조선기독교대학[3]에서 닷새간 집회하기 위해 서울로 갔습니다. 그런데 광주에서 체포된 학생들에 대한 동조[4]를 보인 그 대학 학생들

---

2 권평, 「초기 한국교회의 중국선교와 이대영」, 『피어선신학논단』 3권 2호, 2014, 7-30쪽. "이대영 선교사는 1922년 4번째로 산동에 파송되어 이후 33년 동안 중국선교에 임했다."

3 1915년 3월 5일 설립된 학교로 초대 교장이 H. G. Underwood(1859~1916), 부교장이 Douglas B. Avison(1893~1952)임, 현 연세대학교의 전신.

의 동요(動搖) 때문에 특별 집회를 열 적절한 시기가 아니라는 것을 우리는 집회를 시작하자마자 발견했습니다. 그래서 그 집회는 취소되었습니다.

2월 3일부터 3월 4일까지 저는 남성경학원(Men's Bible Inst.)[5]에서 가르치며 전주에 있었습니다. 이 일은 항상 제 개인에게는 영예로운 일이고 큰 기쁨을 주는 일입니다. 학원에 있는 남자들이 전주와 군산 사역지의 뛰어난 사람들이기에 그들을 만나서 그들이 평생 섬김(life service)을 준비하는 데 역할을 하는 것은 항상 큰 즐거움이고 영예로운 일입니다.

3월 4일 전주에서 돌아와서 저는 남학교, 부기(簿記), 회계 감사, 그리고 집에 있으면 항상 엄청나게 달려드는 수없이 많은 다른 일들을 27일까지 했으며, 27일에는 선교회 임시회의에 참석하기 위해 목포로 갔으며, 그곳에 있는 동안 주말에 가까운 교회에 갔습니다.

목포에서 돌아와서는 춘계 교회 심방이 시작되었고, 6월 17일까지 거의 중단되지 않고 계속되었습니다. 저는 6월 17일에 비안도 심방에서 돌아왔습니다. 이 여정에서 저는 아주 기쁘게도 저의 새로운 동료인 베일 목사(Mr. Vail)[6]와 함께하게 되었는데 그분은 좋은 선교사일 뿐이 아니라 또한 싹싹한 사람임을 스스로 입증했습니다.

가을에 저는 저의 담당 지방에 있는 모든 교회와 해리슨 목사의 담당 지방에 있는 세 개의 교회, 그리고 매키천 목사의 담당 지방에서 다섯 교회를 심방했습니다. 전주의 보이어 목사(Mr. Boyer)[7]와 맥커첸 목사(Mr. McCutchen)[8], 광주의 뉴랜드 목사, 페이슬리 목사(Mr. Paisley)[9], 그리고 김

---

4 1929년 광주학생운동(光州學生運動).

5 한 달 동안 진행되는 달 성경학교가 Bible Institute에서 이루어짐.

6 John Benjamin Vail(1901.1.10.~1973.10.3.), Ebba Dell Parker Vail(1899.10.10.~1959.6.7.).

7 Elmer Timothy Boyer(1893.5.28.~1976.4.15.), 한국명은 보이열.

8 Rev Luther Oliver McCutchen(1875.2.21.~1960.11.20.), 한국명은 마로덕(馬路德).

9 James Ira Paisley(1884.8.23.~1952.7.7.), 한국명은 이아각.

성원 목사[10](Mr. Kim Sung Won)가 나머지를 심방했습니다. 이번 봄에 저는 저의 사역지에 있는 모든 교회를 심방했으며, 해리슨 목사 담당 지방두 개의 교회와, 매키천 목사 담당 지방 여덟 교회를 심방했습니다. 나머지 교회는 위에서 언급한 분들이 보살폈는데, 맥커첸 목사 대신 원 목사가, 뉴랜드 목사 대신 녹스 목사가 살폈습니다.

교회는 전반적으로 생명과 진보의 두드러진 표징들을 보여주었습니다. 몇 년 전에는 교회를 다녔었지만, 교회에서 떨어져 나가서 세상 속으로 완전히 되돌아간 것처럼 보였던 사람 중 많은 사람이 교회로 다시돌아왔고, 주님에 대한 충성의 맹세를 새롭게 했습니다. 떨어져 나갔던많은 사람이 되돌아왔을 뿐만 아니라 실제 거의 모든 교회에 새로운 사람들이 많이 출석했습니다. 우리 전체 사역지에 걸쳐서 교회와 기독교에대한 전반적인 관심과 호의적인 태도가 있는 것으로 보입니다. 전혀 가망 없어 보이던 교회들마저도 새로운 생명을 갖게 되었고, 진보의 두드러진 표징들을 보였습니다.

우리 노회가 국내에 파송한 이춘원 선교사(Yi Chune Won)는 서천 읍내와 가까운 옥산[11]의 마을에서 그곳에 교회를 시작할 목적으로 가을 동안서너 달을 머물렀습니다. 그는 많은 사람이 관심 갖게 하는 데 성공하였으며, 정기적인 예배 처소를 조직했습니다. 관심을 보인 사람 중에는 많은 젊은이가 있었습니다. 그들이 기독교인이 되기 전에는 아주 부도덕한사람들이었으며 빈둥거리고, 술 마시고, 도박 등을 하면서 시간을 보냈습니다. 그들은 기독교인이 되고 나서는 그들의 좋지 않은 습관을 전부다, 심지어 흡연까지도, 끊어버리고, "악습을 벗어버리고" 마을 사람들에게 근면의 본보기가 되는 삶을 시작했습니다. 이 일로 마을 남자들에

---

10 김성원(1873.10.19.~1950.9.25).
11 충청남도 부여군 옥산면. 면소재지는 안서리에 있음.

게 깊은 인상을 남기게 되었는데, 기독교인이 아닌 사람들이 이 선교사에게 와서 그들의 아들들을 설득하여 기독교인이 되게 만들어달라고 부탁했습니다. 이들 무리는 몇 달째 정기적으로 만나고 있으며, 이곳에서 우리 남사경회와 여사경회로 상당히 많은 대표자가 왔습니다. 이 선교사는 내대리[12]라는 장터 마을에 한 무리가 모임을 시작하도록 했습니다.

김제군 후독(Hu Dok)[13]에 있는 교회는 몇 년 동안 아주 신실하며 믿음이 좋은 교회였습니다. 올해 그곳 교회로부터의 아주 진지한 초청을 받고 저는 저의 조사들과 천막을 가지고 일주일 집회를 위해 그곳으로 갔습니다. 그들은 집회와 관련된 모든 재정지원을 했습니다. 많은 군중이 매일 밤 모였고, 그때 상당히 많은 사람이 기독교인이 되겠다고 결심했습니다. 그 집회 동안에 열너댓 교회에서 온 손님들이 참석했는데, 서로 다른 시간대였습니다. 지역 기독교인들이 1,400명의 식사를 대접했다는 말이 있습니다.

후독에서의 집회 후에 5마일 정도 떨어진 죽산(Chuk San)에서 집회가 열렸습니다. 저는 사역의 업무량 때문에 그 집회에서는 도움을 줄 수가 없었지만, 그 집회에 사용하도록 저의 천막과 조사들을 보냈습니다. 그 지역에 살던 아주 열정적인 장로 한 명이 미리 상당히 많은 일을 해주었습니다. 그래서 전도는 잘 준비된 토양에 씨를 뿌리는 것처럼 좋았습니다. 매일 밤 많은 군중이 참석했으며 약 70명이 기독교인이 되겠다는 결심을 표현했습니다. 마당에 건축에 쓸 목재를 가지고 있으며 교회당 건축을 할 준비가 되어있습니다.

---

12 충청남도 부여군 옥산면 내대리.
13 후독 마을의 한자 풀이는 뒤 후(後) 송아지 독(犢)이다. 현재 김제시에 우독마을이라는 자연부락이 있는데 이 우독과 후독이 같은 곳을 말하는 듯 함. 전북 김제군 월촌면 복죽리에 속했다가 행정구역 통합으로 현재 전북 김제시 교동월천동에 속해있는 마을인 우독으로 이름이 변경되었을 가능성이 큼.

몇 년 전에 발에 생긴 병을 치료하기 위해 어떤 절름발이 남자가 비안도[14](Pian Do)에서 우리 병원으로 왔습니다. 병원에서 치료받는 동안에 그는 복음에 관심 갖게 되었고 아주 신실한 기독교인이 되었으며 그 섬 사람들에게 전도하기 위해 섬으로 되돌아갔습니다. 그는 소규모의 사람들을 예수께로 데려오는 데 성공했으며 그가 섬에 있는 동안에 그들의 정규 지도자가 되었습니다. 그러나, 그의 병은 뿌리가 깊었으며 심층 치료를 하기 위해 병원으로 되돌아와야만 했습니다. 그의 병은 너무 심해서 한쪽 무릎 아래를 절단할 수밖에 없었습니다. 이 일로 노동자로서 생계를 유지하는 것이 상당히 어려워졌기 때문에 그 사람을 병원의 문지기로 두었습니다. 그러자 그 섬에 있는 얼마 안 되는 믿는 사람들의 지도자가 없어지게 되었습니다. 서너 명이 떨어져 나갔으며 한두 명은 육지로 이사해버려서 그곳에는 한 줌의 여자 기독교인들만이 있게 되었습니다. 비록 회중에 남자는 없었고 남은 사람 중 한 명만이 겨우 읽을 수 있었지만, 그들은 예배를 드리기 위해 거의 기어서 들어가고 기어서 나오는 작은 방에서 여러 해 동안 매 주일 정기적으로 만났습니다. 나이 먹은 병원 수위는 그 작은 집단에 대한 그의 관심을 절대 놓지 않았고 그들을 위한 기도를 결코 멈추지않았습니다. 그들이 예배드릴 장소가 없다는 것을 생각하는 것이 그에게는 항상 큰 슬픔이었습니다. 그래서 그는 모은 얼마 안 되는 돈에서 후하게 헌금을 하고, 육지에 있는 기독교인들 사이에서 열심히 일해서 그들이 사용할 작은 예배당 건물을 위한 돈을 모금하는 데 성공했습니다. 우리가 6월 12일 그 섬으로 갔을 때, 그는 그 작은 교회에 쓸 목재, 지붕에 쓸 재료 등을 가지고 그 교회를 짓는데 그를 도와줄 목수와 함께 갔습니다. 그의 소망이 이루어지는 것에 대해

---

14 비안도(飛雁島)는 전라북도 군산시 옥도면 비안도리에 속하는 면적 1.63㎢의 섬이다. 군산항에서 남서쪽으로 약 43㎞, 부안군 송포항에서 북서쪽으로 약 9㎞ 떨어져 있으며, 고군산군도의 최남단에 위치한다.

서 그가 가진 즐거움과 행복을 보는 것은 정말 가슴 뭉클했습니다.

구실다리(Ku Sil Tari)라는 큰 마을은 몇 년 전만 해도 정말 가난한 마을이었습니다. 이유는 그 마을에 있는 거의 모든 남자가 술 마시고 도박하고 이방 신을 섬기는 데 많은 돈을 허비했기 때문입니다. 몇 년 전에 그 남자 중의 몇이 기독교인이 되었고, 즉시 같은 마을 사람들을 그리스도에게 이끌어오기 위해 설득하였는데 아주 크게 성공하여서 그 마을 대다수가 기독교인이 되었습니다. 물론 그들은 음주, 도박, 이방 신에게 제사하는데 돈을 흥청망청 쓰는 것을 즉시 그만두었습니다. 주일(主日)에 일하려고 하지 않았기 때문에 마을 사람들 나머지들과 협동하여 농사지을 수가 없었습니다. 그래서 그들 자체의 즉 기독교인들로만 이루어진, 마을 전체 조직과 구별된, 협동조직을 만들었습니다. 물론 그들은 인부들에게 술을 제공할 필요가 없었기에 농사에서 상당한 돈을 절약할 수 있었습니다. 그래서, 그들이 기독교인이 된 것의 즉각적인 결과로 그들은 더 근면하고 검소하게 되었습니다. 그러자 심하게 악했고 계속해서 가난했던 그 마을이 점차 도덕과 근면에 있어서 모범 마을이 되었으며 너무도 가난했던 사람들이 재정적인 면에서 훨씬 더 좋아졌습니다. 오늘날 이 마을 대다수가 세상의 물질에 있어서 충분히 부유하며, 이 마을이 최근에 정부 관리들로부터 공개적인 칭찬을 받았고 도덕과 근면에 대해서 그리고 마을 일을 수행하는 면에서 뛰어나 모범 마을로 상을 받았습니다. 그들이 이렇게 공개적으로 찬사를 받았을 뿐 아니라 농기구의 형태로 상을 받았으며 마을이 구매한 논에 대한 첫 번째 돈을 낼 기금을 받았습니다. 수익금은 그 마을 운영경비로 사용될 것입니다. 우리가 먼저 주의 나라와 의를 구하면 다른 모든 것(물질적인 것)들이 더해지리라[15]는 것이 증명되었습니다.

---

15 마태복음 6장 33절. "그런즉 너희는 먼저 그의 나라와 그의 의를 구하라 그리하면 이 모든 것을 너희에게 더하시리라."

가을에 충청도의 38개 교회가 두 개의 시찰로 나뉘었고, 노회에서 가장 뛰어난 사람 중에서 지도자들이 임명되었습니다. 동시에 부흥회 또는 전도 집회가 거의 모든 교회에서 행해졌습니다. 자신들에게 임명된 지도자들을 모실 수 없는 가장 약한 교회 중의 겨우 두세 교회가 떨어져 나갔습니다. 교회는 집회로 인해 크게 도움을 받았으며 새로운 기독교인들이 더하여졌습니다.

남학교는 좋은 1년을 보냈습니다. 불만을 가진 두세 명의 교사들이 있음에도 불구하고, 송 선생의 충실하며 능력 있는 경영 아래에서, 일이 상당히 순조롭게 진행되었습니다. 156명의 소년이 현재 등록되어있고 1년 평균 출석은 약 140명입니다. 교사를 채근해서 전년도 두 배의 수업료와 기성회비를 모으는 데 성공했습니다. 학교와 저의 관계는 다소 명목적이지만 제가 집에 있을 때는 저의 시간을 적게 잡아먹는 것은 아닙니다. 제가 가능한 자주 채플 예배에 참석하려고 하고, 모든 교원 모임에 참석하며, 송 선생과 빈번한 회의를 하기 때문입니다. 이번 연도에 성취한 가장 좋은 것 중 하나는 수년 동안 송 선생의 살에 박힌 가시와 같았고 학교에서 계속 문제를 일으켰던 교사를 처리한 일이었습니다. 우리는 다른 두 명을 내보내려고 골라놨습니다. 그런데 이런 일은 너무도 고통스럽고 어려운 작업이라서 상황이 분명해지면 그렇게 하려고 합니다. 학교를 정식 교장에게 넘기기 전에 분란을 만드는 모든 사람이 정리되기를 바랍니다.

위와 같이 제출합니다.

W. F. Bull

* 남사경회에 관한 글
남사경회에 455명이 등록했고, 5백에서 6백 명이 출석했습니다. 올해 사경회의 흥미로운 특색은 젊은이들의 출석이 더 많다는 것입니다.

1931년 4월 8일

고국에 있는 사랑하는 친구들에게,

　여러분에게 편지를 써 보내고 너무 오랜 시간이 되어서 편지를 보낸 게 언제인지도 기억이 거의 나지 않습니다. 그리고 저의 집중을 집요하게 원하는 너무도 많은 것이 있기에 자리에 앉아 편지 쓸 시간은 불가능한 것처럼 보입니다. 그렇지만, 오늘 한국에서 너무도 많은 놀라운 일들이 일어나고 있기에 더 이상 편지 쓰는 것을 삼갈 수 없을 것 같습니다.

　저는 1931-32 예산을 다루기 위해 소집될 예정인 선교회 임시회의에 참석하기 위해 오늘 광주에 갔었을지도 모릅니다. 그러나, 예산이 얼마일 지에 대해서 실행위원회에게서 듣지 못했기에, 즉 사역의 모든 면에 있어서 과감한 긴축이 필수적일 수밖에 없는 42.5%의 예산 삭감이 될지, 아니면 우리가 계획한 대로 사업을 진행할 수 있을지 알 수 없기에, 실행위원회에서 해외전보가 온 뒤로 임시회의가 미뤄지게 되었습니다. 소식이 와야지 우리가 예산안에 대해서 무엇을 해야 할지 아니까요. 그래서 저는 예기치 않게 집에서 하루를 더 있게 되었고 우리의 사역에 많은 공감과 관심을 보여준 여러분 친구들에게 편지를 보내기 위해 오랜 기간 기다리던 기회를 갖게 되었습니다.

　해외전보를 기다리는 요즈음은 정말로 강렬한 긴장의 나날입니다. 저는 사건이 배심원에게 넘어간 후, 사형인지 아닌지 어떤 판결이 내려질지 모른 채, 배심원의 판결을 기다리는 사람의 마음을 어느 정도 상상할 수 있습니다. 우리가 재판받고 있다고 느껴서가 아니라, 너무 많은 것이 연관되어 있고, 너무도 많은 것이 위기에 처해있기에, 우리는 사형이냐 아니냐를 기다리는 사람의 감정이 어떨지를 어느 정도 알 수 있기 때문입니다. 그러나 사역을 하시는 주님, 우리의 주인이신 주님, 우리가 섬기는 주님께서 예산에 어떤 일이 일어나건 사역이 어려움을 겪게 놔두시지 않을 것임을 믿습니다. 힘이나, 능력이나, 사람이나, 돈이나, 조직으로 되는 것이 아니고 성령과 주님의 권능으로만이 될 수 있기 때문입니다.

지난 이삼 년 동안에 여러분에게 쓴 편지마다 제가 한국에 32년 있는 동안 지금보다 더 좋은 기회의 날들을 본 적이 없었다는 글을 썼다는 생각이 듭니다. 저는 전에 했던 것보다 더 강조하며 이 편지에도 이 말을 반복하고자 합니다. 지금 이 땅 백성들이 교회와 하나님께로 다시금 크게 돌아오고 있는 것의 시작 아니면 한가운데 있는 것처럼 보입니다. 이 일로 인해 우리가 한국에 있으면서 본 서너 가지의 부흥 운동 중에서 가장 큰 부흥 운동이 될 것 같습니다[1]. 지난 2년 혹은 3년간 연속으로 흉년이었는데 지난가을에 풍년이 들었습니다. 그런데 쌀가격이 너무도 떨어져서 쌀을 다 팔아도 수세(水稅)와 비료 값을 낼 수도 없었습니다. 거의 모든 사람이 완전히 비인간적인 이자를 내고 그들의 곡물을 살 돈을 빌렸습니다. 그중 많은 사람이 대출받기 위해 집을 담보 맡겼으며 지금 집을 빼앗기고 있습니다. 한국인들의 경제 상황은 매일 더 한층 절박해지고 있으며 상황은 더 가망 없습니다. 그래서 필사적으로, 그들은 유일하게 도와줄 수 있을 분으로 믿고 하나님께 도움을 청하고 있습니다. 다시금, 인간의 궁지(窮地)는 하나님의 기회임을 드러내 줍니다.

주님께서 많은 무리를 내려다보시며, 그들이 어려움 속에서 목자 없는 양처럼 있는 것을 보시고[2], 그들에 대한 연민의 마음이 생기셨습니다.

1 1928~30년 평양을 중심으로 일어난 부흥 운동을 말하는 듯함. 윤은석, 「1928-1930년 장로교의 평양부흥운동」, 『선교와 신학』 44, 2018, 323-352쪽 참조.
2 마태복음 9장 36절. "무리를 보시고 불쌍히 여기시니 이는 그들이 목자 없는 양과 같이

저는 주님께서 오늘날 이 백성을 무한한 연민으로 보시며 이 백성을 당신께로 이끌고 계신다는 것을, 또한, 주님 홀로 애통해하는 자들을 위로하실 수 있으며, 수고하고 무거운 짐 진 자들의 짐을 대신 지신다는 것을 확신합니다. 한국인들은 죄라는 큰 짐과, 압도적인 빚이라는 무거운 짐을 지고 수고하고 있으며 그들이 절대로 대처할 수 없는 경제 상황에 직면해있습니다. 이 민족은 세속적인 물건에 있어서는 안쓰러울 정도로 가난하지만, 영적인 가능성에 있어서는 주님의 섭리 속에서 놀라울 정도로 풍족합니다. 우리는 주님께서 주님의 특별한 목적을 위해서 이 세상의 약한 것들을 고르셨다는 것을 듣습니다. 그리고 오늘날 주님의 나라를 위해 가지고 계신 위대한 계획을 이 백성을 통해서 실행하기 위해 주님께서 이 백성을 주님께로 부르고 계신 것처럼 확실히 보입니다. (저는 그렇게 하시고 있다고 진정으로 믿습니다.)

몇 년간 그런 적이 없었는데 전국에 있는 우리 교회들은 지금 넘치고 있으며, 성령께서 아주 경탄스러운 방식으로 이 민족의 마음속에 역사하고 계신 것처럼 보입니다. 이 부흥 운동은 분명히 성령의 역사입니다. 이것은 어느 특정한 지방이나, 특정한 영역에서만 특이하게 일어난 것이 아니기 때문입니다. 이렇게 교회로 특별하게 관심을 쏟은 것에 사람들 사이에 어떤 공모가 있는지, 수면 아래에 있는 소요 혹은 정치적인 소요가 있는지를 알아보기 위해 저희가 특별 조사를 했지만, 아무것도 발견할 수 없었으며, 정말로 종교적 동기로 교회로 오고 있다는 증거들 뿐이었습니다.

지난달 제가 전북남성경학원에서 가르치면서 전주에 머무르는 동안, 네다섯 명과 함께 온 젊은 의사가 전주까지 25마일이나 되는 먼 길을 자전거를 타고 와서 그들이 사는 읍내에서 집회를 열어달라고 요청했습

고생하며 기진함이라."

니다. 어린 시절부터 기독교인이었던 그 젊은 의사는 교회도 없고 단지 한 명의 기독교인이 있는 그 읍내로 이사가 병원을 세웠습니다. 그는 즉시 그의 빛을 발하기 시작했으며, 진심 어린 신실한 개인 사역을 했습니다. 그 결과 그 읍내의 많은 젊은이가 관심을 가지게 되었습니다. 상당한 시간 동안 그 사람이 주일이면 4, 5마일 떨어진 교회로 그 젊은이들을 데리고 갔습니다. 그런데 그들 자신의 편리를 위해서 그리고 그들이 사는 마을 사람들에게 다가가고자 그들은 마을에 교회를 세우기로 하고, 전주로 찾아온 것이었습니다. 저의 춘계 계획이 이미 정해져 있었기 때문에, 저는 개인적으로는 이 집회에 가서 도울 수가 없었으나 저의 조사 서너 명을 보냈는데 그 조사들이 아주 능력이 뛰어난 한국인 설교자의 도움을 받아서 그곳에서 5일간 아주 성공적인 집회를 열었습니다. 그 읍내의 가장 영향력 있는 남자 중 아주 많은 사람이 그리스도를 고백했으며 교회 건물을 구할 계획을 세우고 있습니다. 이 젊은 기독교인 의사는 우리 군산선교부 병원의 손자라고 부를 수도 있습니다. 그가 이곳 우리 병원에서 패터슨 의료선교사(Dr. Patterson)[3]에게 훈련받은 아주 유명한 한국인 의사가 설립한 병원에서 수련했기 때문입니다.

우리의 사역지 중 또 다른 곳에서 한 무리의 젊은이들이 기독교에 관심갖게 되었으며 우리 한국인 목사 중의 한 명에게 그들의 마을로 와서 그들을 가르치고 마을의 다른 사람들이 관심을 두도록 집회를 열어달라고 요청했다는 소식을 막 들었습니다. 그들은 한국인 목사가 그곳에 있는 동안 그 목사를 대접할 것을 약속했습니다. 제가 이 소식을 들었을 때, 그 목사는 일주일간 그곳에 있었으며, 집회에 사람들의 관심이 많았다고 합니다.

이 두 가지의 사례는 이 시기에 사방에서 우리에게 열린 훌륭한 기회

---

3 Dr Jacob B. Patterson(1876.6.1.~1933.2.15.), 한국명은 손배돈(孫培惇).

의 예로 제시한 것입니다. 우리는 현재 실제로 어떠한 저항도 받지 않습니다. 사람들은 복음에 대해서 아주 훌륭하게 열린 마음을 가지고 있습니다. 몇 년간의 충실한 씨뿌리기 즉 충실한 전도와 충실한 삶의 결과, 밭은 희어져서 추수하게 되었습니다.[4] 한국민족 전체가 기독교와 비교될 수 있는 다른 종교는 없다는 것을 확신하기에, 또한 이 세상 혹은 다음 세상에서 그리스도를 통한 하나님이 아니고서는 소망이나 구원이 없다고 확신하고 있습니다. 사역자들이 있고 또한 찾아가서 진심 어린 집중적인 노력을 쏟아부을 재정적 지원이 있다면, 교회나 믿는 무리를 시작하지 못할 읍내나 마을은 오늘날 한국에서는 거의 없습니다. 그러하기에 우리가 가진 이런 훌륭한 기회에 대해서 우리가 기뻐하면서도, 이렇게 활짝 열린 문으로 들어갈 수 없는 우리의 마음은 아픕니다.

이런 경이로운 기회의 날을 좀 더 세세히 설명해드리겠습니다. 올해 우리 (10일) 남사경회는 6백 명에서 7백 명 사이 참석하여 출석 면에서 기록을 세웠습니다. (3월 18일 자 *Christian Observer* 9쪽에 사경회 사진이 있습니다.) 막 끝난 우리 (10일) 여사경회도 우리 군산선교부뿐 아니라 제 생각에는 우리 한국선교회 전체에 있어서 기록을 세웠는데 649명이 등록했으며, 등록이 끝났어도 더 많은 수의 사람들이 와서 출석한 사람들이 700명이 넘었습니다. (둘 다 한 달 과정인) 우리의 남성경학원과 여성경학원[5]은 출석 면에서 올해 최고 수위를 기록했습니다.

바로 지금 우리 앞에 있는 이런 경이로운 기회의 시기를 보면서, 만약 예산이 삭감된다면, 이 시기에 특히 통탄할 만한 일이 될 것입니다. 그러

---

4 요한복음 4장 35절. "너희는 넉 달이 지나야 추수할 때가 이르겠다 하지 아니하느냐 그러나 나는 너희에게 이르노니 너희 눈을 들어 밭을 보라 희어져 추수하게 되었도다."

5 1923년 9월에 개교한 한예정성경학교(Ada Hamilton Clark Memorial Bible School). 이 기관에 대한 자세한 내용은 한일장신대학교 한일역사박물관 참조. https://sites.google.com/hanil.ac.kr/museum/%EC%86%8C%EC%9E%A5%ED%92%88

나, 우리는 주님의 백성들이 우리를 낙담시키도록 주님께서 내버려 두실 것이라고는 거의 믿지 않습니다. 주님께 또한 우리의 마음에 이렇게 소중한 이 사역의 후원을 위해 주님께서 주님의 백성들을 불러 모으실 것입니다.

심각한 삭감이 있으면 가장 첫 타격 중의 하나는 제가 지금까지 해오던 특별한 사역 즉 천막을 가지고 특별히 훈련된 일꾼들과 함께하는 전도 사역이 상당한 정도로 문 닫게 되는 것입니다. 이 사역이 대개 추가적으로 하는 사역이라서 선교회는 새로운 사역을 개척하려고 하기보다는 이미 자리 잡은 사역에 더 신경 쓰는 것이 좋겠다고 느낄 것이기 때문입니다.

우리는 이 삭감안이 통과되지 않기를 그래서 어떤 학교나 병원이 문을 닫을 필요가 없기를, 어떤 사역자나 전도자들도 내보내지지 않기를, 이미 안쓰러울 정도로 적은 조사들과 전도자들의 봉급이 삭감되지 않기를, 또한 우리 앞에 놓인 이렇게 활짝 열린 문으로 최대한 들어가는 것을 막는 어떤 예산 긴축 행위들이 이루어지지 않기를 간절히 기도하고 있습니다.

현재의 일꾼 중 아무도 내보내지 않는 것뿐 아니라 이렇게 훌륭한 황금 곡식으로 누렇게 된 밭에 주님께서 더 많은 일꾼을 힘껏 밀어 넣어 주시기를 바라는 여러분의 가장 신실한 기도를 추수하는 주님께 드리시기를 간청합니다.

주님을 섬기는 여러분의 형제 W. F. Bull 배상.

수신: 1931년 5월 1일 테네시 내쉬빌
주소: 한국, 군산, W. F. Bull 목사
우편: 편지 5센트, 엽서 3센트

1932년 1월 20일

한국, 군산

고국에 있는 사랑하는 친구들에게,

이 편지는 당분간 제가 바다 건너 이쪽에서 여러분에게 보낼 마지막 편지가 될 것입니다. 이유는 (사역한 33년 중) 네 번째의 안식년을 위해 6월 1일경 미국으로 떠날 계획을 아주 확실히 세우고 있기 때문입니다.

다시금, 여러분에게 편지를 써 보내려고 의도했던 것보다 훨씬 많은 시간이 흘러버렸습니다. 이유는 평상시와 마찬가지로 써 보낼 내용이 너무도 많았지만 쓸 시간이 많지 않았기 때문입니다.

교회에서 하는 사역은 계속해서 경이롭게 고무적입니다. 그리고 이 나라 사람들의 마음이 과거 어느 때보다 복음에 훨씬 더 열려있습니다. 오늘날 한국에 있으며 이 놀라운 사역의 한 부분을 맡고 있다는 것은 정말로 놀라운 특혜입니다. 전에 없었던 "힘든 시기"에도 불구하고, 매일 보고 듣는 것은 정말로 기분을 북돋아 주는 것들이며, 살아있는 것에 기쁘고, 이렇게 영광스러운 사역에 동참하는 것이 특혜라고 느낍니다.

제 담당 지방에 있는 (거의 30개) 교회에 대한 정기적인 감독 때문에, 저는 이번 가을에는 단 두 곳에서만 전도 집회를 열 수 있었습니다. 우리가 집회를 열었던 곳 중 하나에는 기독교인 가정이 단 한 가정이 있었습니다. 그 가족은 3마일 떨어진 곳에 있는 교회에 출석하고 있었지만, 그들 자신의 동네에서 스스로 빛을 비추고 있었으며 집회를 준비하는 길을 닦는데 선한 일을 하고 있었습니다. 그래서 이미 잘 준비된 땅에 좋은 씨앗을 뿌리는 것과 같았습니다. 매일 밤 많은 군중이 있었고 많은 수가 기독교인이 되겠다는 결심을 표시했습니다. 집회가 끝난 후 주일에는 예배하기 위하여 약 60명의 회중이 지도자의 집에서 모였습니다. 그 후로 매 주일에 정기적으로 집회가 있었으며 참여 회중은 평균 50명에서 60명이었습니다. 이번 달 7일에 끝난 우리 남사경회에 이 무리의 지도자가 새로 믿은 서너 명을 데리고 참석했습니다. 다른 곳에서 열린 집회는 기성 교회와 함께 한 것이었는데 결과에 있어서는 똑같이 만족스러웠습니다.

남사경회에 대해서 말씀드립니다. 남사경회와 여사경회는 올해 가장 두드러진 행사들입니다. 사경회는 규칙적으로 매년 각 10일씩 열리는데, 참석한 남자들과 여자들에게 큰 격려와 감화를 주는 원천입니다. 오전에 새벽기도회, 두 시간 수업, 그리고 한 시간 경건회가 있습니다. 오후에 한 시간 수업과 30분 찬양 시간이 있고 저녁에 설교가 있습니다. 일 년 동안 기독교인들은 기독교에 대해서 공감하지 않으며, 때때로 공개적으로 적대적인 이교도 사람들에 둘러싸인 채 시골에서 다소 고립된 집단 안에서 살아갑니다. 참석자들은 사경회를 통해 우리 군산 전체에 있는 다른 교회에서 온, 한 번에 500명에서 1,000명까지 동료 기독교인들을 만나는 기회와 뛰어난 강사의 말을 듣는 기회를 갖게 됩니다. 강사들은 한국 전역에서 가장 뛰어난 사람들 중에서 선별된 사람들입니다. 사경회가 감화와 격려를 주는 아주 좋은 시기이기에 사경회가 끝나자마자 사람들은 내년의 사경회를 학수고대합니다.

방금 끝난 우리 남사경회는 출석 면과 분위기 면에서 최고 수위에 도달했는데 544명이 등록비를 실제로 지불하고 등록했습니다. 그런데 한 번에 이삼일만 참석하는 사람들을 포함하면 참석자는 거의 700명이 넘습니다. 이 수를 숙박시킬 장소를 찾는 것은 확실히 우리 능력 밖의 무리한 일이었습니다. 우리의 기숙사는 수용치를 몇 배 넘어 꽉 찼습니다. 사람들이 어떤 식으로 자는지, 다른 말로 어떤 식으로 자려고 하는지를 알려드리겠습니다. 8×8피트 작은 방[1]에서 13명 (때로는 14명)이 잡니다. 7½×11피트 방에서 15명이, 12×16피트 되는 방에는 28명이, 18×26피트 방에서 48명이 잡니다. 이런 것들은 (기숙사의) 모든 방에서 사람들이 배정된 방식을 보여주는 예시들입니다. 아시다시피, 한국인들은 모두 맨바닥에서 잡니다. 바닥은 바닥 아래에 있는 고래(flue) 속에서 태워지는 불에 의해서 데워집니다. 제시된 숫자를 보면, 여러분들은 각 사람에게 얼마나 많은 잠자는 공간이 있는지 그리고 그들이 얼마나 많이 혼잡하고 불편했을지 상상하거나 스스로 알아보실 수 있을 것입니다. 사람들이 밤에 "잠자러 갈" 때, 바닥에는 사람들이 너무 많아서 사람들 사이 사이에 발 디딜 틈이 없습니다. 때때로 자세를 바꿔 편하게 하려고, 남자들은 앉아서 벽에 기대에 자거나 자려고 시도합니다.

남자들은 상대적으로 편한 그들의 집과 이곳에서 먹을 수 있는 것보다 훨씬 좋은 음식을 뒤로 하고 이렇게 힘들고 불편한 환경 속에서 사는데, 무엇 때문일까요? 돈을 벌려는 것은 아닙니다. 왜냐면 그들 중 많은 사람이 재정적인 면에서는 손해를 입으니까요. 사실 이곳에서 즐거운 시간을 갖기도 합니다만, 즐기기 위해서 이곳에 있는 것은 아닙니다. 그들은 주님의 말씀을 공부하고 주님의 왕국에서 좀 더 능력 있는 섬김을 하기 위한 준비를 하기 위해서 이곳에 있습니다. 하루의 첫 번째 종은 4시 45분에 울리는데 그 시간이면 새벽기도회를 위해 그들 모두가 일어나서 교회에 모입니다. 밖은 여전히 깜깜하고 땅은 눈으로 덮여있으며 끔찍이도 추운

---

1 선교사들은 칸의 개념을 가로 8ft. 세로 8ft.로 계산했음. 이것을 현재 도량형으로 환산하면 64 sq. ft. 약 1.78평, 약 5.95 제곱미터임. Rev. W. B. Harrison, "General Report of Chunju Station,"(*The Missionary*(February, 1902), pp.67-9). "이번 여름에 그 집은 너무 좁았습니다. 그래서 본 건물에 두 칸(8×16피트)을 덧붙였습니다.(In the spring the house was found to be too small, and two kans(8×16 feet) were thrown into the main room...)"라는 표현이 있음.

데, 기도회를 위해 모인 많은 남자로 교회가 꽉 찬 것을 보는 것은 굉장한 광경입니다. 새벽기도회 때에 지도자는 다른 어떤 때보다 복음의 소식을 사람들에게 잘 전달하여 이해시킵니다. 이때 사람들이 자신의 속마음을 철저히 살피며, 주님과 더 가까이 걷고자 하며, 주님과의 사귐의 더 풍성한 경험을 얻고 다시 새롭게 되어 주님을 섬기는 삶에 다시 헌신하고자 하는 갈망이 그들의 마음속에서 한층 활발해집니다.

최근에 끝난 사경회에 같은 교회에서 온 14명의 대표자가 있었습니다. 그들은 모두 한 방에서 함께 먹고 잤습니다. 어느 날 아침, 새벽기도회를 마치고 방에 돌아왔을 때, 그 젊은이 중 한 명이 같은 방에 있는 동료들에게 "내가 가진 기회와 특혜에 어울리는 삶을 살고 있었다는 생각이 들지 않는다네. 내가 생각하기에 바람직한 기독교인의 삶을 살았다고 생각하지 않는다네. 그래서 더 잘하고 싶은 큰 욕망과 목적을 갖고 있다네."라고 말했습니다. 그들 무리 중 다른 한 명도 곧바로 "나도 정확히 똑같은 느낌을 갖고 있었네"라고 말했습니다. 이후 차례차례로 말을 하며 비슷한 생각과 욕망들을 나타냈습니다. 그래서 그들은 바로 그 즉시 바로 그 장소에서 집과 교회에 돌아가서 그들의 삶을 전보다 훨씬 더 두드러지게 하겠다는 것에 동의했습니다. 따라서, 그들은 그들의 기독교인 삶에 관해서 서너 가지의 핵심점 즉 매일 성경 공부를 더 충실하게 할 것, 좀 더 믿음을 가지고 기도 생활을 신실하게 할 것, 주일 성수를 더 충실하게 할 것, 다른 사람들을 그리스도께 데려오려고 하는 일에 더 충실할 것 등을 포함하는 협약서를 작성했습니다. 협약서의 조항에는 담배 사용을 포기한다는 것도 있었습니다. 그들은 이 약속에 모두 서명하고 그것을 집으로 가지고 갔습니다.

저는 14명의 젊은이가 표현한 것과 결의한 것들이 사경회에 있었던 7백 명 중 대다수의 표현과 결의를 대표하는 것이라는 것과 위대한 감화의 권능의 물결이 사경회에서 군산에 있는 백 개의 교회 전체에 흘러

들어갔고 그 교회들이 이곳에서의 사경회에 참석한 사람들에 의해서 크게 도움을 받고 자극받을 것을 확신합니다.

사경회의 끝자락에 우리 한국인 목사 중의 한 명인 강사가 참석자들에게 다음과 같이 말했습니다. "거의 10일이나 아주 힘든 상황 속에서, 너무도 많은 사람이 방 하나에 빼곡히 있어서 편히 잠을 잘 수도 없었고, 교회에 올 때는 너무 붐벼서 어떤 여유 공간이 없는데도 지금껏 내내 어떤 사소한 불편함이 없었다는 것이 이상하지 않나요? 이유를 아십니까? 여러분 마음속에 있는 그리스도의 영 때문입니다. 여러분 사이에 있는 기독교 정신 때문입니다. 만약에 똑같은 수의 비기독교인들이 그렇게 불편한 상황에서 모이게 된다면 처음부터 마찰이 있을 것입니다. 그리고 하루도 지나지 않아 전체가 엉망진창이 될 것입니다." 그 사람의 말이 전적으로 옳습니다. 제가 그 강사에게 그 사실을 인식하게 만들고 그에게 그 사실을 참석자들에게 지적하도록 했다는 것이 즐거운 일이었습니다. 사람들을 사랑 속에서 하나로 묶어서 조화와 형제애 속에서 함께 살 수 있게 만들고, 아주 힘든 상황에서도 견디고 참아주는 것은 예수 그리스도의 종교가 가진 힘에 대한 훌륭한 증언이었습니다.

우리 사경회의 점점 증가하는 인기와 큰 교육적 가치 그리고 감화를 주는 가치를 생각해볼 때, 추가적인 기숙사들과 강당 하나에 대한 아주 긴급한 필요를 느낍니다. 이곳에 있는 가장 큰 강당은 동네 교회인데, 사경회나 다른 특별 집회 때는 전적으로 너무도 좁습니다. 그러하니, 우리를 소유하고 계시며, 우리가 섬기는 그분께 우리가 아주 긴급하게 필요로 하는 이런 추가적인 설비를 우리가 갖는 것이 가능하게 해달라고 우리와 함께 기도하지 않으시겠습니까?

이 사역에 고무적인 일들이 그렇게 많고, 사방에서 아주 많은 훌륭한 기회들이 열리고 있기에, 이 시기에 한국을 떠나는 것이 특별히 어렵습니다. 그러나 정기 안식년 휴가의 시기가 다가왔습니다. 지난 몇 년 동안

군산선교부에 배정된 사역자의 수가 너무도 적어서 보통과는 다른 무거운 사역과 책임의 몫이 저와 저의 아내에게 떨어져서 선교회는 우리가 안식년을 미루지 않고 정상적으로 예정된 이 시기에 고국으로 가는 것이 최선이라고 판단했습니다. 그래서 위에서 언급한 대로 우리는 6월 1일경 이곳을 떠날 계획을 세우고 있습니다.

사역을 떠나는 것이 어려울 것이지만, 또 한 번 짧게 체류를 위해 고국으로 가는 것에 대해 생각하면 기쁩니다. 그리고 우리 자녀들과 많은 친구와 사랑하는 이들을 다시 한번 볼 생각에 정말로 아주 행복합니다.

현재 우리의 계획에 따르면 우리는 6월 2일 일본 고베에서 프레지던트 매디슨 호를 타고 가서, 요코하마에서는 6월 4일 출발하여 시애틀에는 6월 14일 도착할 예정입니다. 우리에게 S.S. President Madison, American Mail Line, Seattle, Washington으로 주소를 하여 편지를 보내면, 우리가 도착하는 시간 즉 6월 14일경 어느 때나 그 편지가 도착한다면 우리에게 전달될 것입니다. 대륙을 횡단하는 기차 안에서 많은 시간이 있을 것입니다. 도중에 읽으라고 보낸 친구들의 편지 몇 통이 있다면 아주 근사할 것입니다. 물론, 우리가 한국을 떠나기 전에도 여러분에게서 우리가 소식을 들을 시간은 충분합니다. 여러분에게 확실히 말씀드립니다만, 그렇게 한다면 우리는 아주 기쁠 것입니다.

머지않아 많고 많은 친구를 보게 될 것을 큰 기쁨을 가지고 학수고대하고 있습니다.

주님을 섬기는 여러분의 형제 W. F. Bull 배상.

수신: 1932년 2월 23일 테네시 내쉬빌
주소: 한국, 군산, W. F. Bull 목사 부부
우편: 편지 5센트, 엽서 3센트

1932년

불 부인(Mrs. William F. Bull), 1932년 5월 27일~6월 26일

5월 27일.　준비해온 점심 바구니의 음식을 먹었다. 기차에서 어떤 문제도 없었다. 엘리자베스(Elizabeth K. Gomperts)와 아기를 대전에서 만났고 도중에 그녀를 도울 수 있어서 기뻤다. 여객선에서 1등칸으로 옮겨졌고 일본으로 건너가면서 밤에 잘 쉬었다. 우리 둘 다 그런 휴식을 몹시도 필요로 했다. 금요일에는 온종일 나 자신이 아닌 것 같았는데 그렇게 쉬고 나니 정상처럼 느꼈다.

5월 28일.　우리는 시모노세키에 있는 호텔에서 아침을 잘 먹었고 고베까지 잘 갔다. 오후에 어떤 일본인 남자가 자신이 우리가 있는 구역에 앉겠다며 사환을 시켜 윌리에게 일어나라고 할 때까지 한 구역을 우리만 썼다. 그 일본인은 미국에서 오래 살아서 영어를 잘했다. 그는 예쁜 여자와 같이 있었는데 그 사람의 말에 의하면 그녀는 그의 아내로 그 여자도 또한 미국에 있었다고 한다. 그 남자는 뉴욕에 있는 중고시장에서 구입한 머리 부분이 금으로 된 멋진 지팡이를 가지고 있었다. 이 지팡이는 18[해독불가]년 버지니아 노폭의 해군 소장 브라운이라는 사람에게 노폭의 네이비 야드에 있는 경찰들이 선물한 것이었다. 브라운 소장이 조카딸에게 남겼는데 그녀가 그것을 팔았고 뉴욕에 있는 가게로 그 물건이 오게 되었으며 그 일본 사람이 골동품이라고 산 것이었다.

오후 8시 30분.　산노미야역[1]에 도착했더니 샌틀 선교사(Miss Santel)가 우리를 기다리고 있었다. 그녀는 차를 대기시켜 놓았고 우리는 곧

사람들을 시켜서 우리의 여행용 가방 등을 챙기도록 했다. 곧 우리는 그녀의 집에 도착했고, 우리의 모든 짐이 그 집에 왔다. 우리는 예쁘고, 공기가 잘 통하고, 훌륭한 침대가 있는 방을 갖게 되었고 잘 쉬었다. 매큔 선교사(Catherine McCune)[2]가 샌틀 선교사의 집에 있는 것을 알게 되었고, 옛 추억을 되살렸다. 그녀와 함께 그곳에 며칠 머문 것은 큰 즐거움이었다.

5월 29일.　주일. 나는 쉬었고 윌리는 아침에 교회에 갔다.

5월 30일.　배표를 알아보기 위해 S.S. 사무실로 갔으며 이후 쇼핑했다. 점심 먹으러 돌아와서 쉰 다음 다시 쇼핑했다.

5월 31일.　오전에 다시 사무실로 갔으며 쇼핑했다. 오후는 쉬고 저녁에는 풀턴 박사(Dr. Fulton)[3] 집으로 식사하러 갔다. 훌륭한 저녁을 먹었고 풀턴 박사 부부와 매우 즐겁게 보냈다. 영 목사 부부(Mr. and Mrs. Young)와 캐서린도 그곳에 있었다. 저녁을 먹고 나서 오클리(Oakley) 씨의 팔레스타인 사진을 보려고 갔다. 아침에 조선은행을 찾아가다가 우체국을 보게 되었고 버지니아의 편지가 있는지 물어보러 들어갔다. 그런데 우체국의 한쪽에서 매킬웨인 의사(Dr. McIlwaine)가 글을 쓰며 앉아있는 것을 발견했다. 매킬웨인 의사가 70세이기 때문에 그와 부인은 일본에서의 40년 선교사로 일한 후 일본을 곧 떠날 것이었다. 사역에서 이렇게 훌륭한 부부를 잃게 되는 것은 힘든 일이다. 우체국을 찾는데 그분이 도와주었고 우리는 그곳에서 버지니아가 보낸 환영 편지를 발견했다. 그 후 그분은 어

---

1 산노미야역(三宮驛, Sannomiya-eki)은 고베의 중심부에 있음. 고베의 최대 터미널 역으로 교통의 요지.

2 Katherine A. McCune(1880.3.30.~1942.4.18.), 미국북장로교 독신 여선교사. 한국명은 윤가태(尹嘉泰).

3 풀턴 선언으로 유명한 일본선교회 선교사 Charles Darby Fulton(1892.9.5.~1977.5.27.).

음을 현금으로 바꾸기 위해 조선은행으로 우리를 데리고 갔다. 정말 사랑스러운 분이다.

6월 1일.　　쇼핑을 더 했다. 기차표 주문 때문에 사무실로 갔다.

6월 2일.　　짐과 관련하여 짐 다루는 사람을 만나기 위해 오리엔탈 호텔로 갔다. 이른 점심을 먹었다. 수하물을 가져갈 차 두 대가 왔다. 샌틀 선교사가 우리 짐 대부분과 매큔 여선교사의 가방 두 개를 싣고 한 차로 갔고, 매큔 선교사와 켈로우 선교사(Miss Kellow)가 우리와 함께 갔다. 여자 운전사, 샌틀 선교사 그리고 켈로우 선교사는 차를 타고 돌아가야만 했다. 매큔 선교사는 우리와 함께 배에 머물렀다. 한국인들에 대한 그분의 사랑과 사역에 대한 열정이 우리에게 도움이 되었다. 배가 막 떠나갈 때, 편지 네 통이 우리에게 전해졌다. 하나는 버지니아와 G.N.으로부터, 하나는 마가렛으로부터, 두 개는 앨비에게서 왔는데 그중 하나는 받을 주소가 고베로, 다른 것은 요코하마로 되어있었다.

6월 3일.　　아침 이른 시간에 욧카이치[4]에 도착해서 닻을 내리고 온종일 그곳에 있었다. 도자기를 배에 실었다. 오후 늦게 요코하마로 출발했다. 편지를 쓰고 선실에 있는 모든 것을 정돈하기에 좋은 날이었다.

6월 4일.　　아침 일찍 요코하마에 도착했다. 비가 심하게 내리고 있었다. 물건을 사기 위해 아침에 잠시 밖으로 나갔다. 비가 그쳐서 점심 먹고 소화 시킬 겸 길게 산책하려고 밖으로 나갔다. 다섯 시에 시애틀로 출발했다. "줄을 쳐서 다른 곳과 구별해놓은" 느낌을 받은 것 말고는 특별칸은 모든 것이 괜찮았다. 오랫동안 선교사로 사역했지만 특별칸 이용한 것은 처음이었다. 1등칸과 특별칸에는 사람이 많

4　욧카이치항(四日市港, 욧카이치코): 미에현 욧카이치시에 위치한 항구.

지 않았다.

6월 5일.   바다는 고요했으며, 특별한 일이 없었다.

6월 6일.   여전히 고요하다. 중국과 [해독불가]에 관한 앨리슨 씨(Mr.
Allison)의 영상들.

6월 7일.   거친 파도. 침대에 머물러 있어야 했다.

6월 8일.   위와 같음.

6월 9일.   방에서 일어났으나 허약했다. 점심 먹으러 갔다. 영화 "The
Cheat"가 상영되고 있었는데 한낮이었다. 바다는 어제보다 부드러
워졌다. 그렇지만 몸이 전혀 좋지 않았다. 그렇지만 모든 음식을 먹
었다. 식사는 좋았지만 내 입은 좋은 맛을 느끼지 못하는 것 같았다.
배에서 먹는 음식치고는 괜찮았다. 우리가 아는 한 최선으로 세관신
고서를 작성했다.

6월 10일.   일본, 한국, 포모사(Formosa)[5]에 대한 클라크 씨(Mr. Clark)
의 영상들.

6월 11일.   인도에서 온 토버리스(Thoburris) 양의 영화들

6월 12일.   선장이 대접하는 식사. 아침에 영어 예배.

6월 13일.   속도를 냄. 짐을 쌈.

6월 14일.   아침 일찍 빅토리아에 도착했고 10시에 시애틀로 떠났으며
2시 30분에 시애틀에 도착했다. 세관을 통과하고 택시를 타고 프라
이어 호텔(Frye Hotel)로 가서 방을 구하고 버지니아, 윌리엄, 마가렛
에게 전보를 보냈다. 쉬고 나서 산책했으며 호텔 커피숍에서 저녁을
먹었다. 라디오를 들었고 방으로 왔으며 그런 다음 나중에 기차역으
로 갔다. 9시 30분에 기차 엠파이어 빌더[6]를 타고 시애틀을 나섰다.

---

5 '아름다운 섬'이라는 뜻으로 현재 대만을 일컫는 말.
6 Empire Builder: 1929년 6월 10일 첫 운행을 했으며 시카고에서 시애틀 또는 시카고에서
포틀랜드까지 노선임. 시애틀에서 시카고까지 2,206마일(3,550㎞)임.

아래 칸(lower berth) 5와 6의 자리에 앉았다. 괜찮은 식당 칸이었다. 대륙을 횡단하는 데 큰 어려움은 없었다. 몬태나주 셸비(Shelby) 근처에서 갑작스런 폭우 때문에 서너 시간 정체되었다. 이것을 제외하고는 대륙횡단은 아주 훌륭한 여정이었으며 그 일로 우리는 불편함을 겪지는 않았다. 지체된 시간 대부분을 다시 회복했다.

6월 17일.   금요일 아침 9시 30분에 시카고에 도착했다. 역의 짐꾼들이 우리를 기차로 옮겨주었다. 그레이트 노던(Great Northern) 직원이 시애틀에서 전보를 보내서 우리 대신 예약해주었다[7]. 시카고의 직원이 몬태나주 셸비에 있을 때 우리 기차의 차장에게 전보를 보내서 시카고에서 신시내티까지 가는 기차 좌석 9번과 11번을 예약했다고 했다. 남쪽으로 내려가는데 편안한 여정이었다. 시카고에서는 공화당 전당대회 대의원[8]들이 탔다. 앨리스 롱워스(Alice Longworth[9])가 내 옆자리에 앉았다. 신시내티 근교의 첫 정차역에서 앨리스가 내릴 때 어린 소녀가 그녀를 마중하기 위해 있었다. 예쁜 아이였다. 집에 잠시 없었던 엄마를 다시 보게 되어서 아주 기뻐하는 것처럼 보였다.

우리 아들, 우리가 7년이나 못 봤던 우리 아들이 역에서 우리를 만날 때 우리의 느낌을 말로 어떻게 표현할 수 있을까? 아들은 항상 그랬듯이 정말 사랑스럽고 다정한 아이다.

6월 18일.   늦게까지 잠을 잤고 아들과 시내에 있는 미스 크레이븐스 (Miss Craven's)에서 점심을 먹었으며 그곳에서 저녁까지 먹었다.

6월 19일.   윌리엄[10]과 좋은 시간을 보냈다. 아침과 점심을 미스 크레

---

7   Great Northern은 1929~1970년 Empire Builder를 운영함. 불 선교사 부부가 대륙횡단 열차의 종착지인 시애틀에서 내려서 지선(支線)으로 갈아탈 때 기차표 예약을 해주었다는 의미임.

8   1932년 6월 14일에서 6월 16일까지 공화당 전당대회가 시카고에서 열림.

9   Alice Lee Roosevelt Longworth(1884.2.12.~1980.2.20.) 미국 작가이자 사교계의 명사. 루즈벨트 대통령(Theodore Roosevelt)의 첫째.

이브스에서 함께 먹었고, 오후에는 세인트 토마스(St. Thomas)까지 차를 타고 갔으며 주윗(Jewitt) 부인과 아들을 방문하고 그들과 차를 마셨다. 참 좋은 집이었다. 윌리엄에 대해서 좋은 것들을 아주 많이 말씀해주셨다. 모건(Morgan) 부부와 그들의 어린 아들을 만났다. 저녁을 먹은 후 차를 타고 나가서 맥네어(McNair) 부인과 글래디스(Gladys)를 보러 잠깐 들렀다. 거기서 그래디스의 약혼자를 봤다. 아침에 오번 산(Mt. Auburn) 교회에 갔다. 설교에 힘은 없었지만, 교회당은 꽉 찼다. 젊은이들이 많이 있었다.

6월 20일.　점심을 먹으러 시내에서 윌리엄을 만났다. 남편이 가벼운 정장을 샀다. 노르만디(Normandie)에서 점심을 먹었다. 미스 크레이브스에서 저녁을 먹었다. 윌리엄이 와서 차로 우리를 데리고 갔다.

6월 21일.　남편이 미스 크레이브스에 아침 먹으러 갔다. 우리 셋은 같은 장소에서 점심을 먹었고, 나와 남편은 그곳에서 저녁을 먹었다. 아침에 윌리엄의 아파트로 갔다. 점심과 저녁 후에도 그곳으로 갔다. 오후에는 누워서 쉬려고 방으로 돌아왔다. 라디오를 재미있게 들었다. 리치먼드에서 앨비가 전화했다. 그 아이의 다정한 목소리를 다시 듣게 되어 기뻤다.

6월 22일.　남편 혼자서 미스 크레이브스에서 아침을 먹었다. 우리 셋은 그곳에서 점심을 먹었다. 너무너무 무더운 날이었다. 윌리엄의 아파트에서 좋은 시간을 보냈다. 일하기에 힘든 날이다. 데이비드 오만(David Oman)을 만났다. 매력적이고 상냥한 사람이었다. 목요일에 리치먼드로 오라고 요청하는 매미(Mamie[11])의 전보를 받았다. 오, 아버지, 저는 연약합니다. 곧 다시 볼 기약도 없이 윌리엄을 혼

---

10 아들과 아버지가 같은 이름 윌리엄(William)을 사용함. 불 부인의 이 편지에서 아들을 William으로, 남편은 W.로 표기함.

11 불 선교사의 여동생 Mary Bull Priest(1879.19.16.~1947.6.1.).

자 두고 어떻게 떠나야 할지 모르겠습니다. 저를 이끌어주시길 간청 드립니다. 비록 제가 나약함 속에서 종종 흔들릴지라도 주님께서 이 끄시는 대로 따르겠습니다. 주님께서는 제가 딸들을 얼마나 보고 싶 어 하시는지 아시죠? 저의 마음이 찢어질 듯 아픈 것 아시죠? 주님 의 선하심으로 인해 주님께 감사드립니다. 주님은 저의 곁을 떠나지 않으십니다![12]

6월 23일.　김슨(Gibson) 커피숍에서 윌리엄과 점심을 먹고 좋은 시간을 보냈다. 미스 크레이븐스에서 멋진 저녁 식사를 했다. 윌리엄의 아파 트로 갔고, 공연과 스위스 시계 내부장치(Swiss Movements)를 보러 갔다.

6월 24일.　윌리엄과 시내에 있었으며 쉬티토스(Shittito's) 찻집에서 점 심을 먹었다. 미스 크레이븐스에게 작별 인사했다. 아들에 대해서 한 친절한 말들을 오랫동안 기억할 것이다. 레드 라이언 인(Red Lion Inn)에서 우리 셋이 저녁을 먹었다. 차로 시내를 돌아보고, 기차역으 로 출발했다. 데이비드 오만이 짐을 역까지 가지고 갔다. 윌리엄에 게 작별의 말을 하고 그 아이를 역에 남긴 것을 어떻게 글로 표현할 수 있을까? 하늘에 계신 아버지시여, 주님 한 분만이 저의 고통과 고뇌를 아십니다. 체서피크 & 오하이오 철도(C. & O.)[13]에서의 여행 은 괜찮았다.

6월 25일.　역에서 딸들을 만난 것을 어떻게 글로 표현할 수 있을까? 7년이나 기다렸다. 나에게는 너무도 힘든 일이었다. 매미와 엘리자베 스 고모(Aunt Elizabeth Priest), 그리고 코넬리어 리드(Cornelia Reed)가 기차 옆에서 기다리고 있었다. 즐거움은 말로 표현할 수 없었다. 마가

---

12 여호수아 1장 5절. "네 평생에 너를 능히 대적할 자가 없으리니 내가 모세와 함께 있었던 것 같이 너와 함께 있을 것임이니라 내가 너를 떠나지 아니하며 버리지 아니하리니."
13 Chesapeake and Ohio Railway (C&O).

렛이 너무 말랐으나 건강했다. 앨비는 말랐고 삼 년 교육을 받고 나서 지쳐있었다. 우리의 마음속에 많은 행복과 감사가 넘쳤다.

6월 26일.　　매미와 두 딸은 교회 시간 전에 노폭으로 돌아가야만 했다. 코잇 부인(Mrs. Coit)과 자녀 네 명이 이곳에 있는데 모두 용감하다. 로버트는 훌륭한 소년이고 딸들도 아주 매력적이다. 코잇 부인에게 슬픈 일이 겹쳤지만[14], 그녀는 용감하고 신실하다.

---

14 남편 코잇 목사가 1932년 5월 12일 사망함.

1933년 11월 21일

태평양에서

사랑하는 친구들에게,

우리는 태평양에 있으며 우리 주님의 일을 다시 시작하기 위하여 우리의 네 번째 안식년 휴가를 보내고 한국으로 돌아가는 중입니다.

이번 휴가가 사실 전체적으로는 아주 즐거운 일이었지만, 아주 실망스러운 것들도 몇 가지 있었습니다. 안식년을 기대하면서, 기분 좋게 생각하며 가장 두드러지게 떠오르는 것은 오랜 세월 동안 보지 못했던 아주 사랑스러운 친구들을 많이 다시 만나는 것이고 또한 새로운 친구와 우정을 맺고 유대감을 형성하는 것입니다. 우리에게 이런 큰 기쁨과 특혜가 전적으로 주어지지 않은 것은 아니지만 우리는 우리가 희망했던 것만큼 우리 옛 친구들을 그렇게 많이 못 봤다는 점에서 크게 실망했습니다. 성탄절 뒤에 아내가 다리가 부러지는 사고를 입어서 우리는 둘 다 미션 코트에 있는 집에 아주 가깝게 있어야만 했습니다.

항상 그렇듯이, 우리 안식년 휴가 동안 이런 즐거운 안식처를 우리의 본부로 삼는 것, 우리 아이들이 우리와 함께하기 위해서 올 수 있는 우리가 "집"이라고 부를 수 있는 장소를 갖게 된 것은 큰 기쁨이자 특혜였습니다. 우리는 우리 아이 중 둘과 항상 함께할 수 있었고, 셋과는 상당히 오랜 시간을, 그리고 아이들 넷 모두와는 적어도 일부 시간을 같이 있게 되었습니다. 아주 행복했습니다. 우리 선교사들이 안식년 동안 "집"이라고 부를 수 있으며 자녀들과 함께할 수 있는 이렇게 훌륭한 장소를 제공하는 데 있어서 선한 숙녀분들이 한 것에 대해서 아무리 감사를 드려도 부족할 뿐입니다.

마지막 순간, 우리가 되돌아오는데 너무도 서두르다 보니 시간이 될 때마다 만났던 많은 선한 친구들에게 작별 인사를 하지 못한 것에 대해서 정말 안타까워합니다.

우리의 사역에 쓰도록 가져가라고 주님께서 은혜로 우리에게 자동차를 주셨기에, 우리는 배를 타게 될 로스앤젤레스까지 대륙을 횡단하여 운전할 계획을 세웠습니다. 그렇게 하여 우리는 기차에 쓸 비용을 절약하여 그 차를 배에 싣고 오는데 드는 수하물 비용을 낼 수 있었습니다.

10월 10일 리치먼드에서 떠난 다음 사랑스러운 우리의 친구인 얼 목사(Rev Earle)[1] 부부를 보기 위해서 노스캐롤라이나 스토벌(Stovall)에서 처음으로 멈췄습니다. 그분들은 군산선교부의 식구였습니다. 다음 머문 곳은 노스캐롤라이나의 헨더슨빌(Hendersonville)이었는데, 딸 마가렛을 보기 위해서였습니다. 마가렛은 그곳에 있는 패시펀(Fassifern) 학교에서 가르치고 있습니다. 그곳에서 아칸사스 파인 블러프(Pine Bluff)로 갔는데 그곳 제1장로교회를 1주일 동안 방문하기 위해서였습니다. 그 교회는 저의 아내가 37년 전 처음 한국에 왔을 때 아내를 파송해준 곳입니다. 그 교회는 그 후로 아내를 지원하는데 계속 관심을 보이고 있습니다. 그 교회에서 매우 즐겁게 있었고, 전에 알고 있던 사람들과 재회했고, 많은 사람들과 새롭고 즐거운 만남을 갖게 되었습니다. 우리는 그곳에서의 시간이 그처럼 짧을 수밖에 없어서 아쉬웠습니다.

파인 블러프를 출발한 후 다음 목적지는 텍사스 샌안토니오였습니다. 그곳에는 아들이 있습니다. 아들은 우리가 미국에 있는 시간의 아주 짧은 부분만 우리와 함께 있을 수 있었기에 우리는 샌안토니오를 경유해 가기로

---

1 Rev Alexander Miller Earle Sr.(1873.8.30.~1941.6.5.)

계획을 세웠으며 한국으로 가는 배를 타기 위해 로스앤젤레스로 가는 길에 아들을 방문했습니다. 우리는 샌안토니오에서 16일을 머물렀습니다. 말할 필요 없이 그 시간은 너무너무 행복한 나날이었으며 너무도 짧았습니다! 샌안토니오를 방문한 것의 아주 행복했던 점은 사랑하는 친구 힐 박사(Dr. P. B. Hill)[2] 부부를 다시 볼 수 있었다는 것입니다. 두 분은 몇 년 동안 우리 한국선교회의 식구였습니다. 힐 박사는 샌안토니오 제1장로교회 목사입니다. 우리는 그분이 그 도시에서 주님을 위해서 하고 있는 아주 뛰어난 사역을 볼 수 있는 기회를 가져서 기뻤습니다. 또한, 주일 아침 그분의 훌륭한 회중 앞에서 말할 수 있었던 것과 다른 시간에 그 교회의 다른 기관들에서 말할 수 있었던 것은 아주 큰 기쁨이었습니다. 그들의 관심과 열정은 우리에게 큰 도움이 되고 우리는 고무되었습니다. 여기보다 더 관심을 기울이고 진지한 회중을 찾기는 어려울 것입니다.

샌안토니오에서 우리는 엘파소(El Paso)를 거쳐서 로스앤젤레스로 갔는데 거기서 한국으로 가는 배를 탔습니다. 로스앤젤레스에는 약 6백 명의 한국인들이 있습니다. 그들 중 많은 사람이 기독교인인데 장로교인과 감리교인입니다. 장로교와 감리교는 둘 다 한국 목사가 있는 자신들의 교회를 가지고 있습니다. 우연하게도 그 장로교회의 목사는 한국에 있을 때 저의 개인 조사였던 사람이었습니다. 물론, 저는 로스앤젤레스를 통과해 간다는 것을 알았을 때, 그 사람에게 연락했습니다. 그이는 일주일간 그들을 위한 집회를 열어달라는 부탁을 하며 편지를 보내왔습니다. 저는 그렇게 할 수가 없었습니다만 그들의 도시에 있는 동안 장로교, 감리교 두 회중의 연합 집회에서 이틀 밤 말씀을 전하는 큰 기쁨을 누렸습니다. 그들의 온정과 환대는 전적으로 한국식이었습니다. 다른 말

---

2 Pierre Bernard Hill(1877.3.4.~1958.1.16.), Ella Lee Thraves Hill(1875.2.14.~1958.6.5.)

로 세계 어느 곳에서도 이보다 더 나은 것을 발견할 수 없다는 것입니다.

차로 대륙을 횡단하는 여정은 매우 흥미로웠고 즐거웠습니다. 그리고 전혀 피곤하지 않았습니다. 차는 지금 안전하게 우리와 함께 배에 있습니다. 우리는 우리 사역지의 교회들 사이에서 우리의 사역에 이 차가 사용될 것을 생각하니 아주 아주 행복합니다. 제가 담당하는 지방에는 30여 개의 교회가 있습니다. 실제 거의 모든 교회는 자동차로 갈 수 있습니다. 제가 안식년을 보내는 동안, 철과 콘크리트로 된 아주 좋은 다리[3]가 저의 담당 지방을 두 곳으로 나누는 큰 강을 가로질러 놓였습니다. 이 다리 때문에 제 담당 지방에서 가장 멀리 있는 교회도 차로 상대적으로 쉽게 갈 수 있습니다.

우리는 하와이주의 섬들과 호놀룰루에 가까워지고 있습니다. 아마 그곳에는 내일 오후면 도착할 것입니다. 그래서 저는 그곳에서 여러분에게 이 편지를 보내려고 마무리하고 있습니다. 우리가 열대지역으로 들어가니 대기가 아주 향기로워서 갑판 위에서의 삶이 즐겁게 되었습니다. 야외 수영장은 아주 인기가 있습니다. 활동적인 승객들이 갑판에서 셔플보드, 탁구, 테이블 골프와 같은 운동을 크게 즐기고 있으며, 다른 사람들은 갑판에 있는 의자에 앉아서 책을 읽거나 잡담하거나 글을 쓰거나 꾸벅꾸벅 조는 것을 즐깁니다. 우리는 호놀룰루에서 꼭 하루를 보내게 되는데, 그 시간에 해변에 내려서 "태평양의 낙원"이 주는 기쁨을 즐길 기회를 가질 것입니다.

우리는 12월 4일 일본 요코하마에 그리고 5일 고베에 도착할 예정입니다. 5일 이 배를 떠나 한국으로 가는 다른 배로 갈아탈 것입니다. 우리는 12월 9일에 군산에 도착할 것입니다. 우리가 도착하고 나서 며칠은

---

3 공주 금강철교(公州 錦江鐵橋): 1932년 1월 2일에 착공하여 1933년 10월 23일에 준공됨. 기차가 다니는 철도 교량이 아니고 차가 다니는 도로 교량임.

다시 살림하기 위해서 집을 개방하고 물건이 제대로 자리를 잡는 데 사용될 것입니다. 우리 집에 다시 들어갈 준비를 마칠 때까지 동료인 베일 목사 부부의 집에 머무를 것입니다.

베일 목사의 편지에 우리 연례 남사경회가 12월 27일 시작한다는 정보가 있습니다. 사람들은 제가 새벽기도회를 인도하고, 매일 한 시간 수업하고, 매일 밤 많은 군중 앞에서 설교할 것을 당연하다는 듯 생각하고 있었습니다. 제가 이 사실들을 언급하는 것은 여러분들이 이 사경회를 기억해달라고 부탁할 목적이며, 특히 이런 사경회에 참석할 수백 명(아마도 600명에서 1,000명 사이의 사람들)에게 전할 축복이 되는 말씀을 저에게 주시길 주님께 기도해달라는 것입니다. 이 편지를 받은 후에도 여러분은 이 날짜와 이 요청을 기록할 충분한 시간을 갖게 될 것입니다. 사경회는 12월 27일 시작하여 1월 7일까지 이어집니다. 이 사경회는 참석한 사람들에게 항상 큰 감화와 격려의 시기입니다. 이 사경회가 지금껏 최고의 것이 되도록, 진정으로 기도하지 않으시겠습니까?

우리가 한 회기 더 섬길 수 있도록 주님께서 우리를 되돌아가게 해주셔서 우리를 영광스럽게 만들어주신 것에 대해 말로 할 수 없는 즐거움으로 기뻐합니다만, 그리고 그 사역을 맡을 계획을 세우며 아주 행복해합니다만, 전에 어느 때보다 이번에 돌아가는 것이 어려운 이유가 있습니다. 주님의 은총으로 저희가 계속 살아갈 수 있도록, 또한 가장 유용한 섬김의 시간을 가질 힘을 받을 수 있도록 여러분의 기도 속에 우리를 항상 기억해주기를 강권합니다. 여러분들의 소식을 들으면 우리가 항상 기쁘다는 것을 기억해주십시오. 여러분들이 우리를 생각하고 있고 기도로 우리를 지지해주고 있다는 것을 우리들에게 상기시켜주는 작은 편지 하나가 종종 아주 큰 격려와 감화가 됩니다.

주님을 섬기는 여러분의 형제 W. F. Bull 배상.

수신: 1933년 12월 5일 테네시 내쉬빌
주소: 한국, 군산, W. F. Bull 박사
우편: 편지 5센트, 엽서 3센트

1934년 4월 11일

한국, 군산

고국에 있는 사랑하는 친구들에게,

한국으로 돌아오던 도중 태평양을 건너다가, 제가 호놀룰루에서 부친 편지를 썼습니다. 한국에 도착하고 나서는 다양하고 잡다한 일들이 너무 가득해서 편지를 하나 더 쓸 시간을 찾는 것은 불가능해 보였습니다.

지난번 편지에 썼듯이 사랑하는 자녀들을 고국에 두고 오는 것이 이 번에는 정말로 가장 힘들었습니다. 그러나 우리 선교부에 도착하자마자 받은 왕과 같은 환영 때문에 우리 마음이 위로받았고, 돌아오기를 잘했 다고 생각했습니다. 또한, 이 환영이면 우리가 지금 지불하고 있는 엄청 난 것들에 대한 보상으로 충분하다고 느끼게 되었습니다.

우리는 12월 8일 오전 7시 5분에 군산에 도착했습니다. 추운 겨울 날씨와 아주 이른 시간이었지만, 오전 5시 즉 동트기 훨씬 전에 군산에 서 나서야 했지만, 우리 지역 기독교인들로 이루어진 약 50인의 대표자 가 우리를 만나기 위해 군산에서 18마일 떨어진 철도 노선의 분기점[1]으 로 왔습니다. 물론, 이들 대표자들을 보며, 이렇게 충성스럽고 감사할 줄 아는 민족에게 되돌아간다는 생각에 우리 마음은 기뻤습니다. 우리 기차가 군산과 분기점 사이의 중간역[2]에 섰을 때, 그곳에 있는 교인 중

---

1   이리역(裡里驛)(현 익산역, 益山驛) 전라북도 익산시에 위치함.
2   지경역(地境驛)(현 대야역, 大野驛) 전라북도 군산시 대야면에 위치함.

한 무리의 기독교인들이 우리를 환영하기 위해 대합실에 있었습니다. 그러나 우리가 군산에 도착했을 때, 우리가 그들 속에서 다시 살고 일하기 위해 한국으로 되돌아온 것을 환영하기 위해 그 시간에 그 추위 속에서 너무도 많은 사람이 나온 것을 보고 정말 가슴이 벅차올랐습니다. 군산역에는 우리를 만나기 위해서 온 사람들이 장사진을 이루었습니다. 남녀 노인들, 남녀 젊은이들, 남학생들과 여학생들, 기독교인들, 심지어 몇 명의 비기독교인들도 그곳에 있었는데, 비기독교인 중에는 군산부(群山府)의 우두머리인 부윤(府尹)도 있었습니다.

우리에게 돌아오길 잘했다고 느끼게 만드는 데는 우리 선교사 동료들이 결코 한국인들보다 뒤지지 않았습니다. 18개월이나 문을 닫아두었다가, 우리의 집 문을 열고, 살림을 다시 할 채비를 하는 동안, 우리의 좋은 친구이자 이웃인 베일 목사 부부가 자신들의 집에 우리를 머무르게 하고 아주 편하게 있도록 해주었습니다.

살림을 위해서 우리 집을 정리하고, 원근 각처에서 온 방문객들을 매일 맞아들이고, 조사들과 교회 지도자들 등과 빈번한 회의를 하는 동안 우리도 모르는 사이에 성탄절이 다가왔습니다.

성탄절 이틀 후에 우리 남사경회가 시작되었으며 10일간 운영되었습니다. 사경회를 담당하고 있는 위원회는 제가 매일 새벽기도회(5시 30분~6시 45분)를 인도하고, 저녁에 설교하도록 계획했습니다. 상당히 무거운 책임이라 준비하는 데 많은 노력이 들어갑니다. 그러나, 또한 개인적인 큰 영광스러운 일이라 그 일을 매우 즐겁게 했습니다. 참가자들은 실제로 우리의 군산 사역지에 있는 117개 교회 모두에서 오는 뛰어난 사람들로 목사들, 장로들, 지도자들 그리고 조사들입니다. 이번 사경회에 총 약 6백 명이 출석했습니다.

우리 남사경회가 끝나고부터 2월 15일까지는 동네에 있는 교회에서 설교하면서 집에 있었고, 이따금 근처에 있는 시골 교회들을 방문했습니다. 2월 15일에 전북남성경학원에서 한 달간 가르치기 위해서 전주로 건너갔습니다. 군산 시내에 있는 큰 교회[3]는 자체에 한국인 목사가 있는데 시내에 두 개의 다른 교회를 분립시켰습니다. 이 두 교회가 제가 감독할 곳으로 배정되었습니다.

성경학원에서의 사역은 또한 큰 기쁨이었습니다. 우리 전주와 군산 사역지 전체에서 온 선발된 사람들인 지도자들과 접촉하는 기회를 우리가 가지기 때문입니다.

전주에서 3월 16일 돌아와서, 저는 우리 여사경회 전까지 겨우 며칠 집에 있었습니다. 이 사경회에 참가할 것을 예상하지도 못했었습니다만 그린 선교사(Miss Greene)[4]가 유행성 독감으로 몸져누워서 강사진에서 어쩔 수 없이 빠질 수밖에 없었습니다. 저는 서둘러 그 일에 참여하게 되었고 그린 선교사가 가르치기로 되었던 과목 중의 일부를 10일간 가르쳤습니다. 참석한 여자들은 아주 총명했으며 배우려고 하는 열기가 높았습니다. 그들을 가르치는 것은 정말 큰 기쁨이었습니다. 400명이 넘는 여자들이 등록했고, 그보다 많은 수가 참석했습니다.

제가 안식년 휴가를 떠나기 전에 우리 사역에 가해진 엄청난 예산 삭감 때문에 어쩔 수 없이 우리 천막 집회에서의 저의 특별 조수 즉 음악 지도자를 포기할 수밖에 없었다는 점을 편지에 썼습니다. 안식년으로 부재한 동안, 저의 부재와 훈련된 지도자의 결핍으로 저의 조직은 거의 산산조각났습니다. 이런 이유와 다른 이유로 저는 몇 년 동안 해오던 전도 집회를 아직 재개할 수가 없었습니다. 그러나 저는 주님께서 저에게 흩어진 "전도대"를 재조직하는 것을 가능하게 해주시길, 그리고 과거에 그렇게 유익했던 이 특별 사역을 우리가 재개하는 것을 가능하게 해

---

3 군산개복교회: 홍종필 목사(1923.1.24.~1935.5.29. 시무), 당시 분립한 교회 중 한 곳이 군산동부교회(1933년 분립).
4 Willie Burnice Greene(1888.5.5.~1986.9.25.).

주시길 기도드리고 있습니다.

저의 특별 조수를 잃어서 또한 이런 집회의 운영경비의 부족으로, 저는 이 특별한 사역을 계속하려고 시도하는 것에 대해서 거의 낙담했습니다. 그러나 한국에서는 훌륭한 기회의 날들이 계속되며, 모든 곳에 열려있는 많은 문이 있기에 저는 우리가 이 사역을 계속하는 것이 주님의 뜻이라면 (저는 그렇게 믿습니다.) 주님께서 그렇게 하는 것을 가능하게 만들어주시길 기도하고 있습니다. 이렇게 활짝 열린 문들에 우리가 들어가서, 많고 많은 사람이 우리의 주님이며 선생님인 분을 아는 구원의 지식으로 인도할 수 있게 해달라는 우리의 기도에 여러분들의 기도를 더하지 않으시렵니까?

지난번 저의 편지에 텍사스 샌안토니오에 있는 힐 박사의 교회를 기쁘게 방문한 것에 대해서 언급했습니다. 그곳에 있는 동안 그 교회의 친구 중의 몇 명이 우리가 "영화" 장비를 가지고 가는 것을 가능하게 해주었습니다. 우리는 우리가 가지고 온 영상을 우리 성경학원, 사경회, 그리고 다른 무리에게 보여주었습니다. 사람들이 즐겼고, 그 영상들을 맘껏 감상했습니다. 한국의 삶을, 특히 이 나라에서 하나님 왕국의 진척을, 여러분들에게 시각적으로 보여주는 데 도움을 줄 한국 영상 몇 편을 구해서 미국으로 가져갔으면 합니다.

여러분들의 기도 속에 계속 저희를 기억해주시길 진정으로 간청드립니다. 특히, 주님께서 우리 사역의 후반부를 가장 결실이 풍부한 날들로 만들어주시길 기도해주십시오.

주님을 섬기는 여러분의 형제 W. F. Bull 배상.

수신: 1934년 5월 5일 테네시 내쉬빌
주소: 한국, 군산, W. F. Bull 목사
우편: 편지 5센트, 엽서 3센트

1934년 8월 13일

고국에 있는 사랑하는 친구들에게,

선교사가 안식년을 마치고 현장으로 돌아오면, 그가 없는 동안에 셀 수 없이 쌓인, 선교사의 주의 집중을 기다리는 많은 것들의 목록을 항상 발견하게 됩니다. 아내의 사고 때문에, 우리는 이곳을 평상시보다 더 오래 떠나있었는데, 그 기간이 다 합쳐 18개월이 됩니다. 저의 전도 사역지에서의 부재, 저의 아내가 교장으로 있는 군산 멜볼딘 여학교에서의 부재, 그리고 18개월 내내 닫혀있던 우리 집에서의 우리의 부재로 인해 우리가 돌아오고 나서 우리의 관심을 요구하는 것들이 너무도 많아서 우리가 소망했던 편지 쓰는 시간이 없었습니다.

저의 지난번 편지에 말씀드렸듯, 이번에 사역지로 돌아온 것은 지금껏 가장 힘든 일이었습니다. 우리가 사역지로 돌아오는 것을 덜 갈망했기 때문이 아니라 이번에 우리 둘 다 자식 넷을 모두 미국에 두고왔기 때문이었습니다. 지금껏 가장 힘들기는 했지만, 우리가 돌아오고 나서 계속 많은 행복한 경험을 했고 많은 보상을 받았습니다. 저의 담당 지방에 있는 교회 춘계 심방에서, 교회들이 실제 모두가 아주 건강하고 번창하며 아주 고무적인 상태에 있는 것을 보게 되어 정말 행복했습니다.

몇 주 전에 저는 우리의 가장 큰 시내 교회에서 아주 훌륭한 두 젊은 이의 장로 임직식에 참여하는 큰 즐거움을 누렸습니다. 이들 젊은이 중 한 명은 거의 40년 전에 최초로 세례받고 입교한 사람의 아들입니다.[1] 이를 통해 초기에 뿌려진 씨앗이 여전히 풍성한 열매를 맺는 것을 보실 수 있습니다. 다른 젊은이는 우리 선교사촌에서 텃밭을 가꾸거나 할 수 있는 것은 뭐든지 하던 일용노동자 노인의 아들입니다. 그 노인의 어린 아들은 우리 선교부에 있는 선교학교로 입학하여 교육받았습니다. 그런 후에 그는 우리 병원에서 수련했으며 전문 약사가 되었습니다. 그는 몇 년을 거쳐 아주 충실하며 유능하게 우리 선교 병원에서 일했습니다. 지금 그는 군산 시내에서 자신의 큰 약국을 가지고 있고, 성공한 사업가이며, 재정적으로 그리고 영적으로 그 교회의 대들보 중의 하나입니다.

또 다른 젊은이는 아주 어릴 적부터 제게는 아들과 같았으며 오랜 세월 동안 저의 조사 중 한 명이었는데, 우리가 안식년으로 미국에 있는 동안 우리의 신학대학[2]을 졸업했습니다. 그 사람은 특출나게 매력적인 성품과 아주 구별된 삶을 사는 젊은이로 깊고 풍부한 영적 경험의 소유자라서 그 결과 그가 졸업한 이래로 교회들이 아주 많이 요구하는 사람이 되었습니다. 저는 우리 선교회의 선교 지역 안에 있는 가장 좋은 교회 중의 하나[3]에 그가 취임하는데 함께 하는 아주 큰 즐거움을 누렸습니다.

우리는 지금 한국의 전형적인 우기의 한 가운데에 몇 주째 있습니다. 비록 제가 정말로 좋지 않은 계절을 많이 지냈지만, 이번이 제가 경험한 가장 습기가 많고 비가 많은 시절입니다. 여러 주 동안 온종일 비가 내리지 않은 날은 아주 드뭅니다. 비는 끊임없이 그리고 억수로 내립니다. 이런 우기의 아주 싫은, 다른 말로 불쾌한, 특징은 모든 것이 특히나 가죽으로 만들어진 것은 무엇이건, 곰팡이 냄새가 너무 나고 사상균(絲狀菌) 또는 흰곰팡이로 뒤덮인다는 것입니다. 신발장에 둔 구두가 심지어는 신

---

1 군산개복교회 1934년 제7대 장로임직 송만남, 심학원. 1896년 7월 송영도와 김봉래가 호남 최초로 세례를 받았다고 함.
2 조선예수교장로회신학교(평양신학교).
3 고현교회(古縣教會): 전라북도 익산시에 있는 교회. 1906년 설립된 교회로 익산 시내에서 제일 오래됨. 교회 연혁에 "1934년 7월 고성모 목사 제5대 담임목사 부임"이 있음.

발장 밖 방에 둔 구두도 아주 짧은 시간에 곰팡이로 거의 완벽하게 하얗게 또는 푸르스름하게 하얗게 됩니다. 선반에 둔 책들은 곰팡이로 너무 뒤덮여서 손을 씻지 않고는 책을 다룰 수 없습니다. 가죽 혁대, 책가방 등은 완전히 곰팡이로 뒤덮이는데, 아무리 환기를 시키려고 노력해도 집은 곰팡이 냄새가 정말 많이 납니다. 우기가 끝나고 바깥에 꺼내서 말리고 곰팡이와 흰곰팡이를 떨어내면 항상 안도가 됩니다.

한국은 산이 아주 많은 나라라서, 매년 집중 호우가 내리면, 산의 개울과 강이 아주 빠른 속도로 불어서 빈번하게 강둑을 넘고 길과 다리를 쓸어 가버립니다. 그렇게 해서 농산물과 재산에 심지어는 종종 생명에 많은 피해를 줍니다.

여러분들이 신문에서 틀림없이 보셨듯이, 미국은 가뭄으로 심각하게 고생하고 있지만, 지구 반대편에 있는 우리는, 특히 중국, 일본, 그리고 한국은, 집중 호우와 파멸적인 홍수로 고통받아왔습니다. 우리 군산선교부의 위치를 여러분들이 지도에서 보셨다면, 여러분들은 우리 선교부가 황해로 흘러드는 큰 강의 입 부분 가까이에 있다는 것을 기억하실 것입니다. 이곳 바로 위에는 우기면 거의 매번 홍수가 발생하는 저지대의 평평한 부분이 있습니다. 올해는 비가 이상하게도 많이 내렸고, 그 지역에 있는 개울들과 실개천들이 갑자기 둑을 넘어버려서 큰 읍내가 완전히 물로 덮여버렸습니다. 물은 1층짜리 집들의 처마까지 올라왔습니다. 주로 흙으로 만들어진, 형편없이 지어진 아주 많은 집들이 무너졌습니다. 좀 더 튼튼하게, 즉 나무로 지어진 집 중 많은 집이 통째로 그곳에서 들려서 강을 따라 떠내려갔습니다. 남자 두 명이 지붕에 있는 집 한 채와 한국 여자가 어린 자식을 팔에 앉고 있는 집 한 채가 우리 선교부를 지나서 바다로 휩쓸려갔습니다. 그렇지만 배들이 나가서 그들을 구했습니다. 여러 날 동안 우리가 있는 곳 앞의 강은 홍수에 의해서 파괴된 집에서 나온 파편과 잔해물로 가득 뒤덮여있었습니다.

강에서 떠내려갔던 그 집들에는 홍수에 놀라서 살던 굴에서 뛰쳐나와 그 집 위에 보금자리를 튼 뱀들이 정말로 살고 있었다고 한국인들이 말했습니다. 심지어 사람들이 매달려있는 집 위에도 말입니다. 그런데 뱀들이 자신과 같이 피난하고 있는 사람들에게 해를 끼칠 생각을 보여주지 않았다고 합니다. 분명히 그들 사이에는 서로에 대한 연민의 유대감이 있었습니다!

우기에 대해서 말씀드리다 보니 생각나서 씁니다. 다른 때도 아닌 한참 우기에 저의 동료 베일 목사와 저는 위에서 언급한 임직식에 참석하기 위해서 군산 밖으로 나갔습니다. 그 젊은 목사가 취임식을 할 교회는 이곳에서 18마일 떨어져 있습니다. 우리가 이곳을 출발했을 때는 비가 내리고 있었지만, 그곳으로 가는데 (한국에서 보면) 아주 좋은 길이 있기에 우리는 예배에 맞춰서 그곳에 도착하도록 시간을 안배했습니다. 그 교회로 가는 길 3분의 2 즈음에서 자동차 바퀴에 "구멍"이 났습니다. 물론 멈춰서고 바퀴를 바꾸는 것 말고는 달리 할 수 있는 일이 없었습니다. 바로 그 시간에 비가 그쳤습니다. 그런데 우리가 차 밖으로 나오자 우리는 아주 진한 먹구름이 낮게 깔려서 우리 쪽으로 빠르게 오는 것을 봤습니다. 도구를 이용해 자동차를 들어 올리고 작업을 시작하자마자 먹구름이 말 그대로 곧바로 우리 위로 아니 우리에게 쏟아졌습니다. 그리고는 순식간에 마치 배에서 물속으로 떨어진 것처럼, 우리는 흠뻑 젖었습니다. 임직식에서 우리 모두 순서를 맡았기에, 되돌아갈 수는 없었습니다. 그래서 가던 대로 계속 가야만 했습니다. 갈아입을 시간도 없었고, 갈아입을 옷도 없었습니다. 지체되었기 때문에 우리는 약간 늦었습니다. 그런데 임직식 사회를 맡은 한국인 목사가 이미 예식을 시작해버렸습니다. 그래서 우리는 젖은 옷을 입은 채 강단에 곧바로 가야만 했으며 그런 곤경 속에서도 예식 속에서 우리의 역할을 했습니다. 선교사의 삶 속에서 그런 긴급한 일들은 생기는 법입니다!

우리는 많은 즐거움과 관심을 가지고 가을 사역을 고대하고 있습니다. 교회들은 모두 진흥운동[4](振興運動)에 열심인 것으로 보이며 비기독교인들이 복음에 대해 이렇게 수용적인 때가 없었습니다. 크게 줄어든 예산 때문에 저는 저의 "전도대"를 재조직할 수도 없었고, 과거에 우리가 행했던 전도 집회도 적극적으로 재개할 수가 없었습니다. 그러나 저는 하나님께서 우리가 그렇게 하는 것을 가능하게 해주실 것으로 여전히 믿고 있습니다. 우리가 가을 사역을 위해 교회로 출발할 때 여러분의 기도 속에 진정으로 우리를 기억해주지 않으시렵니까? 그리고 특별 사역이 과거에 아주 유익한 것으로 드러났으니, 우리가 천막과 조직화된 부대로 우리의 특별 사역을 계속하는 것을 가능하게 해달라고 주님께 특별히 기도해주지 않으시렵니까? 여러분들에게 개인적으로 편지를 쓸 수 있으면 큰 기쁨일 터인데, 글을 더 쓸 시간을 갖지 못해 죄송합니다. 저는 가능한 많은 분에게 소식을 들을 수 있기를 진심으로 희망합니다. 여러분의 편지는 항상 흥미로우며 힘을 주기 때문입니다.

주님을 섬기는 여러분의 형제 W. F. Bull 배상.

수신: 1934년 9월 17일 테네시 내쉬빌
주소: 한국, 군산, W. F. Bull 목사
우편: 편지 5센트, 엽서 3센트

---

4 진흥운동: http://new.pck.or.kr/bbs/board.php?bo_table=SM01_02&wr_id=6
3·1운동이 일어났던 1919년에 장로교회가 '진흥운동'(振興運動, The Forward Movement)으로 부흥운동을 시작했다. 이 운동은 두 단계로 진행됐다. 제1차 진흥운동은 1919~1925년까지, 제2차 진흥운동은 1929~1934년까지 진행됐다. 1차 진흥운동은, 첫 번째 해에는 준비와 개인전도, 두 번째 해에는 부흥회와 단체전도, 그리고 세 번째 해에는 유년주일학교의 부흥에 초점을 맞추어서 부흥운동을 전개하였다. 2차 진흥운동은 제2차 진흥운동은 1929년부터 9월~10월 서울에서 열린 '조선박람회'을 이용하여 전국에서 모여온 관람객들에게 전도를 개시하는 것이었다. 1931년에는 장감연합공의회가 3개년 전진운동(성경읽기, 복음전도, 기독교문서 출판과 독서증가운동)을 성서공회와 협조하여 추진하였다.

1935년 1월 15일

한국(조선), 군산

고국에 있는 사랑하는 친구들에게,

1934년은 한국에서 장로교 선교사역의 50주년이 되는 해입니다. 1934년 조선예수교장로회총회는 9월[1]에 평양에서 모였고, 이 총회에서 선교 50주년 축하기념예배를 드렸습니다. 총회의 정기 모임은 평양서문밖교회에서 열렸는데, 이 교회는 1,500명을 수용할 수 있습니다. 그러나 50주년 축하기념예배는 숭실전문학교[2] 강당 겸 체육관으로 옮겨서 해야 했는데, 그곳 수용인원은 6,000명입니다. 그런데 심지어 이 강당마저도 수용 한도까지 찼습니다. 아주 공들인 순서가 마련되었는데, 50년 동안 이곳 한국에서의 사역에 현저한 역할을 했던 많은 사람의 연설이 있었습니다. 정부와 다른 세속 조직에서 온 대표단들이 있었는데 그들은 축하와 감사의 말씀을 가지고 왔습니다. 만주국[3]교회와 중국교회에서 온 친선사절단이 있었으며, 필리핀 연합교회의 대표자도 있었습니다. 그분은

---

1 1934년 9월 7일~9월 14일, 평양서문밖교회에서 모임.

2 숭실전문학교(1925~1938): 숭실대학은 1925년 한국에 대학을 둘 수 없다는 일제의 강압에 의해 전문학교로 개편됨. 숭실전문은 1931년 3년제의 농과를 설치하여 그 규모를 확대하기도 하였으나, 일제가 황국식민화를 목표로 강요한 신사참배에 맞서 민족정기를 지키고 우상숭배를 거부하여 타협하지 않다가 끝까지 신앙적 양심을 지킨 채 1938년 결국 스스로 학교의 문을 닫음으로써 민족의 자존심과 기독교 신앙의 순수성을 지켜냄. (숭실대학교 홈페이지에서)

3 만주국은 1932년에 일본 제국이 중국 동북 지방(만주)에 세운 허수아비 국가. 1945년 8월 일제가 패망하기까지 약 13년간 존속함.

탁월한 영어를 구사했는데 미국에서 교육받은 우리의 한국인 목사 중 한 사람이 통역했습니다.

평양은 아마도 세계에서 가장 큰 선교부일 것입니다. 주님께서 그곳의 사역에 놀랍도록 복을 주셔서 그 도시에 오늘날 20개가 넘는 장로교회가 있습니다. 총회가 진행되던 어느 주일 오후에, 시내에 있는 모든 교회 대표자들이 참여하는 대중 집회가 숭실전문학교 운동장에서 열렸습니다. 그날 오후 야외 예배에 12,000에서 15,000명이 참석했습니다. 예배를 마치고 대학 밴드와 고등학교 밴드의 연주와 함께, 전체 회중이 한 줄을 이뤄서 펼침막을 휘날리고, 평양 시가지를 관통해서 행진하며 길에 있는 사람들에게 전도지를 나눠주었습니다. 우리 미국남장로교한국선교회의 웅거 목사(Mr. Unger)[4]가 집회와 행진에 대해서 좋은 "영상"을 찍었습니다. 그리고 그 영상에 대해서 저도 복제본을 만들었습니다. 그래서 우리가 다음 안식년으로 고국에 갈 때 그것을 여러분들에게 보여주는 기쁨을 누리고자 합니다.

평양에서 내려오면서, 저는 조선기독교연합공의회[5]의 회의와 성서위원회[6]의 가을 회의에 참석하기 위하여 서울에 머물렀습니다. 10월부터 12월까지 저는 제가 담당하는 20여 개의 교회에 대한 가을 심방을 하며 학습문답, 세례문답, 그리고 성례전을 집행했습니다. 문답 기간에는 항상 아주 흥미로운 일들과 재미있는 이야기가 많이 있습니다. 저의 교회 중 한 곳에서 세례 문답을 하는데 아주 흥미로운 할머니가 당회 앞에 나왔습니다. 그 할머니는 63세였고, 기독교인이 된지 단지 1년 정도밖에

---

4 James Kelly Unger(1893.4.9.~1986.1.8.), 한국명은 원가리.

5 1924년 설립된 조선예수교연합공의회가 1931년 조선기독교연합공의회로 명칭 변경함. 1937년 해산됨.

6 Bible Committee of Korea를 번역함. 1919년 4월 미국성서공회가 철수하고 한국의 성서 사업은 영국성서공회가 전담함. 1938년 3월 성서위원회에서 조선성서공회로 변경 결정. https://www.bskorea.or.kr/bbs/content.php?co_id=subpage1334

되지 않았습니다. 어떻게 해서 기독교인이 되었는가에 대해서 질문을 받자, 그 할머니는 높은 산에 올라서 하나님(God)께 예배하며 하나님을 직접 대면하고자 하는 아주 진지한 열망을 항상 가지고 있었다고 말했습니다. 하나님에 대해서 진지하게 찾던 중, 영혼의 갈망에 대한 답으로 그 할머니는 절에 규칙적으로 빈번하게 찾아가는 사람이었고 그곳에 있는 우상들에게서 만족을 찾았으나 헛수고였다고 말했습니다. 할머니는 인생의 악에 대해서 항상 근심하고 있었다고 말했습니다. 그리고 죽음 이후의 삶에 어떤 일이 일어날 것인가에 대해서 엄청나게 염려하고 있었다고 했습니다. 그래서, 그 할머니가 복음을 들었을 때, "이것이 내가 계속해서 찾고 있었던 바로 그것이다"라고 말했으며 그 순간 이후 무한한 평화와 행복을 누린다고 했습니다. 그 할머니는 사랑스러운 분인데, 그 할머니의 증언과 경험 때문에 사역자들은 살아서 이런 영화로운 사역에 작은 역할이라도 하고 있다는 것을 기뻐하게 됩니다.

우리의 빼어난 연례 남사경회(Men's Training Class)를 막 끝냈습니다. 사경회가 매년 지금껏 최고인 것처럼 보인다고 제가 앞선 편지에 썼었지요. 이번 사경회가 최고로 좋은 사경회였다고 느끼면서 참여했던 남자들이 돌아갔다고 저는 확신합니다. 저는 참석한 남자들의 말에 기꺼이 동의하는 마음입니다. 보통처럼 많은 군중이 있었는데 500에서 600명이 참가했습니다. 우리 기숙사와 강당 시설은 수용 인원의 약 두 배로 넘쳤습니다. 12×16피트 방 하나에서 28명이나 되는 남자들이 (바닥에서) 잤습니다. 이것은 모든 사람이 잠을 자는 (또는 자려고 하는) 모습의 한 예입니다. 마룻바닥에 양반다리로 앉기 위해서 교회에 있는 장의자는 빼내야 했습니다. 이렇게 해서 장의자가 있을 때보다 훨씬 많은 사람이 가득 들어찼습니다. 연단에도 이와 똑같은 방식으로 사람들이 앉았고 연사만이 겨우 일어설 수 있는 공간이 있었습니다. 현관에도 너무 빼곡히 서 있어서 다른 사람이 건물 안으로 들어가려고 해도 그렇게 할 수가 없었습니다.

이번 사경회에는 특별 강사로 특별히 복을 받았습니다. 그분은 비범하게 매력적인 성품을 가진 사람으로 성령과 하나님의 권능으로 가득했습니다. 매일 밤과 새벽기도회에서 그분은 영혼을 되돌아보며 심금을 울리는 말씀을 전합니다. (새벽기도회는 5시 30분부터 6시 45분까지[7]인데 이때도 교회가 꽉 찹니다.) 참석한 사람 모두가 복을 받으며 그들이 받은 것을 다른 이들에게 전하기 위해 그들의 가정과 교회로 돌아갔습니다. 숫자 면에서 또한 영적인 면에서 너무도 적어서 금방이라도 죽을 것 같은 저의 시골 교회 중 하나에서 오늘 어떤 사람이 찾아왔습니다. 그가 말하길 그 교회에서 서너 명의 젊은이들이 사경회에 참석했다고 합니다. 그 젊은이들은 전에 가졌던 종교를 거의 잃어버렸고 단지 교회를 별 뜻 없이 출석한다는 것 말고는 세상의 젊은이들과 크게 다르지 않았다고 했습니다. 그런데 그들은 전적으로 다른 사람이 되어서 돌아갔습니다. 돌아가서는 그들은 죽어있는 주일학교를 재조직했으며, 면려회[8](勉勵會, Society of Christian Endeavor)를 조직했으며, 그들과 교회가 새로운 삶을 갖게 되었습니다.

낮에는 일하느라 사경회의 정규 학습에는 올 수 없었던 젊은이 중

---

7 새벽기도회 시간은 1935년 1월 15일 편지에 the early morning prayer meetings(5:50 to 6:45 a.m.)으로 되어있으나 1934년 4월 11일 편지에는 the early morning prayer meetings(5:30 to 6:45 a.m.)으로 되어있음. 1935년 1월 15일 편지를 전사(傳寫)하는 과정에서 실수가 있었던 것으로 판단하여, 5시 30분으로 수정하여 번역함.

8 면려회의 목적은 "청년들을 예수께로 인도ᄒ야 입교케 ᄒ며, 믿음이 부족ᄒᆫ 사람으로 예수를 굿게 믿게 ᄒ며 쥬의 은혜를 증거ᄒ며, 쥬의 역ᄉ를 연습하기 위ᄒ야 조직ᄒ엿고 이 세계가 신령ᄒᆫ 사회"를 이루는 것이었다. 그래서 면려회는 토론·연설·운동·음악 같은 것도 다른 청년회와 같이 할 수있지만, 우선 성경을 연구하고, 불완전한 청년을 훈련시키고, 목사를 도와 교회에 유익이 되어야 한다고 하였다.
(김덕, 「1920~30년대 기독청년면려회 연구」, 『한국기독교와 역사』 18(2003, 203-240쪽)에서 안대선, 「만국긔독교청년면려회(4)」, 『기독신보』 1922년 12월 27일 재인용.)

한 무리가 매일 저녁 18마일 떨어진 읍내[9]에서 저녁 예배를 위해 규칙적으로 오며, 기숙사에서 밤을 보내며 새벽기도회에 참석한 다음 하루의 일을 시작할 시간에 늦지 않게 되돌아가 있으려고 자전거를 타고 집으로 돌아갑니다. 이렇게 열심이며 기꺼이 받아들이는 사람들에게 목회하는 것이 개인적 큰 영광이 아닌지요?

올해 우리 사경회의 성공에 아주 크게 기여한 것은 정말 좋은 날씨였습니다. 조금 전까지는 완벽한 봄날이었습니다. 그래서 지금 1934-35년의 진짜 겨울을 처음으로 경험하고 있습니다. 며칠 전에 제비꽃이 우리 마당에 즉 야외에 피었습니다. 아내가 그 꽃을 한 아름 뽑아서 거실로 가져왔는데 삼사일 동안 방에 향기로 가득했습니다. 그런데 지금은 그 야심 찼던 작은 제비꽃들의 용기가 꺾였습니다. 모든 것이 눈으로 하얗고 아이들은 우리 집 앞에 있는 연못에서 얼음을 지치고 있습니다. 저도 이 편지를 보내고 나서 밖으로 나가 잠시나마 그들과 함께 하고 싶군요. 저는 노폭의 "풋인 크리크(Put-in Creek)"나 햄든 시드니 대학의 "배서트의 연못(Bassett's Pond)"에서 배웠던 "묘기" 대부분을 여전히 할 수 있습니다.

며칠 전 아침에 우리가 아침 식사를 하던 중에 우리 선교부와 가장 가까운 선교부인 전주에서 온 전보를 가지고 사환 아이가 들어왔습니다. 그곳에 있는 선교회 병원이 밤 동안에 불타버렸다는 내용이었습니다[10]. 우리는 피해 정도를 알아보고 아픔을 겪은 자매 선교부에 위로를 전하려고 오후에 그곳으로 넘어갔습니다. 병원은 완전히 파괴되어 벽돌만 서 있었고, 나무 하나도 남아있지 않았습니다. 다행히도, 엑스레이 기계와 수술 도구들 전부를 모두 빼낼 시간이 있었습니다.

---

9 1934년 4월 11일 편지 참조.
10 1935년 1월 9일 전주예수병원 화재. 1912년 30병상 규모의 아담한 병원을 Daniel 원장이 건축했으나, 이 건물이 화재로 소실되고, 1935년 12월에 예수병원을 재건함.

계슬라 선교사[11]는 병원의 책임자인데 병원 건물 안의 조그마한 방에서 살았습니다. 화재는 다락방에서 (아마도 결함 있는 배관에서) 시작되었습니다. 계슬라 선교사는 화재에서 나는 타닥거리는 소리와 성난 소리에 아침 5시경 잠에서 깼습니다. 그녀는 자신의 것은 어느 것도 구하려는 시도를 하지 않았고, 잠옷을 걸치고 슬리퍼를 신고서 즉시 병원 직원들을 다 불러 모아서 환자들을 내보내기 시작했습니다. 그때 병원에는 환자가 36명이 있었는데 그들 전부 안전하게 나오게 되었습니다. 그런데 그때에는 계슬라 선교사의 숙소는 불꽃에 휩싸여있었으며 그녀가 소유했던 단 하나의 것도 심지어 손수건도 구할 수가 없었습니다. 자신의 것은 어떤 것도 심지어 가보도 구하지 않고 모든 힘과 관심을 불타오르는 건물에서 환자들을 구하는데 쏟은 그녀의 영웅적인 행동은 한국인들에게 큰 인상을 심어주었고, 그 일에 대해 한국인들이 크게 감사했습니다[12]. 계슬라 선교사가 자신에게 맡겨진 생명에 대해서 충실했듯이 주님의 백성들 모두가 주님께서 우리에게 맡겨준 영혼들에게 충실하다면 또한 우리의 노년을 위해 혹은 "어려운 시기"를 대비해서 우리가 우리 자신의 소유에 대해서 생각하기보다는 먼저 영혼들을 구하는 것을 생각한다면 참 훌륭하지 않을까요? 계슬라 선교사가 가진 세상의 물건들은 몇 시간 만에 완전히 없어져 버렸지만, 저는 그녀가 영원히 사라지지 않을, 말로 할 수 없는 소유물들을 쌓았다고 확신합니다. 우리가 주님 앞에 불려가서 청지기로 한 일을 소상히 아뢸 때, 주님께서 "잘하였도다, 착하

---

11 Ethel Esther Kestler(1877.4.26.~1953.3.2.).

12 계슬라 선교사(Miss Ethel E. Kestler, 사역 기간: 1905~1946): 1911년에 에텔 계슬라 선교사가 예수병원 1대 간호원장으로 부임했다. 계슬라 선교사는 예수병원의 불확실성의 시기인 1915년부터 1925년 사이에 미국 선교사 의사가 공석인 상황에서 예수병원의 책임을 맡아 '폭풍우 속에서 천막을 떠받쳐 주는 기둥 역할'을 감당했으며 예수병원 사역을 지속할 수 있도록 붕괴를 방지했다. 1935년 1월 9일에 화재로 병원이 전소될 때 처음 화재를 발견하고 헌신적인 활약으로 36명 환자를 모두 구했다.(https://www.jesus hospital.com/post/3268)

고 충성된 종아, 너의 주의 잔치에 참여하여라[13]"라고 말씀하시는 것을 듣는다면 굉장하지 않을까요? 사도 바울은 심지어 자유를 박탈당한 채 로마의 감옥에 있었을 때, "내게는 모든 것이 있고 또 풍부한지라"[14]라고 했습니다. 영원의 관점에서 본다면 또한 한 영혼의 가치와 비교해 본다면 이런 물질적인 것들이 얼마나 하찮게 보이는지 놀랍지 않나요?

여러분 중 몇 분이 보낸, 제가 막 받은 편지들을 즐겁게 받고 고맙게 생각합니다. 제가 모든 편지에 개별적으로 답하는 것이 가능하다면 좋을 것인데 매일 할 일이 너무 많고 시간은 너무도 짧아서 그렇게 하는 것이 불가능합니다. 그렇지만 여러분의 기도 속에서 저희를 계속 기억해주시길 또한 여러분이 시간이 있을 때 여러분으로부터 소식을 들을 수 있기를 희망합니다.

주님을 섬기는 여러분의 형제 W. F. Bull 배상.

수신: 1935년 2월 6일 테네시 내쉬빌
주소: 한국, 군산, W. F. Bull 목사
우편: 편지 5센트, 엽서 3센트

---

13 마태복음 25장 14-30절.
14 빌립보서 4장 18절. "내게는 모든 것이 있고 또 풍부한지라 에바브로디도 편에 너희가 준 것을 받으므로 내가 풍족하니 이는 받으실 만한 향기로운 제물이요 하나님을 기쁘시게 한 것이라."

1935년

불 선교사 개인 사역보고서(1934~1935)

지난 여름이 안식년에게 돌아오고 나서 곧바로 맞는 첫 번째 여름이라 집에서 신경 써야 할 일이 너무도 많아서 여름 동안 즉 7월, 8월은 집에 머물렀습니다.

9월에 저는 조선예수교장로회공의회, 조선예수교장로회총회, 조선기독교연합공의회, 성서위원회 (그리고 조선예수교서회 이사회)에 참석하기 위해 평양과 서울로 갔습니다. 한국 전역에 있는 사역자들의 마음과 생각을 차지하고 있는 아주 중요한 많은 문제가 있었기 때문에 이 회의들은 특별한 관심을 끄는 것이었고 특별히 중요했습니다.

총회는 한국에서의 개신교 선교사역 50주년을 기념하는 특별한 행사들이 열렸다는 사실 때문에 특별한 흥미 거리였습니다. 만주국, 중국 산둥, 필리핀에서 친선사절단이 왔었고, 다양한 조직의 대표들과 한국 정부 관리들 대표들도 왔습니다.

저의 담당 지방 교회들에 대한 추계 정기 심방에 더하여, 제가 참여했던 것 중에서 특별히 주목할 가치가 있는 유일한 일은 청주에서 11월 8일부터 12일까지 있었던 수양회(prayer retreat)였습니다. 기억할 만한 일이었으며, 참석한 모든 이들이 더 깊은 영적 경험을 하고, 다른 사람들에게 자신들이 받은 경험을 전하게 된 큰 선한 일을 성취했다고 저는 믿습니다.

목포에서 남사경회에 와서 도와달라는 긴급한 요청에 답하기 위해 저의 추계 순회선교사역을 시간 내에 마쳤습니다. 그들을 도울 수 있어서 기뻤으며 사경회에서의 사역과 사경회 기간 목포선교부와의 친교를 크게 즐겼습니다.

목포에서 12월 21일에 돌아와서, 12월 26일 시작한 우리 남사경회까지 성탄절 준비와 성탄절을 기념하며 바빴습니다. 올해 사경회는 평상시와 같이 아주 탁월한 사경회였습니다. 이번 사경회의 두드러진 특색은 우리 특별 강사인, 부산에서 온 이약신 목사[1]의 아주 탁월하며 멋진 사역이었습니다.

1월 5일 사경회가 끝나고 전주에서 전북남성경학원이 시작하기까지 주말에 다른 곳으로 간 것을 제외하고, 저는 밀린 편지를 쓰고, 상당 기간 저의 주의를 요구하며 기다리고 있던 수없이 많은 잡다한 일을 하며 집에 있었습니다.

성경학원은 항상 개인적인 영예이자 큰 즐거움입니다. 우리 교회의 지도자들을 수련시키는데 한몫하며, 그들과 어울리며, 또한 전주선교부 식구들과 친교를 나누는 특혜와 큰 즐거움을 누리는 것은 저에게 큰 영예입니다.

성경학원이 끝난 3월 7일 전주에서 돌아와서, 아내와 함께 서울로 서둘러 갔다가 다음날 돌아왔습니다. 며칠 집에 있다가 조선예수교서회 이사회와 성서위원회 회의 때문에 다시 서울로 갔습니다.

적어도 저와 관련해서 아마도 올해의 가장 두드러진 행사로는 전주에서 4월 27일부터 5월 1일까지 열린 선교사와 한국인 목사들을 위한 수양회였습니다[2]. 청주에서의 수양회와 마찬가지로 이번도 참석한 모든 이

---

1 옥성득 교수의 「한국 기독교 역사」 중 이약신 목사 생애의 글 참조. https://korean christianity.tistory.com/975

2 전주신흥학교에서 열린 장로교 목사 수양회. Brown의 *Mission to Korea*, p.148에 따르면 목사 수양회는 선교사들이 소집을 요구해서 열렸으며, 총회의 예견된 분열을 막고 일치를 회복하기 위한 목적을 가짐. (The missionaries called a special meeting for all Presbyterian pastors in Chunju April 27-May 1, 1935. One hundred twenty-nine

들이 축복을 경험한 시기였습니다. 복음의 진정한 힘과 사람들의 마음속에서 일하시는 하나님의 은총을 목도하는 시간이었습니다. 이 집회만큼이나 저를 앙양시켜주고 격려시켜준 다른 어떤 집회가 없었습니다. 이 집회를 주도하신 홀드크로프트 박사[3](Dr, Holdcroft)와 솔타우 목사[4](Mr. Soltau)의 마음속에 이 집회를 계획하고 성공적으로 마무리 지을 수 있도록 해주신 하나님을 찬양합니다.

5월 9일부터 13일까지 오수에서 있었던 우리 노회 회의에서 분명하게 드러난 정신은 제가 몇 년간 보았던 것 중에서 거의 최고였습니다. 관용(moderation)[5], 자비[6](kindness), 형제 사랑(brotherly love)[7]에 있어서 두드러졌습니다. 이렇게 평화스러운 회의는 결코 본 적이 없다고 한국인 형제들이 회의 동안에 아주 많이 언급했습니다. 그런데 이것은 분명히 전주에서의 수양회에서 모두가 받았던 축복의 결과입니다.

저의 담당 지방에 있는 20여 개의 교회 전부를 저는 일 년에 적어도 두 번 심방했습니다. 그중 몇 교회는 더 자주 찾았는데, 비안도에 있는 작은 무리는 예외였습니다. 이들을 방문하는 데 걸리는 시간 때문에 방문을 정기적으로 하기가 다소 어려웠습니다. 그러나 선교회 연례회의 후 아마도 7월에 그곳으로 갈 계획을 하고 있습니다.

부안에 있는 용산리는 갈라디아서 6장 9절에 있는 하나님의 약속의

---

pastors and eighteen missionaries attended, and the retreat was used to heal the anticipated schism and to restore harmony.)

3 James G Holdcroft(1878.8.31.~1972.6.30.), 한국명은 허대전(許大殿).

4 Theodore Stanley Soltau(1890~1972), 한국명은 소열도(蘇悅道). 청주우암교회 홈페이지 참조.

5 빌립보서 4장 5절. "너희 관용을 모든 사람에게 알게 하라 주께서 가까우시니라.(Let your moderation be known unto all men. The Lord is at hand.)"

6 갈라디아서 5장 22~23절에 나오는 성령의 열매 중 kindness, gentleness를 자비로 번역했기에 이곳에서도 자비라고 함.

7 히브리서 13장 1절. "형제 사랑하기를 계속하고(Let brotherly love continue)"

신실함을 보여주는 뛰어난 예입니다.[8] 저는 오랜 세월 동안 제 담당 지방의 다른 곳에서도 그랬듯이 봄과 여름에 이곳 사람들을 정기적으로 심방하고 있었습니다. 그러나 오랜 세월 동안 저는 이곳을 심방하면서 마치제가 저의 시간을 허비하고 있는 것은 아닌지 느끼게 되었습니다. 너무생기가 없고 희망이 없어 보였기 때문입니다. 제가 볼 때 그래도 뭔가뿌리가 될 만한 것을 품고 있는 사람처럼 보인 사람은 회중 중에 꼭 두명 있었습니다. 그런데 그들은 너무도 나이 들고 무지해서 교회를 세워나갈 지도자가 될 능력을 가지고 있지 않은 것처럼 보였습니다. 비록그들은 나이가 들었지만 열심히 일하는 사람들 즉 농부들이었고, 아침일찍부터 밤늦게까지 일했습니다. 그들의 손은 거칠고 울퉁불퉁했으며그들의 몸과 마음은 그들의 계속되는 노동으로 항상 피곤했습니다. 그들은 저녁 예배에 모일 때 항상 매우 늦었는데 9시 30분에 오거나 그 이후에 왔으며, 그들이 올 때는 너무도 피곤해서 예배가 시작되기 전에 잠이들고 제가 성경 말씀을 알리기 전에 깊이 잠들었습니다. 저는 거의 희망이 없어 보이는 그 사람들에게 저의 시간과 능력을 쓰느니, 차라리 새로운 곳을 시작하는 데 저의 시간과 능력을 사용하면 더 좋겠다고 생각했지만, 주님의 약속을 신뢰하며 계속 심방했습니다. 제 생각에 너무도 형식적이지 않았나 싶습니다. 그런데 우리는 그 교회가 강하고 완전히 잠에서 깬 교회로 꽃 피운 것을 보는 큰 즐거움을 갖게 되었습니다. 할아버지 두 분에게는 교회에서 기른 어린 아들이 각각 있었습니다. 두 아들모두 아주 훌륭한 젊은이가 되었으며 교회 일에 아주 진실하고 적극적입니다. 하나님의 축복을 받아 교회는 아주 신실하고 적극적인 조직으로성장하고 있습니다.

8　갈라디아서 6장 9절. "우리가 선을 행하되 낙심하지 말지니 포기하지 아니하면 때가이르매 거두리라."

전체 사역지에 걸쳐서 교회들이 평시와 다르게 아주 희망적이고 적극적인 상태에 있는 것을 발견하게 되었는데, 사실 제가 그 교회들을 아주 많은 세월 동안 봤던 것보다 더 그렇습니다. 예를 들어 저는 이번 봄에 대신리[9]에서 39명을, 송지동[10]에서 56명을 문답했습니다. 실제 모든 교회가 특별 집회 또는 전도 집회에서 도움을 간절히 바라고 원하고 있습니다. 그러나, 그들은 누군가가 와서 그들을 인도해주거나 그들을 대신해서 일해주기를 가만히 앉아서 기다리지 않습니다. 제가 얼마 전에 부안으로 내려갔을 때 기독교인들이 되겠다고 확고히 결심한 것으로 보이는 40에서 50명으로 된 새로운 모임과 불규칙적으로 교회에 출석하는 사오십 명이 모이는 모임을 방문했습니다. 이 모임은 부안군청에서 일하는 젊은이와 그 지역 즉 새로운 모임이 시작된 장소인, 부안 읍내에서 약 20리 떨어진 곳의 경찰이었던 또 다른 젊은이의 자발적인 노력으로 시작되었습니다.

약 일 년 전에 부안군에 있는 지지포[11]에 갔을 때, 정말 확연히 신실한 기독교인이었던 젊은 경찰관이 그곳에 배치되어있었습니다. 근무 때문에 주일 아침 교회에 참석할 수는 없었지만 그는 항상 수요일 밤 예배를 포함해서 밤 예배에는 출석했습니다. 그리고 청년면려회 활동에 아주 많은 관심을 보이며 적극적으로 참여했습니다. 그는 이미 학습교인 이었는데 세례에 지원했습니다. 그러나 주일 아침 교회에 참석할 수 없다는 것 때문에, 저는 어떻게 해야 할지 확실하지 않았습니다. 그래서 세례 베푸는 것에 대해서 생각할 것이고 그 주제에 대해서 저의 동료들과 상의해보겠다고 했으며 아마도 제가 가을에 돌아올 때 그에게 세례를 주리

---

9 Tai Sil Li를 '태실리'로 보면 완주군 구이면 덕천리(옛 태실리)이다. 그런데 '대신리'로 보면 현재 김제시 청하면 동지산리이다. 불 선교사의 담당 지방을 생각하면 '대신리'로 보는 것이 타당함.

10 전북 김제시 공덕면 송지동교회 홈페이지의 교회 연혁 참조(http://www.songjidong.or.kr/).

11 지지포(知止浦): 현재 전북 부안군 변산면 지서리. 지서리는 배가 닿는 포구였음.

라고 말했습니다. 그가 여전히 그곳에 있으며 교회에 관심을 갖고 자신의 활동을 계속하고 있으면 그에게 세례를 베풀 결심을 하고 그곳으로 가을에 갔는데 안타깝게도 그는 다른 곳으로 전출이 되어버렸으며 저의 눈에서 사라졌습니다. 이번 방문에서 저는 그 젊은이가 자신이 새로 간 곳에서 교회를 세우기 위해 즉시 일을 시작했으며, 상당히 많은 수의 사람이 관심을 갖게 만드는 데 성공했다는 것을 알게 되어 특별히 기뻤습니다. 부안군에 있는 모든 교회는 새로운 이 모임 집단에 대해서 크게 관심을 가져서 교회 지도자들의 사경회에서 부안군의 모든 교회가 조사와 전도부인이 자신들의 교회를 방문하는 일을 잠시 내려놓고, 그들의 시간과 힘을 새로운 이 모임의 발전에 쓰게 하자는 결정을 내렸습니다. 이 모임은 곧 번창하는 교회로 성장할 전망이 있습니다.

저는 최근 여정에서 서너 차례 우리가 여전히 사도 시절의 정신과 진실함으로 살고 있다는 증거를 가졌습니다. 기독교인들이 일상의 직업으로 살아가면서도 복음을 전파하는 것이 분명하기 때문입니다. 최근 문답을 하면서 한 여자에게 '어떻게 해서 기독교인이 되었습니까?'라고 질문했는데, 그녀는 어떤 기독교인 여자가 판매할 물건을 가지고 집을 찾아왔는데, 자신에게 전도해서 관심을 갖게 되었고 교회에 나가기 시작했다고 했습니다. 위에서 언급한 부안군청에서 일하는 젊은이는 일 때문에 부안군의 전 지역을 다니게 되는데, 그가 가는 곳 어디서나 아주 진실하고 신실하게 설교한다는 말을 이번 여정에서 제가 들었습니다. 이 일이 그 젊은이의 사역이었습니다. 이 사역은 새롭고 번창하는 무리를 확실하게 세우는 데 활약한 젊은 경찰의 사역과 연결됩니다.

우리 주님의 말씀은 오늘날 놀랍게도 진실됩니다. 즉 밭은 희어져서 추수할 때가 되었습니다. 이 놀라운 기회를 우리가 최대한 활용할 수 있도록 주님께서 가능하게 해주시길, 또한 추수할 곳에 더 많은 일꾼을 주님께서 속히 보내주시길 주님께 기도하는 것이 마땅합니다.

1936년 1월 11일

한국, 군산

고국에 있는 사랑하는 친구들에게,

우리 선교부 연중 사역의 또 다른 가장 중요한 부분을 이제 막 끝냈는데 여러분에게 그것에 대해서 말씀드리고자 합니다.

우리 선교부[1] 거의 전체에서, 확실히 군산에서, 한 해의 두 가지 두드러진 행사는 10일간 열리는 사경회로 하나는 남사경회, 다른 하나는 여사경회입니다.

우리 선교부의 남사경회가 막 끝났습니다. 여느때처럼 참석한 700명이 큰 감화와 격려를 받는 시간이었습니다.

한국에서 사역의 놀라운 성공을 설명하는 것 중의 하나가 성경에 대한 위치입니다. 한국인들은 성경을 말 그대로 하나님의 말씀으로, 믿음과 실제 신앙생활에 있어서 유일하게 오류가 없는 법칙으로 받아들이며 베뢰아 사람들처럼 성경 공부에 매우 충실합니다.[2]

선교 초기부터 선교사들은 성경 공부 체계를 확실하게 했습니다. 작은 시골 교회나 시골에 흩어진 교회 무리로 시작한 사경회에서, 개별 선교사의 담당 지방에 있는 교회들로 된 집단을 대상으로 하는 사경회

---

1 미국남장로교한국선교회(The Southern Presbyterian Mission in Korea) 소속 선교부 (Station)를 말하며 전주(1896년 설립), 군산(1896년 설립), 목포(1898년 설립), 광주 (1904년 설립), 순천(1913년 설립)이 있음.

2 사도행전 17장 10절. "베뢰아에 있는 사람들은 데살로니가에 있는 사람들보다 더 너그러워서 간절한 마음으로 말씀을 받고 이것이 그러한가 하여 날마다 성경을 상고하므로"

로, 선교부의 10일 사경회로, 그리고 한 달 성경학원으로, 한국에 있는 모두를 대상으로 하는 평양신학교로 이어지는 것입니다.

우리가 이곳에서 막 끝낸 사경회는 우리 군산 사역지에 있는 108개 교회 전체 성인 남자를 대상으로 하는 사경회입니다. 등록한 사람 중 등록비 30센[3], 현재 환율로 보면 약 10센트를 낸 사람은 542명이었습니다. 그들은 시골 교회에서 대표자들로 참석하는데, 그들의 쌀과 다른 음식을 자신들의 짐에 지고 오며, 그들 중 많은 사람이 먼 거리에서 걸어옵니다. 우리는, 다른 말로 선교회는, 기숙사를 제공하는데 주로 사경회가 학교의 방학 기간에 열리기 때문에 대개 남학교 기숙사와 여학교 기숙사를 제공합니다. 또한, 우리는 땔감, 전등 그리고 물을 제공하며 남자들은 자신들의 음식을 해 먹습니다.

유일한 가장 심각한 문제는 아니지만, 큰 문제 중 하나는 사경회에 참석하기 위해 오는 사람들에게 잠잘 곳을 찾아주는 것입니다. 우리는 이용 가능한 모든 공간을 사용하는데 사경회 당시 혹시라도 비어있는 병실까지도 이용합니다. 그런데도 충분한 공간을 찾기 위하여 극한 사항에 "처하게" 됩니다. 남자들은 믿을 수 없을 정도로 불편하며 붐비는 숙소에서 잡니다. 저는 참석한 남자들이 어떻게 자는지 다른 말로 어떻게 자려고 하는지 알아보기 위해서 밤에 빈번하게 돌아봅니다. 데워진 바닥 위에서 자는데 말 그대로 너무 꽉 차고 빽빽해서 사람들 사이에 발 디딜 틈을 찾는 것이 불가능합니다. 때때로 그들은 너무 불편하게 꽉 끼어있어서, 벽에 기대어 서서 자려고 함으로써 불편한 자리를 바꾸려고 시도합니다. 저는 참석한 남자들이 자는 기숙사 방들을 측정했고 밤에 돌아다니면서 방에 몇 사람이 자는 가를 세어보았는데 다음 결과와 같습니다. 8×8피트 방 하나에 13명, 7½×11피트 방에 15명, 12×16피트 방

---

3 일본 통화 1엔(円) = 100센(錢 또는 銭).

에 28명, 12×26피트 방에 48명이 자고 있었습니다. 이것을 보시면 그들이 성경 공부를 위해서, 그리고 사경회와 같은 행사가 제공하는 감화와 축복을 얻기 위해서 얼마나 열심인지를 여러분들이 조금은 아실 것입니다.

이 사람들은 대부분이 작은 시골 교회에서 오는데, 그곳에서 그들은 일 년 내내 아주 협조적이지 않고 황폐한 분위기에 둘러싸여 있으며, 그들에게 격려를 주는 것은 전혀 없고, 낙담시키는 것만 있습니다. 그들은 사경회에 참가해서 다른 교회에서 온 진실한 기독교인들의 큰 무리를 보게 되며, 10일간 아침, 저녁으로 이런 사경회 사역에 적합한, 뛰어난 능력과 자격을 갖추어서 특별 강사로 선별된 사람에게 말씀을 듣습니다. 그리고 엄청난 감화와 격려를 받으며, 그들이 처한 이교도의 환경에서의 시련과 유혹의 한 해를 무사히 끝낼 수 있게 하는 도움과 힘을 얻습니다. 사람들은 사경회가 끝나자마자 다음 사경회를 학수고대하고 계획합니다.

우리는 매년 가장 많은 수를 보낸 교회에 상을 수여하고 있었습니다. 올해는 44명을 보낸 교회가 1등 상을 받았습니다. 2등은 42명을 보낸 교회였습니다. 이런 숫자는 시골 교회에서 10일간 사경회에 보낼 수 있는 아주 많은 수입니다!

기숙사 숙소에도 끔찍하게 사람이 넘치지만, 강당 공간도 마찬가지입니다. 우리 동네 교회가 가장 큰 강당입니다. 그런데 이 교회가 사경회를 위해 모이는 큰 군중을 수용하기에는 전적으로 불충분합니다. 시골에서 온 많은 수의 사람이 참석할 뿐만 아니라, 사경회를 위해 우리가 초빙한 특별 강사가 항상 아주 많은 동네 사람을 끌어들이기 때문입니다. 동네 사람들은 낮 동안은 너무 바빠서 사경회에 정규적으로 참석하지는 못하지만, 밤 모임은 열심히 활용합니다.

우리가 막 끝낸 사경회 동안, 교회는 매일 밤 너무도 꽉 들어차서 우리는 한국의 독특한 방식을 이용하여 다시 자리를 꽉 채웁니다. 사람들은 양반다리를 하고 앉아있습니다. 너무 가까이 앉아서 거의 움직일 수가 없습니다. 집회가 시작되기 훨씬 전에 교회는 문자 그대로 꽉 들어차서 하나로 응축된 인간들로 이루어진 하나의 딱딱한 덩어리가 됩니다. 그럼에도 사람들은 들어와서 교회 뒤편에 기대어 서 있으며, 교회 현관에 완전히 뒤엉킨 채 서 있습니다. 늦게 온 사람들이 들어와서 앉을 공간을 만들기 위해서, 우리는 이미 앉아있는 사람들에게 일어서 달라고 요청합니다. 그러면 전체 회중이 앉아있던 바로 그곳에서 일어섭니다. 그러면 우리는 한 두 발자국만 앞으로 움직이라고 부탁합니다. 그러면 그들이 그렇게 합니다. 그런 다음 우리는 다시 앉아달라고 요청합니다. 앉으려면 말 그대로 몸을 밀어 넣어야 합니다만 그렇게 합니다. 이렇게 하면 교회의 뒤편에 두세 발의 빈틈이 생깁니다. 그래서 밖에 서 있던 사람들이 들어와서 몸을 비집고 자리를 찾아 앉습니다. 연단에도 양반다리를 하고 앉아있는데 너무도 많은 사람이 앉아있어서 강사가 서 있을 공간이 없을 지경입니다.

10일 사경회의 특색 중의 하나는 실제 모든 사람이 참여하는 새벽기도회입니다. 올해 첫 종은 5시에, 그리고 두 번째 종은 5시 30분에 울렸는데 5시 30분에 집회가 시작되곤 합니다. 밖은 여전히 완벽히 어둡고, 집회가 끝나는 시간도 때때로 여전히 거의 어둡습니다. 평상시처럼, 올해 우리 사경회 동안은 너무도 추웠는데 온도계는 어는점보다 훨씬 아래에 있고 땅에는 대부분 눈이 쌓였습니다. 기도회로 모인, 진지하고 간절하며 뭔가를 기대하는 약 600명의 남성 무리가 교회에 가득 차 있는 것을 5시에서 5시 반 사이에 보는 것은 아주 인상적입니다.

군산선교부의 10일 사경회는 엄청난 출석 때문에 미국남장로교한국선교회에서 항상 두드러졌습니다. 우리는 사경회에 사용할 숙소를 찾기 위해서 항상 극단으로 내몰렸습니다. 우리 선교회의 지난 연례회의에서, 우리 선교회의 가장 긴급한 필요한 것에 대한 목록작성에 착수했습니다.

우리 다섯 선교부 전체에서, 군산선교부의 성경학원 건물(Bible Class Building)이 목록의 첫 번째 즉 가장 위에 오게 되었습니다. 이렇게 되기를 우리는 오랜 세월 동안 기도하고 있었습니다. 주님께서 이런 필요를 우리에게 아주 빨리 제공해주시라는 우리의 기도에 여러분들의 기도를 더하지 않으시겠습니까?

올해 사경회에 참석한 사람 중 한 명이 아주 특이한 사례입니다. 그는 설교단 바로 앞에 매일 밤 앉아있었습니다. 그는 설교단에서 나오는 모든 말을 다 빨아들이고 있는듯 싶었습니다. 그는 1년여 전 턱에 큰 암(癌)을 가진 채 이곳에 있는 우리 선교회 병원[4]에 왔습니다. 그 당시에 그는 기독교인이 아니었습니다. 그 사람은 자신을 위해 할 수 있는 것이 없다는 말을, 그 사람의 병례는 가망이 없다는 것을, 그리고 집으로 돌아가는 편이 좋겠다는 말을 들었습니다. 그는 이 병원을 떠나서 다른 병원에 갔습니다. 그리고 정확히 똑같은 말을 들었습니다. 그는 자연히 상심했으며, 죽기 위해 집으로 갔습니다. 그는 전에 복음을 들었고, 크게 감명받았으며, "그래, 내가 죽는다면 죽을 준비를 하는 것이 좋겠다. 그래서 기독교인이 되는 것이 좋을 것이다. 그래야 내가 죽을 때 제대로 있을 곳으로 갈 수 있을 것이다."라고 혼잣말을 했습니다. 집에 돌아온 뒤에 그는 저의 교회 중 한 곳에 오기 시작했습니다. 기독교인이 되고 나서는 그는 자신을 위해서 기도하기 시작했습니다. 물론 교인들이 주님께서 그의 병을 치료해주시도록 하는 기도를 그에게 하라고 격려했으며 그 기도에 기꺼이 그와 함께하였습니다. 짧게 말씀드리자면, 그가 아주 기쁘게도, 그리고 그 교회의 모든 식구가 기뻐하게도, 그는 점차로 더 나아졌으며, 비록 그 병 때문에 생긴 흉한 자국을 여전히 가지고 있지만 실제 거의 건강해졌습니다. 그 사람의 마을에 있는 비기독교인들이 기도에 대

---

4 군산예수병원(1898년 설립).

한 이런 놀라운 응답을 보고서 크게 감명받았습니다. 지금 그 마을에 약 15명의 기독교인이 있는데, 그들은 교회의 또 다른 중핵으로 틀림없이 될 것입니다. 저는 지난 가을 이 남자에게 세례를 베풀어 교회의 정식 신자가 되게 만들었습니다. 이렇게 사역은 계속되고 있으며 주님께서 이렇게 훌륭한 사역에서 아주 작은 부분이라도 우리를 참여하게 허락하셔서 우리를 축복하고 영광스럽게 해주신 것을 매일 기뻐하고 있습니다. 이 백성을 아주 많이 구원함을 통해서 주님께서 영광을 받으시려고 우리를 좀 더 많이 사용해주시길 계속해서 여러분의 기도 속에서 우리를 기억해주시지 않겠습니까?

주님의 거룩한 사역에 함께하는 여러분의 형제 W. F. Bull 배상.

수신: 1936년 2월 8일, 테네시 내쉬빌
주소: 한국, 군산, W. F. Bull 목사
우편: 편지 5센트, 엽서 3센트

1936년 5월 26일

한국, 군산

고국에 있는 사랑하는 친구들과 동료 사역자들에게,

저는 시골에서 교회 서너 곳을 심방하고 어제 돌아왔으며, 내일 다시 나갑니다. 그런데 집에 있는 이 하루의 시간에 여러분에게 편지를 써 보내려고 하고 있으며, 오늘날 이곳 한국에 있는 놀라운 기회의 날이 어떤 것인지를 여러분께 알려드리고 여러분들께서 우리와 한마음으로 협력해주시기를 권하려고 합니다.

3월 초 우리 전북남성경학원의 종강 이후, 저는 대부분 시간을 집 밖에서 제가 담당하는 교회에 대한 정기 봄 심방을 하거나, 천막과 전도대와 함께 전도 집회를 열면서 보냈습니다. 과거 몇 년 동안 제가 일했으며 아주 만족스러운 결과를 가졌던 그 사역을 재개하도록 주님께서 만들어 주셨다는 말씀을 드리게 되어 정말 기쁩니다.

제가 개인적인 책임을 지는 담당 지방의 27개 교회 중 20개에 대한 정기 심방 이외에, 그 교회 중 네 곳과 연결하여 천막 집회를 열었습니다. (저의 담당 지방에는 한국인 목사가 있는 8개의 교회가 있는데, 한국인 목사의 봉급을 각 교회에서 전적으로 지불합니다.) 이 교회 중 한 곳은 안수받은 장로 세 명이 있는 조직교회[1]입니다. 이 교회는 주도적으로 이런 집회를 열어서 서울에서 아주 능력 있는 한국인 목사를 모셨으며 그분의 모든 경비와

---

1 조직교회: 교회 내에 시무장로가 있어 당회(堂會, session)가 정상적으로 구성되어 있는 교회.

저의 천막과 장비에 대한 운송 비용을 지불했습니다. 그 사람들이 집회에 와서 도와주고, 집회를 주관하고 그들을 "부흥"시키는 데 전체적으로 도움을 달라고 요청했습니다. 이 일을 하는 것을 저는 정말로 기뻐했습니다. 제가 저의 천막과 조사들과 함께 첫 번째 밤에 그곳에 갈 수는 없었기에, 첫 집회는 교회에서 열렸는데, 그 교회당이 꽉 차서 사람들이 엉켰고, 안에 있는 만큼이나 되는 숫자가 예배당 밖 마당에 있었습니다. 우리는 둘째 날 밤에 그곳에 갔었는데 천막을 치고, 모여드는 군중을 맞을 준비를 했습니다. 천막은 가득 찼으며, 복음은 엄청난 열정과 진지함으로 선포되었습니다. 이 집회 동안에 많은 사람이 기독교인이 되기로 결심했으며, 그 집회로 인해 교회는 크게 위로받고 든든해졌습니다.

우리가 집회를 열었던 다른 세 곳에서 비기독교인들이 큰 관심을 보였으며, 교회는 크게 부흥했고 새로운 생명과 열정을 가지게 되었습니다. 우리는 가을 집회에 대한 확실한 계획을 이미 세우고 있으며 집회를 할 네 곳의 중요한 장소를 이미 정했습니다.

지난주일에, 저는 송지동교회를 심방하여 이틀 기간의 일부를 입교하고자 하는 사람들에 대한 문답을 진행했습니다. 우리는 모두 22명의 지원자를 문답했는데, 학습교인이 되고자 하는 사람이 6명, 유아세례를 받았기에 입교하고자 하는 1명, 그리고 자신의 믿음을 고백하여 세례를 받기 위한 15명의 성인이 있었습니다. 세례를 신청한 15명 전원은 입교되었습니다. 최근까지도 이교도의 어둠 속에 있었으며 우상과 악신을 섬겼고, 이번 세상이나 다음 세상에서 하나님도 없고 희망도 없었지만, 주예수 그리스도에 대한 선한 고백을 한[2] 15명의 어른이 입교하기 위해서 제단 앞에 한 줄로 서 있는 모습은 아주 인상적이고 감동적인 장면이었

---

2 디모데전서 6장 12절. "믿음의 선한 싸움을 싸우라 영생을 취하라 이를 위하여 네가 부르심을 받았고 많은 증인 앞에서 선한 증언을 하였도다."

습니다. 바로 그 교회에서 같은 날, 저는 장로 임직에 참여했으며 다른 장로를 선출하는 것을 주관하였습니다. 오후에는 지난번 노회에서 이 교회로부터 분립한 새로운 교회를 심방했습니다.

지난주말 제가 심방한 교회에 아주 흥미로운 가족이 있습니다. 아버지는 약 40년 전 장날에 배포된 전도지를 읽으면서 개종했습니다. 그때 이후로 그 아버지는 교회의 아주 충실하며 진실한 식구였습니다. 그리고 아주 오랜 세월 동안 아주 적극적이고 성화된 장로였습니다. 그의 맏아들이 또한 같은 교회의 장로입니다. 제가 최근에 그 교회에 갔던 주일에는 넷째 아들이 오르간을 연주했으며 다섯째 아들이 찬양을 인도했습니다. 예배 이후에 교회 직원(職員)을 선출하기 위해서 열린 공동의회에서는 안수집사로 선출되었습니다. 오르간 연주하는 사람과 찬양 인도자는 미국식 맞춤 정장으로 멋있게 차려입었는데 아주 말쑥하고 잘생긴 젊은이들이라 그들을 보니 아주 말쑥하고 잘생긴 영화배우들이 생각났습니다.

저는 최근에 몇 년간 생명력이 없고 거의 가망 없어 보이는 많은 교회를 방문했습니다. 그런 교회에서도 거의 모두가 새로운 생명의 표식이 있습니다. 아주 기분 좋게 놀란 것은 어느 것도 발견할 것이라고 기대하지 않았던 교회들에서도 입교하기 위하여 많은 사람이 문답을 받았다는 것입니다.

현재 모든 상황이 아주 고무적이며, 천막과 특별 전도대로 직접적인 전도 활동을 재개하도록 해주신 주님 때문에 아주 행복합니다. 주님을 위한 우리의 사역을 주님께서 축복해주시고, 우리가 지금 한국에서 갖는 다른 어떤 것과도 비교할 수 없는 기회의 날을 최대한 활용할 수 있게 해달라고 여러분들이 아주 진지하게 계속 기도하지 않으시렵니까?

주님을 섬기는 여러분의 형제 W. F. Bull 배상.

수신: 1936년 6월 27일 테네시 내쉬빌
주소: 한국, 군산 W. F. Bull 목사
우표: 편지 5센트, 엽서 3센트

1936년

불 선교사 개인 사역보고서(1935~1936)

하나님께서 당신 포도밭의 가장 좋은 부분에서 일할 수 있는 특권을 우리에게 주심으로써 우리에게 진실로 선하게 대하셨습니다.

이 나라에서 주님을 위해서 일하는 특권을 갖게 된 많은 세월 동안 매해 끝에, 올해 보고서를 쓰려고 할 때도 마찬가지로, 우리는 한 해 동안에 받은 많은 축복과 재물로 인해서 찬양과 감사를 드리며 보고서를 시작할 수밖에 없습니다. 저는 제가 한국인들 사이에서 37년째 체류한 해보다 더 감사를 드리고 싶은 다른 해가 있는지는 모르겠습니다. 진실로 지난해는 긍휼하심과 인자하심 그리고 많은 복을 받는 경험으로 가득 차고 흘러넘친 시간이었기 때문입니다. 보고서가 간결해야 하지만, 제가 쓰고자 하는 혹은 적어도 언급하고자 하는 것이 너무도 많아서, 제대로 보고한다면 적지 않은 양이 될 것입니다.

6월 22일에 있었던 연례회의 이후 저는 7월 29일에 시작하는 일주일의 사경회에 참여하기 위해 소래 해변에 갈 준비를 하며 집에 있었습니다. 매우 힘들었지만 아주 즐거운 경험이었습니다. 이 집회에 참여한 사람들은 주로 북장로교 선교사들로, 다른 선교회 사람들이 드문드문 있었습니다. 성숙하고, 무르익고, 거룩하며, 진실한 주님의 종들과의 교제에서 오는 감동을 즐기는 것은 정말 기쁜 일이며 큰 즐거움이었습니다.

8월 6일 소래에서 돌아와서, 집에 겨우 5일 머물렀는데 그때 전북노회 주관으로 노회 일꾼들을 위한 여름 사경회가 시작되었습니다. 그 사경회 5일 동안 우리는 매우 재미있고 즐거웠습니다. 두세 사람을 제외하고 우리 노회 모든 목사가 참석했으며, 거의 모든 조사가, 그리고 많은 장로가 참석했습니다. 우리는 일본에 있는 해슬 박사(Rev. A. P. Hassell)를 다행히 모셨는데 그분은 사경회에서 소중한 도움을 주셨습니다. 성경 말씀을 공부하는 데 있어서, 그리고 영적인 것들에 대한 묵상과 공부에 있어서 한국 형제들과 아주 즐거운 교제의 시간이었습니다. 사경회가 참석한 모든 사람에게 풍부한 축복의 시간으로 보였습니다.

하계사경회가 끝나고, 저는 9월 4일까지 집에 머물렀는데, 9월 4일에 조선예수교장로회공의회와 조선예수교장로회총회에 참여하기 위해 평양으로 갔습니다. 총회 동안에 저는 진흥위원회 다른 말로 진흥부(Chin Heung Pou)에서 섬기는 특권을 가졌는데, 진흥부의 주관으로 우리 총회의 목사들을 위한 금강산 수양회[1]를 준비했습니다.

9월 19일 총회에서 돌아와서, 저는 9월 20일 우리 노회 임시회에 갔습니다. 9월 24일에 추계 정기 심방을 시작했는데 "날아가는 기러기" 다른 말로 비안도까지 가는 여정을 포함하여 저 아래 부안군까지 갔습니다. 우리 병원의 수위였던 다리 하나 있는 노인은 고난과 박해에도 불구하고 정말 진실하며 충실했으며, 그 적은 집단을 묶어놓는 데 성공했습니다만 그것이 거의 전부입니다. 그곳의 교회는 그 섬사람들의 아주 큰 사악함 때문에 큰 진척을 이루지 못했으며 냉담한 섬사람들로부터 많은 고난을 받았습니다. 비록 며칠이었지만 자신을 이해해주는 사람들이 자신을 보러와서 함께 기독교인의 진정한 교제를 나눌 수 있게 된 것에 행복해하는, 그 노인 지도자를 보며 안쓰러웠습니다. 그리고 냉담하기도 하고 심지어는 적대적인 이교도들에게 거의 완전히 둘러싸인 그 노인을 다시 남겨두고, 우리가 탄 배가 해안에서 멀어져 육지로 가느라 바다로

---

1 금강산기독교수양관(金剛山基督敎修養館): 1930년에 금강산에 완공된 개신교 수양관으로 1941년 폐쇄되었다. 장로교 수양관이었으나, 개신교 초교파적으로 사용되어 수많은 전국 교역자 수양회를 비롯한 여러 개신교 행사가 개최됨. [출처: 한국민족문화대백과사전]

향할 때, 그 노인이 두 볼에 눈물이 흘러내린 채로 서 있는 것을 보며 정말 마음이 아팠습니다.

우리는 돈지[2]라고 불리는 곳에서 그 섬으로 가는 배를 탔습니다. 우리가 돈지에 도착했을 때 우리 군산 시내 장로 중의 한 명이 그곳에 사업차 와있는 것을 봤습니다. 그는 그 마을에서 며칠 보냈는데 물론 항상 그렇듯이 그 사람은 머무는 시간의 상당 부분을 그 마을 사람들에게 전도하느라 썼습니다. 우리가 이번 봄에 부안교회에 갔을 때 우리는 돈지에서 온 서넛의 아주 멋진 젊은 청년을 만났는데 그것은 이런 충실한 장로의 전도 덕이었습니다. 돈지가 상당한 크기의 마을이라서 우리는 이번 가을 그곳에서 천막 집회를 계획하고 있습니다. 그리고 이 청년들을 중핵으로 삼아, 우리는 그곳에서 교회를 시작하기를 희망합니다. 이번 여정에서 우리는 지지포[3]를 또한 방문했습니다. 우리는 지지포가 우리 사역지의 맨 끝에 있고, 그곳과 남쪽 바다 사이에는 가느다란 땅이 있다고 느꼈거나 이해하고 있었습니다. 그런데 이번 여정에서 우리는 지지포 건너 아래쪽으로 탐사를 갔는데 지지포에서 바다까지 20리였습니다. 그리고 지지포와 바다 사이에는 큰 규모의 간척지가 있었으며 그곳에는 많은 마을이 흩어져 있었습니다. 그리고 지지포 아래 해안가를 따라가며 국포[4]라는 큰 마을이 있는 것을 알게 되었습니다. 우리는 그곳에서 교회를 시작하기를 희망하며 가을에 그쪽 지역에서 천막 집회를 계획하고 있습니다. 다소 늦기는 하였지만, 이 여정을 통해서 우리는 우리 사역지의 길이가 150리가 아니라 170리라는 것을 발견했습니다.

---

2 돈지(頓池): 현재는 전라북도 부안군 계화면에 위치하며 계화도간척사업으로 인해 육지가 되어있음.
3 지지포(知止浦): 현재 전북 부안군 변산면 지서리, 지서리는 배가 닿는 포구였음.
4 원문에 Cook Po로 되어있음. 그런데 1936~1937 사역 보고서에는 Chuck Po로 되어있음. 지지포와 해안가인 이곳의 거리는 약 20리(about 20 li)임. 이를 토대로 하면 전라북도 부안군 변산면 격포(格浦)로 보는 것이 타당함.

저는 12월 4일까지 담당 지방 교회에 대해서 가을 정기심방을 하고 있었습니다. 12월 4일에 경북 노회 주관하에 있는 모든 교회 식구뿐만 아니라 모든 교회 일꾼들을 위한 아주 큰 부흥사경회를 돕기 위해 대구로 갔습니다. 집회는 대구에 있는 규모가 큰 중앙교회(Central Church)[5]에서 열렸습니다. 이 교회 강당은 한국에서 두 번째로 큰 것인데 가장 큰 것은 신의주에 있는 큰 교회입니다. 저는 영광스럽게도 새벽기도회(Sai Pyek Keedo)와 헌신예배를 매일 인도할 수 있었습니다. 그러나 그 집회를 나흘만 진행할 수 있었습니다. 셋째 날 심한 감기가 들었는데 빠른 속도로 심한 독감으로 변해서 저는 사경회의 나머지 기간을 누워있어야만 했습니다. 나흘째 되던 주일에는 네 차례 설교했습니다. 그러나 그날 저녁 자려고 들어갔을 때는 아주 기진맥진했습니다. 그래서 다음 날 아침에 일어나지 못했습니다. 저에게 잠자리를 제공해주던 블레어 목사(Mr. Herbert Blair) 부부가 제가 아픈 동안에 저에게 너무도 잘해주어서 아픈 것에 대한 보상이 되었습니다. 저의 친형제나 자매도 제가 집에 아파 있다면 이분들보다 더 잘해주지는 못했을 것이라고 확신합니다.

대구에서 돌아와서, 회복하고 힘을 되찾는 데 시간이 약간 걸렸습니다. 그래서 저는 성탄절까지 집에서 조용히 지냈는데, 성탄절에 충분히 회복하고 힘을 되찾아서 마음껏 모든 성탄절 축하 행사와 활동에 들어갔으며 평상시처럼 성탄절 바로 다음에 시작되는 남사경회에 참여했습니다.

비록 이번 사경회에 특별 강사를 모시지 못해 실망했지만, 사경회는 평상시처럼 큰 성공이었습니다. 535명이 등록했는데 즉 등록비 30센을 냈다는 것입니다. 그렇지만 사경회에 참석한 사람들은 600명에서 700명이었습니다.

5　Central Church: 선교사들은 평양 장대현교회를 평양 Central Church라고 했음. 이런 것을 통해서 이 편지에 언급되는 교회는 당시 경북지방 최초의 개신교회로 1893년 창립된 대구제일교회를 일컫는 것으로 보임.

우리의 연례 사경회에 대해서 말씀드리겠습니다. 우리는 사경회에 참가하려고 오는 많은 군중에게 잠잘 숙소를 찾아주지 못해서 항상 당혹스러워합니다. 그래서 어쩔 수 없이 그 사람들을 믿을 수 없을 정도로 꽉 들어찬 숙소로 몰아넣어야 했습니다. 그런데 우리는 주님의 종 중 한 명의 관대함 다른 말로 청지기로서의 충실함을 통해서, 우리의 남사경회와 여사경회 때마다 항상 있었던 끔찍한 혼잡을 덜어줄 아주 좋고 큰 기숙사 건물을 지을 수 있도록 해주신 주님께 깊이 감사드립니다. 이분은 버지니아 리치먼드의 캐리 양(Miss Cammy Cary)으로 그녀 어머니 기념관으로 이 기숙사를 짓는 것을 가능하게 만들고 있습니다.

우리 남사경회의 끝날부터 우리 전북성경학원을 위해 전주로 넘어가기 전까지, 저는 위에 언급한 학교에서 가르칠 준비를 하면서 집에 있었습니다. 전북성경학원은 1월 28일에 시작하여 2월 27일까지 운영되었습니다. 우리 교회의 일꾼들과 지도자들을 훈련하는 데 참여하게 되고, 전주선교부의 구성원들과의 교제할 수 있는 흔치 않은 특혜를 누리는 것은 늘 그렇듯이 개인적인 큰 영광이자 기쁨입니다.

올해 교회에 대한 춘계 심방은 매우 흥미로웠습니다. 교회에 생명과 관심의 아주 많은 증거가 있었기 때문이며, 비기독교인들의 입장에서 보통과는 달리 열린 마음과 관심이 있었기 때문입니다.

교회에 대한 정기 심방과 더불어, 저는 하나님의 은총과 몇 특별한 친구들의 도움으로 어느 정도 저의 복음 사역을 재개할 수 있었으며, 천막을 가지고 특별 전도대와 함께 네 개의 서로 다른 지역에서 집회를 열었습니다. 장소마다 많은 관심을 보였습니다. 교회는 격려받고 소생한 것처럼 보였습니다. 그리고 많은 수의 비기독교인들이 관심을 보였는데, 우리는 그들 중 몇 명이라도 생명을 살리는 주님을 아는 지식으로 인도되기를 소망합니다.

올해의 두드러진 행사 중 하나는 4월 1일부터 5월 4일까지 금강산의 온정리[6]에 있는 총회의 회의실에서 열린 우리 총회 소속의 목사와 선교사들 수양회였습니다. 193명의 한국인 목사들과 선교사들이 수양회에 참여했으며, 영적인 삶과 거룩함을 새롭게 해주고 깊게 만들어주는 행사였으며 그곳에 있었던 것이 정말로 개인적인 영광이었습니다.

송지동교회는 자체가 가지고 있는 기록에 계속해서 진실하고 충실하였으며, 이번에 또 하나의 교회를 분립했습니다. 그 교회를 심방하는 것은 항상 격려와 위로가 됩니다.

이 지역에서는 잘 알려졌듯이, 올해가 제가 이 세상에서 살아온 지 60년째 됩니다. 올해는 한국 기독교인들의 친절함과 사랑이 담긴 감사 속에서 격려가 되는 많은 일 때문에 아주 행복했습니다. 한국 기독교인들은 경탄스러울 정도로 저의 많은 잘못, 부족한 점, 그리고 약점 전부를 모른 척해주면서 친절하고 자비로웠으며, 사랑과 감사라는 아주 은혜로운 정신을 보여주셨습니다. 그것은 한국인들의 셈으로 저의 환갑(Han Hap) 다른 말로 61번째 생일을 다섯 번 축하해준 것으로 명백하게 드러났습니다. 첫 번째는 남성경학원 동안에 전주에서 있었습니다. 이번 축하 잔치는 한국인들이 주도한 것이 아니고 저 스스로가 한 것입니다. 제가 성경학원에 있는 동안 저의 생일이 다가오자 저는 학생들에게 소고기국과 다른 것들 몇 가지를 마련하라고 돈을 조금 줬습니다. 그리고 저와 다른 강사들이 식당으로 가서 학생들과 같이 저녁을 먹었습니다. 우리는 모두 아주 흡족한 식사를 했으며 즐겁게 시간을 보냈습니다.

두 번째 환갑잔치는 궁말에 있는 우리 마을교회에서 했으며, 세 번째는 만경 읍내에서 했는데 제 담당 지방의 대제직회(Tai Chei Chick Whei)의 주관하에 열렸고, 네 번째는 군산에서 있었는데 군산 시내의 세 교회가 베푼 것이고 다섯 번째는 충청도 홍산 읍내에서 열렸는데 그 지역의

---

6 원문에 Onsoiri로 되어있지만, 전사 과정에서의 오류로 보임.

대제직회가 주관하였습니다. 이 잔치들은 모두 멋졌으며 저와 저의 아내 둘 다 크게 고마워했습니다. 그런데 제 생각에 가장 고맙게 생각했던 것은 홍산에서의 잔치에 참여하려고 105세가 된 할머니께서 15리를 걸어오신 것이었습니다. 할머니께서는 저에게 아주 예쁜 선물을 가져오셨습니다. 잔치가 끝나고 그날을 기념할 사진을 찍었습니다. 저는 그 사랑스러운 할머니에게 사진을 찍을 때 제 옆에 서 있으시길 원한다고 말씀드렸습니다. 할머니는 기꺼이 그렇게 하셨는데, 사진을 찍는 사람이 찍을 준비를 마치자, 할머니께서 손을 뻗어서 저의 손을 잡더니 사진 찍는 내내 꽉 잡으셨습니다. 105세 먹은 처자와 손을 잡았다고 해서 어떤 특별한 비난은 없겠지요. 정말 사랑스러운 분입니다. 정신이 완벽하게 맑으신데, 할머니의 믿음, 열심, 그리고 열정은 우리 모두에게 모범이 되며 감동이 됩니다.

지난해는 즐겁고 행복한 해였습니다. 비록 제가 환갑이 지났지만, 주님께서 이처럼 훌륭한 백성들 사이에서 주님을 위해서 더 오랫동안 사역을 하게 해주실 것을 희망하고 있습니다. 저의 모든 잘못, 부족한 점, 결점 그리고 약점에도 불구하고 이들은 영적인 면에서 훌륭한 민족이기 때문입니다. 며칠 전, 우리의 새로운 기숙사 건축을 살펴보느라 아래로 내려갔을 때, 저는 책 한 권이 펼쳐져 있는데 그 책의 넘겨진 책장의 옆면이 목재 더미 위에 놓여있는 것을 봤습니다. 뭔지 보려고 집어 들었는데 『마태복음 관주』[7]였습니다. 이 책을 기독교인 목수 중 한 명이 쉬는 시간에 공부하려고 가지고 왔던 것입니다. 바로 그다음 날 저는 집터에서 일하던 막일꾼 중의 한 사람이 쉬는 시간 중에 통나무에 앉아서 주머니에 넣고 다니는 성경을 읽고 있는 것을 봤습니다. 작업반장이 일하라고 부르자, 그는 작은 포켓 성경을 주머니에 다시 넣고, 기초를 놓으려고

---

7 *A commentary on the Gospel of Mathew.*

트렌치에 바위를 다져 넣는데 쓰는 말뚝 박는 기계의 밧줄을 계속 잡아 당기기 위해 갔습니다. 바로 이런 사람들 사이에서 제가 사역합니다. 그들 사이에서 그들을 위해 사역을 한다는 것이 실제로 제게는 큰 영광입니다. 주님께서 이 세상의 약한 것들을 택하사 강한 것들을 부끄럽게 하셨기에, 주님께서 힘과 권능을 떨치셔서 하나님이 신이시다는 것을 만방에 보이기 위해서 이 작은 나라를 사용해주시길 우리가 열심과 믿음과 열정으로 새롭게 기도할 수는 없을까요?

위와 같이 제출합니다.

W. F. Bull

1936년 8월 1일

한국, 군산

고국에 있는 사랑하는 친구들에게,

한국인들은 중국이나 다른 동양의 나라들처럼 시간을 60년의 주기로 봅니다. 그래서 61번째 생일에 도달하면, 한국인들은 한 갑자(甲子, one cycle)를 살았다고 합니다. 그래서 그 특별한 기간에 아주 많은 일이 이루어집니다. 만약 재산이 뭐라도 있다면 일반적으로 그 특별한 날을 기념하여 아주 잘 차린 축하 잔치를 베풉니다. 만약에 해당하는 사람에게 남자건 여자건 자녀들이 있으면, 일반적으로 그 사람의 자녀들은 많은 것을 준비합니다. 잘 차린 축하 잔치를 벌이고, 원근 각처의 모든 친구와 친척을 초대합니다. 한 분만 살아계시면 한 분을 위한 새롭고 특별한 옷을, 두 분 다 살아계시면 두 분 모두에게 새롭고 특별한 옷을 준비하며, 축하 잔치의 바로 한가운데 앉게 합니다. 부모 앞에는 특별히 크고, 많은 것이 차려진 상이 놓입니다. 모든 것이 준비되면, 자녀들과 손주들이 모두 나와서 부모 앞에 한 줄로 선 다음 그들 앞에서 머리가 땅바닥에 닿도록 절을 합니다. 부모님이 그렇게 많은 세월을 자녀들과 함께 살아주신 복을 자녀들이 누렸기에, 이 축하연은 아주 기쁘고 즐거운 날로 여겨집니다.

이번 해가 어쩌다보니 저의 만 60세 생일이 되는 해 즉 저의 "환갑"입니다. 저의 담당 지방에 있는 교회들이 저를 위해서 "환갑" 잔치를 해주어서 정말 고마웠습니다. 저는 저의 교회 기독교인들의 사랑과 감사 덕분에 환갑잔치를 다섯 번 했습니다.

그런데, 첫 번째 잔치는 한국인들이 베푼 것이 아니었습니다. 의도한 것은 아니지만 제가 우리 전북남성경학원에서 가르치느라 전주로 넘어가 있는 동안에 저의 생일이 되었습니다. 저는 학생들에게 적은 돈을 주면서 그날 저녁에 먹을 소고기와 다른 것들을 사 오도록 하였습니다. 그런 다음에 저와 다른 강사들이 식당에서 학생들과 같이 식사하였습니다. 소고기는 한국인들의 식단에서 아주 드문 품목이라서 소고기국을 먹는다는 것은 아주 특별한 일입니다. 우리는 모두 푸짐한 식사와 재미있는 많은 것을 즐겼고, 좋은 교제를 나누었습니다.

두 번째 환갑은 동네 교회에서 있었으며 그 교회 조직의 주관하에 치러졌습니다. 환갑 축하연이 벌어질 때, 축하를 받는 사람의 자녀들이 자신들의 환경이 허락하는 우아하고 고급스러운 새 옷을 준비하는 것이 관례입니다. 그래서 이번에 그 교회의 부인조력회[1]에서 저와 아내 모두에게 아주 아름다운 한복을 준비해줬습니다. 그들은 우리 집까지 올라와서 우리를 아래에 있는 교회까지 호위하여 갔으며, 솔로몬의 모든 영광으로도 비견할 수 없을 정말 화려한 옷을 입은 우리를 단 위에 앉게 하였습니다. 많은 친절한 말, 축하하는 말을 했으며, 이어서 매우 유쾌하며 공들여 준비한 잔치가 있었습니다.

세 번째 축하연은 저의 사역지 전체에 있는 교회들의 주관하에 있었습니다. 이것도 또한 아주 기억에 남을 일이었는데 이 행사를 준비하면서 사람들이 많은 관심과 수고를 기울였기 때문입니다. 정중하며 친절한 많은 연설 뒤에, 저는 아주 아름다운 순금 한국 인장(印章) 반지를 선물로 받았습니다. 이런 순서 뒤에는 아주 공들여 준비한 잔치가 뒤따랐습니

---

1 婦人助力會, the Woman's Auxiliary. 장로회여전도회(長老會女傳道會)의 전신(前身)에 해당하는 조직.

다. 한국의 관습에 따라, 저는 모임의 한가운데에 있는, 다른 곳보다 높은 곳에 마련한, 특별히 크고 차린 것이 많은 상에 앉아야 했습니다. 먹을 준비가 다 되었을 때, 참석한 장로 중의 한 명이 "우리 한국 관습에 따르면, 이런 특별한 경우에 이런 영예를 누리는 사람의 자녀들이 부모 앞에 줄지어 서서 모두 그 앞에 절을 하는 것이 관행입니다만 오늘 이곳에 너무도 많은 사람이 있기에, 우리가 그렇게 하는 것이 불가능합니다. 그래서 우리 목사님과 특별히 가깝게 인연이 된 몇 사람을 골라 절을 하도록 하는 것이 좋겠습니다."라고 말했습니다. 그런 다음 그 사람은 오랜 세월 동안 저와 인연이 있는, 즉 신학교를 졸업하고 목사가 되기까지 저와 함께 있었던 젊은 목사를 지명했습니다. 그 목사는 스스로 자신을 저의 영적 아들이라고 합니다. 그 다음 매서인 한 명과 또 다른 젊은 이를 지명했는데, 그 둘은 저의 조사들로 다른 사람들처럼 저희 전도대의 식구들이어서 저와 사역에서 아주 밀접하게 관련되어 있었습니다. 이 세 사람이 앞으로 나와서 제 앞에 줄을 서더니 격식을 갖추어 절을 했습니다. 그런 다음 우리는 모두 준비된 아주 훌륭한 축하연을 즐기기 시작했습니다.

네 번째는 군산 시내에 있는 세 교회의 주관하에 있었습니다. 그들은 다른 교회들과 함께 축하하자는 것을 거절했습니다. 그들이 스스로 자신들만의 잔치를 베풀고 싶었기 때문입니다. 이 잔치도 아주 아름답고 우아하게 치러졌습니다. 이때 우리는 아주 아름다운 순은 (한국) 화병을 선물 받았습니다.

마지막 축하는 이곳에서 강을 가로질러 있는 충청도에서 그곳 교회들의 주관으로 이루어졌습니다. 그곳에는 우리 전북노회 내지선교(內地宣敎)위원회[2]의 감독하에 있는 교회가 40여 개 있는데 두 명의 아주 좋은

---

2 다른 말로 국내선교위원회. 內地는 外地에 대비되는 말로 국내, 본토를 말함.

한국인 목사에 의해서 돌봐지고 있습니다. 이때에도 은혜로운 연설이 많이 있었으며, 연설 뒤에는 아주 예쁜 순금 메달 선물이 있었고 축하연이 있었습니다.

서로 다른 곳에서 열린 이 축하 잔치 중 제가 가장 즐거워하며 고맙게 여겼던 것은 마지막 잔치 즉 충청도에서 있었던 잔치에 105세의 할머니가 저에게 아주 아름다운 선물을 주려고 약 5마일의 길을 걸어오셨다는 사실입니다.

잔치가 끝나고 그날을 기념하기 위해서 사진을 찍었습니다. 좋은 사진 배경을 갖고자 읍내 뒤에 있는 동산에 있는 공원으로 올라갔습니다. 그 동산으로 가는 길은 상당히 가파르고 거칠었습니다만 그 할머니는 다른 사람들과 마찬가지로 아주 활기차게 그곳을 올랐습니다. 저는 사진에 할머니가 제 옆에 서 계셨으면 좋겠다고 말씀드렸습니다. 할머니는 기꺼이 그렇게 하시겠다는 듯 보였습니다. 사진을 찍을 준비가 되자 할머니는 손을 뻗어서 저의 손을 잡더니 사진을 찍는 내내 꽉 잡았습니다. 그런데 제가 그렇게 젊은 처자와 손을 잡았다고 해서 제가 심하게 비난 받으리라고 생각하지 않습니다! 그 할머니는 아주 사랑스러운 영혼을 가진 분으로 아주 흥미로운 역사를 가지고 계시며, 그것에 대해서 더 자세히 쓰겠습니다.

충청도의 어떤 마을에 아주 부유한 나이 든 "양반"이 살고 있었는데 아주 큰 가문의 우두머리였습니다. 몇 년 전, 일본인들이 한국에 많은 수로 들어오기 시작하자, 그 사람은 그의 재산에 대해서 크게 걱정하게 되었고 일본인들이 사기나 무력으로 자신에게서 그 재산을 가져가 버리지 않을지 걱정했습니다. 미국인들과 같은 노선을 취하면 일본인들이 (주로 논인) 자기 재산을 가져가지 못 할거라 생각하여 그는 기독교인이 되었다고 공개적으로 말했습니다. 개인 경비로 큰 교회를 짓고 그와 혈연 관계된 모든 사람 즉 아들들, 며느리들, 손자들 또한 그의 소작인들 전부가 기독교인이 되고 교회에 출석하라고 명령했습니다. 그는 또한 명목상인 기독교 학교를 설립했으며, 스스로 건물을 짓고 교사의 봉급 등을 지불했습니다. 상당히 큰 규모의 학교를 구성할 만큼 혈연관계인 아들과 손주들이 많았습니다. 또한, 주일에는 예배드리러 모이는 상당한 규모의 회중이 있었습니다. 그 노인이 살아생전에는, 가장으로서의 권위 때문에, 그 교회는 크고 확연히 번성했습니다. 그러나 그가 사망하고 나자, 재산이 아들들 사이에서 나뉘었고, 아들들은 자신들이 좋을 대로 하고자 하는 것을 해버렸습니다. 아들들은 점차 교회에서 떨어져 나갔으며, 자신들의 돈을 흥청망청 써버렸습니다. 아들들과 손주들이 논을 소유하고 나서는 자신들도 교회에 나가지 않았기 때문에, 소작인들이 교회에 나가는지 마는지 신경을 쓰지도 않았고, 그래서 점차로 전체 회중이 떨어져 나갔고 가부장이었던 사람의 아내만이 남게 되었는데, 그 할머니가 위에서 언급한 분입니다. 그 할머니는 신실하고 진정한 기독교인이 되었으며 다른 모든 사람이 떨어져 나가도 변하지 않고 믿음을 충실히 지켰습니다. 그래서 매 주일, 혹은 주일 밤, 혹은 수요일 밤 동산 중간에 있는 그 교회까지 천천히 걸어가서는, 교회 문을 열고, 안으로 들어가서, (집에 방을 닦아줄 하인들이 있음에도 불구하고) 직접 자기 손으로 교회를 닦고, 교회 종을 울리고 다른 누군가가 오는지 잠시 기다렸습니다. 기다린 다음 교회로 들어가서 혼자 작은 예배를 드리며, 특별히 교회에 나왔다가 떨어져 나간 사람들과 그 교회가 부흥하기를 위해 기도하였습니다. 할머니는 몇 년간 매주 이렇게 하셨습니다. 저는 그 지역을 담당했었고 그곳에 그 할머니만이 유일한 기독교인이지만 봄과 가을에 정기적으로 그 교회를 심방했습니다. 할머니 때문에 그 교회를 심방하는 일이 항상 즐겁고 기쁜 일이었습니다. 할머니가 생각하시기에 진실한 기독교인이며 할머니의 영혼을 이해해줄 수 있는 영혼을 가진 사람을 보게 되면 할머니는 항상 밝고 행복했으며 확연히 기뻐하셨습니다. 할머니는 닭이나,

달걀을 엮어놓은 것, 또는 다른 것으로 항상 선물을 준비해 두셨습니다.

그 할머니의 경우에 갈라디아서 6장 9절 말씀 즉 "우리가 선을 행하되 낙심하지 말지니 포기하지 아니하면 때가 이르매 거두리라."가 풍성하게 증명되었습니다. 할머니의 믿음과 충실함을 통하여 빠져나갔던 많은 사람이 다시 교회로 돌아왔으며, 새로 믿게 된 사람들이 교회로 들어와서 그 교회가 선하고, 강하며, 적극적인 교회로 성장했기 때문입니다. 비록 할머니가 105세이지만 여전히 총명하시고 행복하십니다. 할머니의 정신은 완벽하게 맑으며 모든 일에 관심이 있습니다. 할머니는 아주 사랑스러운 사람입니다. 얼굴은 "주름이 햇살처럼 퍼져있음"이라고 묘사될 수 있습니다. 할머니께서 주님 앞에 가면 아주 귀한 환영을 받을 것을 확신합니다. 그 지방을 현재 담당하고 있는 한국인 목사가 할머니의 나이에 대해서 "어머니(Umminie), 결코 돌아가실 것 같지 않으십니다. 제 생각에는 주님께서 오실 때까지 계속 사실 것 같습니다."라고 농담했습니다.

주님을 섬기는 여러분의 형제 W. F. Bull 배상.

수신: 1936년 8월 29일
주소: 한국, 군산 Wm. F. Bull 목사
우편: 편지 5센트, 엽서 3센트

1936년 10월 21일

황해에서

고국에 있는 사랑하는 친구들에게,

저는 (날아가는 기러기를 닮았다고 해서 이름 붙여진) "비안도"(飛雁島)에서 짧은 기간 이어진 아주 성공한 천막 전도 집회를 막 마치고 돛단배를 타고 비안도를 떠나 황해(Yellow Sea)에 있습니다. 이번 전도 집회는 이번 여정에서 우리가 열었던 두 번째의 집회였으며, 첫 번째 집회는 육지의 항구에서 열렸는데, 그 항구 마을은 우리가 방문하고 있는 섬들 바로 맞은 편에 있습니다[1]. 육지의 항구 마을에서 열린 집회에서 사람들이 많은 관심을 보였는데, 마지막 저녁에 기독교인이 되고자 하는 목적이 있으면 손을 들어 표시해 달라고 요청했을 때, 손을 너무도 많이 그리고 빨리 들어서 손 세는 것이 불가능했습니다. 이곳은 가장 가까운 교회에서도 상당한 거리입니다. 그래서 이 일을 이어서 하고, 복음에 관심을 보인 사람들을 돌보는 것은 상당한 문제가 될 것입니다. 그러니 그 사람들이 기독교인이 되겠다는 결심에 굳건하게 머물고 서 있기를 위해 기도해주지 않으시겠습니까? "비안도" 집회에서의 마지막 밤에 제가 결심을 요청했을 때, 한 사람이 일어서더니 "우리는 모두 믿고자 합니다. 그저 우리에게 우리를 이끌어줄 선생님을 보내주십시오."라고 했습니다. 이

---

[1] 1936~1937 사역보고서에 따르면 이곳은 돈지(頓池)임. "Ton Chi, a port town in Puan County, on the coast just opposite Pi An Do.(비안도 바로 맞은 편의 해변에 있는 부안군의 포구, 돈지.)"

말의 핵심은 그들이 자녀들을 위한 학교를 세우고자 한다는 것입니다. 섬에서 자라나는 자녀들의 수가 많습니다. 그들은 학교 건물을 세우고 매달 교사 봉급으로 20엔을 제공하겠다고 확언했습니다. 이 금액은 교사의 생계비로는 매우 충분하지 않습니다. 특히 만약 교사가 결혼했다면 더욱 그렇습니다. 그들은 저에게 이 금액에 한 달에 5엔을 더하여 주기를 원하고 있는데, 5엔은 거의 1달러 50센트입니다. 또한 기독교인 교사를 선발하여 보내줄 것을 원하고 있습니다. 그 선생님은 주중에는 학교 교사일 뿐만 아니라 실제 거의 모든 예배의 지도자로 그 작은 집단을 위한 안수 받지 않은 목사가 될 것입니다. 이것은 굉장한 기회입니다. 저는 아마도 적절한 남자를 보낼 수 있을지도 모릅니다. 그러나 우리 선교회의 예산이 지난 몇 년간 너무도 심하게 줄어들었고, (예산이 몇 년 전의 겨우 3분의 1밖에 되지 않습니다.) 우리 예산이 안쓰러울 정도로 적기 때문에 제가 예산에서 1달러 50센트 이상을 짜낼 수 있을지는 모르겠습니다. 집으로 가서 그렇게 할 수 있는지 계산을 해봐야만 합니다.

주님께서 이번에 아주 좋은 날씨로 우리를 축복해주셨습니다. 기분 좋게 온화하며 상쾌한데 바람도 거의 없습니다. 우리는 바람이 불지 않을 때 천막 집회를 열 때 항상 행복합니다. 바람이 천막에 영향을 많이 끼쳐서, 밤에 심한 바람이 불면 우리는 한밤중에 우리의 따뜻한 잠자리에서 일어나서 바람 속으로 (때로는 빗속으로) 나가서 천막을 걷어야 합니다.

우리가 육지에 있는 포구에서 집회를 끝낸 날 강한 바람이 불었습니다. 그리고 바다는 거칠었습니다. 그래서 우리는 계획했었던 섬들로 떠날 수 없었습니다. 그런데 밤이 되자 바람이 잦아들었습니다. 그래서 우리의 계획을 조류와 바람에 맞춰서 (조류와 바람에 "들이받으려고" 하지 않고 맞추는 것이 이곳에서는 항상 현명한 것입니다.) 우리는 다음 날 새벽 3시 30분에 출발하기로 계획했습니다. 저는 아주 일찍 잠자리에 들었으며 3시까지 잠을 잘 잤습니다. 3시에 일어나서 배에 탔는데 배는 개방된 돛단배였습니다. 닻을 약 3시 30분에 끌어올리고, 바다로 향했습니다. 바람은 다소 잦아들었지만, 바다는 여전히 상당히 거칠었습니다. 저는 배 밑바닥에서 잠자리를 마련하고, 결코 뱃멀미를 안 해서 상당히 편하게 쉬었습니다. 그러나 (전부 다섯 명인) 저의 조사들은 끔찍하게 뱃멀미해서 우리를 따라오던 물고기들을 아주 너그럽게 대접했습니다. 우리는 약 다섯 시에 섬의 항구에 닻을 내렸는데 그곳이 우리의 첫 번째 목적지였습니다. 너무도 추웠고 몸이 좋지 않았으며 어떤 휴식도 취할 수 없었기 때문에 조사들은 모두 서둘러서 땅으로 내려서 여관으로 갔는데, 당일 해야 할 일을 하기 전에 움직이지 않고 가만히 있는 따뜻한 마루에 올라 약간의 쉼을 가지기 위함이었습니다. 그러나 저는 배 바닥의 저의 간이침대에서 아주 편안했기 때문에 날이 환히 밝을 약 7시까지 그 배에 머물렀습니다. 7시경에 일어나서 땅으로 내려, 섬에 있는 작은 교회로 갔습니다. 곧 (전도대의 일원인) 저의 청년 요리사가 저를 위해 괜찮은 온수를 가지고 왔습니다. 저는 깨끗이 씻고 나서 면도를 마쳤는데 때마침 요리사가 좋은 아침 식사를 가지고 왔습니다. 저는 아침 식사를 맘껏 했습니다. 아침을 먹은 후 할 일이 무엇이건 할 준비가 되었고 몸이 괜찮다고 느꼈습니다.

이날이 주일이라 우리는 천막을 칠 시도를 하지 않았고 그 작은 교회에서 아침과 저녁에 예배를 드렸습니다. 이 예배에 많은 사람이 참석하고 많은 관심을 보였습니다.

집회를 시작하기로 한 다른 섬으로 향하면서 우리는 지금 다시 바다에 있습니다. 그 교회에서 우리는 육지로 되돌아갈 것이며 집으로 가기 전에 한 두 곳에서 더 집회를 열 것입니다.

우리가 이 여정에서 열었던 집회는 고국에 있는 충실한 친구들의 무리 때문에 가능했습니다. 제가 썼듯이, "경제공황"이 너무 심하게 타격을 주고 우리의 예산이 너무 극적으로 줄어들었을 때, 저는 제가 몇 년간 종사했고, 정말 가치 있는 일이라고 증명되었던 천막 전도라는 이 특별한 사역을 포기해야만 했습니다. 그러나 기도로, 공감하는 협력으로, 그리고 재정적 후원으로 제가 이 사역을 재개하는 것을 가능하게 해준, 친구들로 구성된 이 무리를 주님께서 들어 올려주신 것을 깊이 감사드립니다.

우리가 앞으로 있을 많은 세월 동안 이 사역을 "계속하는 것"이 가능하도록, 주님께서 우리에게 재정적인 후원과 신체적 힘과 정력을 주십사고 주님께 아주 신실하게 기도하지 않으시렵니까?

주님을 섬기는 여러분의 형제 W. F. Bull 배상.

수신: 1936년 11월 30일, 테네시 내쉬빌
주소: 한국 군산 W. F. Bull 목사
우편: 편지 5센트, 엽서 3센트

1937년 5월 12일

한국, 군산

고국에 있는 사랑하는 친구들에게,

여러분들에게 편지를 써 보내기를 상당 시간 원했지만, 그렇게 할 시간 찾기가 매우 어려운 것처럼 보였습니다. 그런데 여러분들에게 편지를 보낸 지가 너무도 오래되어서 편지 쓸 기회를 더 이상 기다리지 않고, 대신 제가 한국선교회에 보낸 연례보고서의 사본을 내쉬빌에 있는 통신부서에 보내면서 이 시기에 정기적으로 보내는 편지를 대신하여 제 친구들에게 보내달라고 요청했습니다.

여러분의 신실한 벗 W. F. Bull 배상.

1937년 5월 12일

미국남장로교한국선교회 군산선교부에 제출한
W. F. Bull의 사역보고서(1936~1937)

지난 7월 1일 지리산에서 있었던 연례회의에서 돌아온 후, 저는 평상시와 마찬가지로 여름휴가를 집에서 보냈으며, 기분 전환을 할 목적으로 여름휴가 기간 우리의 새로운 성경학원(Bible Class) 기숙사 즉 마리아 애버트 캐리[1] 기념관 건축 감독을 수행했습니다. 이 일은 굉장히 유쾌한 일이었습니다. 우리 선교부에서 규모가 큰 남사경회와 여사경회, 우리의 성경학원, 여름 수양회, 그리고 다른 중요한 일들에 쓰일 좀 더 크고, 좀 더 좋은 숙소에 대해서 오랫동안 느꼈던 필요를 충족시켜줄 것이며, 또한 과밀로 인해 우리 사경회 시기에 항상 있었던 혼잡과 불편을 덜어줄 것이기 때문입니다.

새 기숙사에 대한 작업은 11월 30일에 끝났고 그날 제가 공사감독관으로부터 열쇠를 넘겨받았습니다. 그 건물에 대한 작업이 너무 늦어져 가을까지 이어졌기에 저는 저의 가을 사역을 시작해야 해서 공사에 대해서 더 신경 쓸 수가 없었습니다.

조선예수교장로회총회와 조선예수교장로회공의회에 참석하기 위해 9월 10일 광주에 갔습니다. 그곳에서 조선기독교연합공의회와 성서위원회에 참석하기 위해 서울로 갔습니다.

---

1 Maria Barry Abert Cary(1862.10.18.~1933.1.27.): 비문에 욥기 19장 20절의 일부인 "내가 알기에는 나의 대속자가 살아계시니(I know that my redeemer liveth)"가 새겨져있음. https://www.findagrave.com/memorial/14109611/maria-barry-cary

조선기독교연합공의회는 다소 획기적으로 보였습니다. 연합공의회를 개혁하고자 하는 계획에 착수했기 때문입니다. 연합공의회는 존재를 정당화시킬 만한 사업이 없기 때문에 집행부 또는 사업조직으로는 자연사를 막 하려고 하는 듯 보였습니다. 그 회의에서 어느 하루 통째를 기도와 헌신 집회를 하는 데 사용했습니다. 아주 훌륭한 순서가 마련되었습니다. 회의는 아주 큰 성공과 감화를 주었기에 참석한 모든 사람이 성령의 감화를 받아 연합공의회의 목적이 하나의 사업 또는 집행체라는 것에서 헌신하며 성령의 감화를 받는 것으로 바꾸는 것이 좋겠다고 느끼게 만들었습니다. 공의회를 개혁하는 문제는 확대 실행위원회에 회부하여 연구하게 한 후에 다음 회의에서 보고하도록 했습니다.

서울에서의 연합공의회에서 돌아와서, 저는 우리 노회 주관하에 있는 전주에서의 헌신 사경회(devotional conference)에서 역할을 하기 위해 거의 즉시 갔습니다. 아주 도움 되는 행사였으며 5일간 지속되었습니다.

저는 10월 10일 가을 심방을 시작했습니다. 그때부터 12월 20일까지 거의 항상 저의 교회를 정기 심방하거나 감독하는 일에 매달렸습니다.

저의 시골 교회를 정기 심방한 것에 더하여, 저는 네 곳에서 천막 집회를 열 수 있었는데 적어도 한 곳 즉 부안의 포구마을로, 비안도 바로 맞은편 해안가에 있는 돈지에서는 아주 만족스러운 성공을 했습니다. 그곳에는 섬으로 갈 배를 기다리면서 그곳에서 며칠 있던 우리 군산 장로 중 한 명의 전도를 받아서 기독교에 대해서 전에 관심을 가졌던 두 명의 훌륭한 젊은이가 있었습니다. 이들 두 젊은이를 중핵으로 해서 우리는 교회를 시작하고자 하는 희망으로 그곳에서 집회를 열었는데, 집회에서 우리는 실망하지 않았습니다. 매일 밤 상당한 군중이 왔고, 훌륭한 관심과 집중이 있었습니다. 집회 동안에 기독교인이 되고자 하는 의도를 표시한 사람들이 40여 명 있었습니다. 그리고 우리가 떠난 바로 그다음 일요일에 사람들이 예배를 위해서 만났는데 약 40 또는 50명이 참석했으며, 이후 매일 주일마다 규칙적으로 만나고 있습니다.

오랜 세월 동안 큰 골칫거리였던 지지포에 있는 교회는, 지난 몇 년 동안 교회 안에 생명을 조금 갖게 된 것으로 보였다가 다시 약해지더니 지금은 형편없이 약한 상태입니다. 지지포에 관해서입니다. 저는 몇 년 동안 지지포가 우리 사역지의 가장 남쪽이라고 생각했습니다만 지난봄에 저는 그곳을 넘어 아래쪽으로 탐사를 떠났습니다. 그래서 약 20리 아래의 해안과 지지포 사이에 꽤 사람이 많이 사는 지역이 있다는 것을 알게 되었고, 몇 개의 큰 마을들이 있다는 것을 알게 되었습니다. 그곳에는 아주 큰 간척 사업이 진행되어서 많은 논이 생겼습니다. 지지포 아래의 해안에는 격포(Chuck Po)라고 불리는 아주 큰 마을이 있는데 상당히 크고 인구가 많습니다.

또한, 부안 갈촌리(Kal Chone)에 있는 새로운 교회는 겉으로는 아주 많은 전망이 있는 것으로 시작했지만 실망스럽게 되었습니다. 아주 유망한 지도자가 될 것처럼 보였던 젊은이 중 몇이 실제로는 그들 안에 본질적인 것이 없었기 때문입니다. 비록 그들이 그 지역에 교회 건물을 완성했으며 예배를 위해 주일에 규칙적으로 계속 만나지만, 그 교회는 아주 실망스러운 것이 되었으며, 부안 지역에 있는 다른 모든 교회에 상당한 짐이 되었습니다.

애통리[2]에 있는 교회는 두 노인의 지도하에 있을 때 오랜 세월 동안 거의 죽은 것처럼 보였었는데, 두 노인이 사망한 후, 아주 총명하며 충실한 2세대 기독교인들인 그들의 두 아들이 지도자가 되자 새로운 삶을 가지게 되었으며, 이들의 지도하에 교회는 훌륭하고 강한 교회로 성장하고 있는 것으로 보입니다. 저는 이 둘 중 한 명이 이번 봄에 장로로 선출되기를 희망합니다.

---

2 원문에 Ai Kong Ni로 되어있는데 Ai Tong Ni를 잘못 전사(傳寫)한 것으로 보임.

김제와 만경 지역에 있는 교회는 계속해서 훌륭하고 강하며 건강한 교회로 있습니다. 번드리[3]와 죽동[4]에 있는 교회는 자신들의 목사를 모시고 있는데 전임으로 있다는 말입니다. 번드리에 윤식명 목사, 죽동에는 이우석[5] 목사가 있으며, 이재언 목사가 계속해서 명량리, 냉천리, 만경 읍내의 교회들을 보살피고 있습니다. 복죽리(Pok Cheung Ni)교회[6]는 최근에 백용기 목사를 전임으로 청빙했습니다. 부안 읍내에 있는 교회[7]는 문창규 목사의 목회 하에 번창하고 있는데, 문 목사는 읍내 둘레에 있는 농촌의 약한 교회들을 격려하는 일을 아주 잘하고 있습니다.

12월 20일에 저의 당당 지방에서의 행정업무를 마치고 나서, 저는 12월 28일까지 집에 있었습니다. 그때 한겨울에 열리는 우리 남사경회가 시작되었습니다. 10일 동안 남사경회 일로 상당히 분주했는데 매일 아침 4시 30분부터 매일 밤 10시 또는 10시 30분까지 있었습니다. 이 일은 항상 개인적 영광이며 큰 즐거움이기에 짐이 되지 않았습니다. 이번 연도에는 특별 강사로 황희운 목사를 모셨는데 평양에 있는 감리교회의 목사로 특별 집회 강사로 유명하며 인기 있습니다. 550명이 등록했는데, 처음부터 끝까지 출석한 사람이 적어도 700명입니다. 하루나 이틀이라는 짧은 기간에 대해서 등록비를 내는 것을 원하지 않아서 등록하지 않는 사람들이 항상 아주 많습니다.

---

3 전라북도 김제시 죽산면 대창리는 번드리라 불리기도 한다. 번드리는 드넓은 마을의 논에 물이 꽉 차면 멀리서 볼 때 번들번들하게 보였다 해서 생겨난 이름이며 대창리는 이곳이 큰 곡창 지대였기에 붙여진 이름이다. [출처: 한국학중앙연구원-향토문화전자대전]
4 전북 김제시 죽산면 죽산리에 있는 죽동교회.
5 위의 이름은 다음 자료에서 참조함. 전북로회계 三十一회회의록 목사 二十七인(가나다 순). 고득순·고성모·구연직·김가전·김세열·김성식·김성원·김수영·김태복·곽진근·리수현·리영규·리우석·리일문·리자익·리재언·리창규·리춘원·문찬귀·박승준·배은희·백용긔·윤식명·최대진·최상섭·최영택·황재삼.
6 원문에 따르면 복청리로 읽을 수 있으나 당시 김제군 월촌면 복죽리로 현재는 김제시 복죽동으로 보는 것이 타당해 보임.
7 부안제일교회 http://www.buanjeil.org/ 교회발자취 참고.

새로 지은 멋지고 넓은 공간을 가진 마리아 애버트 캐리 기념 기숙사가 처음으로 사용되었는데 사경회의 성공을 위해서 아주 중요한 자산이었습니다.

1월 8일 우리 남사경회의 종강 이후 2월 16일 즉 우리 전북남성경학원이 전주에서 개강할 때까지는 집에서 지내며 주일에 동네 교회에서 설교하고 근처 교회들에서 결혼식 주례를 하고, 쌓여있는 편지들에 대해서 답장하고, 그리고 순서의 마지막에 있지만 중요하지 않다고 할 수 없는, 시간 때우는 일로 그리고 저의 에너지와 힘과 인내력을 다 써버리는 일로 시간을 보냈습니다. 그 일은 경찰서의 대표자들에게 들볶이는 일이고, 식사하다가도 빈번하게도 불려가고, 잠자다가도 불려 나가 그들에게 심문받는 것이었습니다.

2월 2일 풀턴 박사(Dr. Fulton)가 군산에 도착했고, 며칠 동안 저는 우리 선교부의 다른 구성원들과 함께 그분과 같이 회의에 참석했거나 국가주의자(the nationals)[8]들로 이루어진 무리와의 회의에 그분을 모시고 갔습니다.

우리 전북남성경학원이 시작되기 전날인 2월 15일, 풀턴 박사가 순천에서 전주로 왔습니다. 그분이 도착하면 엄청난 환영을 하려고 전주 사람들이 준비하고 있었기에, 저는 그 일이 우리 선교회의 역사에 기억할 만한 날이 될 것 같아서 그 행사에 대한 "영상"을 찍기 위해 하루 일찍 전주로 건너갔습니다. 전주로 온 풀턴 박사를 환영하기 위해 그날 기차역에는 적어도 3,000명이 있었습니다.

성경학원에서의 저의 할 일은 2월 16일에 시작되었는데, 주님의 일을 하기 위하여 전주와 군산 지역 전역에서 온 최고의 젊은이 약 140명을

---

8 일제 강점기라는 역사적 배경을 감안해서 the nationals를 "국가주의자"라고 번역함. the nationals 1938년 신사 참배에 관한 글에서도 언급됨.

한 달간 가르치고 훈련하는 데 있어서 한 부분을 담당한 것은 저의 개인적인 영광이었습니다. 이것은 정말로 큰 특권이었습니다. 그리고 전주에 머무르는 것은 큰 특권이었는데 전주에 있는 친구들은 항상 매우 친절하고 상냥하며, 그들과의 교제는 큰 특혜이자 기쁨입니다.

제가 성경학원 일로 전주에 있는 동안 주일에는 전주 시내의 교회에서 설교하는 기쁨을 누렸습니다. 그리고 서문밖교회[9](Central church)에서 열리고 있던 어떤 특별집회 동안 일주일 내내 밤마다 설교하는 기쁨을 누렸습니다.

지난해의 사역을 요약하자면, 주님께서 우리에게 놀라울 정도로 선하셔서 우리가 받을 만한 어떤 것보다 훨씬 더 좋은 것을 주셨습니다. 그 일로 우리는 주님의 거룩한 이름을 찬양합니다. 또한, 주님께서 도와주시길 바라고 주님의 도움에 겸손히 의지하며, 주님의 약속을 신뢰하며 용기를 갖고 다가올 새해를 맞이합니다.

위와 같이 제출합니다.

W. F. Bull

수신: 1937년 6월 5일 테네시 내쉬빌
주소: 한국, 군산 Wm. F. Bull 목사
우편: 편지 5센트, 엽서 3센트

---

9 영어로는 Central church라고 되어있으나, 이는 그 지역의 중심 교회라는 것의 의미로, 서문밖교회(현재 전주서문교회)를 뜻함.

1937년 10월 5일

한국, 군산

고국에 있는 사랑하는 친구들에게,

저는 이제 막 조선예수교장로회 26차 총회와 조선기독교연합공의회 연례회의에 참석하고 돌아왔습니다. 총회에는 82명의 안수받은 한국인 목사, 82명의 장로, 31명의 외국인 선교사가 있었는데, 선교사는 총회와 협력하고 있는 다섯 개의 장로교 선교회의 구성원입니다. 다섯 개의 장로교선교회는 미국북장로교, (우리) 미국남장로교, 캐나다장로교(현재 캐나다연합교회), 호주장로교, 그리고 매큰 박사(Dr. Machen)의 미국장로교입니다.

이번 총회가 조용하고 평화로운 총회였던 것을 감사드립니다. 지난 몇 번의 총회는 다소 폭풍우 몰아치듯 했습니다. 그 이유는 남쪽과 북쪽의 긴장감이 높았기 때문입니다. 이 나라의 남쪽 부분이 북쪽의 우세한 영향력에 대해서 몹시 싫어했습니다. 북쪽의 압도적인 숫자와 북쪽 지역 사역에서 더 큰 진척이 있었기에 그 결과로 총회에서 영향력이 더 컸는데 그 한 예로 총회 위원회의 구성을 들 수 있습니다. 이런 느낌이 너무도 강해서 해결할 유일한 길이 총회를 북쪽 총회와 남쪽 총회로 나누는 것뿐인 것처럼 보였습니다. 이것을 피하려고 총회에 헌의(獻議)된 것은 대회(synod)를 조직하고, 총회는 3년에 한 번씩 모이는 것이었습니다. 이 안이 각 노회에 표결하도록 내려보내졌는데, 20대 7로 부결되었다는 것을 말씀드리게 되어 기쁩니다. 이는 분열의 정신이 일치의 정신만큼

강하지 않다는 것을 증명해주는 것입니다. 다른 사람이 아니라 몇 명의 화를 잘 참지 못하는 남부 사람들이 분란을 일으키고 있었습니다.

올해 모임을 가질 수 있게 허가받아서 우리는 운 좋다고 느꼈습니다. 이곳에서의 현재의 어지러운 상황 때문에, 애국주의와 민족주의를 증진하기 위해 정부의 주관하에 정부 관리가 관장하는 모임을 제외하고는, 모든 공개 모임은 엄격히 금지되었습니다. 따라서 우리는 만날 수 있었다는 것만으로도 특별한 은총을 받은 사람들이라고 느꼈습니다. 그러나, 우리의 토론에서 엄격하게 금지되는 특정한 주제들이 있었는데, 이런 지시 사항들이 제대로 시행되는가를 알아보기 위하여 아침 일찍부터 밤늦게까지 총회의 모든 회의에 약 6명의 경찰이 앉아있었습니다. 연합공의회에서도 토론할 때 금지된 주제들이 있었으며 7명의 경찰이 우리의 모든 회의 자리에 있었는데, 심지어 주일날 성찬식을 하는 자리에도 있었습니다.

저는 이번 가을에 많은 곳에서 천막 집회를 열었으면 합니다. 그런데 모든 공공 집회가 금지되었기 때문에 우리 집회가 허가받을 것인지에 대해서 궁금합니다. 우리는 봄에 좋은 집회가 몇 번 있었는데, 이번 가을에 어떤 집회도 허락받지 못한다면 상당히 실망할 것 같습니다. 우리가 시장이 있는 남포[1](Nam Po)에서 봄에 열었던 집회는 참석한 군중들의 규모와 집회에서 보여준 관심 때문에 상당히 두드러졌습니다. 훈련된 저의 조사들과 함께 제가 일반적으로 여는 집회에서 대개 저 자신이 설교합니다. 그런데 이번에는 특별히 재능이 있으며 뛰어난 한국인 목사에게 설교를 맡겼습니다. 이 집회는 일본인들이 어마어마한 규모로 간척 사업을 한 곳[2]에서 열렸습니다. 수천 에이커[3]의 습지가 바닷물로부터 간척되

---

1 남포라는 지명은 불 선교사 사역지에 두 곳이 있는데 전북 김제시 성덕면 남포리와 전북 부안군 보안면 남포리이다. 시장(market town)이 있었다는 점으로 보아 성덕면 남포리로 추정됨.

어서 아주 좋은 논으로 바뀌었습니다. 이 간척 사업은 방파제를 설치하고 바다에서 오는 염분이 들어있는 물을 막아서 이루어진 것입니다. 그래서 한때는 어마어마한 습지대가 지금은 비옥한 평야가 되었습니다. 이 논을 일구기 위해서 원근 각처에서 사람들이 이사해왔고, 여기, 저기, 도처에 마을이 막 생겨났고, 이곳 사람들은 모두 이 사업을 행한 개발회사[4]의 소작인이 되었으며 결과적으로 이 지역은 사람이 아주 많게 되었습니다. 이곳으로 온 이주민 중의 일부는 그들이 원래 있던 곳에서 교회를 다니던 사람들이었습니다만 이곳에 왔을 때는 바로 옆 가까운 곳에 교회가 없었고 그들이 이곳에서 약간 떨어져 있는 교회를 찾아서 출석하는 수고를 일부러 하지는 않아서 교회에서 떨어져 나갔습니다. 그래서 우리는 떨어져 나간 사람들을 다시 불러오고, 이곳으로 이주한 새로운 많은 사람 중 일부에게 다가가 그들 속에서 교회를 시작하고자 하는 영적 간척 사업으로써 이 지역에서 천막 집회를 여는 것이 좋은 일이라 생각했습니다.

이곳 개발회사에 속한 논을 감독하는 비기독교인 한국인이 우리에게 이 지역으로 와서 집회를 열어달라고 권했습니다. 그 사람은 논에서 일하는 소작인 대부분이 (소작인들은 협동조합에 속해 일합니다.) 술 마시고, 담배 피고, 다른 소작인들과 말다툼하고 싸우는데 그렇지 않은 사람들이 몇 있다는 것을 봤습니다. 그 관리자는 이러한 사실들에 깊은 인상을

---

2   이곳은 광활간척지를 말하고 있음. 이 편지에서 언급하는 간척지와 관련된 이야기는 디지털 김제문화대전의 김제 광활간척지와 동진수리조합(金堤廣闊干拓地-東津水利組合) 항목에 자세히 나와 있음. http://gimje.grandculture.net/gimje/toc/GC02600016

3   1에이커(acre)는 약 4,000제곱미터, 약 1,200평.

4   동진농업주식회사: 1925년 일본 오사카[大阪]의 재벌 아베 후사지로[阿部房次郎]가 동진농업주식회사를 만들어 지금의 광활면 거전에서 학당까지 10㎞에 이르는 제방을 쌓기 시작하였다. 7년 동안 바닷물을 막고 갯벌 위에 흙을 쌓은 결과 1931년 지도에는 없던 32㎢에 이르는 광활평야가 조성됨.(위의 자료 참조에서 발췌)

받아서 물어보기 시작했습니다. 그는 "도대체 왜 당신들은 다른 사람들처럼 술 마시고, 담배 피고, 다른 소작인들과 말다툼하고 싸우지 않소?"라고 그들에게 물었습니다. 그들은 "우리가 기독교인들이기 때문입니다."라고 대답했습니다. 그 감독관은 그들이 다른 사람들보다 더 성실하고 충실하게 일하는 것을 또한 보았습니다. 그는 "그것이 사실이라면, 나는 나의 모든 소작인이 기독교인이기를 바라네."라고 했습니다. 그래서 그는 제가 감독하는 가까운 교회 중의 하나에 있는 장로에게 요청해서 교회를 그곳에서 시작할 생각으로 이웃 동네에서 전도해달라고 했습니다. 그 장로는 그 제안을 가지고 저를 찾아왔으며 저는 그 일에 그들과 협력하기로 했고 집회에 대한 계획을 세우기 시작했습니다. 그 한국인 감독관도 또한 그 집회에 대한 계획을 세우는데 큰 관심을 갖고 적극적이었으며 우리의 천막을 칠 장소로 그 개발회사에 속한 장소 사용에 대한 허가를 얻으려고 했습니다. 그런데 그의 일본인 고용주가 그런 일에 관심을 가지려거든 다른 데 가서 일을 찾는 것이 좋을 것이라고 그에게 말했습니다. 그러자 그 위세에 눌려 그는 그의 일꾼들 사이에서 기독교를 진흥시키고 교회를 시작하고자 하는 시도에서 물러서게 됐습니다. 그러나 우리는 이 간척지역에 면해있는 읍내의 장터에 천막을 쳤는데, 매일 밤 많은 군중이 왔고 적지 않은 관심을 보였습니다. 우리 천막은 거의 매일 밤 말 그대로 꽉 차고 미어터졌는데, 천막 바깥에 천막 둘레로 사람들이 다섯 겹, 여섯 겹으로 서 있었습니다. 그래서 우리는 사람들이 잘 듣고 잘 보도록 천막 옆면 천을 들어 올려야만 했습니다. 집회 동안에 우리는 빈번하게도 한국인들에게 독특한 "자리 채우기"를 어쩔 수 없이 사용할 수밖에 없었습니다. 즉, 사람들이 땅에 있는 가마니 위에 양반다리를 하고 앉아있는데 만석이 되고 더 많은 사람이 들어오면, 우리는 이미 자리에 앉은 사람들에게 요청해서 일어서달라고 합니다. 사람들이 앉아있던 자리에서 일어나면 우리는 한 두 발 앞으로 걸어오라고 요청합니다. 사람들은 따라서 합니다. 그런 다음 우리가 그들에게 다시 앉아주라고 요청하면 사람들이 그렇게 합니다. 이렇게 하면 천막의 뒤쪽에 빈틈이 생기는데 그 공간은 늦게 온 사람들에 의해서 곧 다 채워집니다. 이런 종류의 "자리 채우기"는 결과적으로 사람들이 말 그대로 "상자 속 정어리처럼" 쌓이게 됩니다. 그 결과 사람들이 너무도 불편하여서 종종 싸움이 시작되기도 하는데, 특별히 항상 무리 지어 함께 있는 소년들 사이에서 그렇습니다. 그러나 그렇게 불편하게 가득 차 있을지라도 사람들은 한 번에 한 시간 내내, 때때로 그보다 더 오랜 시간 앉아서 주의 깊게 듣습니다. 저의 천막은 약 1,000명을 수용하는데, 측면의 천을 걷어내서 1,200 혹은 1,500의 회중을 받아들일 수도 있습니다. 제가 지금 글로 쓴 집회의 경우 어느 밤에는 2,000명이나 되는 많은 수가 왔던 것으로 추산되었습니다.

제가 원하는 시간만큼 이런 직접적인 전도에 사용할 시간을 찾을 수 없다는 것이 저에게는 큰 슬픔입니다. 시간이 없는 이유는 약 30개의 교회가 속한 저의 담당 지방에 대해 감독하고, 사경회와 성경학원 등에서 가르치고, 우리 선교부의 행정 일이 저에게 너무 많이 떨어지고, (바로 현재 저는 우리 선교부에서 유일한 남자입니다.) 현재 남학교를 감독하고 있으며, 베일 목사가 안식년 휴가 기간이라서 베일 목사 담당 지방에 대해 감독하기 때문입니다. 며칠 후에 광주선교부에 있는 탈마지 목사의 아들 존 탈마지 목사(Mr. John Talmage)[5] 부부가 증원군으로 이곳에 오게 된다는 것을 말씀드리게 되어 매우 기쁩니다.

저는 이번 가을에 서너 곳의 다른 장소에서 천막 집회 다른 말로 전도 집회를 계획하고 있으며, 그 집회를 여는 것을 허락받기를 희망합니다.

---

5 John Edward Talmage(1912.9.23.~2007.2.24.), Roslin Thorne Talmage(1912.11.16.~1979.2.15.).

그러나 현재의 불안한 상황 때문에 허가받을 수 있을지에 대해서 부정적으로 생각합니다. 우리가 이 집회를 열게 될 것을 당연히 여기시지 마시고 여러분들의 기도 속에 우리를 아주 분명히 기억해주지 않으시렵니까? 비록 우리가 집회 여는 것을 허가받지 못할지라도, 전도되지 않은 곳들로 틀림없이 나가서 많은 전도 사역을 할 계획입니다. 즉 집집마다 찾아가서 개인 대상으로 전도할 것이니 여러분들이 기도 속에서 우리를 매우 분명하게 기억해주지 않으시렵니까?

주님의 일을 하는 여러분의 형제 W. F. Bull 배상.

수신: 1937년 10월 29일 테네시 내쉬빌
주소: 한국, 군산 W. F. Bull 목사
우편: 편지 5센트, 엽서 3센트

1938년 7월 22일

앨라배마, 버밍햄
베일 목사

친애하는 채임벌런 부인[1]께,

이 편지가 오래전에 부인께 도착했어야 했는데 그렇지 못했습니다. 그린 선교사가 이 편지를 내쉬빌 사무실에 두고 왔는데 지난 월요일 즉 18일이 되어서야 편지가 저에게 전달되었습니다. 풀턴 박사가 이것의 사본을 지금 소유하고 있으니, 당신의 아버지께서 지시하신 대로 풀턴 박사에게 이것을 전달할 필요는 없습니다.

이 편지에 기술된 것들을 믿기가 너무 어렵습니다. 일본 정부가 확실히 확고한 신념을 가지고 기독교 단체를 신토에 완벽하게 종속시키려고 압박하고 있습니다.

지난 화요일 아내와 저는 애틀랜타에서 그린 선교사를 짧게 방문하는 기쁨을 누렸습니다.

우리 부부는 아마 9월 8일 한국으로 배를 타고 갈 것인데 우리를 통해 부모님께 드릴 소식이나 편지가 있으면, 우리는 기꺼이 그것을 가지고 가겠습니다.

모든 일이 잘되기를 빕니다.

베일 목사(John B. Vail)

---

1 불 선교사 막내 딸 Alby임. 남편인 Bill Chamberlain. 1939년 7월 30일 편지 참조.

1938년 6월

다음은 세계선교회 이사회(Board of World Missions)에 보낸 서한입니다.

추신: (베일 목사에게 보낸 6월 3일 편지에 덧붙임.)

정규 우편물 안에 쓰기에는 현명해 보이지 않는 몇 가지 것들에 대해서 쓰고자 하기에, 이 추신은 본 편지와 다른 별개의 봉투에 넣어서 그린 선교사를 통해 보내려고 합니다. 저는 제가 우편으로 보내면서 끝맺었던 부분에서 진짜로 시작하고 있습니다. 우리의 업무분장이 과거처럼 즉 어떤 특정 사역지 "담당"으로 되어있지 않고 현재처럼 쓰인 이유는 이 노회 하에서는 우리가 더 이상 "당회의 권한"을 행사할 수 없을 것이라는 사실을 선교회가 확신하게 되었기 때문입니다. 그 이유는 장로회가 지금 발휘되고 있는 압력에 굴복할 것이며 우리의 양심이 승인할 수 없는 어떤 관행들에 순응할 것이 이미 나와 있는 결론처럼 보이기 때문입니다. 순천노회와 전남노회가 이미 문제 되는 의식을 허가하는 공식 조치를 하였습니다. 순천 선교사들은 위에서 언급한 노회와 관계를 끊었으며, 우리 선교회가 선교회에 속한 구성원들이 그렇게 하도록 명령하는 공식적인 조치를 하는 것을 삼갔지만, 그렇게 하는 것이 우리 모두의 몫이라는 것이 일치된 의견입니다.

우리 노회는 5월 3일 회의를 열게 되어있었습니다. 그러나 노회를 한 달 연기할 것을 명령받았습니다. 이 한 달 동안 정부 관리들은 우리 목사들과 장로들 전부를 그들의 요구에 굴복하게 만드는 아주 효과적인 정치 선전을 했습니다. 그래서 실제 목사와 장로 모두가 넘어갔고, "(신사 참배하러) 나가자"에 동의했습니다. 사실, 그들 중 많은 사람이 이미 그렇게 했으며, 다음 화요일(6월 7일)에 예정된 노회에서 노회가 그 요구에 모두 따를 준비가 되기 전까지는 회의를 여는 것이 허락되지 않을 것이라는 것은 이미 나와 있는 결론처럼 보입니다. 이런 상태를 불러오기 위해 아주 많은 압력과 강압이 가해졌습니다. 나라 전체에서 공공 집회가 열렸는데, 경찰의 주관하에 열렸고, 경찰이 원하는 것을 사람들이 하게 만들기 위해서 온갖 종류의 술책이 이용되었습니다. 가장 최근 술책은 이것은 결코 정령 숭배(精靈崇拜, spirit worship)가 아니며 십계명이나 기독교인의 양심과 갈등을 일으키는 것이 아니라는 것을 사람들에게 확신시키고 있다는 것입니다. 그들은 그것에는 어떤 정령도 없고, 순수하게 그리고 단지 애국 의식일 뿐이라고 확실히 공표합니다. 그래서 기독교인들은 "그렇다면, 그렇게 이해하고 우리는 참가하겠다"라고 말합니다. 그래서 그들은 처음부터 계속하여 굴복합니다. 기독교인 중 몇 명은 의자로 머리를 맞기도 했고, 온갖 종류의 수단이 동원되었는데, 모든 재산을 몰수하고 가족을 나라 밖으로 쫓아버리겠다고 위협하는 일도 포함됩니다. 이런 위협과 관련돼서 가장 빈번하게 언급되는 장소는 "미국(Mee-kuk)"입니다. 이것을 보면 미국이 어떤 의미인지 쉽사리 알 수 있습니다. 또한, 언급한 이러한 공공 집회에서 경찰 연사는 우리에 대해서 부정적으로 말하는 것을 망설이지 않으며 사람들을 우리에게서 떼어내려고 최선을 다합니다. 이것이 열매를 맺고 있습니다. 읍내에 갈 때마다 저는 열두 번도 더 "미국놈(Mee-kuk Nom)", "서양놈(Se Yang Nom)"이라는 말을 듣게 되는데, 때때로 혹은 빈번히, 사람들이 "에이(Ah)"라는 말을 그 단어 앞에 붙이는데, 확실히 모욕을 줄 목적이라는 것을 보여주는 것입니다. 사실, 우리는 오늘날 이런 좋지 않은 분위기 속에 살고 있기에 저의 40년이 아주 가까이 왔다는 것을 저는 매우 기쁘게 생각합니다. 제가 더 오랫동안 버티어낼 수 있을 거라 생각 못하기 때문입니다. "국가주의자(the nationals)"들이 하는 가장 최근의 술책은 한국교회와 일본교회의 통합을 가져오려고 하는 것입니다. 그래서 이 나라 전역에 있는 일본인 목사들이 스스로 정권의 도구가 되고 있습니다. 군산에 있는 일본인 목사가 현재 노회장인 (군산 첫 번째 교회) 이수현[1] 목사를 찾아가서는, 일본인들은 일본과 한국 두 개 교회의 통합을 가져오려고 아주 열심이라고 했습니다. 그들은 며칠 전에 회의하고 연합회[2]를 만들었습니다. 일본 목사가 의장으로, 이수현 목사가 부의장으로 선출되었습니다. 그들은 내일 (주일 오후에) 군산에서 대규모 대중 집회를 열 예정입니다. 그 집회에서 일본인 목사가 주재하고 기조(基調) 연설할 것입니다. 그런 다음에 이수연이 연설할 것인데, 그는 새로 만들어진 조직의 목적 등을 설명할 것입니다. 이창규[3]가 이어서 주일학교 교재를 읽을 것인데, 그는 이것에 몹시 괴로워합니다. 제가 신흥동교회[4] 당회장(Tang Whoi Chang, 당회 기간 의장)이며, 동부교회의 동사목사(co-pastor)이고, 군산에 있는 모든 교회의 실제적인 설립자이지만, 저는 그런 집회가 열린 것이라는 것에 대해서 공식적으로

---

1 군산개복교회 제6대 목사로 1935년 부임, 1947년 사임함.(개복교회 홈페이지 참조.)
2 한국민족문화대백과사전에서 경성기독교연합회(京城基督教聯合會) 항목을 보면 편지에서 언급한 역사적 상황에 대한 정보를 얻을 수 있음. http://encykorea.aks.ac.kr/Contents/Item/E0002552
  1931년부터 일선기독교간친회(日鮮基督教懇親會)라는 모임이 있었음. 1937년 일제가 일선기독교일체화운동을 통해 일선일체화를 꾀하려 하였고 일본 기독교청년회지도자 니와(丹羽淸次郞) 등 일본측 지도자들이 이에 호응, 한국인 교역자들을 설득함. 1937년 4월 26일 종래의 일선기독교간친회를 경성기독교연합회(京城基督教聯合會)로 개칭하고 전국 주요 도시에 지회를 결성함. 경찰의 압력이 가세되며 각 지방 기독교연합회가 속속 결성되고 1937년 7월초까지 52개 단체가 결성됨. 이후 1938년 9월 19일 조선기독교연합회를 창설함. 최종적으로 한국의 개신교 모든 교파는 1945년 7월 19일 '일본기독교조선교단'(日本基督教朝鮮教團)으로 통합됨.
3 이창규(李昌珪, 1886~1982) 목사: 충남 서천 출신. 불 선교사를 만나서 기독교로 개종함. 맥커첸(마로덕) 목사의 순회조사로 활동함. 1918년 평양신학교 졸업. 1925년 군산 구암교회에 부임함. 『한국기독공보』, "김수진목사의 총회장 열전, 제43대, 44대 총회장" 참조함. http://m.pckworld.com/article.php?aid=5488283978
4 군산신흥교회.

듣지 못했습니다. 우리 동네 경찰 분견소 박 순사(Soonsa)가 어제 저를 보려고 왔습니다. 저는 두 교회를 통합시킨다는 이 새로운 운동이 어떤 의미인지를 물었습니다. 그러자 그는 아무런 망설임도 없이 목표는 조선인들을 일본인으로 만드는 것이라고 했습니다. 위에 말한 일본인 목사는 이수현에게 이 일을 하는 초기에는 정부가 불교를 "조선인들을 일본인으로 만들[5]" 수단으로 사용할 것을 생각했었고, 그래서 불교를 다시 살리기 위해 오래되고 낡아빠진 절을 고치고, 가능한 모든 면에서 불교를 키우면서 수천 엔을 썼다고 말했다는데 저는 이 말을 이수현에게서 직접 들었습니다. 그들은 서울 총독부에서 승려들의 큰 집회를 열었습니다. 그런데 그렇게 하는 일이 희망 없는 것임을 깨닫게 되었습니다. 승려들이 서울에서 떠났을 때, 승려들은 모두 산에 있는 자신들의 거처로 돌아가 버리고 사람들과 접촉이 없어서 영향을 끼치지 못하게 되자 그들은 이 일이 가망 없다고 판단하고 포기했으며 기독교 교회로 관심을 돌렸습니다. 이유는 교회가 생기있고 건강하여서 사람들과 중요한 접촉을 하고 살아가며 사람들에게 큰 비중과 영향력을 행사하기 때문입니다. 그래서 지금 일본 기독교인들에 의해서 이루어지고 있는 이 운동은 실제 정부의 농간입니다. 일본 기독교인들은 경찰서의 지도를 받고 행동하고 있습니다. 이 나라 전체에서 비슷한 집회가 열리고 있습니다. 얼마 전에 서울에서 집회가 열렸고, 동시에 이곳 군산에도 집회가 열렸고, 전주에서도 집회가 열렸습니다. 여러분들이 바로 아실 수 있듯이, 이 모든 것이 매우 반외세적이며, 우리와 한국교회 사이에 쐐기를 박아놓으려는 것입니다.

제가 편지를 쓰고 있는 지금, 제 앞에 총독부가 발행한, 한글로 인쇄된 조그마한 유인물이 있는데, 중국과의 전쟁의 목적을 설명하고 있습니

---

5 "nationalizing the Koreans"를 번역함. 당시 용어로 황민화(皇民化) 또는 황국신민화정책(皇國臣民化政策).

다. 제 앞에 지금 펼쳐진 한쪽에는 이런 말이 있습니다. "만약, 일본, 만주, 그리고 중국이 손을 굳게 잡는다면, 서방 나라들은 그들이 원하는 대로 계속할 수는 없을 것이다."

잡을수 '날 이스' 년 서양의 '일꼭, 깠쥬, 지나, 이센 나락가 찬우로 우세게 손을 밋 못하것''

(위에 쓰인 한국어를 보십시오. 유인물에서 옮겨적은 것입니다. 거짓 평화입니다.)

우리는 어디서나 경멸과 의심의 눈초리로 대해지고 있습니다. 경찰서를 지나갈 때면 안으로 끌려 들어가서 지독한 심문을 받게 됩니다. 우리가 선교회 회의에 가기 전에, 우리 지역 경찰이 와서는 우리가 선교회에서 언급하려고 하는 것을 모두 알아야겠다고 요구했습니다. 사본을 요청했습니다. 우리 회의의 모든 일정에 경찰들이 우리와 함께 앉아있으며 (선교회에) 보고서를 제출하기 전에 모든 보고서의 사본을 요청했으며 마침내는 회의록의 사본도 요구했습니다.

5월 12일에서 17일까지 우리(총회 전도위원회)는 금강산에서 한국 전역의 교회 지도자들을 위한 수양회(Conference)를 열었습니다. 우리는 12일 저녁 8시에 시작할 예정이었으나 저녁 12시(13일 0시)가 되어야 시작할 수 있었습니다. 이렇게 된 이유는 우리가 회의를 진행하기 전에 신사예식에 참여하라고 그들이 요구했기 때문입니다. 저는 12일 저녁 11시에 경찰 주재소(駐在所)로 불려 내려갔습니다. 우리는 입장을 고수했으며 마침내 우리 집회를 진행할 수 있었습니다. 예배 때마다 7, 8명의 경찰이 있었습니다. 모든 연설은 전체 내용을 적어야만 했고, 연설을 하기 전에 경찰에게 사본이 제출되어야 했습니다. 심지어 기도도 검열받았습니다. 기도문도 전체 내용을 글로 적어서 경찰에게 사본이 전달되어야 했으며, 기도자는 글로 적은 기도문에서 한 단어도 벗어나는 것이 허용되지 않았습니다.

며칠 전에 대전과 대구 사이의 큰 읍내에서 열린 회의에서, 기독교 지도자들은 "원탁회의"를 위해 소집되었으며 모두가 다 신사 참배해야만 한다는 말을 들었습니다. 그리고 한 번에 한 명씩 신사 참배를 할 것인지에 대해 질문을 받았습니다. 한 장로가 목소리를 높여서 천지와 일본 천황을 포함하여 천지 안의 모든 것을 창조하신, 살아계시며 참된 하나님만을 섬길 것이고 했습니다. 그러자 그들은 격노하였고, 황제에 대한 신성모독의 죄로 그 장로를 체포하고 감옥에 가두면서 일본 천황이 하나님보다 더 높다고 선언했습니다. 그 장로는 지금 공판을 기다리며 대역죄(大逆罪)의 혐의로 감옥에 있는데 만약 유죄로 판결되면 형무소에서 형기를 사는 형을 선고받을 것입니다. 우리가 이런 시대를 살아가고 있습니다. 하나님께서 정말로 신성모독인 이런 행위를 어느 때까지 계속되게 허락하실지 그리고 언제 이 일에 손을 쓰실지 궁금합니다. 분명 그때가 곧 올 것입니다!

연례회의 시기에 의견의 일치가 된 것은 그런 의식에 참여한 조사들을 우리가 계속 보조할 수는 없다는 것입니다. 그런데 조사들 모두 그 일을 하고 있으며 강 씨(Mr. Kang)도 포함되어있습니다.

저는 상당한 시간 동안 이런 사실 중의 몇 가지를 편지에 써서 고국으로 보내고자 했습니다. 그러나 불가능했습니다. 그래서 저는 그린 선교사가 안식년으로 귀국하는 기회를 이용하여 여러분에게 이 사실들을 써 보냅니다. 비록 우리가 공식 조치를 취하는 것을 피하기는 했지만, 우리의 불청객을 보면 쉽게 이해하실 수 있듯, 풀턴 박사가 학교에 대해서 내린 정책[6]이 전도 사역에도 확장되어야 한다는 것에 의견일치를 보았습

---

6   신사 참배가 십계명에 반하는 우상숭배라 반대하며, 학교에서 참배를 강요할 경우 미국장로교 소속 선교학교를 폐교하겠다는 내용.

니다. 우리가 처한 상황은 많고도 많은 파생 결과를 가져올 수 있습니다. 만약 전도 사역이 그렇다면, 병원, 사경회, 성경학원, 그리고 다른 모든 것이라고 못할 것이 있습니까? 우리 병원에 있는 한국인 의사들이 신사로 가도록 요구받습니다. 그리고 그들은 굴복합니다. 그러면 우리가 그들을 계속 고용하고 있을 수 있나요? 우리 선교회의 대부분이 우리가 노회에서 탈퇴해야만 한다고 생각하고 있다고 우리가 느낀다면 우리가 선교회와 노회의 공동 주관하에 있는 사경회와 성경학원을 일관되게 계속 운영할 수 있을까요? 노회가 "참배하자"라고 할 것이 확실하기에 노회가 "참배하자"라고 투표로 결론을 내면 당월 7일 노회에서 저의 사직서를 제출하려고 사직서를 작성해놓았습니다. 고국에 있는 친구들이 이러한 사실을 알고 기도를 통해 우리를 이 어려움에서 벗어나게 해줄 수도 있다고 느낍니다. 여러분 모두가 이것을 읽고 다른 사람들에게 회람하도록 이 글을 적고 있습니다.

주님을 섬기는 여러분의 형제 W. F. Bull 배상.

추신 2: 정부의 명령에 의해 전국에 있는 기독청년면려회(The Christian Endeavor) 조직이 해산[7]되었습니다. 우리는 군산에 있는 경찰서에서 이 조직이 많은 돈을 미국에서 받고 있으며, 그래서 친일(親日)보다는 친미(親美)가 될 것이 확실하기에 그렇게 했다고 하는 말을 들었습니다. 지난밤 경찰서의 명령에 따라 교회에 있는 면려회가 공식적으로 해산되었다고 공표되었습니다.

---

7 1938년 9월 10~9월 16일 평양서문밖교회에서 열린 장로교 27차 총회에서 신사 참배를 결의함. 같은 총회에서 기독청년면려회 조선연합회 해체를 가결함.

추신 3: 6월 13일. 노회가 끝났습니다. 11일 저녁에 끝났는데, 이번 노회는 심장이 찢어지는 일이었습니다.

저는 전주에 갔습니다. 전주에서 노회가 7일 열릴 예정이었는데 헌의부(獻議部)가 그제부터 열리고 있었던 것을 알게 되었습니다. 어디서 모이고 있었을까요? 경찰서의 명령에 따라 경찰서에서 모이고 있었습니다. 노회 앞으로 오게 된 모든 사안은 경찰서에 의해서 철저히 조사되었고 통과되었습니다. 노회원 선출자 중 서너 명이 이미 협박받았고 "매수"되었으며 그래서 경찰의 도구로 행동하고 있어서 그 결과 임원 선출은 경찰들이 이미 앞서 임명한 사람들을 단지 승인하는 것일 뿐이었습니다. 우리는 월요일 8시에 모였습니다. 그리고 다음 날 바로 첫 번째 회무처리(會務處理)에서, 동부 교회(동쪽 문 교회)의 최경율이라는 이름의 장로가 일어서더니 소주(蘇州)의 함락에 대한 축하와 감사 전보를 일본 육군성에 보내자는 동의(動議)안을 냈습니다. (모두가 그 사람이 동의안을 내라고 지시받았다는 것을 확신하였습니다.) 경찰이 바로 그곳에 있으면서 경찰들의 요구가 다 실행되는지를 지켜보고 있었기 때문에, 물론 감히 항의하려고 입을 여는 사람이 한 명도 없었습니다. 그 동의안이 가결된 다음에, 같은 사람이 일어서서 노회가 신사 참배를 인가하자는 동의안을 냈습니다. 그러자 노회장이 이 동의안에 대해서는 어떤 토론도 있을 수 없고, 부(不)라는 표도 받아들일 수 없다고 공고했습니다. 맥커첸 목사가 일어서서 "의장님, 이 말은 반대하는 의견을 밝힐 기회가 어느 누구에게도 주어지지 않는다는 것인가요"라고 물을 때까지 단 하나의 항의도 없이 진행되었습니다. 맥커첸 목사의 질문에 노회장은 "그렇다."라고 했습니다. 그러자 맥커첸 목사가 "그렇다면 저는 그런 조치에 동의할 수가 없다는 말씀을 드립니다."라고 했습니다. 스위코드 목사도 이어서 비슷한 표현을 했습니다. 제가 이 편지의 앞부분에 말씀드렸듯, 저는 노회에서 사임하겠다는 것을 써서 언제든 제출하려고 주머니에 넣어둔 채 전주로 건너갔습니다. 그런데 우리는 회의를 해서 만약 노회가 이런 안을 통과시키면 우리가 총회에 항의할 수 있도록 노회에 남아있는 것이 좋겠다고 결정했습니다. 그래서 그 안이 가결된 후, 우리가 총회에 항의하겠다는 말을 노회에 통지했습니다. 우리는 총회에 항소했습니다. 물론, 경찰들이 이러한 사안 처리에 참석해있었으며, 우리가 구두로 항의하자 아주 많이 흥분했습니다. 우리가 글로 쓴, 총회에 제출할 항소를 통보하고 나서, 일본 경찰들은 노회장을 불러서 우리의 항의안을 받아들이거나 노회의 회의록에 기록해서는 안 된다고 명령했습니다. 그리고 노회가 총회에 그것을 올려 보내는 것을 금지했습니다.

신사에 참배하자는 동의안이 통과된 아침에, 노회는 위원회가 만날 수 없었고 노회에 아무것도 보고하지 않았기 때문에 다룰 사안이 없었습니다. 그래서 우리는 할 일 없이 정지되었습니다. 약 10시 30분에 노회를 정회하자는 동의안이 나왔는데, 내용은 위원회가 만나서 뭔가를 준비할 시간을 줘서 노회가 오후에 그것에 대해서 논의할 수 있게 하자는 것이었습니다. 이 동의안이 통과되었고, 마침 기도도 이루어졌는데, 그때 한국인 경찰 중 한 명이 일어나서, 일본 경찰을 대신해서 말하길 "이제 노회가 잠시 정회되니 이 기회를 이용하여 노회가 신사에 가는 것이 어떤가"라고 말했습니다. 잠시 무거운 침묵이 흘렀습니다. 왜냐면, 물론 아무도 원하지 않았기 때문입니다. 그러나 잠시 후에 장로 중의 한 명이 일어나더니 "지금 정회하는 것은 노회가 일할 수 있도록 위원회가 일하라는 것입니다. 우리가 신사에 가면 언제 노회 일은 끝납니까?"라고 했습니다. 이에 그 한국인 경찰이 "당신들은 당신의 일을 나중에 해도 된다."라고 대답했습니다. 그러자 다른 장로가 일어나서 "그런데 의장님, 비가 오고 있습니다. 비를 맞으며 어떻게 나갈 수 있습니까? 우산과 비옷을 준비한 사람들은 괜찮겠지만, 준비하지 않은 사람들은 흠뻑 젖을 것입니다."라고 말했습니다. 의장은 경찰 쪽을 보더니 "내일 아침까지 신사 참배를 연기하고 지금 우리 일을 하도록 허가해주시는 것이 어떻습니까"라고 물었습니다. 그러자 일본 경찰이 "안 된다. 우리는 당신들이 참배할 시간이 지금이라고 결정했다. 그러니 가야만 한다."라고 말했습니다. 그래서 전체 노회원이 끌려 나갔는데, 거의 목덜미를 붙잡혀 갔으며 강제로 신사 참배에 참여하게 되었습니다. 정말 너무 불행한 무리였습니다. 그런 후에, 일본인들의 선동하에, 이번 노회에서 한국인들에게 조상 숭배를 회복시켜주자는 열띤 논의가 있었습니다. 그 문제에 대해서 아주 많은 분노가 있어서 그 건은 채택되지 않았습니다.

어제 오후 군산시청에서 한국교회와 일본교회의 통합을 후원하기 위한 큰 대중 집회가 있었습니다. 군산의 일본교회 목사가 주재했습니다. 전주에서 온 도지사가 참석했으며, 또한 서울에 있는 총독부의 학무부 우두머리와 군산 경찰서장이 참석했습니다. 그런데 그들 중 어느 한 사람도 기독교인이 아닙니다. 그런데 각자가 축하 연설을 하면서, 모두가 중일 전쟁에 대한 언급으로 시작했으며, 그 전쟁을 성공적으로 끝내기 위한 목적으로 전 국가가 하나가 되어야 할 필요를 강조했습니다. 이것으로 소위 일본교회와 한국교회의 통합이 어떤 동기에서 나온 것인지 알 수 있습니다.

군산에 있는 동부교회가 목회 관계를 파기해달라는 청원[8]을 이번 노회에 한 것을 여러분들도 또한 관심 있어 하실 것 같습니다. 노회에서 파견한 위원회가 군산에 지금 있으면서 그 문제를 다루기에 앞서 사전 작업으로 조사를 했습니다. 그들이 "모호한 태도"를 취하지 않기를 바라며, 경우에 맞게 행동하기를 바랍니다. 그러나, 저는 오늘 군산에서 엄격하게 떨어져 있습니다. 저는 심지어 그 조사위원회의 어떤 구성원도 보

---

8 불 선교사는 신사 참배를 다루는 이 글에서 자신이 "동부교회의 동사목사(공동목사), copastor of the Tong Boo church"라고 밝히고 있음. 따라서 청원의 내용은 불 선교사가 동부교회의 동사목사 역할을 못 하도록 하는 것으로 보임.

고 싶지 않습니다. 그래서 제가 그들에게 영향력을 끼치려고 했다는 말은 절대 나오지 않을 것입니다.

이것을 다 읽은 후, 딸 앨비 즉 채임벌런 부인에게 보내주실 수 있는지요. 주소는 Mrs. W. B. Chamberlain, #3904 Seminary Ave., Richmond, Va.입니다.

사랑하는 앨비야, 이것을 다 읽으면, 이 편지를 가지고 가서 미션 코트에 있는 보이어 목사 부부에게 보여주렴. 그분들에게 보여드리고 나서 632 N. Elm St., Greensboro, N.C. 두피 선교사에게 우편으로 보내주렴. 두피 선교사는 이것을 읽은 후 윌킨스 선교사(Miss Aurine Wilkins)[9]에게 보내주시고, 윌킨스 선교사는 풀턴 박사에게 보내주십시오. 제가 느끼기에 이런 것들은 여기에 언급된 사람들이 극도로 관심을 보일 객관적 사실들입니다. 그러한 이유로 이 편지가 반드시 회람되기를 바랍니다.

---

9 Aurine Wilkins McIlwaine(1904.1.14.~1982.12.31.).

1938년 8월 22일

한국, 군산

고국에 있는 사랑하는 친구들에게,

　월요일 아침이며, 목사가 쉬는 날인데, 이곳 한국에서는 그런 것은 없습니다. 특히 선교사와 관계되어서는 더욱 그렇습니다. 지금 저에게 관심을 달라고 하는 너무도 많은 것이 있지만 저는 여러분들에게 편지하고 싶은 충동을 강하게 느끼기에 이 편지를 시작만 하기 위해서라도 현재 다른 모든 것은 내 버려두고 있습니다. 저는 편지를 시작하기만 해도 전투의 절반입니다. 일단 제가 타자기에 종이 한 장을 넣고 "사랑하는 친구들에게"라는 말을 쓰면, 편지가 알아서 커지고 마칠 때까지 주의 집중을 계속 요구합니다. 이 편지를 촉발한 "충동"이 일어난 일은 어제 정말로 좋은 날을 가졌던 것인데, 여러분들과 어제의 기쁨 중 일부를 나누고자 합니다.

　저는 어제 저의 플리머스 차를 타고 시골에 갔습니다. 집에서 오전 9시 30분에 출발했고 저녁 7시에 돌아왔습니다. 제가 10시에 잠자리에 들었을 때, 저는 그날의 일을 곰곰이 생각해봤습니다. 그런데 너무 전율이 느껴지고 가슴이 벅차올라서 잠을 자는 데 상당한 시간이 걸렸습니다. 이렇게 행복한 날이 된 이유는 우리의 가장 뛰어나며 가장 오래된 교회 중의 하나에서 교회가 분립 된 것[1] 때문이었습니다. 제가 군산에

1　현 전라북도 군산시 대야면 소재 지경교회 홈페이지에 따르면 "8월 28일 발산리로 신덕칠 장로외 43인이 분교해 감."이라는 설명이 있음. 불 선교사는 이 일을 설명하고 있음.

왔을 때는 1899년이었는데, 전킨 목사님(Mr. Junkin)[2]이 이미 이곳에서 4년을 살고 계셨으며 작은 괜찮은 기독교인 무리를 세웠습니다. 이 무리는 매 주일 전킨 목사님의 집에서 모였는데, 그 무리가 적은 수였고 그들에게 교회가 없었기 때문입니다. 이 무리에 있던 사람 중에는 약 7마일 떨어진 곳에 있는, 만자산이라고 불리는 마을에 살던 기독교인들이 아주 조금 있었습니다. 그들은 매 주일 예배하기 위해 걸어왔습니다. 이 작은 무리는 아주 열성적이었으며 진지해 보였습니다. 오래지 않아서 그들은 다른 이들을 주변에 모아서, 그 동네에 교회를 설립했습니다. 그날부터 지금까지 거의 40년 동안, 만자산에 있는 그 교회는 충성, 열성, 거룩함에 있어서 유명했으며, 특히 그 교회에서 배출한 아주 많은 수의 충실하며 능력 있는 교회 일꾼(목사, 장로, 집사, 안수받지 않은 전도인, 전도 부인 등)으로 유명합니다.

여러 집단 다른 말로 지교회가 그 교회에서 분립 되었습니다. 어제는 또 다른 집단을 분립시켜서 아주 좋은 어린 교회를 만들어준 특별한 일입니다. 분립 된 교회는 생긴 지 얼마 되지 않았지만, 아주 훌륭하고, 오랫동안 검증된 기독교인들로 구성되었는데, 그들 중의 일부는 만자산 교회의 기둥이었습니다. 그들은 아담한 교회를 온전히 자신들의 비용으로 지었으며 어떤 외부인들에게도 도움을 청하지 않았는데, 임시당회장인 저에게조차도 그랬습니다. 아주 특별한 일이라서 저는 특별한 음악을 제공하기 위해 저의 전도대를 데리고 갔습니다. 이 행사에는, 모든 특별 행사에서 관습이듯이, 그 교회의 역사가 발표되었습니다. 정말 흥분이 되며 감동이 되었습니다. 그 무리의 역사를 돌이켜보면서, 남녀의 이름이 적힌 긴 목록에 있는 사람들이 히브리서 12장 1절에 나오는 "구름같이 둘러싼 허다한 증인들"의 일부라고 생각할 수밖에 없었습니다. 그들

---

2 Rev William McCleery Junkin Sr.(1865.12.13.~1908.1.2.)

은 제가 주님의 일을 하던 중 저와 아주 밀접하게 연결되어있던 남자들과 여자들이었으며, 기독교인들의 친교와 애정 속에서 가장 가깝게 지내던 사람들입니다. 그들을 주님 앞에서 다시 만나게 되면 정말로 즐거운 일이라고 생각했습니다.

"저의 전도대"에 대해서 말씀드리겠습니다. 여러분 대부분이 아시듯 호머 로드히버 씨가 저에게 전도 집회에서 사용하라고 악기를 주셨습니다. 저는 이 분야의 사역에 대해서 몇 년간 특별히 관심을 기울여왔으며, 이 목적을 위해 큰 천막과 특별히 훈련된 대원들을 사용했습니다. 그런데 제가 몇 년 전에 조직한 전도대는 대원이던 젊은이들이 다른 곳에서 직업을 얻고 멀어져감으로써 심하게 부서져 버렸습니다. 그러나 저는 저의 천막 집회에서 저를 도운 몇 안 되는 사람들을 붙들 수 있었습니다. 많은 수로 구성된 전도대가 너무 흩어져 있었기에 저는 전도대를 다시 조직해야 했습니다. 그리고 최근에 서울에서 선생님을 모셔 왔는데 그는 구세군 악대의 대원이었습니다. 그리고 여름에 음악학교를 열었으며, 새로운 조직을 훈련해서 대원들은 상당히 괜찮은 음악을 만드는 데까지 왔으며, 진짜 화음을 만듭니다. 우리의 매일 연주시간은 오전 9시부터 저녁 10시까지입니다. 그런데 단원들이 너무도 진지하여 연습 시간 전과 후에도 연습합니다. 어느 날 저녁 집에 와서 잠을 자려고 하는데, 대원들이 본부로 삼고 있는, 저의 집 아래에 있는 성경학원(Bible Class) 건물[3]에서 코넷 독주를 하는 소리가 들려왔습니다. 대원이 연주하고 있던 곡은 "주님의 뜻을 이루소서"였는데 그는 정말로 아름답게 연주하고 있었습니다. 그가 사용하고 있는 코넷은 별스럽게 부드러운 음을 내는 악기로, 그 젊은 연주자는 코넷을 완벽하게 정확히 연주하고 있었습니다. 시간은

---

3 1936년 1월 11일, 1937년 5월 12일 편지 참조. Bible Class에서 사경회와 성경학원 등이 열림.
4 찬송가 435장.

저녁 11시로 가고 있었고, 물론 바깥은 온 세상이 칠흑 같은 어둠이었습니다. 그런데 그가 연주할 때, 코넷의 은빛 음이 울려 나와서 최근 몇 년까지만 해도 어둡고, 이교도이던 시골이었으며, 참 하나님을 모르고, 우상과 귀신 숭배만을 하던 이 넓게 펼쳐져 있는 땅 위를 어둠을 뚫고 흘러나왔습니다. 저는 밤의 어두움이 그렇게 아름다운 음악과 영적인 빛의 노래들로 가득 찬 것이 얼마나 좋은 일인지 생각했습니다. 누워서 그 음악을 귀 기울여 들으면서, 이 시골 지역의 밤의 어두움이 그렇게 아름다운 노래에서 나오는 은빛 음으로 넘치고 있다고 생각하자 저의 영혼 전체가 기쁨으로 넘치게 되었습니다. 그래서 이렇게 훌륭한 사역에 제가 참여할 수 있도록 해준 것 때문에, 자주 그러듯이, 하나님을 찬양하였습니다. 이것은 이 세상이 줄 수 있는 것 무엇보다 훨씬 더 좋은 것입니다.

지난밤 11시 15분에 거실로 내려가 있었는데 거기서 상하이에서 영어로 방송되는 뉴스를 들었습니다. 뉴스를 조금 듣고 있었는데, 아나운서가 "버지니아 노폭 소식입니다. (여러분들이 아시듯 노폭은 제 고향입니다.) 여러분은 혹시 취해서 물수레를 운전한 남자에 대해 들어본 적이 있나요? 이 일이 노폭에서 일어났습니다. 한 남자가 취한 채 물수레 차량을 운전했고, 붙잡혀서 미화로 15달러 벌금을 물었다고 합니다."고 말했습니다. 저는 이것을 여러분에게 농담으로 전합니다. 소식을 전하던 아나운서가 생각하듯이 말입니다. 그런데 제 고향에서 일어난 일이 공중과 상하이를 거쳐 이곳 한국에 있는 저에게까지 왔다는 점에서 아주 흥미롭습니다.

여러분들이 틀림없이 아시듯, 저희의 한국 사역의 역사에서 이처럼 많은 문제, 어려움, 그리고 슬픔으로 둘러싸인 적이 없었습니다. 지금보다 더 여러분의 기도가 필요한 적도 없습니다. 우리가 오랜 세월 동안 했던 사역과 관련하여, 우리가 하던 일을 계속할 수 있을지에 대한 아주 심각한 문제입니다. 우리는 주님께서 이 광야에서 우리를 인도해 내시기를 아주 진지하게 기도하고 있습니다. 우리의 기도에 여러분들의 기도를 더하여 주지 않으시겠습니까? 우리가 지금 당면하고 있는 문제들에도 불구하고, 저는 이번 가을에 약간의 전도를 계획하고 있습니다. 여러분들이 이런 집회에서 우리를 특별히 기억해주지 않으시렵니까? 한국인들은 오늘날보다 더 복음에 열려있은 적이 없습니다.

주님을 섬기는 여러분의 형제 W. F. Bull 배상.

수신: 1938년 10월 5일 테네시 내쉬빌
주소: 한국, 군산 W. F. Bull 목사
우편: 편지 5센트, 엽서 3센트

1938년 9월 26일

한국, 군산

사랑하는 소중한 자녀들에게,

아빠는 오늘 밤 이렇게 일어나서 편지를 쓸 정도로 건강하게 느껴서 정말 감사드린다. 그런데 조금 좋아졌다고 해도 편지를 길게 쓰지 못할 것 같다. 그래서 아빠 이야기의 핵심으로 들어가마.

동네 교회 목사의 장남이 지난주에 결혼했다. 그리고 금요일 저녁 신부를 집으로 데려왔고 토요일에 큰 혼인 잔치를 열었다. 존 탈마지와 아빠 이렇게 둘이 내려갔는데 음식이 정말 정말 좋아 보여서 맘껏 먹었다. 그런데 이 음식이 약간 상했던 것 같다. 그래서 다른 다섯 명의 한국인들은 말할 것도 없고 우리 둘 다 너무도 아팠다. 그날(토요일) 밤 다소 일찍 자려고 했는데 침대에 들어가자마자 아빠는 화장실로 나가야 했다. 그런 다음에 폭죽이 시작되었다. 양쪽 출구로 설사와 구토가 심하게 있었다. 이 일은 밤새 계속되었다. 어제 아침 먹을 즈음에, 아빠는 너무도 기진맥진했다. 사실 너무 기운이 없어서 엄마는 아빠가 정말로 의식을 잃고 쓰러지리라 생각했다. 너희들이 알다시피 이쪽 세상에는 콜레라가 있다. 콜레라의 가장 끔찍한 증상 중의 하나는 참기 힘든 경련이다. 어제 아침 8시 30분경, 발에 경련이 나기 시작했고 곧이어 종아리에 심한 경련이 있어서 다리가 마치 두 개로 쪼개지는 느낌이었다. 아빠 생각에 아주 심각하게 보였지만 위안이 되었던 것은 최근에 콜레라 예방 접종을 받았다는 거였다. 그래서 콜레라와 관련하여 큰 위험은 없을거라 생각했다. 아빠가 시골 다닐 때 요리해주는 사람이 방에 있어서 그 사람에게 아빠 발을 꽉 잡은 다음 경련이 완화될 때까지 마사지하라고 시켰다. 그런 다음 의사를 불러오라고 했다. 의사는 몇 분 뒤에 이곳으로 왔다. 의사는 아빠에게 "주사" 한 방을 더 놓고 다른 치료도 했다. 시간이 지나자 아빠는 진정되었고. 지금은 정말 감사하게도 거의 평소와 같다. 그러나 아빠는 상당히 힘든 시간을 보냈고, 엄마는 정말 두려워했다. 존 탈마지도 아빠만큼이나 아팠다. 그래도 그는 경련은 없었다.

두피 선교사 자매가 우리와 함께 있어서 상당히 큰 선교부가 되었다. 베일 목사 부부가 일본에 도착했다고 전하는 전보를 오늘 기다리고 있었는데, 그 사람들에게서 어떤 소식도 받지 못했다. 그 사람들이 그 배에 타지 않았다는 생각이 든다.

사랑하는 자녀들아, 이번에는 여기까지만 쓰고 잠잘 준비를 해야겠다. 지금 잠잘 준비를 거의 마쳤다.

날이 참 좋다. 그래서 시골로 나가고 싶은 기분이 든다.

소중한 너희들 각자에게 이 세상의 모든 사랑을 전한다.

너희들을 너무너무 사랑하는 아빠가.

1938년 10월 11일

한국, 군산

고국에 있는 사랑하는 친구들에게,

저는 저의 담당 지방에 있는 아주 약하고 작은 교회와 관련하여 천막 집회를 열고서 집에 막 들어왔습니다. 일본개발회사에 의해서 지난 몇 년간 바다와 바닷물로부터 간척된 아주 넓은 땅에 이 작은 교회가 있습니다. 간척될 때까지는 아주 넓은 습지대였으나, 지금은 매우 비옥한 평야입니다. 이 엄청난 일은 공학이 상당히 많이 들어가서 성취되었는데 즉 바닷물을 막기 위해 수십 마일의 방파제를 만들었습니다. 이렇게 쓸모없던 넓은 습지대가 간척되어서 논농사를 지을 평야로 바뀌자, 사람들이 개발회사의 소작인으로 이 논을 경작하기 위해서 원근 각처에서 떼를 지어 몰려들었습니다. 마을이 이곳저곳에서 솟아났는데, 거의 밤사이에 생겼고 이래서 곧 아주 사람이 많은 곳이 되었습니다. 군산에 있는 제1교회[1]가 이 평야에 와서 살려고 하는 많은 사람에게 큰 관심을 갖게 되었고, 그들을 돌봐야 할 교회가 반드시 있어야 한다고 믿으며, (선교사들의 어떤 제안도 받지 않고) 그들이 주체적으로 그 지역에서 전도를 시작했습니다. 시간이 흐르면서 그들은 작은 모임을 시작하는 데 성공했으며, 이후 그 무리가 적은 수였고 재정적으로 약했기에 작은 교회 건물을 구하는데 그 사람들을 아주 튼튼하게 도와주었습니다. (그들을 위해 교회 건물을 즉시

---

1 The First Church in Kunsan: 군산개복교회.

세웠다고 할 수있습니다.) 그런 다음에 2, 3년 동안 그들은 매 주일에 주일학교와 예배를 위해서 지도자들을 그곳으로 보냈습니다. 군산과 그곳 거리가 10마일입니다. 지도자들은 회중들을 심방하고 주일 예배에 군중들을 모으기 위해서 빈번하게 토요일에 그곳으로 갔습니다. 그 교회가 저의 담당 지방 안에 있기에, 노회가 저에게 그 교회를 돌보라고 맡겼습니다. 이 일을 제가 몇 년간 하고 있습니다. 그러나 어떤 이유로 그 교회는 앞으로 나가지 못하고 있었으며, 저는 상당 시간 그곳에서 천막 집회를 열기 원했고, 결국 집회를 열게 되었으며 아주 만족스럽고 기분 좋은 결과를 얻었습니다.

우리는 길이 72피트, 너비 33피트인 천막을 이 큰 평야의 한가운데에 쳐서 저 멀리서도 천막이 보였습니다. 천막도 자체로 홍보하였지만, 저의 모든 전도 여정에 함께 하며, 집회에 도움을 주는 저의 전도대가 오후마다 주변 마을에 가서 집회를 홍보했습니다. 그 결과 상당한 군중이 모였고, 뛰어난 관심과 집중이 있었으며, 매일 밤 많은 수가 믿기로 결심했습니다. 집회 동안에 기독교인이 되겠다는 결심을 표현했던 약 100명의 새로운 사람이 주일 아침 그 교회의 정규예배에 왔습니다. 그리고 주일 저녁은 우리의 마지막 집회였는데 천막에 사람이 너무 많아서 우리는 천막의 옆면을 다 걷어 올려야만 했습니다. 그날 저녁 믿음으로 초대하자, 약 60세는 되어 보이는 아주 잘 차려입은 양반 노인이 자리에서 벌떡 일어서더니 열정적으로 "우리는 믿고자 합니다. 우리 모두가 믿고자 합니다. 믿고 싶지 않은 사람이 어디에 있습니까?"라고 말했습니다. 그 사람은 새롭게 발견한 믿음에 대한 즐거움으로 말 그대로 빛이 났습니다.

지금은 낙담시키는 많은 일이 있는 시기입니다. 그러나 이런 집회에서 드러난 것은 주님이 이 백성의 마음속에서 일하신다는 것이며, 항상 그랬듯 이 백성의 가슴과 마음이 복음에 열려있다는 것입니다. 주님께서 주님의 임재로 우리에게 계속 복을 주시며 요즘 우리를 둘러싼 엄청난 장애물과 문제들에도 불구하고 주님의 이름으로 우리가 계속해나갈 믿음과 용기를 달라고 여러분들이 우리와 함께 그리고 우리를 위해 기도해 주시지 않겠습니까?

주님을 섬기는 여러분의 형제 W. F. Bull 배상.

수신: 11월 7일 테네시 내쉬빌
주소: 한국, 군산. W. F. Bull 목사
우편: 편지 5센트, 엽서 3센트

1938년 10월 23일

조선[1], 군산

정말 정말 사랑하는 자녀들과 여동생[2]에게,

아빠가 우리 노회에서 사임한 것과 우리가 돌보던 교회의 감독에서 사임한 것에 대해서 아주 자세하게 쓰느라 상당한 시간을 보냈다. 그리고 우리가 살아가는 상황에 대해서 아주 자세하게 썼다. 아빠는 어느 누구도 부정할 수 없는 단순 명료한 사실들에 대해서 썼다. 그런데 엄마는 아빠가 그 내용을 써 보내는 것이 현명한 것이 아니라고 생각했고, 편지로 써 보내지 말라고 주장했다. 그래서 평상시처럼 아빠는 엄마의 현명한 판단에 복종했으며, 이 편지의 첫 장을 잘라내고, 두 번째 장은 약 3분의 1일 잘라내고, 이렇게 수정된 것을 보내고 있다. "무모하게 위험을 무릅쓰기보다는 신중하는 것이 더 현명하다."라는 말이 사실이라고 생각하기에, 이렇게 편지가 잘리고 기워졌다.

주제를 바꿔서 "쥐"에 대해서 쓰련다. 오랫동안, 사실 우리가 안식년 휴가에서 돌아온 때부터, 우리 집은 이런 생물들이 전혀 없었는데, 최근에 이것들이 집을 휘젓고 다니고 있다. 부엌에 있는 개수대 아래에는 바닥을 통과해 내려가는 관이 있다. 쥐들이 이 관과 바닥 사이에 구멍을 만들어서는 이 구멍을 통해서 지하실에서 올라오고 있다. 최근에 우리가 부엌에

---

1 불 선교사의 편지에는 대부분 Kunsan, Korea로 되어있는데, 이처럼 Kunsan, Chosen이라고 표현된 곳이 있음.

2 불 선교사의 여동생 Mary Bull Priest(1879.19.16.~1947.6.1.)을 말하는 듯함.

(늦은) 밤에 가서 불을 켜자, 정말 엄청나게 큰 쥐가 탁자인지 선반인지에서 뛰어내렸다. 우리가 막대기나 무엇으로 그놈을 잡으려고 했을 때는 이미 그 구멍을 통해서 내려가 버렸고, 우리는 꼬리가 구멍 아래로 사라지는 것을 볼 수 있었을 뿐이다. 며칠 전 밤에, 아빠가 멀뚱멀뚱해서 잠을 잘 수가 없어 누워있을 때, 그 쥐들을 잡을 계획을 생각해냈다. 쥐덫이 있지만 그놈들은 너무 약아서 덫으로 들어가지 않는다. 특히 우리가 쥐한 마리를 잡고 나서 그러고 있다. 우리가 다시 덫을 설치하기 전에 연기를 이용해서 덫을 소독하는데도 말이다. 그래서 아빠는 나무로 된 원반을 만들어서 그 원반을 개수대에 아주 가까이 기대어 놓고, 그 원반에 긴 줄을 매달아두는 것을 생각했다. 그 줄은 부엌을 마주하는 거실문에 묶어 둘 것이다. 이 줄이 느슨해지면, 원반이 자체의 힘으로 떨어져 그 관을 타고 미끄러져 내려와 그 구멍을 덮어서 쥐가 나오지 못하게 하는 것이었다. 어젯밤은 "놀라서 뛰쳐나와" 쥐를 덮친 두 번째 밤이었는데, 각각 한 마리씩 잡았다. 그제 밤은 11시 15분에 상하이에서 방송되는 영어 뉴스를 들으려고 내려왔다. 주방으로 조용히 들어가서는 줄을 풀고 덫을 떨어뜨렸다. 그리고 부엌문을 열고 들어갔다. 그때 아주 큰 늙은 쥐가 선반에서 뛰어 내려와서는 개수대 아래에 있는 그 지점으로 내달려갔다. 그런데 아빠가 더 빨랐다. 그 쥐는 평상시 쓰던 집을 통해 나가려고 몸부림을 쳤는데, 그곳은 완전히 막혀있었다. 부엌문을 걸어 잠그고 테니스 채를 가지고 그놈에게 갈 때, 그놈은 테니스 채에서 벗어나 나무 상자 쪽으로 갔고 그곳에서 아빠가 다다를 수 없는 곳으로 갔다. 아빠는 혼자서 상당 시간 뒤를 쫓았지만 잡을 수는 없었다. 그래서 부엌문을 완전히 닫아버리고, 라디오 있는 데로 나가서 뉴스를 들은 다음, 사랑으로 가서, 푹 자고 있던 상아를 깨운 다음 올라와서 아빠를 돕도록 했다. 우리는 그놈을 쫓는데 상당한 시간을 쏟았다. 그러던 중 내내 아빠는 우리 집에서 아주 어린 꼬마로 있었을 때 우리가 쥐 잡는 것에 아주 흥미 있어 하던

사랑하는 진저(Ginger)³가 생각났다. 우리는 마침내 식료품 저장소 안으로 그 쥐를 쫓아서 넣는 데 성공했으며 그곳을 닫고서 쥐를 죽이는 데 성공했다. 죽여놓고 보니까, 숫놈이 아니고 암놈이었고, 곧 많은 가족이 될 것들을 배고 있었다. 이렇게 해서 새로 태어날 쥐새끼들이 우리 집에 퍼지지 않았기 때문에 우리는 특히 기분이 좋았다.

소중한 자녀들아, 이번에는 이만 써야겠다. 세상에서 가장 사랑스러운 너희들에게 이 세상의 모든 사랑을 전한다.

너무너무 사랑하는 아빠가.

추신: 아빠는 어떤 특정 주제들에 대해서 아빠가 아무 거리낌 없이 썼다는 이유로 이 편지가 강탈되는지 궁금하다. 그래서 이 편지를 받게 되거든, 반드시 "쥐 잡는 것에 대해 쓰신 편지가 도착했어요"라고 알려주렴.

소중하고, 사랑스러우며, 아름다운 어린 소녀⁴에게,

네가 9월 26일에 보낸 아주 흥미로운 동봉 내용이 있는 편지가 며칠 전에 무사히 도착했고, 항상 그렇듯이 그 편지를 우리는 아주 재미있게 읽었다. 네가 보낸 로어노크(Roanoke) 섬에서의 가장행렬에 큰 관심을 갖게 되었다. 우리의 소중한 딸의 이름이 오슬랜드(Auslander)⁵와 같은 유

---

3 둘째 Mary Virginia Bull Moose(1903.5.1.~1982.7.) 1939년 1월 19일 편지 참조.
4 셋째 Margaret Gertrude Bull(1905.2.25.~1985.12.3.). 이 시기에 생존하던 자녀 네 명 중 유일하게 미혼이었음.
5 Joseph Auslander(1897.10.11.~1965.6.22.): 미국의 시인, 인류학자, 시 번역가, 소설가. 미국 최초 계관시인(1937~1941).

명 인사의 이름과 나란히 있는 것을 보고 자랑스러웠다. 순결하고, 상냥하고 순수한 사랑스러움에 관해서는 우리 사랑스러운 딸과 비길 사람은 아무도 없다고 우리는 확신한다. 애야, 우리가 소중한 어린 딸과 함께하며 매일 매일 같이 있으면 행복한 날이 될 것이다. 우리가 미국으로 가서 자리를 잡게 되면, 우리는 그 집에 너의 방으로 방 하나를 지정해놓을 것이다. 네가 그 방을 쓰고자 한다면 말이다. 그러나 그즈음에는 네가 너무 유명한 작가가 되어서 시종들을 거느리고 너만의 방을 가져야만 할 것이다.

소중한 아이야, 이번에는 이만 쓴다. 우리가 "불을 끄듯" 너를 사랑하고 있다는 것을 그리고 "사슴이 시냇물을 찾듯이" 너를 간절히 바라고 있다는 것을 항상 기억해다오.

너무너무 사랑하는 아빠가.

1938년 11월 13일

한국, 군산

사랑하는 소중한 자녀들에게,

　일요일 오후인데 이곳 선교부에 엄마와 아빠뿐이다. 탈마지 목사 부부와 우즈(Elizabeth Woods)[1] 선교사는 서울에 있는 어학원에 있으며, 두피 선교사와 동생인 진 선교사(Miss Jean)가 또한 오늘 서울에 있나. 진 선교사는 "구경"하러 북경으로 가는 중인데, 라벌렛 선교사가 서울까지 그녀와 동행했다.[2] 엄마와 아빠가 선교부에 있는 유일한 사람이라 우리는 영어 예배는 드리려고 하지 않으며, 아빠는 이 기회를 이용해서 사랑하는 자녀들에게 조그마한 사랑의 편지를 보내려고 한다.

　아침에 우리 시골 교회 중의 한 곳에 갔다. 평야를 가로질러 돌아오면서 우리 집에 가까워지고, 동산 위에 서 있는 우리 집을 봤을 때, 아빠는 오래전 말을 타고 이 집으로 가까이 오던 때를 생각했다. 말을 타고 순회 전도여행을 할 때, 집에서 소리 지르면 닿을 거리에 들어서면 아빠는 휘파람을 불곤 했지. 그러면 너희는 모두 그 휘파람 소리를 듣고 집에서 떠들썩했고 집으로 들어오는 아빠에게 왕 같은 환영을 해주기 시작했지. 참 행복한 좋은 날이었다. 아빠는 일반적으로 또는 빈번히 안장에 매달

1　Elizabeth Brown Woods(1908.12.3.~2002.2.22.), 한국명은 임혜인.
2　여기서 Miss Dupuy와 Miss Lavalette은 동일 인물임. Lavalette Dupuy (1883.1.28.~ 1964.6.2.), 여동생 진은 Jean Jacqueline Dupuy(1887.7.15.~1965.8.3.). 보통 성을 따라 Miss Dupuy라고 호칭하는데, 같은 Dupuy 성을 쓰는 자매가 군산선교부에 같이 근무해서 Miss Lavalette, Miss Jean으로 호칭한 것으로 보임.

아 가져오던 사냥감 무더기를 생각했다. 너희들은 사냥한 것을 잡아끌었지. 특히 윌리엄은 크기가 자신만 한 큰 들오리를 잡고서 그것을 온종일 팔에 두르고 있다가, 밤에 자러 가기 전까지 내놓지 않았지.

"순회전도여행"에 대해서 말하마. 초기에는 아빠가 일기를 쓰곤 했다. 그리고 하루 이틀 전 아빠는 우연히도 아주 오래된 일기장 중의 하나를 보게 되었는데, 살펴보니 이런 글이 있었다.

다음은 1906년 10월 28일에 쓴 내용이다.

아침과 저녁에 (강을 따라 위로 3마일 정도에 있는 충청도 쪽의 큰 마을) 서산에 있는 회중들을 위한 예배를 인도했다. 집 방향으로 가는 조류에 맞추어 12시에 일어날 것을 생각하고 약 9시경 잠시 자려고 옷을 입은 채 누웠다.

집에 간다는 기쁨과 벼룩으로 가득한 옷의 비참함 때문에 11시가 지나서야 잠이 들었다. 1시 15분에 깨서 배에 모든 것을 싣고 집으로 향했다. 집에는 새벽 약 3시에 도착했다. 내가 집에 왔다는 것을 누구라도 알기 전에 조용히 들어가서는 침실에 있었다. 아내 리비가 먼저 깨었고 곧 세 자녀 모두 깨어나서 모두가 행복했다. (어린 앨비는 그 당시 태어나지 않았다) 성탄절 아침 같았다. 세 살 먹은 버지니아는 깨어나 나를 보았다. 나는 아무 말도 하지 않았고 그저 그 아이를 보았다. 그 애는 침대에서 무릎을 꿇은 채 일어났으며, 나를 보고서 너무 기뻐서 아무 말도 할 수가 없었다. 그저 머리를 한쪽으로 했다가 반대쪽으로 했다가 하면서 원숭이 얼굴을 만들고 있었다. 그 아이는 아주 귀여운 꼬마 "원숭이"였다. 그리고 감정 표현을 하는 데 있어서 항상 매우 귀여웠고 독창적이었다. 그 애는 엄마와 나이 든 아빠에게 즐거움과 기쁨이었다.

너희들 모두를 곁에 두고 있었던 아주 행복한 나날이었다. 오직 주님께서만 우리가 항상 너희들을 얼마나 그리워하는지 아신다.

얼마 전에 아빠는 우리 부엌에서 쥐를 잡기 위해 아빠가 고안했던 장치에 대해서 편지했었다. 마법처럼 작동한다. 그래서 지금까지 일곱 마리를 잡았다. 며칠 전 밤에 두 마리를 잡았다. 이 속도라면 우리 집에서 곧 쥐들을 완전히 제거할 수 있을 것같다.

이 편지를 계속하기 위해서 타자기에 새로운 종이를 끼우는 동안, 올해 우리 나무에서 자란 두 개의 피칸을 깰 만큼의 긴 시간 동안 멈췄다. 우리 집에 약 30년 된 피칸 나무가 한 그루[3] 있다. 그런데 작년이 되어서야 많은 열매를 맺었는데 성장하지 못하고 모두 떨어져 버렸다. 올해 엄청 많은 열매가 맺었다. 대부분이 크기가 아주 작을 때 떨어졌지만, 많은 것이 다 큰 것처럼 보일 때까지 나무에 달려있었다. 그런데 그것들을 깨보니, 속이 차 있지 않아서 실망했다. 내년에 가지를 조금 쳐내고 거름을 많이 주면, 가을에 아마도 상당히 많은 열매를 얻을 것 같다. 만약 우리가 그 열매를 갖기 위해 이곳에 있다면 말이다. 그렇지 않다면 우리 선교부의 다른 식구들이 그 열매를 맛있게 먹을 수 있을 거다.

조금 전에 상하이에서 송출되는 방송을 주의 깊게 들었는데, 독일에 있는 유대인들에 대한 끔찍한 박해에 대해서 많은 소식이 들려왔다. 히틀러의 악행 때문에 유대인들이 고통을 겪어야만 하는 것을 생각하니 정말 끔찍하다. 히틀러에게 어떤 일이 일어나는 것이 세상 사람들에게 있을 수 있는 가장 좋은 일일 것이다.

너희들이 릴리언 크레인 사우설(Lillian Crane Southall)[4]의 슬픔에 대해서 들었는지 모르겠다. 톰슨 사우설(Thompson B. Southhall)[5]과 결혼했는

---

3 산림청 홈페이지에 따르면 "피칸 재배의 기후적인 적지로는 미국(북부) 재배지역의 연평균 기온은 10℃~15℃ 강수량은 800~1,000㎜으로 특히 겨울의 한풍에 약하므로 찬바람이 심한 곳은 피하는 것이 좋습니다. 피칸은 우리나라에서 1904~1910년경 미국 선교사 William A Linton이 Georgia주에서 도입하여 광주, 순천, 목포, 전주 등에 선교사집의 정원 등에 식재한 것이 처음이며 현재 약 30~70년생이 생육하고 있습니다."고 되어있음.

4 Lillian Crane Southall(1915.10.31.~2000.4.4.) 선교사인 부모 밑에서 순천에서 태어났으며, Thompson B. Southhall 목사와 결혼함. 한국에서 1938~1941 선교사로 일함.

데, 그 사람은 우리가 미션 코트에 있을 때 우리를 방문하곤 했다. 그 부부는 서울에 있으며 어학원에 다니고 있었고, 릴리언이 사내아이를 낳았는데 태어나자마자 그 아이가 죽었다. 아빠가 알기로 한 시간도 살지 못한 것 같다. 존 탈마지의 아내인 로슬린(Roslin)[6]도 출산 예정이다. 로슬린도 아주 연약한 사람이며, 로슬린과 릴리언이 같은 집에 있었다. 우리는 릴리언의 일로 로슬린이 영향을 받지는 않은지 염려된다. 이 일로 로슬린이 불안해할 수도 있거든.

아빠는 이번 가을에는 어떤 순회전도여행도 하지 않고 있다. 아빠가 노회에서 탈퇴했고 감독하던 담당 지방에 대한 담임직도 내려놓았기 때문이다. 그래서 주일에는 문답하는 것, 성찬 베푸는 것 등에 대한 어떤 책임도 맡지 않고 방문자의 자격으로 교회로 나간다. 우리 (선교사들) 모두가 같은 처지에 있다. 그렇지만 우리를 바쁘게 만드는 일은 많이도 있다.

보이어 목사 부부가 금요일 고베에 상륙했다. 아마도 오늘 대한 해협을 건너고 곧 전주에 도착할 것이다. 그들을 어서 만나고 싶다. 하루 정도 뒤에 틀림없이 그들을 볼 것이고 소중한 자녀들인 너희들의 소식을 그들로부터 들을 것이다. 너희들 모두를 아주 최근에 본 누군가를 만나서 너희들 소식을 직접 듣는 것은 정말 좋은 일일 것이다. 엄마가 너희들에게 편지했는지 안 했는지 모르지만 우리는 베일 목사 부부가 돌아오지 않는다는 아주 슬픈 소식을 접했다. 베일 목사가 굉장히 일을 잘하고 능력 있는 사역자이며, 우리가 그에게 맡기고자 하는 모든 일에 움츠리지 않고 기꺼이 했던 사람이라 나이 든 아빠의 어깨에서 큰 짐을 덜어주었는데, 우리에게 아주 큰 충격이다.

---

5 Thompson Brown Southall Jr.(1905.9.22.~1993.11.18.), 한국명은 서도열.
6 Roslin Thorne Talmage(1912.11.16.~1979.2.15.).

소중한 자녀들아, 이번에는 이만 써야겠다. 이 세상에 내려온 가장 사랑스러운 사람들에게 이 세상의 사랑을 가득 담아 쓴다.

너희들을 너무너무 사랑하는 아빠가.

1938년 12월 18일

조선, 군산

소중한 자녀들에게,

(오늘에서 꼭 일 주 뒤) 다음 주일이면 성탄절이다. 우리는 너희들을 너무도 많이 생각하고 그리워한다! 아마도 내년 성탄절은 우리 모두 함께 있을지도 모르겠다. 우리가 함께한다면 정말 엄청날 것 같지 않니?

소중한 자녀들아, 아빠가 조용히 집에서 보낸 또 하나의 주일이다. 아침에 동네 교회 예배에 참여했고, 오후에는 우리끼리의 짧은 영어 예배를 드렸는데 아빠가 설교했다. 이곳에 있는 권력자들은 자신들이 가진 모든 권력을 이용해서 우리를 한국교회와 분리하려고 하고 있다. 그래서 우리가 주일에 예배를 드리기 위하여 교회에 방문이라도 하면, 경찰들이 한국교회를 너무 힘들게 해서 한국교회에 가는 것을 삼가고 있다. 비록 우리가 교회에 가고자 하고 교회에서 우리가 방문하기를 원하더라도 아니면 상황이 괜찮으면 우리가 오기를 바란다고 해도 말이다.

아빠 담당 지방에 있는 15개 교회로부터 편지를 받았는데, 아빠가 그들을 방문하지 않았으면 한다는 내용이다. 편지는 모두가 정확히 똑같아서 교회가 누군가로부터 지시받았다는 것을 의미한다. 물론, 우리는 그 교회들이 그 편지를 보내는 것을 원하지 않았다는 것을 알고 있다.

이번 달 6일에, 10일 여사경회의 특별 강사로 초빙받아 광주로 내려갔다. 금요일 오후에 집에 왔는데, 그동안 대부분의 시간 동안 엄마가 선교부에 있던 유일한 사람이었다. 즉 유일한 선교사였다는 것이다. 존과 그의 무리는 여전히 서울에 있고, 두피 선교사와 그녀의 여동생은 여사경회 일로 광주에 있었다.

아빠는 사경회를 하면서 좋은 시간을 보냈다. 참석한 여자들이 너무도 잘 받아들이고 반응이 좋았기 때문이다. 아빠는 머무르는 동안의 절반은 광주의 녹스 목사 부부 집에서 나머지 절반은 페이슬리 목사 부부 집에서 머물렀다. 매일 아침 한 시간씩 헌신 예배를, 오후 한 시간씩 성경 공부를, 저녁에는 한 시간씩 설교해서 다 합쳐서 세 시간이 되어 꽉 찬 일정이 되었다. 이것에 더해서 하루에 두세 시간을 레비 의사(Dr. Levie)의 치과 치료 의자에서 보냈다.

엄마와 아빠는 성탄절 만찬을 하러 전주로 넘어오라는 매우 특별한 초대를 받았다. 전주선교부 전체가 모여서 만찬을 할 예정이다. 그날을 위해 칠면조 두 마리를 살찌워놓았다. 상당히 끌리는 초대이지만, 우리는 항상 우리의 성탄절을 우리의 작은 집에서 보내기를 원했기에 갈 것 같지는 않다. 사랑하는 너희들 모두가 우리와 함께하였으면 하고 정말로 소망한다. 성탄절은 우리를 우울하게 만들기도 한다. 왜냐면 우리 소중한 아이들이 생각나고, 우리가 함께했던 행복한 시간이 생각나기 때문이다.

두피 선교사가 이번 성탄절에 자기 집에서 파티를 열려고 한다. 우리 선교회 독신 여성들이 거의 모두 이곳으로 올 것이다. 고함과 비명이 엄청나겠지! 두피 선교사는 그렇게 거칠고 떠들썩하게 노는 것을 좋아한다.

이 시기는 한국에서 매우 심란한 때다. 이런 시대에 대해서 아빠가 빼놓지 않고 거리낌 없이 쓸 수 있으면 좋으련만 아빠가 삼가듯이 그렇게 하지 않는 것이 지혜로운 일이다. 그렇지만 너희들은 어디선가 객관적 사실을 얻고 있을 것이다. 그런데 너희들이 얻게 되는 소식은 너희들에게 도달할 즈음에는 항상 다소 오래된 이야기일 것이다.

옆에 있는 나라에 2천 5백만 달러를 차관(借款)하는 것을 승인하면 우리가 보기에는 아마도 불행한 반향(反響)을 불러올 것이다. 우리로서는 차관 승인이 가져올 심리적 영향을 눈여겨보는 것도 흥미로울 것이다.

지금까지 아주 좋은 가을 날씨가 계속이다. 아직 정말로 추운 날씨가 아니다. 성탄절 즈음 틀림없이 아주 추워지기 시작할 것이다.

금요일 광주에서 돌아왔을 때, 많은 우편물이 이곳에서 기다리고 있었는데, 너희들 하나하나가 보낸 편지가 있었다. 물론, 그 편지들을 읽으면서 기분이 아주 좋았다.

소중한 자녀들아, 이번에는 여기에서 멈춰야겠다. 사랑하는 너희 모두에게 어마어마한 사랑을 보낸다.

너희들을 너무너무 사랑하는 아빠가.

1938년 12월 25일

한국, 군산

정말 정말 소중한 자녀들에게,

위의 날짜를 보면 알 수 있듯, 오늘은 성탄절이다. 우리 마음속에 있는 너희에 대한 그리움이 너무도 커서 정말 고통스럽고 우울하다는 것을 제외하면 우리는 사실 아주 행복하다. 왜냐면 징밀로 아주 즐거운 성탄절을 보내왔고 지금도 보내고 있기 때문이다. 산타클로스 할아버지가 이번에는 우리에게 별스럽게 잘해주어서 우리는 우리가 받은 사랑과 우정의 징표들에 그리고 너희 사랑하는 자녀들이 보내준 좋은 것들 때문에 아주 행복하다.

존의 부모인 탈마지 박사 부부와 존의 여동생 마리엘라(Mariella)[1]가 존의 가족과 성탄절 시간을 보내고 있다. 두피 선교사는 평상시처럼 상당히 많은 "색시"와 함께 집에서 성탄 파티를 하는데 전주에서 온 콜튼 선교사(Miss Colton)[2], 폰테인 선교사(Miss Fontaine)[3], 광주에서 온 간호사 프릿차드 선교사(Misses Pritchard)[4], 도슨 선교사(Miss Dodson)[5], 그리고 순천에서 온 윌킨스 선교사(Miss Aurine Wilkins)[6]이다. 우리는 성탄 점심

---

1 Mariella Talmage Provost(1923.2.13.~2014.4.15.).
2 Susanne Avery Colton(1878.2.10.~1972.12.20.), 한국명은 공정순, 기전여학교 교장.
3 Lena Royster Fontaine(1888.2.1.~1981.2.18.), 한국명은 반리라.
4 Margaret Frances Pritchard(1900.1.1.~1988.2.14.), 한국명은 변마지, 예수간호대학 설립자.
5 Mary Lucy Dodson(1881.5.17.~1973.12.28.), 한국명은 도마리아.

(dinner)[7]으로 탈마지 가족에게 초대받아서 진짜 칠면조 등을 먹었다. 이 것이 어제 점심 식사로 먹은 것이었다. 어젯밤 같은 장소에서 선교부 전체가 모였다. 내일 두피 선교사의 집에 점심(dinner)을 먹게 초대받았 다. 내일 저녁에 그 사람들을 저녁 식사(supper)에 초대하려고 계획하고 있다.

어젯밤 식사를 하러 막 나서려는 때에, 누군가가 앞문을 두드렸다. 자리에서 일어나 누군지 보려고 나가봤더니, 스위코드 목사와 오다(Mr. Oda)라는 일본인이 있었다. 오다 씨는 서울에 있는 총독부에서 이쪽 상 황을 조사하라고 내려보낸 사람이다. 경찰들이 너무 위세를 부리고 우리 에게 불쾌한 것들을 해서 우리 선교회는 위원회를 꾸려서 서울로 가서 총독부에 민원을 제기했다. 이 사람은 그 결과로 이곳에 내려오게 된 것이었다. 이곳 군산에 있는 경찰들이 특히 위세를 떨어서 우리 중 누구 라도 군산으로 가거나 군산에서 나가려면 역 앞에 있는 조그마한 경찰 분견대로 불려들어가서 상당한 기간 심문받지 않을 수 없었다. 여자 선 교사들도 마찬가지였다.

이달 20일에, 약간 손 본 일이 있어서 차를 몰고 군산정비소로 들어가 는데, 자동차 정비소 앞에 두 명의 일본인 경찰이 있었다. 아빠가 멈추자 마자, 그 경찰들은 질문하기 시작했다. 아빠는 우연히도 옆 좌석에 (우리 우편물을 군산으로 가져가거나 군산에서 가져올 때 사용하는) 작은 가방을 가지 고 있었다. 일본 경찰이 아주 거칠고 험한 목소리로 "거기 그것이 뭐요?" 라고 물었다. 아빠는 "그저 작은 가방입니다."라고 했다. 그러자 그들은

---

6   Aurine Wilkins McIlwaine(1904.1.14.~1982.12.31.).

7   미국 남부사람들은 dinner를 점심으로, supper를 저녁으로 구별함. 남장로교선교사 편지 에 등장하는 dinner를 앞뒤 문맥에 맞지 않게 "저녁"으로 번역하면 곤란함. 하루 식사 중 가장 잘 차려 먹는 식사로 생각하면 되며, 남부 대농장(plantation)과 관련 점심이 가장 중요한 한 끼여서 점심을 dinner로 했다는 설이 있음.

"무엇이 들어있소? 봅시다."라고 했다. 이 말에 아빠는 무척 화가 나서 "당신이 볼 만한 것은 없소." "당신이 볼 이유도 없소."라고 했다. 이 말에 화가 난 경찰이 아빠를 지나쳐 손을 뻗더니 그 가방을 꽉 잡았다. 아빠도 그 가방을 움켜쥐고 그 사람의 손에서 빼앗았다. 이곳에서 40년을 살았는데 이런 식으로 모욕당하고, 이렇게 무례하게 대접받는 것에 아빠가 분개한 것은 당연했다. 아빠는 그 가방을 잡고는 내용물을 옆자리에 쏟아붓고 그들에게 보라고 했다. 그런 식으로 무례하게 취급받는 것에 너무 분개해서 밤새 속이 부글부글 끓었다. 그래서 다음 날 아침 군산경찰서에 찾아가서 서장 면담을 요청하고 굉장히 화를 내며 항의했다. 경찰서에서는 아주 공손하게 대해줬는데 그 경찰들이 너무 했다고 말했으며 그들에게 주의를 줘서 앞으로는 그런 불쾌한 일을 하지 않도록 했겠다고 했다. 그들은 확실히 그렇게 했다. 아빠가 지난 이삼일 간 기차역에 서너 번 갔었는데 전혀 "괴롭힘" 당하지 않았다. 정말 다행스러운 일이다.

하루 이틀 후면, 우리가 정기적으로 하던 겨울 남사경회가 시작될 때다. 그리고 이런 특별한 행사를 준비하느라 아빠가 지금 한창 바쁠 때이다. 이 사경회는 아빠가 한국에 오고 나서부터 연중 가장 큰 행사였다. 그런데 올해 우리는 그런 사경회가 없을 것 같다. 사경회는 완전히 없어져 버린 것 같다. 사경회는 아주 오랫동안 노회와 한국선교회의 공동 주관하에 있었고, (최근에는) 강사의 많은 부분이 노회에서 온 대표자들로 구성되었다. 그러나 우리 선교사들이 노회에서 탈퇴함에 따라서 즉 같이 협력하지 않기 때문에, 사경회를 여는 것이 불가능한 것처럼 보인다.

소중한 자녀들아, 이번에는 여기까지 써야겠다. 어마어마한 사랑을 보낸다.

너무너무 사랑하는 아빠가.

소중한 어린 소녀 마지[8](Margie)야,

　너의 엄마와 나이 든 너의 아빠가 오늘 너를 얼마나 그리워했는지 알았으면 한다. 너는 정말 보석 같은 아이다. 우리는 네가 하는 것을 미치도록 좋아한다. 너는 확실히 우리 성탄절 선물로 아주 좋은 것들을 많이 보내주었다. 네가 보내준 예쁜 것들에 특별히 기쁘다. 세면용품에 대해 아주 만족한다. 너는 좋은 것을 아빠에게 많이 보내줬다. 그리고 양말도 너무 좋다. 양말이 아름다워 보인다. 양말을 신으면 아주 기쁠 것 같다.

　너의 시 중 또 다른 하나가 출간되도록 출판사가 사들였다는 것을 알고 무척 기뻤다. 출판업자들이 우리가 얼마나 총명한 소녀를 데리고 있는지 깨닫고 값에 상관 없이 시를 달라고 아우성을 치기까지는 단지 시간의 문제일 뿐이다.

사랑하는 아빠가.

8　Margaret Gertrude Bull(1905.2.25.~1985.12.3.) Margaret을 애칭으로 Margie로 부름.

원문

JUNE 7TH, 1906.

PERSONAL REPORT TO 15TH. ANNUAL MEETING S. PM. IN KOREA

Mrs. William F. Bull

It is with a grateful heart that I can look back upon the months that have passed since last Annual Meeting. There have been many things to disappoint and grieve one, but more to uplift and to encourage in the work.

The new term of work began most pleasantly for us with delightful visit of ten days to ChunJu, within a day's journey of which place I have lived since coming to Korea. This was, however, my first trip through the country and was a great treat to Mr. Bull, the children and to me. The riding chairs, carried by four men, proved to be a delightful mode of traveling. The motion of the chair was so soothing that our baby scarcely opened her eyes except when the chair carriers stopped to take their oft needed rest. It was a great pleasure to see the good friends at Chun Ju and to enjoy their hospitality and to see something of the great work that God has permitted his workers to establish there. The days passed all too rapidly. The memory of the time spent amongst the hills of Chun Ju has been fresh and sweet during all the winter months. We regretted having to turn our backs on the restful days there, yet were glad to reach home and take up the work that had been assigned to us.

I was gratified to find that the girls in the Sunday School had used their time to good advantage during our absence in Seoul, during Annual Meeting, and at Chun Ju. Two girls were ready to say the Shorter Catechism and a number ready with the Child's Catechism, most of which they had learned while we were away. We reorganized the Sunday School with the help of two Korean women. They took the younger girls and I the older ones. These women did good work and the children made good progress. We were glad in January, when Mrs. Daniel could resume her class with the girls, giving us four teachers for our part of the school. We have registered forty three girls and young women since October, having an average attendance of twenty five, not including a large number of elder women who attended very regularly. The Sunday School has been a source of great pleasure and joy, with its eager faced girls and young women. Eleven of the girls have recited perfectly the Child's Catechism and three the Shorter, and others are working for the same end. Friday evenings I have had a special class for the study of the Shorter Catechism with proof texts. This class has been attended by those who really desired to study and good progress has been made. It has been gratifying to hear some of those precious words learned as proof texts, repeated in the prayers, word for word, in good connection, by those upon whom I have called to lead in prayer. This class has had to advance slowly but I hope and trust that God had stored these blessed words of His Book in their minds to lead these girls and women closer to Him and to prepare them for work in His Kingdom.

We were unable again to open a day school, so five of the larger girls I taught in Mr. Bull's study on Monday and Thursday mornings from eleven to one. This class kept up unbrokenly until the last of February when one of the brightest girls was married and had to follow her husband to another village, another was needed at home in the morning to do work that devolved on her by the marriage of her older sister and another was kept at home by her own ill health. This left two and gave me more time to spend on those two girls. They have repaid any labor expended and are so eager to study and learn so rapidly that they are a constant joy and such a help at all times with the younger girls.

On Tuesday evenings we have had a busy lot of girls together. I took five of the more advanced girls and gave my undivided time to them. They too were so eager and so regular in attendance and so appreciative that I enjoyed them thoroughly. They are just beginning to do really good work. The other girls I divided among my five Monday and Thursday morning pupils, and I must compliment them on their willingness and zeal to help their less fortunate sisters. All did good work, but three of these girls were unusually good teachers. The "normal" class thus brought in quick returns.

This is all that I have been able to do for the girls. It has not been much. My only consolation has been that what they have done they have done well and that most of these girls are hard working girls at home who could not attend a day school regularly. We are so in need of a day school and a competent teacher. The Koreans are bright and appreciate the best that can be given them.

We were so glad to have Miss Tate with us for a week's Training Class in May. We foreigners enjoyed her good company and the Korean women and girls were very enthusiastic over her great knowledge and over her pleasant way of teaching. May her faithful and earnest teaching be long blessed to the work here.

I have had a short time of study in the afternoon with my two women here in the home since January, taking up with them the lessons used with the girls. The three children were necessarily unwilling members of this class. At first they rebelled against the half hour but finally yielded to the inevitable, William sitting like a martyr in his little chair, Virginia climbing up in my lap and going to sleep, and good little Margaret Gertrude getting up on the back of one of the women, a most comfortable position in her mind.

Mr. Bull's being in the country so much has left me alone with the Koreans a great deal, which has consequently helped me on the language and helped me to know them better.

Many sightseers have been received and told The Story. This is all that I have to report. With my good man to care for, the children to attend to and the house to look after, I have not done all that I have wished to do. But what God has permitted me to do has been a great joy to me, and I pray that He may bless this small service because it was done in His name.

Respectfully submitted

May 1907.

Mrs. William F. Bull

As our first furlough was due we started for the U.S. Willie had had eight years of service and I seven. Due to congestion on steamers in the Pacific, we were urged by Dr. Hulbert to join his family who were going at that time to the U.S. by way of Siberia.

We took coast steamer to Seoul where we stayed with Dr. and Mrs. Reynolds for a day or two, there boarded the fine train which Japanese had put on and went to Japan. Crossed the Straits from Fusan, Korea and went to Shimonoseki where we took train for Kobe. From Kobe we went by train to Tsuruga and there got on a Russian boat to go to Vladivostok—such a boat, such food and such a rough rip. We were supposed to make crossing in twelve hours but were on more than two days. Finally we reached Vladivostok and found the Wagons, Lits, fine Siberian train, had a large compartment. In our party were Dr. and Mrs. Hulbert, their two boys and lovely daughter, Dr. and Mrs. Null and their small son, Willie, William, Virginia, Margaret, little Cornelius and I. We were on the train as far as Irkutsk where I think we changed cars and got on another division of the same fine train. We were able to buy nice milk, butter, good bread etc., at some of the special stations, besides having access to a fairly good dining-car. From Irkutsk we went on to Moscow which we reached at the end of eleven days. Crossing Lake Baikal broke the monotony of the long trip. The lake was frozen over and an ice-breaker had to go in front of the ferry-boat on which train was carried over so as to make passage possible. We were in the Grand Hotel in Moscow, had nice room and good meals. Breakfast was served in our room and consisted of a big pitcher of hot chocolate, good butter and delicious French bread. Our friends, the Hulberts, went on to St. Petersburg. The Nulls were not so fortunate in their hotel room as we were, as they found that they were not the only occupants. We left Moscow on a poor Russian train that was also carrying occupants that had no passports. Willie had not seemed active on the trip tho he did not say that he was sick, but on train from Moscow he had a most violent malarial chill. It was very cold. We could not get a sleeping car but were promised blankets. None were founded for us, however. I tried to put the warmest clothes we had on the children and gave Willie all the covers that we had with us. I walked the aisle most of the night. When I lay down, my only cover was my woolen skirt which I put over my shoulders. We reached Warsaw in the morning and had a fine day there in what was then a beautiful and most interesting city.

To go back to our stay in Kobe, Dr. Hulbert was returning to U.S. and had papers from the Emperor of Korea which he was to deliver to President Theodore Roosevelt and Secretary of State, Elihu Root, bearing on the seizure of Korea by Japanese. He had been to Washington in 1905 but was unable to undo what Japanese had succeeded in getting the Pres. etc., to do. Dr. Hulbert knew that the Japanese were watching him closely and was uneasy for fear that his baggage would be searched and papers found and matters made even worse in Korea. He told us his trouble. I spoke up and told him to bring papers and that I would put them in cases where the children's clothes were. He accepted the offer. I was able to give them to him in Moscow. To proceed, our train was to leave Warsaw in the afternoon, we were able to get a compartment on sleeping train (so called). I was busy with the children in compartment after we got them and baggage on. When train moved out from station I saw that Willie was not with us and looked out in the aisle on side of car running the length of the car. There I saw Willie sitting in one of the chairs but looking as if he was in trouble. I hurried to him almost too frightened to move. God had most surely delivered him from great trouble. He had secured in Korea an old shooting-piece, can not call it a gun or rifle, which he was taking to his brother in Norfolk who was a great hunter and sportsman and who he knew would enjoy having this ancient piece of fire arms. When he put the children and me and the baggage on car, he did not see the gun(?) as porter had put it in a corner, so Willie hurriedly jumped from train and rushed back into the waiting room where, of course, he found no gun. As he turned to run to the train he noticed that doors were shut. He ran down the building and jumped up into a deep window seat just to find that the window was barred with heavy iron bars. By this time the railroad guards were after him. He found one window without bars, jerked it open and sprang out upon platform. The train was then moving but by God's help he jumped on the steps of the last car. When I saw him he was just about in a state of collapse. While trying to pull himself together, he put his hand in pocket in which he kept his pocket-book to find pocket empty. His consternation can be more easily imagined than described as the last pocket-book contained his passport which had been visaed in Moscow. At midnight we were to reach Alexandrovo, the border town where we had to show passports before we could continue our journey.

There we were on a train with persons of many nationalities and with whom we could not converse on account of the language barrier. We prayed over the situation. The thought came to me that all would understand tears and as I was so near weeping there was no trouble in producing tears. So I left Willie in compartment with the children and went out and sat down in a chair in the aisle and I cried. Soon two men came up to me and asked in English—yes in English—what the trouble was. And when I told them, they at once realized the unfortunate and probable most trying position we were in. Willie joined us and these men, one a Dane and one a Swede, told us how reactionaries and revolutionists who wished to leave the country tried to steal passports at Warsaw, how they would use them to get away, if the description fitted them or sell to someone whom it did fit. Fortunately Willie had removed his money from the pocket-book and had put it in his money belt which he wore under his clothes. The men then went to the door of a compartment occupied by a Russian-Jewish and her mother who were going to Berlin. She came out and they put their heads together and said that they would try to help us. Willie was due another chill the next day and we were anxious to be in Berlin with Dr. Null who was to give him injections of quinine as Willie could not take ordinary quinine by mouth. The men on the train told us that Alexandrovo was a place where we could not get any decent accommodations and that we just could not stay there with Willie sick and with the four children. The train rolled along. The children slept but there was no sleep for us. We neared Alexandrovo. Both of the men and Willie got off with the beautiful Russian lady and one of them walked up and down the platform to keep me informed. Never shall I forget those minutes. I put my whole trust in prayer.

We had no hope humanly speaking. Willie's jumping through the window and catching last car on train at Warsaw would have made officials suspicious, had we been compelled to get off train and report had been sent to Warsaw and Moscow. Finally after what seemed to be an eternity the man on platform came to me and said that all was well. The Russian official had been adamantine and could not and would not break the law governing the case. The lady pleaded and argued with him and finally he consented to let us go on. The two men said that it was her beauty and charm that broke the official down and made it possible for us to go through. Never shall we forget that night and those three strangers. It seems as if God had overruled in letting us get on a car with those three people. Oh, the relief and comfort of getting to a nice hotel in Berlin the next day, in putting Willie into Dr. Null's hands and seeing the chill and malaria broken up. The Hulberts met us there and we had some delightful days in that beautiful city and among the Germans whom we found so kind and friendly.

On account of Willie's health, we decided to forego sight-seeing that we had looked forward to doing and to hurry on to London so as to take first reservations we could get on Atlantic steamer. We had good trip on fine train from Berlin to Flushing where we were to take boat across the English Channel to Dover. As train was to reach Flushing about eleven o'clock at night, I wondered how the children would like being aroused to go on boat. I had no reason to worry. English porters came on train: and without waking the children carried them to the clean white stateroom on the boat. I think they did not know that they had been moved. I had heard so much about the rough waters of the English Channel and had dreaded the trip. To my relief the water was perfectly calm and there was no motion to the boat that was unpleasant.

We secured rooms with private bath in a nice, quiet hotel in London and spent a week there before we could continue our travels across the Atlantic Ocean on the S.S. Teutonic of the White Star Line. Virginia hurt one of her knees while we were in the hotel in Berlin. It was difficult to keep her from using it too much, especially on the S.S. We were fortunate in being among a group of sweet, cultured Christian people. I shall always be grateful for the kindness, interest, and courtesy of those passengers as they helped us to care for the children.

While we were in Berlin we went to the famous zoo there, and Virginia got too close to the monkey cage and one of monkeys reached out and grabbed at her red hair ribbon.

We had a quiet trip across the Atlantic, reached New York on time, but found the weather terribly hot there. After attending to necessary financial matters there we left on the Penn. Railroad at night and reached Cape Charles in the morning. Found members of Willie's family on the pier who gave us a loving and warm welcome, and who took charge of us on the boat over from Cape Charles to Norfolk where were his mother and other loved ones.

Libby Alby Bull

1919

SOME INCIDENTS IN THE INDEPENDENT MOVEMENT IN KOREA

Ever since the occupation of the country by the Japanese in 1909 there has been quite a large number of the younger men of the country, specially among the higher and educated classes, who have ever held before themselves and their fellow countrymen the hope of regaining their independence. They have known the hopelessness of trying to gain their independence by force of arms without the help of some other country. In the first place, because, the Japanese have taken every precaution to keep all firearms from their hands, and secondly, even though they should be supplied with arms and ammunition they would be far inferior to the Japanese in numbers and training. Feeling the hopelessness of the situation they have refrained from any open demonstrations against "the powers that be," but have carried on a secret, systematic anti-Japanese campaign, keeping alive in the heart of the people a hope for the restoration of the independence of their country. This agitation has been carried on mostly by the young men of the country who have been educated in our Mission schools, in the Japanese public schools, in Japan, America and Europe. In fact the schools and colleges in Japan, which have been open to the Korean students have been veritable hot-beds of anti Japanese sentiment and political agitation. In brief, the modern education that the younger generation of Koreans has received both at home and abroad has largely been responsible for the present situation and has made them chafe under the rule—and in many case misrule—of another people, and has made them work night and day for the reestablishment of their country. A large number of high-spirited young men have so chafed under the present situation they have preferred to leave their country rather live under foreign rule on their own soil, so they have taken refuge in Vladivostok and other parts of Siberia, Manchuria, Shanghai. Hawaii and San Francisco. In these places they have kept alive the hope of independence by secret organizations, the publication of newspapers for the purpose of disseminating patriotic sentiment, etc. They have been in constant secret communication with one another and with the leaders in their home country and have thus ever fanned the flames of patriotism both from without and within. The one thing that they have ever kept before them has been "Watchful Waiting," that is not to attempt to do anything but simply wait for an opportunity, which they said would certainly come sooner or later. They have said: "It is only a question of time before Japan will become involved with some other country such as China or Russia (before Russia went to pieces) and we will take that opportunity to rise up and cast in our lot with the other side, and thus get our liberty. When President Wilson promulgated his Fourteen Points they said: "Here is our chance," on the strength of the article dealing with the rights of the peoples of the smaller countries for self-determination in government. So they planned to present an appeal to the Peace Conference at Paris, for a recognition of their independence. Thirty three of the leading men of the country, among whom were some of our most honored pastors, drew up "Declaration of Independence," (which has been published in many papers throughout the world) and had it scattered broadcast throughout the country. Dr S. M. Yi, a graduate of

Princeton University, who has been a refugee in America for sometime, together with some of his associates, made his way to Paris to present the claims of his people for independence. The Koreans in the country knew that the Japanese would do everything that they could to discredit the representatives at Paris and try to produce evidence that the country was perfectly quiet and entirely satisfied with the Japanese regime. In order to offset this claim which they knew the Japanese make they planned a number of demonstrations as a protest against the Japanese occupation of the country, the first of which was to take place on the occasion of the ex-Emperor's funeral, who, it is said by the Koreans, committed suicide rather than affix his seal to a wedding contract of a Korean prince to a Japanese princess. The demonstration in Seoul on the occasion of the funeral was carried out as planned. At this time, the city was thronged with thousands and thousands of people from all over the country who had come in for the funeral. The leaders of the agitation had circulated copies of the declaration of independence among the crowd and at the appointed time a great concourse of people assembled in front of the Governor General's Palace and in other important places in the city waving Korean flags and shouting "Hurrah for the Independence of Korea." This was going all over the city. The soldiers were called out, the crowds dispersed and a great number arrested.

I was at Chunju (our next Station) teaching in our Men's Bible school, when I heard that such demonstrations were going to be made. I at once wrote to Mrs. Bull, who has charge of our Girls' School in the absence of Miss Dupuy on furlough, advising her to keep a close watch on things so as not to let our girls get mixed up in it and to tell Mr. Linton so he could keep a close watch on the Boys' School. We have always tried to keep our schools from getting mixed up in political affairs for fear the Japanese would consider them hot-beds of anti-Japanese sentiment and rebellion. I wrote this letter referred to above and went down to the post office to mail it myself; then for fear it might not get to her I wrote another letter and sent it over by Miss Buckland who was going over to spend weekend at Kunsan.

Our Bible School closed on March 5th. I left Chunju on that date, arriving at Kunsan on the 5:20 P.M. train. Instead of going straight out to our home I went to the post office to see if I could not get some letters from our boy and girl in America. As I rode thro' the town on my bicycle I noticed what appeared to be unwonted excitement and crowds of people thronging the streets, especially groups of Japanese out in front of their stores and houses. I also noticed numbers of Japanese firedepartment going about the streets in their regalia and armed with something like long-handled pick axes that they use for pulling down burning houses. As, in all ignorance of what had transpired, I rode through the city I was impressed with the very evident lack of cordiality on the part of the Japanese I met along the way. It was very manifest from their faces that there was "something doing" and that they were not feeling especially cordial in my direction. I went on to the post office and got my mail and as I was coming back I passed in front of the police station where I saw a large crowd gathered. As I passed I saw the policemen bringing in, handcuffed, two of our hospital helpers. I had already guessed what was up but when I saw this I knew, but did not realize the real situation until I begin to ask a few questions. I had supposed that there had been a general demonstration in which the promiscuous public had taken part and that a number of the populace had been arrested. On making inquiry as to what had happened I was told that the police had made a raid on our Boys' School and had arrested the whole student body and all the teachers—which proved to be true.

March 6th, was market day in Kunsan and for some days previous, it appears, the school boys and teachers had been working industriously making Korean National flags and hundreds of copies of the Declaration of Independence in preparation for a big demonstration on market day. Like the Germans, the Japanese have their spies in every conceivable place and through their agents they got wind of what was in the air. Two days before the event was to be pulled off the Japanese policemen came out and got one of the weaker hospital helpers and kept him up all night and brought such pressure to bear on him that he gave away the whole thing, giving the names of all those who were implicated, exactly what they were doing, where they were doing their work and all the preparations that had been made for the occasion. The next day (the day before the demonstration was to come off) ten policemen came out and arrested the school teachers, searched the buildings and took possession of all the revolutionary literature they could find. As they were handcuffing the teachers to take them off to jail the school boys all crowded around saying: "If you take them you'll have to take us too, for we are all in it just as much as they." The policemen had not bargained for such a large contract and only wanted the leaders in the agitation, so they had their hands more than full with only ten to arrest over sixty. They started off to Kunsan with the teachers (we are about 2 miles out from town) and the whole student body fell in behind waving Korean flags and shouting: "Hurrah for the Independence of Korea" all the way into

Kunsan. The afternoon clinic was then in progress at the hospital and when the word came in that the teachers were being arrested the hospital helpers all threw off their gowns and caps and rushed out to where the policemen were tying up the teachers and said: "If you take them you will have to take us too as we are in it just as much as they." As they were proceeding to go a large number of very little school boys fell in too. The policemen said to them very roughly: "Go on back. What are you little things coming tagging on for?" They replied: "If you take them you've got to take us too because we also are Korean citizens." As they were tying up the teachers the school boys all crowded around so that the policemen pulled their pistols on them and threatened to shoot, on which the boys threw back their shoulders and thrust out their chests saying, "shoot, shoot." One of the policemen drew his sword on one of the teachers and threatened him with it. The teacher threw up his head and said: "Cut, if you like. This is what I have been working for for ten years."

As the procession came into town they broke up into several groups and selected strategic positions on street corners or public squares and began making speeches, calling on the people to rise up for the independence of their country. Soon a large number of policemen were called and the fire department was called out to disperse the crowds. This was what I ran into, ignorant of what had taken place, on my arrival at Kunsan. This is just one case of what took place all over the country, only the demonstration here came prematurely, a day before it was scheduled, and instead of thousands of people who would have been present at market and have taken part in the manifestation only the local population witnessed it and no others than our Mission school boys and teachers, the hospital helpers and a few of the local Christians in Kunsan took part in it.

The demonstration here was one of the earliest to come off so the Japanese dealt with it fairly moderately. A member of one of our sister Missions gave me an account of a demonstration that he witnessed. He said that on March 4th about noon he heard yelling going on down in the market place of the town in which he lives. He rushed down there to see what was going on. As he drew near he saw the Japanese fire department rushing the crowd with their hard-wood clubs and long handle pick-axes, striking right and left. He saw one man being dragged to jail with his brains protruding from a broken skull and a Japanese woman prodding him from behind and jeering as they went. Another harmless old man was struck across the back of the head with one of those heavy clubs and as he was falling forward another club took him across the face.

These demonstrators were absolutely unarmed. One man's jaw was knocked away around to one side and he was dragged to jail in this fix. Some of these were innocent bystanders, or those who had come out to the market in the ordinary pursuit of their regular business. Not a stick or stone, nor a hand or foot was lifted to offer violence, nor was a word of abuse uttered against those who were knocking them in the head like dogs. The leaders of the movement had urged the people to use no violence, but simply state their claims in words and offer only passive resistance. In a market village near this place the crowd was fired upon by Japanese soldiers and a woman who was coming along with a jar of water on her head was shot through the neck and fell dead in her tracks.

Another missionary said in my hearing that he was present at one of these demonstrations and saw a soldier make a lunge at an old man who was standing harmlessly by and as the old man made an attempt to get out of the way a Japanese officer plunged his sword into his back and as he drew it out the blood spurted. This friend left town before he found out whether the old man lived or died.

This movement has not by any means been confined to the Christians, but the Christians have taken a very active part in it, and the consequence has been that it has brought the wrath of the Japanese down on the church. The Japanese newspapers have been full of scathing articles accusing the missionaries of instigating the natives to rebellion. Of course the missionaries have studiously avoided in any way being mixed up in politics and have been very particular about doing anything that might be construed as encouraging the Koreans to rebellion against those in authority, as we have known that in case there was trouble a perfect howl would go up that the missionaries were at the bottom of it.

In many cases all over the country the attempt to suppress the uprising has resolved itself into a persecution of the church. It has not been an uncommon thing for a Japanese official to meet a man on the road or street and on being given an answer in the affirmative to the question: "Are you a Christian? to proceed to beat him up without further preliminaries or explanation. Men have been beaten and thrown in jail and kept there for several days without any evidence what ever against them of guilt of any kind simply because they acknowledged that they were Christians. In other parts of the country churches have been wrecked, some burned, Bibles torn up and tramped on and the people told to stop being Christians. A pastor and several elders in Kunsan field have been sent for by the Japanese officials and told to give up their faith, which of course they replied that they could not for a minute think of doing.

About fifteen miles from here there is a large market town and the population in the surrounding country had for some time waited to make a demonstration for independence but lacked organization and leadership, and for weeks the whole countryside had been looking to the members of one of our churches near there for leadership in such a demonstration. On a certain market day they went out to the market place loaded with hundreds of copies of the declaration of independence—what they had made on the mimeograph that they had borrowed (surreptitiously) from our Boys' School, and with a goodly supply of Korean flags. About noon when the crowd at market was the largest the leaders went in and out among the crowd distributing copies of the declaration, calling them to rally to the flag and shout "Mansei" (or a Thousand Ages) for the independence of Korea. There was a company of Japanese solders stationed near the market place to keep order. Even though they planned this demonstration knowing that they would probably be fired upon by the soldiers—in spite of the fact that they themselves were empty handed, not having so much as a stick in their hands with which to offer violence. At the appointed time they began waving their flags and yelling for the independence of the country. The soldiers heard the yelling and came rushing out firing off their guns into the air to intimidate the crowd, but nothing daunted they kept up their cheering. The soldiers then fired a volley into the crowd killing several and wounding others. At the same time the fire department was turned loose on the crowd in the market place and they ran everywhere knocking the people on the head with their heavy clubs and wounding many horribly with their pick-axes. One young man as a leader in the cheering was seized by a soldier and ordered to come with him to jail. He replied: "I have been guilty of no crime for which I should be arrested and I refuse to go." The soldier said: "If you refuse to go I will kill you on the spot." The young men threw up his head and threw out his chest saying: "You can kill if you like but you can not stop my cheering for my country." With this the Japanese soldier lunged his sword into his chest, and as he drew it out the blood gushed out and the young man sank to the ground. It is said that as the soldier withdrew his sword the young man said: "You have killed me, but for this deed God will bring your country into account." As he sank to the ground with his last breath and strength he cried: "Three cheers for the independence of Korea." There were six killed on this occasion, all of whom were Christians. One little boy, 13 yrs. old was shot through the arm and brought into our hospital. I went down to see him and asked him if he did not know that the soldiers would shoot if he yelled "Mansei." He said: "Yes, but I yelled anyhow." Two weeks after that, after he had suffered agonies with his arm, having to have it dressed every day and pieces of the bullet taken out, I asked him, "In view of all the suffering that you have gone through, are you not sorry that you took part in the demonstration?" He said: "No, not at all."

One of our school boys, who was released from jail, said he could not stand it outside with all his fellow students locked up for the sake of their country, so he went back and told the authorities that they would have to put him back in jail. There are thousands and thousands of Koreans in jail all over the country who could get out if they would renounce what they had done and promise not to take part in any more agitations but they will not accept such a proposition, saying that they propose to stay in prison until their country is liberated. This is the stand that our school boys, teachers, and hospital helpers have practically all taken.

Those of us who have lived and worked among the Koreans for years have been surprised how they have worked and planned this whole thing. Their organization (all secret of course) has been marvelous and though the country has been simply alive with spies they have carried on their propaganda night and day and have given the Japanese no end of trouble trying to keep up with it. Like Belgium, they have their little secret newspaper (called "The Independent Korea News") which makes its appearance periodically and though the Japanese have thousands of spies trying to find out where it is printed it still continues to make its appearance, much to their discomfort.

Some of our men who have recently been released from prison bring most distressing tales of what they suffered while incarcerated, and of what those whom they left behind are going through with. They are crowded in prison like cattle in a cattle car and suffering agonies for lack of air to breathe. Their cell, they say, was like a box for tightness, just two small holes near the top to let in a little light and air. We have heard reports from other places of intense torture by active aggressive methods, such as burning them with hot irons, holding their head back and pouring hot water down their nostrils, etc. These reports I'm not certain about but I know the Japanese well enough to know that they would not be above such and the only thing that keeps them from resorting to such, and worse methods on the wholesale is that they can not do it and cover it up from the world and they are very anxious to appear well in the eyes of the world and to have the reputation of being one of the civilized nations. However, they are past master in the art of applying persecution without putting their hands on the victims, and all done in the name of "rules and regulations" and law. If they tortured them by force the men would have marks on their bodies to show to the world when they came out and thus be evidence against them; but if they have been tortured they simply say that the reports that the Koreans give are all lies, made up out of pure spite and enmity against them, in order to discredit their government before the world: so they use methods that a really civilized people could not even think of, all of which might be called petty persecutions, no one of which amounted to much in itself but being kept up for a long time and in combination with others is terrible. They are crowded into these illy ventilated cells, made to sit on their knees with their feet back under them from six o'clock in the morning until they are ready to go sleep at night. They have to hold their hands on their laps and are not allowed to look to the right or to the left or speak to the person next to them. If they change their position or speak to the one next to them, the perfect bull-dog of a Japanese guard who is on duty night and day will whack them over the head or give them a cruel kick, or sometimes make them stick their hands out a little hole in the door and then whack them across the knuckles with a stick that they have for the purpose or put a stick between their fingers and twist them. The Koreans who have been in and come out say that the agonies they suffered is beyond the words and that death itself would be a great relief. They say that the horrors of the night are even worse than those of the day. That in the day they long for night and in the night they long for the day.

The Japanese have also taken this as an occasion to deride the

Christian on their religion. They say: "Where is your God that you believe in? Why does he not do something to help you?" One of our hospital helpers told me that as the police was tying him up he said: "Why don't you call on your god to help you and get you loose? Your old god is no good or he would come and turn you loose."

We rejoice that it is not by might nor strength, that as He has opened the prison doors in times past and loosed the captives and in His own good time and way He can and will use this despised people to bring great honor and glory to His Holy Name.

February 2, 1926.

Kunsan, Korea.

Dear Friends in the Homeland:

The days have been so short and the time so crowded since we have been back from furlough that it has seemed impossible to get around to half the things that we have wanted to do. Among the many things that have gone undone, awaiting a more convenient season, has been the writing of many letters. There are a great host of friends to whom we would like most sincerely to write personally, but this seems to be entirely out of the question so I am taking this method of communicating with you.

It is needless to say that our sojourn in the homeland was a great delight to us. After a separation of seven years from two of our children and three years from another one of them, the fact that we had them with us once more was enough in itself to insure our furlough's being a supremely happy one. But this was only one of the factors that contributed to make this furlough one of the happiest years of our life. While we were greatly disappointed in not seeing many of our friends whom we had hoped to see, it was a great delight to meet many, many of them and renew the ties and fellowship of days of yore. As it was our good fortune to spend this furlough at "Mission Court," Richmond, Virginia, we were able to meet a good many more of our friends than we probably could have done at any other place.

Not only was it a great joy and privilege to meet so many of our old friends, but it was also a special delight to make many many new, and now highly esteemed ones. Every one was so kind and lovely to us that it would have been impossible for our furlough to have been anything else than delightful; but as our life work is here in Korea and as we have learned to love this people very dearly we were, of course, glad to come back but that did not make it any the less hard to tell our dear friends in the homeland "good-bye" and again put a great continent and the broad Pacific Ocean between us and our three children whom we left on that side.

I was especially grateful, on returning to Korea, to be able to bring an auto back with me for the special work to which I have been appointed by our Mission. This was made possible by the generous contributions of a few individual friends and by the Hampden-Sydney College student body undertaking to raise among themselves and from the alumni of the institution the amount necessary to complete the fund.

I took the "Hampden-Sydney Gospel Car" and trailer down to Newport News and shipped it from that port on August 17th on the S.S. "Gothic Prince." This boat went around through the Panama Canal, stopping at ports enroute for Japan. We sailed from Vancouver, B. C. on September 17th or exactly one month later, arriving at Yokohama, Japan, on the morning of September 28th. As we entered the harbor at Yokohama we noticed another ship going in at exactly the same time almost right alongside with us. You can imagine our surprise and delight as we read the name "GOTHIC PRINCE" on the side of the ship through ship-glasses and realized that was the boat on which my auto was loaded and that it had met me at the entrance to Yokohama harbor and came along with me into the harbor. The car had to be trans-shipped in Japan, but reached here in fine shape a few days later. I am very grateful to say that on the strength of having used it in the U.S. I got it in without having to pay Custom's duty on it. I would otherwise have had to pay 35% ad valorem—including actual value of car plus freight, insurance and all other shipping charges. The car has already proved itself a great delight and comfort. I can now go out quite a distance in one day, keep an appointment and return the same day without being thoroughly played out when I get back, and tired and heavy all the next day, as I would often be after going out on bicycle to keep an appointment in the country. The car is a wonderful time and strength saver and enables us to carry on our work with much more comfort and convenience and makes it possible for us to take our native assistants and itinerating outfit along with us.

On returning to our house that had been closed up for about a year and a half we found things in pretty bad shape and lots of repairing needed. A thief had broken a number of the window sashes and affected an entrance into the house, but fortunately was detected and caught before he could get away with anything. The roof had leaked and some of the plastering had fallen and the house was generally in need of repairs and paint. As we found things in this shape it naturally took some time in the fall to get things in livable shape again. Then as I still have the oversight of a field almost fifty miles long, embracing twenty odd churches, the regular routine work of this field, together with teaching in our mid-winter Men's Training Class has made it impossible as yet to do anything special in the particular work to which I have been appointed by our Mission but I have a very full program and a very busy spring's work cut out for this spring. Besides quite a number of meetings in the organized churches I have several campaigns planned for populous centers where there are now no churches.

I have not as yet been able to perfect my organization but am working definitely to that end. You will be interested to know, I am sure, that I have recently received a letter from Mr. Homer Rodeheaver saying that he (personally) was sending me a complete set of instruments for a "Gospel Band" to be used in my evangelistic campaigns. This now leaves only the tent and folding organ lacking to complete the main items of the material equipment needed for my special work. I am sure though, that the Lord will provide those by the time I have the personnel of my organization completed and am ready to use them to good advantage. I have definite prospects of getting a very fine and well equipped young Korean as music leader. He is a graduate of our Christian College at Pyeng Yang and is quite a talented musician. He plays the piano, violin and cornet and is quite a nice vocal soloist. He will be quite an asset for our evangelistic campaigns.

I have been greatly encouraged since I have been back in seeing the manifestly very real interest in the churches and many evidences of sincere faith, spiritual life and vigor; also in seeing their sincere desire for revival meetings in their churches and a keen desire to cooperate in evangelistic campaigns in unevangelized territory.

With three of our children in the U.S. and Alby, our fourth and youngest, at school in Pyeng Yeng for the greater part of the year, Mrs. Bull and I are left quite alone in our erstwhile very lively house. If it were not for the fact that our hearts and hands are just so filled every hour of the day with the work for the Master and for this people we could not possibly stand the separation, and it is only when we think of what He has done for us that we are able to bear it.

In closing I would solicit most earnestly your continued interest in this special work to which the Lord has called us, that you will remember it constantly in your prayers. It is a special joy to think of myself as in a very special way your representatives and I assure you that if at any time you can find time to write to me it will be indeed a real pleasure to hear from you. It is always an encouragement to those on the field to know that we have the interest and sympathy of the dear friends at home and that we are being supported by their earnest prayers.

Yours in the Master's service,

W. F. Bull

Nashville, Tennessee, March, 1926.
Address: Rev. W. F. Bull, Kunsan, Korea.
Letters five cents postage, postcards two cents postage.

Kunsan, Korea.

Dear Friends in the Homeland:

When I sent off my last letter to you I had very little ideas that so much time would elapse before it would be followed by another. The reason for this long delay has been that I have had just so much to write about that I have not had time to write it.

I got home about dark yesterday evening from visiting the last of country churches. This visit finishes up my regular fall's work. This fall (and winter so far) has been exceedingly strenuous on account of undertaking to hold revival meetings and evangelistic campaigns in other parts of our Mission territory in addition to looking after the regular work of the twenty odd churches in my own field. While the work has been exceedingly strenuous I have enjoyed it thoroughly because this is the work that I have been particularly interested in for years and because of the wonderful opportunities of service that have been presenting themselves from all sides.

In line with the Mission's assignment, I have given practically every day of this fall, except such time as has been necessary for the visitation of the churches in my own field, to meetings in other parts of our Mission territory. I have assisted Dr. Knox, of our Kwangju Station, in meetings in his field, and Mr. Coit in meetings in Soonchun territory.

Mr. Coit turned over to me a small tent that he has had for years and as it has seen a number of years' use and abuse it is in a very bad state of repair. It is so small that it is absolutely inadequate to accommodate the crowds that gather for the meetings and so it is simply riddled with holes it is anything but weatherproof. With this tent, and other such makeshifts as we have been able to rig up for the occasions, we have held meetings in four large towns this fall. I have been assisted in all of these meetings by five of the "Rodeheaver Gospel Band." These are my colporteur and regular evangelistic helpers (including my country cook) whom I have had trained to use some of the band instruments that Mr. Homer Rodeheaver sent out to me for this purpose. Mr. Narh, the young man whom the Mission imported from Seoul for me, has done wonders in training this musical unit and it is astounding how well they have learned to play in so short a time and with no knowledge of western music to begin with. Their music has been a great attraction to the crowds and has added greatly to the access of the meetings. They have paraded the towns in advance each day, advertising the meetings, and have added greatly to the meetings by furnishing really splendid music. On market days, when vast throngs of people would be in town, we would select a place from which to speak (maybe porch, a wagon or some other elevation). The band would then march through the market-place playing ("Marching Through Georgia" is their favorite march) and a curious crowd would soon fall in and follow them to the place we had selected for preaching. We would then sing a song or two to draw a still larger crowd and then we would deliver the message that we had come to bring.

Three of the meetings were in connection with established churches. We had large crowds practically every night, the tent being full and people standing outside listening. Many times the tent would be packed so full that they could not possibly sit down but would stand all through the service literally packed in, touching elbow to elbow and shoulder to shoulder; and there would be large crowds attending outside who would stay through to the very close of the meeting.

There was fine attention at all of these meetings and much interest and many decisions. We have had most encouraging letters from all of the places that we visited stating that quite a goodly number of those who had come out during the special meetings were continuing faithful and that the churches themselves had been greatly refreshed.

I suppose our meetings at Mokpo were the most important and far reaching. In November a large Industrial and Agricultural Fair was held in that city. I was asked by Mokpo Station to come down with my assistants and help them in an evangelistic campaign during this fair; so we went down with tent and the rest of our campaign outfit, such as it is, and conducted meetings for nine days, having services three times each day, viz., morning, afternoon and night. The Helpers and Leaders from all over Mokpo territory came in to take part in these meetings and did splendid work in rounding up the crowds, selling Gospels, distributing tracts and in the personal work. There were great throngs of people from all over the southern end of Korea in Mokpo at this time and it was a great opportunity to reach multitudes of individuals and a widely scattered territory with the Gospel message. The tent was packed at practically every meeting, with large crowds standing outside. At one of the meetings one of the Helpers counted nearly 400 people standing outside listening because they could not get in the tent.

There was not a single service during the nine days at which there were not some decisions for Christ and at most of the services quite a goodly number made decisions. During the meetings over 1000 Gospels were sold and many thousands of tracts given away freely.

Since opening her doors to foreign intercourse, Korea has ever been a remarkably fertile soil for the Gospel seed, and earnest, faithful seed sowing has never failed to bring a rich harvest; but I have never seen in my twenty-seven years in Korea a time when the people were more open to the Gospel message to a plain, fearless preaching of the TRUTH than they are today. This is due to a great extent to their hopeless economical and political condition. They seem to have come to realize the absolute hopelessness of their case from a human standpoint. It does not take much arguing to show them that they have gotten themselves in their present condition by their sins and that their only hope is in repentance and turning from their sins to God.

There are today three distinct types of thought in Korea. The first is prevalent among a certain type of young men, vis. Bolshevism. The second is that of pure materialism and manifests itself in out and out time-serving or catering to the Japanese for the sake of positions with salaries attached. These two parties, while constituting quite a large number in the aggregate, are only a small proportion of the population. The third class is that of the great rank and file of the people. They are not in sympathy with the extremes of Bolshevism nor are they as yet reconciled to the Japanese occupation of the country, but on the other hand feel very keenly the desperate economical situation. Their feeling of extreme helplessness and their interest in the Gospel message when it is pronounced makes it very plain that this is another God-given opportunity. Can we not press in now through this wide open door and have another great ingathering for the Master?

The great demand from all over the country for special meetings is striking evidence that there is not only the great need that is always present but a general realization that this is another day of great opportunity in Korea; but going at the rate we have been going, i.e. only giving part time to this work, it will take us five years to get around to all of the places that have asked for meetings. The Mission is therefore calling for a man to take over my field so that I can be released to give my entire time to this special work.

I am writing these facts with the hope of enlisting your special interest in this particular work. I would first of all ask for your very earnest prayers that the Lord will be with us in power in all that we undertake for Him, for we realize that "It is not by might nor by power but by Spirit, saith the Lord".

While this is a wonderful opportunity there are also special needs. The first is for a larger and better tent and equipment. We estimate that about $300.00 or $400.00 will provide this. Then we need help on the maintenance or running expenses of these meetings. Not including the salaries of the men who are associated with me in this work, it costs about $50.00 for transportation and other incidental expenses for a meeting of a week or ten days. This includes the running expenses, or upkeep, of the HAMPDEN SYDNEY GOSPEL CAR, which, by the way, has been doing fine service in getting our "Gospel Band" from place to place, and has been a great saver of time and strength and a wonderful comfort to us all. It has negotiated some pretty rough roads and tough propositions but has also proved equal to the occasion and I hope will continue to do so for a good many years to come.

All of our Korean Helpers are paid very small salaries; so, with their families to support, they have to practice the utmost economy. Their Korean style of clothing is exceedingly impracticable and in the long run is not especially economical. It is therefore a great boon to them when they can get American clothes. These are not only much more serviceable and sensible but give them a much more modern and up-to-date appearance, and this in itself is quite an asset as most of the more progressive and up-to-date young men, such as teachers, employees in banks and other public positions, are wearing American style clothes. As our Helpers can not afford to buy American style clothes they are always delighted to get presents of second-hand ones. Anything that you could part with in the way of suits, overcoats, sweaters or shoes, I assure you would be greatly appreciated and highly prized and they can get lots of good service out of anything of that kind that you might send for them. You need not hesitate to send because of being decidedly worn or quite out of style, for we are not very particular about keeping up with just the latest style in America, e.g. even though they are wearing broad toed shoes in America now (unless they have changed since I left the U.S. a little over a year ago) very pointed ones will give splendid service here and the wearer will be just as happy as though they were Hannan's or Florsheim's latest production.

Such article can be done up in packages and sent by parcel post without very much trouble or expense, just any time, whenever you happen to have anything of this kind that you would like to pass on, and I assure you they will be highly appreciated by the men themselves and that I will be delighted to get them for them. Even though you may not have anything of this kind on hand maybe you could get someone else interested, e.g. the members of your Bible Class or Brotherhood. In case you should send anything of this kind be sure to mark the package plainly "SECOND-HAND CLOTHING—Gifts, No commercial value". If they are declared thus they will come through the customs here free of duty.

Praying that the Lord will continue to bless our united efforts to serve Him among this people, I am

Yours in His service,

W. F. Bull

Nashville, Tennessee, January, 1927.
Address: Rev. W. F. Bull, Kunsan, Korea.
Postage: Letters five cents, postcards three cents.

February 15, 1927.

Kunsan, Korea.

My dear Friends in the Homeland:

As it has not been so very long since I sent a letter to our "Correspondence Department" in Nashville, to be sent out to you, it is rather soon to be following it with another, but as I am soon to start out on my spring work I am writing now while I have the opportunity, for after the spring's work begins there will be very little time for letter writing.

A short time ago I was asked by the Editor of the "Christian Messenger" (our Korean Church paper) for an article on "Present day Evangelism in Korea". I gave the article also two pictures that I had for illustrating same. After they were through with the cuts I had some postcards printed and am sending you a copy of each, feeling sure you will be interested in seeing them.

The instruments with which the "Gospel Band" is equipped were sent out by Mr. Homer Rodeheaver, who has been in Korea and is especially interested in this work. The young man standing in front with black coat and white trousers, with baton in hand, is my secretary and music leader, Mr. Narh. He is a very talented young man and has accomplished wonders in training the others. They are now making really good music and adding greatly to our campaigns, i.e. those who accompany us.

The picture of the crowd coming out of the tent gives you a pretty good idea of our congregations, only, the photographer succeeded in getting just the men's side, leaving the women out almost entirely. In Korea the men and women are always separated in public gatherings, each on their allotted side of the building, or tent (wherever the meeting may be held.)

We have great joy in these meetings in seeing many coming out and accepting Christ as their Saviour, but we also see many sad and distressing sights, e.g.:—During one of the meetings at which this picture was taken a young woman with a very pretty face, but an exceedingly pitiful and dejected appearance, came in the tent, came well forward and took a seat near the front. Her appearance haunted us all through the service (and still does) as she sat there looking inexpressibly sad and forlorn. As soon as the service was over, one of the lady missionaries who was helping in the meetings, with her Bible Woman, went to this young woman to talk to her and to see what could be done to help her. They found that she had been an inmate in one of the public houses in that town, had become diseased, so no longer profitable to her master, and had been cast out—a piece of human wreckage, to suffer untold misery in a cold and heartless world.

During these same meetings we were told one morning, before going out to the tent, that we would not be able to hold service that morning, because an opium addict had died in the tent the night before, and the police would not allow the body to be moved until the coroner's inquest was completed. On investigation we found that this man was a boarder in a house just across the street from our tent and that his landlord had put him out in the cold and rain, in the middle of the night, because he could not pay his board bill. A policeman came along and found him down on the ground in the street, suffering intensely from the cold and his body racked with untold agonies because he did not have the opium that his wrecked nervous system was crying out for. The policeman dragged him across the street and into the tent to get him out of the cold and rain. The man was suffering intensely and begged the policeman to get him some opium to relieve the pains (which they have when they can not get the dope at the proper time). The policeman went off to get the dope but before he could be back the man had died in our tent.

These are simply two illustrations of some of the pathetic things we see almost daily, and the depth of sin and degradation from which we are trying to reclaim some, and which we are trying to save still larger numbers from ever getting into.

In their hopelessness, which arises from the political situation and their economic extremities, there is a strong tendency, (over and above that which is natural to the human heart) to plunge desperately into all sorts of vice and reckless debauchery. There never was a time when they needed more to be pointed to "Him who is able to save to the uttermost", or when a message of comfort and hope could get a more ready and responsive hearing. Will you not therefore remember us very definitely in your prayers that the Lord will own and bless our labors for Him to the salvation of a great multitude of those whom Satan has bound with chains stronger than iron and chains that only the power of the Son of God can break?

Yours in the Master's Service,

W. F. Bull

Nashville, Tennessee, March, 1927.
Address: Rev. W. F. Bull, Kunsan, Korea.
Postage: Letters five cents, postcards three cents.

PERSONAL REPORT of W. F. Bull, 1926-1927

We would begin our report with praise and thanksgiving to Him from whom all blessings flow for a year very full of good things. The past year has been a very happy one because it has been a very busy one. We are also very grateful for the many temporal and physical blessing that we have received. The Lord has blessed our entire family with good health and strength and has given us wonderful opportunities for service, the year being one of almost uninterrupted activity.

As soon after Annual Meeting as we could get off, which, on account of Mrs. Bull's school was not till middle of July, we went off on a vacation to Wonsan Beach. This was the first vacation (not counting furloughs, of course) that we have taken as a family in twenty seven years. We enjoyed the change and rest to the very fullest extent, but especially the fellowship that such a place affords.

Returning to the Station in the early part of August we spent the rest of the summer at home, attending to repairs about the Station and in helping Mrs. Bull get things in shape for the opening of the Girls' School, and in plans for the fall work.

The month of September was largely taken up in attendance on meetings of General Assembly, Presbyterian Council, Federal Council. etc. Returning from these meetings there were only a few days left before the fall work began in earnest. Beginning with Oct. 2nd. we have the great pleasure and privilege of assisting Dr. Knox in meetings in Wha Soon Umnai and Mr. Coit in meetings in Kurei and Koksung Umnais. These meetings were all well attended, much interest manifested and many professed faith in Christ.

In November, on invitation of Mokpo Station, I took my tent and band of evangelistic workers down to that city to assist in an evangelistic campaign that Station conducted during the large industrial and agricultural fair that was held in that place at that time. We had three preaching services each day for nine days. At practically every service the tent was packed to capacity with crowds standing around outside listening. At one service one of the helpers counted nearly four hundred people standing around on the outside of the tent. There were present in Mokpo at this time thousands of people from all over the southwestern end of the country who had come to attend the fair. There was not a single service at which there were not some who expressed a decision to believe and at most of the services quite goodly numbers held up their hands in indication of their purpose to believe.

This spring it was my privilege and pleasure to assist Mr. Winn in meetings in Nam Won and Oon Pong Umnais. At both of these places we had good crowds and interest and the churches in both places seemed to be greatly refreshed and encouraged.

About the most outstanding event of the year has been the series of meetings in Puan Umnai, in which I was most ably assisted by Rev. Kim Ik Doo, the famous Korean evangelist. The work in that place has for some years past been a source of sorrow to all who have known anything about it. Though the Christians here have been comparatively few in number they have been apparently hopelessly divided into two factions. So sharp has been the division that they found it impossible to worship together, so one faction separated off from the other and organized a separate church, putting up quite a nice church building. Though the case has been up before Presbytery for several years and several different committees appointed to adjust the differences and bring about a reconciliation, the case has seemed hopeless. The situation there has been a great stumbling block and an insurmountable obstacle to the growth of the church and has consequently rested heavily upon our hearts for some years and we have been much in prayer concerning it. In April we were fortunate in getting the services of Rev. Kim Ik Doo. He came to us in the power and demonstration of the Spirit and as a result of his earnest efforts both churches got a great blessing and before the close of the meetings both congregations were dissolved and reorganized into one congregation. They are now very happy in their reconciliation, and in their new love and enthusiasm are planning to call a pastor, for whose support they are assuming the entire responsibility. The call will probably be presented at this meeting of Presbytery. We are praying most earnestly that these good results may be lasting and abiding and that the Adversary may not get in any of His handiwork and stir up more trouble.

Next to the meetings in Puan that which has given me more pleasure and gratification than anything else during the year was my visit to the Theological Seminary at Pyeng Yang. It has been the custom for several years past to discontinue the regular studies of the Seminary for several days each spring and to give up the entire time to meetings for the students and Korean pastors who come in for post-graduate work. I received an invitation last November to come up and conduct these meetings for them this spring. It did not take me long to decide to accept, for this is such a wonderful opportunity that any one with a message would covet it. These men, of course, are outstanding, representative men from all over the country, being Helpers, Elders, Leaders and Pastors, and in speaking to them one feels that he is speaking to practically the whole country. He is at least speaking to representatives from practically every section of the country. I had three meetings a day with the men and the afternoons were given over to conferences with the men who came in groups, or individually, to talk about matters that were on their hearts.

From the visitation of the churches in my field, from the experience and observation in evangelistic campaigns extending over quite a large section of the country, from conferences with other workers especially with the men during the meetings at the Seminary, I have come to know that there is a very great need for a real revival in all the churches and in all the fields throughout the country.

While the churches are apparently flourishing, so far as outward appearances are concerned, i.e. numbers and organizations and even certain lines of activity, there is sore need of revival. It has been brought to my attention that even the church officers, elders and others, are becoming so engrossed in making money, in their business interest, etc. that they have not much time for church work and spiritual matters; and that on account of the desperate economic condition that the Korean people find themselves in they are so taken up with the matters of living that the rank and file of the church members have been losing sadly in spirituality for some time, that earnest efforts to reach their fellow countrymen, such as has been characteristic of the church in times past, have been sadly lacking. While these things are true there is a most decidedly encouraging phase of the situation, viz. that there is a wide-spread realization of the situation and a very earnest desire on the part of the church leaders as well as the rank and file of the church members for something better—a real, sincere realization of the need and an earnest desire for a genuine revival. This realization and desire on the part of the Christians is brought to our attention in a very special way—by most earnest and repeated request from all over the country for us to come and help them in revival meetings.

I am also convinced from somewhat wide observation that the time is now particularly ripe for a revival. While there are very many discouraging things in the present day conditions in Korea. I am convinced that there has never been a better time for the preaching of the Gospel than that of today.

In addition to the special evangelistic meetings that I have been privileged to have part in I have visited all the churches in my field as usual for the regular fall and spring examinations, the administration of the sacraments and other administrative matters. My field falls naturally into three sections, being divided from each other by large rivers. The churches in each of these three sections are organized into circuits and there is a native helper over each of these circuits who is on part Mission and part church pay. There are also three native pastors in my field who have oversight of five of these churches. None of the pastors receive anything from the Mission in the way of support.

As usual our mid-winter Men's Training Class has been one of the outstanding features of the year. There were a large number of men in attendance. Rev. Kim Sang Chun of Song Do (So. Methodist) and Rev. Mr. Koons of Seoul came to help us in this class, both doing excellent work and the men all got a great blessing and went back home greatly refreshed and stimulated for another year's work.

During the year I have received ___ into the catechumenate and baptized ___ adults, while my Korean colleagues, the native pastors in my field, have received ___ catechumens and baptized.

Rev. Whang Chain Sam, one of our Korean pastors, has visited the churches in Mr. McEachern field this spring and reports ___ received into the catecheumenate and ___ baptized.

Respectfully submitted,

W. F. Bull

October 25, 1927.

Kunsan, Korea.

My dear Friends in the Homeland:

I am now at home for just a few days before I start out for another series of evangelistic campaigns and revival meetings. I came in just two days from holding meeting in Messrs Talmage's, Newland's and Hopper's fields. There are things stacked up almost mountains high that I must attend to before I get off on this next trip, but it has been so long since I have written that I am letting everything else go for the present and giving this letter the right of way over everything. The days and even the nights have been so full that it has seemed impossible to find time for letter writing, but I had no idea that I would let the entire summer go by without writing to tell you something about the spring's work, especially as there has been so much of interest that I wished to write about.

In April I got Rev. Kim Ik Doo, the famous Korean evangelist, to come and help me in some meetings in Puan, the largest town in my field. The work in this place has for some years been a source of sorrow to all who have known anything about it. Though the Christians there have been comparatively few in numbers, they have been apparently hopelessly divided into two factions. So sharp has been the division that they found it impossible to worship together, so one faction separated off from the other and organized a separate church, putting up quite a nice church building. Though the case has been up before Presbytery for several years, and several different committees appointed to adjust the differences and bring about a reconciliation, the case has seemed hopeless. The situation in the church there has been a great stumbling-block and an insurmountable obstacle to the growth of the church, and has consequently rested heavily upon our hearts and we have been much in prayer concerning it. To make a long story short, both factions got a great blessing and on the last Sunday of the meetings the separate congregations were dissolved and reorganized into one church, the new officers being elected almost half and half from the two factions. They decided immediately to call a native pastor which they did, and are supporting him entirely among themselves. They are, of course, quite happy in their reconciliation and the church has taken on new life.

Next to the meetings in Puan, that which has given me more pleasure and gratification than anything else within the last six months was my visit to the Theological Seminary in Pyeng Yang. In May I was invited by the faculty to come up to hold some special meetings for the Seminary students. Five days were given to these meetings, and during this time all the other work of the Seminary was suspended. The Seminary students are a body of very choice young men, representing practically all sections of the country. They are either college graduates or men who have had some years of experience in church work, either as Helpers or unordained Evangelists. I had two meetings a day, morning and evening, with the afternoons set aside for conferences with the men, who came either singly or in groups, as they chose. This was indeed a great privilege and a wonderful opportunity, i.e. to influence such a fine body of men, and through them reach such a large and far-reaching congregation.

Besides visiting all the churches in my own field for the regular spring visitation, I had the privilege of assisting in meetings in Mr. Winn's and Mr. McEachern's fields.

You will no doubt be interested to know that the "Hampden-Sydney Gospel Car" is still in fine condition and continuing to give most excellent service. I am now confident that the Lord led me very definitely to get a Dodge Bros. car rather than a Ford, as I originally planned, for the amount of baggage that I have to take, including tent, poles and equipment, country itinerating outfit (viz., food box and cooking utensils, folding cot and bedding, in fact everything that I need for creature necessities, even taking my own washbasin with [illegible] native helpers and their baggage, including their instruments, makes a load that two Fords could hardly carry. Up to this present I have been able to load all this on my car, by piling it on the running boards and on an improvised luggage carrier on the rear. By taking all of the upholstering out of the back I have been able to load my tent in the back of the car and have four of my helpers sit tailor fashion on top of that, and have not had to use my trailer; but as my new tent is so much larger than the old one I will no longer be able to carry everything in the car but will have to begin using the trailer—which I am planning to do on this trip.

On one occasion I was especially grateful that I had such a sturdy and faithful car as a "Dodge." On our way to Oon Pong, in Mr. Winn's field, we had to ford a mountain stream. When we got to this stream we found that it was badly swollen from heavy rains of the day before. A Ford jitney had come across the stream from the opposite direction in the morning, so we thought we could cross too; but we failed to take into consideration that the Ford was an old style one and very high up off the ground and that as they came down they came with the current. Thinking that I could probably make it, I started across, but had to go diagonally up the stream, and as the current was quite swift, this, of course made the water bank up in front of my car. As I got out in the middle of the stream the water was up over my running boards and banked up almost to my headlights in front, my engine went dead on me. I was afraid that water had gotten in the carburetor or magneto and that the engine was out of commission. I had visions of calling a small army of Koreans and having them haul me out with ropes, etc., but thought I would give it at least a trial, so put the gear in neutral and stepped on the starter. Well, you can imagine my delight when the engine started up just as though nothing had ever happened. There were so many big rocks on stream bed that I was having to go very cautiously and I had simply failed to give the engine enough gas and the tremendous force of the stream against me had simply stalled the engine. I then decided that "discretion was the better part of valor" and backed to dry land and went back to the nearest town and spent the night there and went on to our destination the next day, after the water had subsided. On this and many other occasions I have been very grateful that I have had such a sturdy and reliable car to depend on.

You have no doubt heard of the very great cut which our Executive Committee have been forced to make on our budget for next year. On account of the financial straits in which they find themselves they have had to cut our next year's budget 30% <u>below the budget we are running on now</u>! This cut is equal to withdrawing the support of two whole Stations out of our total of five. Our schools, hospitals and evangelistic work will all have to suffer. It strikes me especially hard. I am praying that in some way that I can not foresee, the Lord will make it possible to avert this cut. Will you not join me in this prayer; as larger and larger fields of usefulness and service are opening up all the time?

While it is impossible to write all the personal, or individual, letters that I would like, I assure you that it is always a great pleasure to get your letters.

Again requesting very earnestly that you will remember me and my Helpers in the special work that we are trying to do, constantly in your prayers, I am

Yours in the Master's Service,

W. F. Bull

Received at Nashville, Tennessee, December, 1927.
Address: Rev. W. F. Bull, Kunsan, Korea.
Postage: Letters five cents, postcards three cents.

My dear Friends,

I am having sent to you through the "Correspondence Department at Nashville, Tennessee, Mr. Newland's "write-up" of the meetings that we have recently held for him in one of his churches. He sent this to me and suggested that I send it to some of my friends at home who would be especially interested.

I am sending this to you so you can see, to some extent, through the eyes of another, what we are trying to do and to ask for a continued interest in your prayers for this particular work.

Yours in the Master's Service,

W. F. Bull

Received at, Nashville, Tennessee, December, 1927.
Address: Rev. W. F. Bull, Southern Presbyterian Mission, Kunsan, Korea.
Postage: Letters five cents, postcards three cents.

Mr. Bull's Evangelistic Campaign

"They were as sheep not having a shepherd;
and He began to teach them many things."
Mark 6:34.

Before the little straw thatched church is the big tent. From out its cloth walls comes the marching song of the Church—"Onward Christian Soldiers," played lustily by a band of seven pieces that occasionally gets off the key, often runs in some notes that had not been thought necessary by the composer of the music, but not once does the enthusiasm flag nor do they wait for an encore. The man with the alto horn is a colporteur and has sold books all day; the one with the bass horn is the servant of the leader and has spent the day cooking meals and doing odd jobs around the room where the minister is staying. Two helpers, with large country fields, play the trombone and second cornet, while another colporteur and a school boy vigorously beat the bass and snare drums. The only man in the band with any musical training is the first cornetist who is also soloist, organist at times, and secretary to the revivalist.

As soon as the first strains are heard in the surrounding village the crowds begin to gather. In the van come the ubiquitous children romping and whooping as they troop into the tent. Following them are men and women from every walk of life. The coolie looking for a little diversion after a day of back-breaking toil. The farmer with the smell of his fields still clinging to him; a crowd of intensely self-satisfied clerks who manage to emanate an air of condescension on the whole meeting by the honor of their presence. Old grey haired men come with apparent reluctance but as they enter look around with the eager stare of children and gape at the brightly lighted interior.

But the women—old women, young women, bent and worn women; gaudily painted, gaudily dressed, bold eyed women; mothers with their babies on their backs, young giggling school girls; irresponsible, fusing children; the ugly, the attractive, the stupidly ignorant and the bright faced intelligent women;—these are in the majority and are swarming into the part set aside for them.

On the floors (i.e. the ground) are huge straw mats, ordinarily used for drying rice, and on these the fast gathering crowd which has a constant tendency to mill and run into confusion, but which is kept orderly by a band of Christian workers who stand at the front and see that all find places.

A petty officer or a rich man makes his impressive entrance at the door and immediately the poor and the coolie rise and pay humble obeisance, for does not their livelihood depend upon the favor of these hard faced, drink blated men, who appropriate as their right the few benches placed on the side of the tent nearest the front.

A baby cries lustily and is loudly h-u-s-h-e-d by a half dozen women, an incipient fight starts among the boys while a girl begins to express her uncensored opinion of the seat mate. A bunch of big school boys and supercilious clerks start making audible remarks to show all that although the whole affair is beneath their notice still they are willing to add luster to the event by their shining presence.

All this time the band has unflaggingly played "Onward Christian Soldiers" over and over again until at last the big tent is filled and a mahogany tinted wainscoting adorns all three sides. One thousand wandering sheep are present to hear, many of them for the first time, about the Good Shepherd.

Then when all is ready the preacher enters to begin the service. Few men are qualified [illegible] Mr. Bull to lead a meeting in a tongue as alien [illegible]. With a magnificent command of the language, with a burning love for souls and a rare gift of appeal he is today one of the outstanding revivalist of Korea.

The meeting begins with enthusiasm by singing familiar hymns which are printed on large sheets of paper and held where all can see them. This part of the service appeals especially to the children for they can all of them yell at the top of their voices and yet in some way marvelously blend into a tune that fairly thrills the listeners.

After a prayer the meeting is on. Gradually the look of wonder at the fact of a foreigner speaking Korean, which has set on the faces of the old men, passes; soon the supercilious glances that have been passing between the young men fade out. The school children sink into quietness, the pushing and jostling cease and the great audience of over 1000 are swept along by the tide of the soul stirring message that pours from the lips of the speaker and flashes from every impassioned gesture. A ripple of laughter breaks out as some telling story reveals the foolishness of heathenism, a series of clucks and the sharp intaking of the break follow a story that arouses their sympathy.

For an hour they drink in the story of sin and salvation, and open thirsty minds to the story of a Saviour's love. Out of the darkness of soul stupefying heathenism they catch a glimpse of the new life in Christ Jesus, and for the first time from out of stony path and flesh tearing briers they hear a seeking Saviour. All over that great audience go up eager hands as they are asked to believe that tender Shepherd, while quiet and courteous Christians take down their names and addresses that they may be sought out and taught still more plainly the Jesus Doctrine.

For a week such a service has been held in one of my churches and a whole community is now throbbing with new excitement and in many cases with new life. Mr. Bull is doing this strenuous work in addition to his heavy field work and is laying our whole church in this country under a great debt to his fine ability as an evangelist to the Koreans.

Our Korean church needs reviving today as never before. We must get out and make vigorous efforts to find lost sheep before the ravening and multiplying pack of wolves destroy them body and soul. Here is a new attempt that we are making and one that is meeting with marvelous results. Surely we will be told to expand this plan in our work as rapidly as possible. Yet—Mr. Bull has to lose his secretary—music-leader from next April on because of our 30% cut which allows for no new developments or expansion. The lack of funds will stop or at least reduce to a mere trickle this fruitful stream of effort.

He will lose other members of his band which is so useful in gathering in the crowds for he will have a fourth of his helpers' money cut off, while we who want him to come into our fields will either have to bear the expenses personally or miss this great opportunity of winning souls for lack of funds.

The Master says: "Feed my sheep," but "How can they preach unless they be sent?"

L. T. Newland

Kwangju, Korea.

1928

PERSONAL REPORT: To Kunsan Station: 1927-28.

I feel constrained to begin this report with "Praise God from whom all blessings flow," for truly the past year has been full to overflowing with blessings of every kind and description. In the first place we would praise Him for the splendid health that He has given us, and that He has allowed us to "carry on without any special interruption.

Due to His goodness in granting us such good health, we have been able to plan a very full and strenuous program and carry it out without any special interruptions. For all of which we praise His Holy Name.

Returning from Anl. Mtg. we were at home until the closing of the Girls' School, in July, when we went to Wonsan Beach for a highly welcomed rest and change. We could only spend about three weeks there, but we found the rest and recreation, especially the fellowship of that place, most delightful and refreshing. We returned to the Station feeling much "fitter" to take up anew the responsibilities of the work.

Besides the regular fall and spring visitation of the churches in my field we had the pleasure and privilege of conducting evangelistic campaigns at Tam Yang, in Mr. Talmage's field, at Song Chung Ni in Mr. Newland's, at Yeng Am in Mr. Hopper's, at Wah Ri in Mr. Harrison's and at Man Kyeng in my own field. At all of these places we had large crowds, much interest and many decisions.

Mr. Talmage writes under date of April 18th.(six months after our meetings): "Just a line while I think of it, about the results of your meetings at Tam Yang. I am overjoyed at the steady growth of the church. Many new ones have come into the church. On last Sunday we called a pastor, elected an elder and deacon, received five or six by baptism and many as catechumens. The church was crowded."

Following the meetings at Song Chung Ni, Mr. Newland wrote: "A whole community is throbbing with new excitement—and in many cases with new life."

The church at Wah Ri had been closed for some months, but for six months since the meetings there they have met regularly, with an average attendance of about sixty.

On the whole the conditions in the churches throughout the entire fields are most encouraging. Churches that have seemed just about dead, or absolutely hopeless, have taken on new life and show decided signs of a healthy and happy growth. The church at Kummusan has seemed hopeless for some years until finally they closed their doors and ceased to meet, (and the church seemed dead forever;) but this spring they have resumed worship and when I went to visit them on a week day at eleven o'clock in the morning I found a congregation of nineteen assembled for worship, and observed decided signs of new life and zeal.

Some years ago a church was established in the village of Kosa, which is composed largely of families of "Choi" clan, or tribe. They are, professedly, ardent followers of Confucius and zealous ancestor worshipers and were bitterly opposed to a church being established in their village and bound themselves together with an oath not to have anything to do with the church, and agreed to ostracize any of their family or village who had anything to do with the church. On one occasion when we tried to have some special meetings in that church we met with very strenuous opposition. The head-man of the village sent around orders forbidding anyone to attend the meetings and put men at the roads (or streets) leading to the church to turn back those who wanted to go, and actually came and called out some who had slipped by the guards and gotten into the meeting. Even such strong and organized opposition as this has been overcome and during the past year this church has experienced a steady growth. When we visited the this spring we found the church well filled with a wide-awake congregation who are planning still further triumph over the adversary, and planning this fall to put up a nice new church building.

The church at Tai Tong Ni has also been pitifully weak for some years. Located in a large village composed largely of a very conservative class of Yang Bans they had, apparently, not made much impression on the villagers, but when we went there a few weeks ago we found that they had, entirely at their own expense and on their own initiative, more than doubled the size of the church and that there was a decided awakening of interest, not only on the part of the church members, but also on the part of many who have hitherto been completely indifferent or openly antagonistic to the church.

The congregation at Tumal, which has only about twenty odd baptized members, in it has recently built a beautiful little church, worth about 1,500.00 yen. They are just the average farming class and accomplished this great feat through their zeal and consecration. One of the most gratifying things of the year is the final, and I hope complete reunion of the two churches in Puan Umnai. The church in that place has been, almost hopelessly split by dissention, practically defying all effort to reconcile them. Last spring, as a result of special meetings conducted by Rev. Kim Ik Doo, they decided to "bury the hatchet" and reunite in one congregation. They at once decided to call a pastor and secure the services of Rev. Yi Kun Ho, a recent graduate of the Theological Seminary. The two church buildings, which had been, largely, the bones of contention, have been torn down and the reunited congregation are enjoying worshiping together in a nice new, large church.

In May I spent three weeks holding meetings in Mr. McEachern's field. We spent a week each at Ya Ryong, Ung Chun and Nampo Ummai. At each of these places we had large crowds, much interest and many decisions. Between forty, and fifty new names were enrolled at each of these places as a result of these meetings. The weak little churches themselves were greatly encouraged and strengthened, and the nearby churches, including the Methodist church at Poryung, enjoyed greatly the benefits of the meetings, large delegations coming each night to attend them.

We had a very interesting experience at Ung Chun. While we were there a show came into the town. There were twenty odd in their troupe. They spent the afternoon vigorously advertising their show. The local Christians and even our own corps of workers were greatly discouraged, feeling that this attraction would just about empty our tent and break up our meeting. Even though they were charging admission they felt that the crowd would go to their tent and not come to ours. Early in the evening our men went out to our tent, which was pitched on the hill side, and began playing with great zeal and enthusiasm. The show had pitched their tent down in the market place and their band was playing vigorously to drum up a crowd for their performance. About time for our meeting to begin the people began coming up the hill and into our tent. Soon our tent was filled with about the biggest crowd that we had had at that place. They were still playing their band down in the market place, but they succeeded in selling only three tickets —so they decided to call off their performance for that night and all their troupe came up to our meeting. The next day they packed up bag and baggage and went on to another place. The local Christians, as well as our helpers, were all greatly rejoiced that the devil did not triumph over us that night.

As I have gone around among the churches I have observed an almost universal spirit of hopefulness, of renewed zeal and energy. There is a very manifest awakening of interest and zeal in all the fields I have visited—others as well as my own. As I have talked with people by the way, on the train or in our meetings I have discovered an interest that I have not been for years. At the close of some of our meetings I have found people standing around in the tent waiting for someone to come and speak to them. On questioning some of those who have recently come into the church as to who first spoke to them, or how they were lead to be Christians they have said that no one had spoken to them in particular—that just a desire to believe had "sprung up in their hearts." This has been one of the very interesting things that I have noticed at other times of revival in Korea, viz., that men and women from every walk of life have sought the churches, without first having been appealed to individually. saying that a desire to be a Christian had "just sprung up" in their hearts.

As usual, our Men's Class has been one of the great, outstanding features of the year's work. We were very happy in our selection of special speaker this year, or rather we were very grateful for the fine man that the Lord sent us, viz. Mr. Hong Soon Taik, a Methodist pastor of Seoul. His messages were deeply spiritual and the influence from them in still being felt throughout our field. There were about 500 men in attendance, though only 315 enrolled.

I have received into the churches for which I have been alone responsible, fifty two by baptism and fifty one into the catechumenate, while my associate pastors have received thirty four by baptism and fourteen into catechumenate.

Respectfully submitted,

W. F. Bull

Dear Friends in the Home-Land,

I came in from the country yesterday and leaving tomorrow, for another country trip, so am in a very great rush today; but it has been so long since I have written, and since there is no telling when I'll have another chance to write, I feel that I must get off a letter to you today, even though it is a very hurried one.

First of all I want to say that we were all made exceedingly happy a few days ago by the cablegram that came bringing the joyous news that the cut had been averted. We at Kunsan were so overjoyed that we felt constrained to meet together at once for a praise and thanksgiving service. While we felt grateful, first of all, to the good Lord, who had put it into the hearts of His people to come to the rescue and see that the cut did not actually go into effect, we felt grateful also, in a very special way, to all the good friends who had a share in this great work. I want now to express my personal appreciation, for I can assure you that it meant more to me and my work (or rather our work) than any one could realize.

The cut meant to me that the appropriation for my secretary-music leader was swept entirely away, one country church school would be closed and one evangelistic helper would be dropped—a man that was looking after thirteen churches. I was hoping to be able to keep my secretary (as I hardly see how I could get along without him) by getting permission from the donors to use a trust fund that I have on hand for repairs and general up-keep of tent; but there was absolutely no hope of keeping open the school, so far as I could see, or of keeping on this helper who was looking after much a large number of churches. It was with great joy that I was able to write the churches and tell them that the necessity of retrenchment had been relieved and that we could continue to help them.

Speaking of the tent, it was quite badly damaged in a storm during the last series of meetings that we conducted with it, and I have had three men working on it for five days repairing the damages. However, I am glad to say it is just about as good as new now. We have lots of trouble with thieves stealing the tent ropes. The Koreans have no such ropes as the nice Manila ones I have used in the construction of the tent, and they are a great temptation to the Koreans, who frequently cut them off and carry them away. I am very grateful to the dear Lord, and my good friends, that now that the cut has been averted I will have enough funds to run me through my spring meetings nicely, including up-keep of tent and other running expenses. I'm also very grateful to say that my good "Dodge", (the Hampden-Sidney Gospel Car) is standing up well under the work that I require of it, and is still in splendid condition, but on account of the bad roads and the heavy load that it has to pull it consumes quite a large amount of gas.

The trip on which I am about to leave is a regular spring visitation of a group of churches in my field. I will be out for eight days, visiting seven churches, holding examinations for admission into the catechumenate and for baptism, administering the sacraments, looking into and administering discipline in cases where it is needed, and preaching two or three times at each church.

At the first church that I will visit, and where I will spend two days, I will sleep in a little room which is so small that I can lie on my army cot and reach out and touch the walls on each side; and at a church that I will visit a few days later I will be able to lie on my cot and reach up and touch the ceiling.

On all of these itinerating trips I have to take practically everything that I need, including cot and bedding, food and cooking utensils, wash-basin, lantern, etc, etc. One regular item in my itinerating equipment is a good supply of flea-powder, especially at this time of year, or rather from now on; for the Korean homes are practically all infested with fleas—and I have learned from sad experience that they are no respecters of persons. We have to get in all of our itinerating before the summer months, for after that the mosquitoes and other pests make life simply unbearable in the country.

On returning from the trip, I will be at home just one day and will then cross the river over into Cheung Chung Province to hold two evangelistic campaigns in Mr. McEachern's field. Returning from Cheung Chung Province I will visit another group of churches in my field, which will finish up my spring itinerating, and then I will give two weeks to evangelistic campaigns in Mr. Swicord's field.

One special reason that I am rushing to get this letter off to you before I go to the country is to ask a very special interest in your prayers. I have a very full program, and I feel specially the necessity of the Spirit's Presence in our meetings, for it is "Not by might nor by strength, but by my Spirit, saith the Lord," and I know that unless He is with us in power then all our exertions will be useless. A larger and wider field of service is opening up to us all the time and it is my great desire to get my corps of Helpers well trained into an effective body of workers. I have recently had a very urgent invitation to come to Seoul to hold some meetings, but on account of previous engagements it has been impossible to go. This is just mentioned to show you the opportunities that are before us—and to ask a very special interest in your prayers that as the Lord is giving us these opportunities He will give us the power to make the most of them.

Assuring you, most heartily, that your continued interest in the great work that the Lord has given us the privilege of having part in, is most sincerely appreciated, and also that letters from the dear friends at home are always "as cool water to a thirsty soul", I am

Yours in the Master's Service,

W. F. Bull

Received at Nashville, Tennessee, May, 1928.
Address: Rev. W. F. Bull, Kunsan, Korea.
Postage: Letters five cents, postcards three cents.

August 8, 1928.

Kunsan, Korea.

Dear Friends in the Homeland:

I have just returned from Karuizawa, Japan, where I went to attend the Annual Meeting of the Federation of Missions in Japan as Fraternal Delegate from the Federal Council of Missions in Korea. It happened that the time for going over for this conference coincided with our daughter, (our fourth and last child) Alby's leaving for America, to enter Agnes Scott College in September. I was therefore able to accompany her as far as Japan and see her on her boat and see her sail from Yokohama. After telling her "goodbye" I went on up to Karuizawa for the meeting. There were thirty-two Missions and organizations represented in this Conference.

Karuizawa is a very beautiful place, high up in the mountains of Japan. This beauty-spot was discovered some years ago by some missionaries who began going up there in the summer to get out of the heat of the cities. It has now grown to be a very popular summer resort. Quite a number of missionaries go there every year and also many businessmen. The Federation of Missions in Japan holds its conference there every year, as well as a number of Missions their Annual Meetings. For the sake of cultivating closer relations between the Missions in Japan and the Missions in Korea we have exchanged fraternal delegation for some years past. This year I had the honor of going as delegate from Korea. With the exception of telling Alby "good-bye" this trip to Japan has been a very delightful experience.

Though I have now returned to the Station at the very hottest part of the summer, I have had to plunge right into a very strenuous program. Mr. McEachern, for health reasons, is still detained in America and Mr. Harrison has just left us, broken in health, with practically no hope of ever returning so this leaves me with three men's fields (embracing about eighty churches) to look after, to say nothing of our Boys' School, with 140 pupils and six teachers. Mrs. Bull is principal of the Kunsan Mary Baldwin School for Girls and as both schools open early in September there are a host of things to be done in getting the building, etc. ready for the opening.

It has been some months since I have gotten off a letter to you, but it is not because I have not thought of writing or because there has not been anything of special interest to write about, for just the opposite is true. I have had so many things to write about that I have not had the time to do the writing. Each day has been so crowded that I have not been able to find the time for half the things that I have desired to do.

Besides the regular spring visitation of all the churches in my field I had the privilege of conducting three evangelistic campaigns in Mr. McEachern's field. There is a group of pitifully weak churches in that field that have been urging us most urgently, and unceasingly for several years to come over and hold some meetings for them, but on account of press of work we have been unable to get around to it. However, as they have been so importunate, we turned down requests this spring of larger places, including the largest Presbyterian church in Seoul, to go over and hold meetings for them. While these churches were small themselves they are all very strategically located, and we felt that it would be well to put in some time in that section. The results more than justified our decision. We had large crowds at each place every night and many decisions for Christ. The churches themselves were greatly revived and were very happy over the results of the meetings.

One of the churches in which we held meetings is located in a large market town. We had our tent pitched in a lovely pine grove up on a hill-side just on the edge of the town and were having fine crowds and much interest every night. We had been running for several days when a traveling show came into the town and pitched their tent down in the market place. The local Christians and even our own band of workers were greatly distressed, fearing that this counter attraction would prove so great that it would just about empty our tent and break up our meetings. Our band went out as usual to advertise our meetings in the town and surrounding villages. The traveling show were even more vigorous in their advertising. After supper that evening, as the time came around for our meeting to begin, our band, as in their custom, went out to the tent and began playing, to attract the crowd. Ordinarily they play inside the tent while the crowds are assembling, but on this particular evening they went outside the tent, and such lusty playing I do not think I have ever heard. The show's band was holding forth down in the market place, boating gongs and raising a perfect din to draw the crowds to their tent. Early in the evening the crowd began coming up the hill and pouring into our tent, until soon it was filled with the largest crowd that we had had at that place. I never saw a happier group of people than the local Christians and our band of workers as they saw our tent rapidly filling up and the fear of our meeting being broken up relieved. After our tent was full and I was ready to begin preaching one of my helpers whispered to me that the show had only been able to sell three tickets that night so they had called off their performance and that the whole troupe had come up to our meeting. He then pointed them out to me around on the outskirts of the crowd. There were quite a large number in their company so this gave me a fine opportunity to preach to a group that do not often come within range of the Gospel message. Korean shows are always very immoral affairs, so the Christians were radiantly happy that night that our meetings were not broken up as they had feared, but that the Gospel had triumphed over the powers of darkness.

The Annual meeting of our Mission this year was held at Chunju beginning June 14. The reports from all five of our Stations this year were the most encouraging to have had for quite a number of years. Each Station reported marked progress along all lines, not only in the medical and educational, but especially in the evangelistic. The churches throughout our entire Mission have taken on new life and made remarkable progress. Chunju is thirty-two miles from here, and the roads are ordinarily very good, so we went over in the "Hampden-Sidney Gospel Car", and would have had a very delightful trip over, had it not been that the Government had just been recently "working the roads", which consists in covering them about four inches deep with broken rocks (with edges like knife blades) and then leaving it to the traffic to work these rocks into the surface. Ox carts, horse wagons and automobiles, perforce, do the work of steam rollers. I had two blow-outs going over to Chunju. During the progress of the meeting I had to bring a special committee over to Kunsan to pass on a matter concerning our Kunsan Book Room. I had two more blow-outs coming over to Kunsan and one going back to Chunju and one more when I finally returned to Kunsan—all on account of the wonderful method of road building in vogue in this part of the world.

I am having a post card picture of the "Rodeheaver Gospel Band" sent to you with this letter, as I want to introduce this group of young men to my special friends at home. They are a very fine lot of young men, and, I think, are well worth knowing. The personnel of my corps of workers has changed so since I first organized it that I began to fear that it would be hard to get a permanent organization, but I believe I have now those that I can count on for some years to come. They are all intensely interested in this particular line of work and I believe are just as eager to keep in it as I am to keep them. The young man on the right of the picture, with the trombone is one of my evangelistic helpers. His parents before him were Christians and he has been a Christian ever since he was a small boy. He is now an elder in his home church and is serving a group of seven churches practically as unordained pastor. He is also a student for the ministry. The young man standing just behind my left shoulder, with cornet. is also a country helper, giving himself to the care of a group of churches when he is not out with me in evangelistic meetings. The man to his right, with the baritone horn, is a British & Foreign Bible Society's colporteur, but who works in my field and of whom I have the direction. He accompanies us on all of our evangelistic trips, working at his particular job during the day and helping with the music and personal work in the tent at night, also has books on sale for any who may become interested and want to secure books. The one standing, to the extreme left of the picture, with the baritone horn is my country cook, and general utility man. As we can not eat the Korean food we have to take a supply along with us, and as no one in the country would know how to prepare it we have to take some one along with us who does. The young man sitting to my right is my secretary, who takes care of all of my Korean correspondence, and makes himself invaluable in many ways. He graduated from the large Northern Presbyterian Boys' School in Seoul three years ago; has studied music for about fifteen years and is quite an accomplished musician. He plays piano and organ and any instrument in the band. Writes out the music for all the parts for the men and then teaches them how to play them. He is also a nice vocal soloist and is a wonderful help in our meetings.

These young men are all very attractive and make such a favorable impression wherever we go that their very presence with me is a testimony to the power of the Gospel, i.e. their clean faces and attractive personalities. While they are intensely interested in the spiritual phase of our work they are by no means "goody-goody" in their make up, but are full of wit and good humor. Colporteur is a perfect wag and always keeps us supplied with good jokes. While we never forget what we are out for, and take our work very, very seriously, our group is always full of fun and good humor and we have just the very best of times together. I often use my helpers in appeals to the young men, holding them up as examples of what the Gospel can do, and as an illustration of the fact that one does not have to be tough in order to have a good time, and that Christians can be, and generally, are the very happiest of people.

I am very particular to have my helpers dress as nicely as possible, so that they may make a respectable appearance and favorable impression, as compared with the nicer class of non-Christian young men wherever we go. The wearing apparel they have on in this picture, and which they wear in practically all of our meetings, has, most of it, been sent to me for them by some of my good friends at home. These have been of very great service and greatly appreciated. As the men get very small salaries they, of course, can not afford to buy the foreign (American) style of clothes, so the presents that have been sent out for them from time to time have been most highly appreciated. Any time that you have anything that you can spare in the way of men's wearing apparel you may be sure that it will be highly acceptable and appreciated if you will just do it up in a package and send it to me by parcel post. You need have no fear of thing not being "nice enough" to send, for I assure you we can use most anything that you could send, from shoes up to hats, including over-coats, rain coats, sweaters, suits, cravats, etc. I have other helpers besides these that appear in this picture that I am sending, i.e. helpers over groups of country churches who do not accompany me on my evangelistic trips, and these also are eager for foreign style clothes, which they are unable to buy, so there will never be any fear of having more than I can use to good advantage. If you have not anything particularly that you could send, maybe you could get your Bible Class or Brotherhood interested in these men and get them to send some things for them. Just send anything that you may have at any time, being sure to mark the package "SECOND HAND Clothing. No Value," so that they will come in free of customs duty.

Appreciating most sincerely your continued interest and continued cooperation in this great work that the Lord has given us to do, and soliciting very earnestly a continued, and very special, interest in your prayers, I am

Yours in the Master's service,

W. F. Bull

Received at Nashville, Tennessee, August 30, 1928.
Address: Rev. W. F. Bull, Kunsan, Korea.
Postage: Letters five cents, postcards three cents,

April 13, 1929.

Kunsan, Korea.

Dear Friends in the Homeland,

Quite a number of months have elapsed since I got off a letter to you, and during that time so many things have taken place and the time so full that I hardly know where to take up in this letter.

As you know I am now trying to carry on the work that has for some years been divided among four men, viz., Messrs Harrison, McEachern, Mr. Linton (who was the principal of our Boys' School) and myself. It goes without saying that I can only do the work of one man, but having the assignment of four it makes my time more than ordinarily well filled, so time for letter writing has been almost impossible to find.

This great and serious reduction in the working force of our Station has meant that I have been tied down largely to the administrative aide of the work and have not been able to get out as much as I have desired into the active evangelistic work in which we have been finding so much joy. This has been a great disappointment, for I have hoped to give myself more and more to holding revival meetings and conducting evangelistic campaigns in the strategic centers.

Notwithstanding this very heavy assignment of work I planned for six weeks of special meetings for the fall. We were in the midst of our third series of meetings when we were waited on by the Japanese police who asked us to call off the rest of our meetings, as they came just at the time of the Japanese Coronation ceremonies. They were very courteous, not making it in the form of an order but as an earnest request. On account of the Coronation ceremonies they were ordinarily forbidding large public gatherings. They were afraid that socialists, or other political agitators, would take advantage of such gatherings to stir up trouble.

The first place where we held meetings in the fall is down in the mountains in the southern end of our Kunsan field. There used to be quite a large, flourishing church at this place, but some years ago the leader of that church "ate a bad mind" and led quite a number of the congregation into sin. He was arrested and served a term in the penitentiary and the church went all to pieces, the congregation rapidly falling away until there was nothing left but an empty church standing out in the middle of a beautiful valley. The building soon began to fall into bad repair and would probably have fallen down had we not gone down there and spent a little money on it trying to keep it standing, with the hope that some day some of those who had learned the truth would come back into the field. Well, we tried to keep up the church and have visited that place regularly year after year, spring and fall, along with our regular visitation of the other churches in our field, hoping and praying earnestly that the Lord would own and bless our efforts and that we would eventually get that church reestablished; but, on account of its past record and experiences it has seemed almost hopeless. We succeeded in getting just two very poor families to come back into the church, but for quite a number of years these two families have been all that there was to that church, except our faith in God's promises and His faithfulness. When we went there last spring we were delighted to see what seemed to be a very decided awakening of interest, so we suggested that we hold tent meetings there in the fall. We were greatly pleased that they took readily to the idea, especially some of those who used to attend church but who had fallen away. They said that they were quite sure that if we came and held meetings quite a number of those who used to attend but had fallen away would come back into the church. With this encouragement we went down in the fall with our tent and helpers and were greatly delighted to be most cordially received by the populace in general and by the erstwhile Christians in particular. We had fine crowds at the tent every night and quite a large number of those who had fallen away were reclaimed and quite a number of new believers were added to the church. Since these meetings the church had been going ahead with a steady, vigorous and healthy growth. Quite a delegation came from this church to our Men's Bible (or Training) Class in January. Though it is 150 li (about 50 miles) from Kunsan and over very rough mountain roads eight men came in from this church to attend the ten days' class. They walked all the distance through snow and bitter cold, bringing their provisions (rice) with them on their backs and did their own cooking, as did practically all the 500 men that were in attendance on this Class.

We finished up our meetings at this first place on Sunday night and went on to our next place on Monday morning. This place is on the sea-coast and our next place was also on the coast about 30 miles to the north. As the roads were very rough and mountainous we sent our baggage (tent, etc.) by boat, seeing them on the boat before we left, we, ourselves (self and helpers) going by bicycle. Soon after we had left for our next place we saw heavy, black clouds gathering, but as we had turned our bridges behind us there was nothing to do but push on. About half way to our next place is a large town where we have a church with a native pastor in charge. Just before we got to this place the rain overtook us and we were absolutely drenched and soaked. The roads were of red clay at this point, with no stones on them, so the mud stuck to our bicycle tires to such an extent that it was absolutely impossible to ride and we could not even push them without stopping every few feet to scrape off the mud with sticks so that the wheels could go around. I fortunately had a change of clothing with me so that I could change at the pastor's house, but the coat that I took off when I reached his house was so soaked that it dripped water until there was quite a puddle on the floor under where it was hanging.

The results from our meetings at the second place were not so satisfactory, but those at our third place were about as gratifying as those at the first place. This church (i.e. at the third place) had also run down very badly until there was very little left of it, and it looked as if it were just about to go out of business. The leader here, though, had been very faithful and was still trying to hold the fort and it was on his very urgent request and solicitations that we went to hold the meetings, with the result that the church was greatly revived, quite a number of those who had fallen away being reclaimed and quite a number of new people brought into the church. This church also continues in a very healthy and flourishing, condition, for which we are very grateful and happy.

As usual our men's class (i.e. Leader's Training Class) was the event of the year. About five hundred men from all over our Kunsan field came in for ten days to study the Word of God and to prepare themselves for more efficient leadership in the churches which they represented. These all came at their own expense, most of them bringing their rice from home and doing their own cooking, our Mission furnishing only dormitories, lights and fuel. We hold the class during Christmas holiday so as to have the use of our school buildings for this purpose. The Class is divided into six grades and we have the very best of our Korean pastors to help us in the teaching. This year I was the only foreigner on the teaching staff, all the others being Koreans. A special feature of the Class is the early morning prayer meetings. Though the weather is always bitterly cold at this time of the year, with snow on the ground, the men get up long before day (while it is still dark) and assemble at the church for prayers. We always have some outstanding visitor (i.e. from outside of our Kunsan field) whom we have selected and invited especially to come and conduct these meetings and to have special preaching services every night. Our annual Class is always a time of great refreshing and uplift and the men go back home greatly encouraged and with new zeal and enthusiasm for another year's work.

I am now out in a town twenty-one miles from Kunsan, just beginning our spring evangelistic campaigns, or tent meetings, and as I write I can hear our band out advertising the night meetings. The piece they are playing here is "There is Power in the Blood" and they are playing it in perfect time and harmony—and it sounds fine, floating out over this heathen town. We have a very weak church in this place and it is on their invitation that we are here, but we are having "very hard sledding" for this is a town that is noted for its large number of rich men, and they for their pride and self-satisfaction. We have had reason to think frequently since we have been here of the Lord's words when he said:—"How hardly shall they that have riches enter the Kingdom of God, etc."

We plan to hold meetings in two other places after we leave here —and then I will have thirty four churches to visit for my regular spring visitation before I go to our regular Annual Meeting of Mission in June.

It is because I feel in a special way that I am your representative in this great work that I crave always your hearty cooperation, a special interest in your prayers, a constant upholding at the Throne of Grace. Will you not pray specially for the meetings that we are now holding in this wicked, purse-proud place—that the seed may spring up and bear fruit even after we have gone, and very definitely that reinforcements may soon be sent to us at Kunsan, and that I may be able to give myself more fully to the direct evangelistic work.

A personal letter from any of you dear ones at home is always highly appreciated, even though I may not always be able to write a personal letter in reply.

With sincerest appreciation of your past interest and cooperation and feeling fully assured that I shall continue to be blessed with same, I am

Yours in His Service,

W. F. Bull

Received at Nashville, Tennessee, May 9, 1929.
Address: Rev. W. F. Bull, Kunsan, Korea.
Postage: Letters five cents, postcards three cents.

October 4, 1929.

Kunsan, Korea.

Dear Friends in the Homeland,

Again it has been quite a long time since I have gotten off a letter to you, but it has not been because I have not had it constantly in mind to do so, but because the days have been so crowded that letter writing has had largely to go by the board. As you know, the personnel of our Station has been depleted from five to two men, and practically all of the work of the three men who have left us has fallen to me.

Though I am now well into my fall work I have not yet gotten around to writing about the fine spring work that we have had.

On account of stress of other work I was able to give only three weeks to evangelistic campaigns, a week each in three different places. I believe the last letter I wrote to you was written just as I was beginning the first of these meetings. Due to local conditions, of which I wrote, the results at the first place were very disappointing, but most gratifying at the other two.

The second place at which we held meetings in the spring was the court seat of Han San County. There are seven churches in this county but there had been none in the county seat. As the county seat is one of the most important and strategic places in the county, the Christians of these seven churches have been greatly concerned that there was no church there, and very eager to get one established. They have repeatedly asked me to come with my Helpers and conduct meetings in that town, but on account of other engagements I have not been able to do so. This spring, however, as they have been so very earnest in their repeated requests, I decided I would hold some other places off and go to Han San. One of the most gratifying features of those meetings was the earnestness of the Korean Christians and their very active cooperation in the actual conduct of the campaign. They had previously evidenced their eagerness for the meetings by guaranteeing to finance the entire campaign, including all transportation charges on tent, etc., the entertainment of my five helpers and all local expenses. However, as the expenses of the meetings amounted to so much, I relieved them of the transportation charges, taking care of that out of the contributions that some of you have so kindly sent from time to time.

It was wonderful to see how the Christians of these seven churches turned out, as volunteer workers, to help in the meetings, i.e. the personal work, the house to house visiting and the necessary work about the tent, etc. Groups of from five to fifteen or twenty would come daily from distances of from two to seven miles to help in the meetings, going back home to sleep every night—and, of course, walking both ways. Is it surprising, in view of much zeal and earnestness of these Christians that the results of these meetings were most gratifying? We started in on Monday and finished up on Sunday, having large crowds and intense interest each night, with a goodly number of decisions. The Sunday following the close of the meetings about eighty people met for church service at that place where there had previously been no church. The Helper in that field is a very zealous and energetic young man and he got to work immediately on the problem of providing a place of worship. Through his faith and energy he soon raised by subscription among the new believers and among the seven churches an amount sufficient to purchase an old Korean dwelling, which, with a little alteration, they are using as a church until they are able to get a more suitable building. We are quite happy that this church still continues to go forward, and we hope it is going to grow and develop into a strong, flourishing church.

One very amusing incident occurred in connection with the Han San meetings. One night, after the meetings had been running for several nights and we had gotten the interest and sympathy of the local population, some young men from a neighboring town, who were in town for the night, and who had been drinking, came to our tent and stood just outside the women's entrance and were talking loud enough to disturb the meeting. I was just getting under headway with my sermon, so one of my Helpers went out and invited them in, but they declined the invitation and got louder in their talk, on which the Helper asked them not to make so much noise, as they were disturbing the meeting; but that was evidently what they had come around for. They were dressed in foreign style (American) clothes and more evidently socialistic and anti-Christian persuasion and were out to give trouble. As they got louder and louder in their railings against the church and Christians a large number of non-Christian local young men got up and went out of the tent to see what it was all about. As there were only about four or five of the trouble makers, they decided that discretion was the better part of valor and withdrew as rapidly as possible to the inn where they had been staying. But the local young men were not satisfied with that. They were quite indignant that a bunch of young men should come from another town and try to stir up trouble; so they followed them to the inn, went in and pulled them out and gave them quite a beatingup. One of them, when he saw what was up, bolted and ran, trying to get away, leaving a nice spring overcoat hanging up in the inn. In his haste to get away he tried to jump over a barbed wire fence, and in the attempt lost his hat, tore his clothes and got quite a fall on the other side of the fence. We were glad, though, that they all got away without any very serious injuries—sadder but wiser men.

We went from Han San to Se Chun, the county seat of the adjoining county, for our third series of meetings. This is also a large and strategic place and in which we have been trying for many years to get a church established. Last November I moved one of our best Helpers over into this town to live, with the hope of getting a church started there. There were a few Christians in the town who had moved there from other places, but they had not gotten together and were not having church services. Getting these together as a nucleus the helper began immediately having church services, and by faithful and earnest efforts he gradually gathered together a congregation of about forty members. As a result of our week's meetings in this place this congregation was increased from about forty or fifty to about one hundred, though some of these have since dropped off.

For lack of time we were not able to hold any more special meetings in the spring, but while we were at Hong San in May we had the pleasure of attending the SECOND ANNIVERSARY of the organization of a Sunday School at that place, of about one hundred members, which was the direct result of the meeting we had held there two years previously; so you see that while the results of these special meetings that we have been holding are sometimes quite disappointing yet we have many, many evidences, years afterwards, that genuine fruit is being borne, and that the work that we are trying to do for the Master is being blessed of Him. Will you not, therefore, unceasingly remember us and our labors in your prayers, that the Lord will give us the strength and make it possible for us to continue this very fruitful line of service? As I believe I have written, I am now carrying the assignment of four men, and this work is over and above that assignment. I am still hoping and praying that the Lord will soon send us reinforcements to Kunsan, so that I can turn the oversight of the field, including the eighty odd churches, or meetings places, to them and give my entire time to holding revival meetings in the churches in the cold weather, and evangelistic campaigns, or tent meetings, in the fall and spring.

This fall, for lack of time I am able to hold only two series of meetings, of one week each, in our own field, one of which I am just now beginning. However, as soon as we finish these meetings we are going to Seoul to help in some meetings there. There is a big All-Korea Fair going on in the capital just now, running for fifty days. The churches in Seoul are taking advantage of this opportunity, when great multitudes from all over Korea are in town, for a special evangelistic campaign. At much expense they have erected a tabernacle, or preaching hall, and preaching services are being conducted there daily. I have been asked to come up with my band and help in these meetings, so as soon as we finish up down here we are going up to Seoul for a little while to do what we can to help out in the meetings.

Again thanking you for your continued interest and cooperation in this great work, I am

Yours in the Master's service,

W. F. Bull

Received at Nashville, Tennessee, November 8, 1929.
Address: Rev. W. F. Bull, Kunsan, Korea.
Postage: Letters five cents, postcards three cents.

PERSONAL REPORT, W. F. Bull, 1929-30.

If this report should seem unduly long you must not blame me; for while it is headed "Personal Report" it is really an attempt to cover the ground that has heretofore been covered by four men, viz. three evangelists and one school man.

We feel constrained to begin this report by calling upon our soul and all that is within us to "Bless His Holy Name," for truly the past year has been full to overflowing with loving-kindnesses and tender mercies. We would, first of all, thank Him that He has blessed us with excellent health and that we have been permitted to "carry on" practically uninterruptedly during the whole year.

After Annual Meeting we were at home until July 12th. when we went to Sorai Beach where we enjoyed a most delightful rest and recreation, returning to the Station at the end of the first week in August.

Beginning with August 18th. we held our second Summer Conference for Helpers and Leaders. Bible classes and devotional hours were conducted by the two local pastors, Messrs. Yi and Hong, and classes in music were conducted by Mr. Nah. While there were only 20 odd in attendance the conference proved quite a success and this year we are trying to extend its scope, and it is going to be under the auspices of the Presbytery, and for all the pastors, elders, helpers, leaders and Sunday School teachers within its bounds.

In September I attended meetings of Presbyterian Council,

General Assembly and Federal Council. Returning from these meetings I held tent meetings in Cheung Chung Do, in Messrs Harrison's and McEachern's fields for two weeks. Coming in from these meetings I took my Helpers up to Seoul to help in the evangelistic campaign that was being conducted by the churches of that city during the all-Korea Fair. I could only spend weekend with them but left the Helpers there to finish out a week.

Coming back from Seoul I got right out among the churches for the regular fall visitation and was busy with this until Dec. 18th. when I came in for Xmas. and to make preparation for our Men's Training Class which began on Dec. 27th. and ran till Jan. 6th. We were very fortunate this year in having with us Rev. Yi Tai Yung, a missionary of the Korean Church to China. He is a deeply spiritual man, a most attractive personality and a very gifted speaker. We were also very fortunate in having with us for four days Mr. F. O. Clark, of the Y. M. C. A. He gave most interesting and instructive lectures to the men on rural problems. (*See note on pg. 4 for addition here.)

On January 25th. I went to Seoul for five days meetings with the Chosen Christian College students, but we had hardly begun the meetings before we discovered that on account of the disturbed state of mind of the students, due to sympathy with the students who had been arrested in Kwangju, it was not a propitious time to hold special meetings, so the meetings were called off.

From Feb. 3d. to March 4th, I was in Chunju teaching in our Men's Bible Inst. This is always a pleasure as well as a privilege. As the men in the Institute are the outstanding men of Chunju and Kunsan fields it is always a pleasure to meet with them and a privilege to have a part in their preparation for life service.

Returning from Chunju on March 4th. I was busy at the Station with the Boys' School, book-keeping, auditing accounts, and a host of other things that always crowd upon one when at home, until the 27th. when I went to Mokpo for meeting of Ad Interim Comt., making one weekend visit to a nearby church in the meantime.

Returning from Mokpo, the spring visitation of the churches was begun and which has continued almost uninterruptedly until June 17th. when I returned from a visit to the Island of Pian Do. On this trip it was my very great pleasure to have with me my new colleague, Mr. Vail, who proved himself to be not only a good missionary but also a good sport.

In the fall I visited all of the churches in my own field, three of Mr Harrison's and five of Mr. McEachern's. Messrs. Boyer and McCutchen of Chunju, and Messrs Newland and Paisley of Kwangju and Mr. Kim Sung Won visited the rest. This spring I have visited all the churches in my own; two of Mr. Harrison's and eight of Mr. McEachern's. The remaining churches were looked after by the above mentioned, with the exception of Mr. Winn instead of Dr. McCutchen and Dr. Knox in stead of Mr. Newland.

The churches on a whole have shown decided signs of life and progress. Many who attended churches years ago, but who had fallen away and seemed absolutely gone back to the world, have come back into the church and renewed their allegiance to the Lord. Not only have many who had fallen away come back but many new people have come out in practically all of the churches, and there seems to be a general interest and favorable attitude to the church and Christianity throughout our entire field. Even churches that have seemed absolutely hopeless have taken on new life and have shown marked signs of progress.

Mr. Yi Chune Won, the Home Mission Evangelist of our Presbytery, spent several months in the fall in the village of Ok San, near Se Chun Umnai, with the object of getting a church started there. He succeeded in getting a number of people interested and organized a regular meeting place. Among those who became interested were a number of young men. Before they became Christians they were a very immoral lot, spending their time in loafing, drinking, gambling, etc. After they became Christians they gave up all of their bad habits, even smoking, "shucked off their coats" and went to work to set their fellow villagers examples of industry. This made such an impression on the men of the village that some of them, even though they were not Christians themselves, came to Mr. Yi and asked him to work on their sons and try to get them to become Christians. This group has been meeting regularly for months now and we had a goodly delegation from there into our Men's Class and also for our Women's. Mr. Yi has also gotten a new group started in the market town of Nederi.

The church at Hu Dok, in Kim Chei County, has for some years been a very earnest and faithful church. This spring, on a very earnest invitation from them, I went there with my Helpers and tent for a week's meetings. They financed everything in connection with the meetings. Large crowds attended each night and quite a goodly number decided to become Christians at that time. During these meetings visitors from fourteen or fifteen churches were in attendance, at different times, and it is said that about 1400 meals were served to these visitors by the local Christians.

Following the meetings at Hu Dok meetings were held at Chuk San, about five miles away on account of stress of work I could not help in these meetings but lent my tent and Helpers for the occasion. A very zealous elder who lived in that place had been doing quite a lot of work in advance, so the preaching was as good seed sown in well prepared soil. Large crowds were present every night and about seventy expressed a determination to become Christians. They have timbers now on the ground and are ready to go ahead with a church building.

Years ago a lame man came in from the island of Pian Do to our Hospital to be healed of disease in his foot. While being treated at the hospital he became interested in the Gospel, became a very earnest Christian and went back to the island to preach to the islanders. He succeeded in winning a little group to Christ and became their regular leader while he was on the island. However, his trouble was deep-seated and he had to come back to the hospital for further medical treatment. His case was so serious that his leg had to be amputated just below the knee. As this made it quite hard to make his living as a laborer he was kept on at the hospital as gate keeper. This left the little group on the island without a leader. Several of them fell away and one or two moved to the mainland, leaving just a little handful of women Christians there. Though they have been left without a man in the congregation, and only one of them able to read in the least, they have continued to meet regularly for worship every Sunday for a number of years in a little room that you have almost to crawl in and crawl out of. The old gate man at the hospital has never lost his interest in that little group and has never ceased to pray for them. It has always been a great sorrow to him to think that they have had no place for worship, so he has recently contributed generously out of his little savings and has worked hard among the Christians on the mainland and succeeded in raising money for a little church building for them. When we went out to the island on June 12th. he went along with us taking the timbers, roofing materials, etc. for the little church and also a carpenter who was to help him in the building of the church. It was really touching to see his joy and happiness at his desires being realized.

The large village of Ku Sil Tari was, some years ago a very poor village. The reason for this was that practically all the men of the village drank and gambled and wasted a lot of money on heathen worship. Some years ago some of the men in the village became Christians, and they immediately began work on their fellow villagers to lead them to Christ, and with such success that the majority of the village became Christians. They, of course, at once gave up their drinking and gambling and squandering money on heathen worship. As they would not work on Sunday they could not go into the cooperative farming with the rest of the villagers so had to form a separate cooperative association of their own, i.e. composed entirely of Christians. They also, of course, saved quite a bit in their farming by not having to provide wine, or beer, for the workmen. Thus, as an immediate result of their having become Christians they became more industrious and thrifty, and the village which had been notoriously wicked, and constantly poor, gradually became a model village for morals and industry and those who were desperately poor became much better off financially. Today the large majority of this village are Christians and are comfortably well-off in this world's goods, and the village has recently been given public commendation by Government officials and cited as a model village, for morals and industry and for the way in which the village affairs are conducted. Not only were they thus publicly commended but they were given prizes in the shape of farming implements and given a fund with which to make the first payment on a rice field to be purchased by the village, the proceeds to be used for the running expenses of the village. Thus it has been proved that if we seek first the Kingdom of God and its righteousness all these other (material) things will be added unto us.

In the fall the thirty eight churches in Cheung Chung Do were divided into two groups and leaders appointed from among the best men in the Presbytery and simultaneous revival meetings, or evangelistic campaigns conducted in practically all of the churches. Only a few of the weakest, who were not able to entertain the leaders that were appointed to go to them falling out. The churches were greatly benefited by the meetings and new Christians added.

The Boys' School has enjoyed a good year. Notwithstanding the presence on the faculty of a few disgruntled members, under the faithful and efficient managements of Mr. Song things have run fairly smoothly. One hundred and sixty three boys are now enrolled in the school and there has been an average attendance of about 140 during the year. By getting down behind the teachers we have succeeded in collecting nearly [illegible] double of former amounts in fees and tuitions. While my relation to the school has been somewhat nominal it has taken no little of my time when I have been at home, as I have tried to attend the chapel exercises as often as possible, attend all of the faculty meetings and hold frequent conferences with Mr. Song. We feel that one of the best things that has been accomplished during the year was the getting rid of a teacher who has for years been a thorn in the flesh to Mr. Song and a constant troublemaker in the school. We have two others slated to go as soon as the way seems clear for this very painful and difficult operation, and hope to have all of the troublemakers cleaned out before turning over the school to its permanent principal.

Respectfully submitted,

W. F. Bull

* Note on Men's Class:—

Four hundred and fifty five (455) men were enrolled in the Men's Class and between five and six hundred in attendance. One interesting feature of this year's class was the preponderating number of young men in attendance.

April 8th, 1931.

Kunsan, Korea.

Dear Friends in the Homeland:

It has been so long since I have gotten off a letter to you that I hardly remember just when it was, and even now there are so many things pressing for attention that it seems impossible to sit down for a letter. However, there are so many wonderful things happening in Korea today that I feel I can refrain from writing no longer.

I would have been at Kwangju today, in attendance on the Ad Interim Committee of our Mission, which has been called to act on our 1931-32 Budget; but we have not heard from the Executive Committee as yet as to what the Budget is going to be, i.e. whether we are going to have a 42 ½% cut, thus necessitating a drastic retrenchment in all branches of the work, or whether we are going to be able to carry on the work as established; so the meeting of the Ad-Interim Committee has been postponed until after the arrival of the cable from the Executive Committee, so that we can know what we have to work on. Thus, unexpectedly, I have an extra day at home, and an opportunity that I have been looking for for a long time of getting off a letter to you friends who have shown so much sympathetic interest in our work.

These days of waiting for the cable are indeed days of intense suspense. I can imagine, somewhat, the sensations of a man who is on trial for his life, and the case has gone to the jury and he is waiting for the verdict, not knowing what it is going to be. Not that we feel that we are on trial, but because there is so much involved and so much at stake that we can imagine, to some extent, what the sensations of such a man must be. However, we are trusting that He whose work it is, and whose we are and whom we serve, is not going to let the work suffer, no matter what may happen to the Budget, for we know that it is not by might nor by strength, not by man, money or machinery, but by the Holy Spirit and His power. We do feel, though, that there never was a time in the history of our Mission when a severe cut on the Budget would have been more serious than right now.

I am under the impression that I have made the statement in each letter that I have written to you within the last few years that I have never seen, in the thirty-two years that I have been in Korea, a greater day of opportunity than the present. I feel that I can repeat this statement in this letter with greater emphasis than I have ever made it before, for it seems that we are at the beginning, or in the midst of, another great turning of the people of this land to the church and to God, and which gives promise of being the greatest of the several of such movements that we have had in Korea. The Koreans, having had two or three years of successive crop failures, had a bumper rice crop last fall; but the price of rice fell so low that they were not able to realize enough on their entire crop to pay their water tax and fertilizer bill. Practically all of them borrowed money with which to make their crops at perfectly inhuman rates of interest, many of them mortgaging their houses in order to get the loan and are now having their houses taken from over their heads. The economic condition of the Koreans is getting more and more desperate every day and their condition more hopeless; so, in their desperation, they are turning to God as their only source of help. Thus, again, man's extremity is proving God's opportunity.

As the Master looked upon the multitudes of old and saw them, in their distress, as sheep without a shepherd, and was moved with compassion upon them; so He is today, I am very sure, looking upon this people with infinite compassion and is drawing them to Himself, who alone is able to comfort those who mourn, and who is the great burden bearer for those who labor and are heavy ladened. They labor and are heavy ladened with the great burden of sin, with overwhelming debts and are facing an economic situation with which they are absolutely unable to cope. This people, while pitifully poor in this world's goods, are, in His providence, wonderfully rich in spiritual possibilities. We are told that He has chosen the weak things of this world for His special purposes and it certainly looks as if (and I truly believe He is) He is today calling this people to Himself, to work out through them some great plan that He has for His Kingdom.

Our churches all over the country are being crowded as they have not been for years and the Spirit seems to be working in the hearts of the people in a marvelous way. This movement is manifestly the work of the Holy Spirit, for it is not peculiar to any part of the country or to any particular field; and though we have made special investigation to see if there were any collusion among the people, any under current or political agitation to account for this special turning to the church we have been able to find none, but only evidences that they are coming from real religious motives.

Last month, while I was over in Chunju teaching in our North Chulla Men's Bible Institute, a young doctor, accompanied by four or five other young men came all the way to Chunju, a distance of about 25 miles, on bicycles to ask me to arrange some meetings in their town. The young doctor, who has been a Christian since his childhood, moved into this town where there was no church and only one Christian, and established a hospital there. He at once began to let his light shine, and to do earnest, faithful personal work, with the result of getting a number of the young men of the town interested. For some time he took them with him on Sunday to a church about four or five miles away; but for the sake of their own convenience, and for the sake of reaching others of their fellow-towns men, they decided to try to get a church established in their town, hence their trip to Chunju. Since my spring schedule was already made out, I could not go to help in these meetings personally, but sent several of my Helpers, who, with the assistance of a very gifted Korean preacher, held very successful meetings there for five days. Quite a number of the most influential men of the town professed Christ and they are now making plans to get a church building. This young Christian doctor might be called the grandson of our Station Hospital, for he was trained in the hospital established by a very famous Korean doctor who was trained in our hospital here by Dr. Patterson.

I have just heard that in another part of our field a group of young men had become interested in Christianity and had asked one of our Korean pastors to come to their village and teach them and to hold meetings in order to get others of the village interested. They promised to entertain the pastor while he was there, and when I heard this the pastor was there for a week and having fine interest in the meetings.

These two cases are simply given as examples of the wonderful opportunities that are open to us on all sides at this time. We meet with practically no opposition whatever now, and the people are all wonderfully open-minded to the Gospel. As the result of the years of faithful seed-sowing, i.e. faithful preaching and faithful living, the fields are white to the harvest. As a whole the Korean people have been convinced that there is no other religion that can be compared with Christianity, and that there is no hope, or salvation, for them in this world or the next, except in God through Christ; so this gives us an opportunity that I suppose has never been excelled in the history of the world. There is hardly a town or a village in Korea today in which we could not get a church, or a group, started if we had the workers, and financial support to go there and put in earnest, concentrated efforts; but we have not the workers or the money; so while we rejoice at the wonderful opportunity that we have, our hearts ache that we are not able to enter into these wide open doors.

By way of further illustration of this marvelous day of opportunity; our Men's Training Class (ten days) this year was a record-breaker for attendance, with between six and seven hundred present. (Picture of this Class appears in March 18th *Christian Observer*, pg. 9.) Our Women's Training Class (ten days) which has just closed, made a record, not only for our Station but for our whole Mission, I think, registering 649, with many more coming in after the enrolment had ceased, making well over seven hundred in attendance. Both our Men and Women's Bible Institutes (one month each) also registered high-water mark this year for attendance.

In view of this marvelous day of opportunity that is before us right now we feel that a cut in our Budget, if it should come, would be especially deplorable at this time. However, we can hardly believe the Lord is going to let His people fail us, and that they are going to rally to the support of the work that is so dear to His and to our hearts.

One of the first results of a severe cut would be the closing down to a large extent of the special work that I have been doing, i.e. evangelistic work with tent and special trained corps of workers, for this is largely extension work, and the Mission will feel that the already established work will have to be cared for rather than trying to open up new work.

We are praying earnestly that the cut may be averted and that no schools or hospital will have to be closed, or any Helpers or Evangelists turned off, or that their already pitifully small salaries will not have to be reduced, or that any retrenchments will have to be made that would prevent our entering into the fullest extent these wide open doors that are before us.

With earnest solicitations for your most earnest prayers to the Lord of the Harvest that we may not only not have to turn off any of the present laborers, but that He will thrust out into this wonderful harvest more and more laborers, into the fields that are yellow with golden grain, I am

Faithfully yours in His service,

W. F. Bull

Received at Nashville, Tennessee, May 1, 1931.
Address: Rev. W. F. Bull, Kunsan, Korea.
Postage: Letters five cents, postcards three cents.

January 20th, 1932.

Kunsan, Korea.

Dear Friends in the Homeland:

I suppose this will be the last letter, for some time, that I shall get off to you from this side of the water, as we are now making our plans very definitely for leaving for America on our fourth furlough (in thirty-three years) about June 1st.

Again, a much longer time has elapsed than I intended before getting off another letter to you. The reason has been, as usual, that there has been so much to write about that there has not been much time for the writing.

The work among the churches continue to be marvelously encouraging, and the minds of the people are even more open to the Gospel message than ever before. It is indeed a wonderful privilege to be in Korea today and have a share in this wonderful work. Notwithstanding the unprecedented "hard times", the things that one sees and hears each day are positively exhilarating, and make one feel glad that he is alive and privileged to have part in such a glorious work.

On account of the regular oversight of the churches in my field (nearly thirty) I was able this fall to hold evangelistic campaigns in only two places. At one of the places where we held meetings there was only one Christian family. They had been attending a church about three miles away, but letting their light shine in their own community and doing good work in preparing the way for the meetings; so it was like sowing good seed in ground that had already been well prepared. We had large crowds each night and a goodly number expressed a determination to become Christians. The Sunday after the close of our meetings a congregation of about sixty gathered in the home of the leader for worship. Since then they have been meeting regularly every Sunday with an average congregation of between fifty and sixty. The leader from this group came in to our Men's Training Class that closed on the 7th of this month, bringing several of the new believers with him. The meetings at the other place were in connection with an established church and were equally gratifying in their results.

Speaking of our Men's Training Class, this and our Class for women are the great outstanding events of the year. They are held regularly every year for ten days each, and are sources of great encouragement and inspiration to the men and women who come in. We have an early morning prayer meeting, two hours of study and a devotional hour in the forenoon, another hour of study in the afternoon and a half hour song service, followed by a preaching service at night. During the year the Christians live in more or loss isolated groups in the country, surrounded by an unsympathetic, and sometimes openly hostile, heathen population. These Classes give them the opportunity of seeing their fellow Christians from the other churches from all over our Kunsan territory, from 500 to 1000 at a time, and hearing outstanding speakers, ones who have been selected from the very best in all of Korea. The Classes are such times of inspiration and encouragement that they hardly finish one before they begin looking forward to the one of the next year.

Our Men's Class, which has just closed, reached the high-water mark in attendance, and also in the spirit of the Class, this year, with 544 registered, i.e. those who actually paid their registration fees, but counting those who were in for just a few days at a time, there are over seven hundred in attendance. We were certainly taxed beyond our ability to find accommodations for this number. Our dormitories were filled to many times capacity. Just to give you an idea of how they slept, or the way they tried to sleep,—Thirteen (and sometimes fourteen) slept in one little room 8×8 ft., fifteen in a room 7½×11 ft., twenty-eight in a room 12×16, forty-eight in a room 18×26. These are just samples of the way in which they were quartered in all of the rooms. As you know, the Koreans all sleep on the floor, the floors being heated by fires built in flues under the floor. With the figures just given you can imagine, or figure out for yourself, just how much space each person had to sleep in, and how crowded and uncomfortable they must have been. When they "Went to bed" at night they were so thick on the floor that there was not room to step between the men. Sometimes, for the sake of a change, and relief, the men would sleep, or try to, sitting up and leaning against the wall.

They leave their comfortable, comparatively, homes and much better fare than they could possibly enjoy in here, and live under such trying and uncomfortable circumstances—for what? Not for the sake of making money, many of them at financial loss, nor to have a good time, though they do have a good time, but to study God's Word and to prepare themselves for more efficient service in His Kingdom. The first bell of the day rings at 4:45 A. M., when they all get up and assemble at the church for the early morning prayer-meeting. It is a great sight to see the church filled to capacity with a large crowd of men for a prayer meeting, while it is still dark outside, and bitterly cold with the ground covered with snow.

This is the time when the leader brings the message closer home to the men than at any other, a time when there is a great searching of hearts, a great longing and yearning quickened in their hearts for a closer walk with God, for a richer experience of His fellowship, and reconsecration and rededication of life to His service.

In the class that has recently closed there was one delegation of fourteen young men from one church. They all ate and slept together in one room. One morning, when they had come back to their room from the early morning prayer meeting, one of the young men said to his room-mates: "I do not feel that I have been living up to my opportunities and privileges, and do not feel that my Christian life has been what it ought to be, and I have a great desire and a purpose to do better." Another one of the group spoke up right away and said: "You know I have exactly the same feeling"; and then one after another spoke up and gave expression to similar thoughts and desires. So they agreed right then and there that they were going to go back to their homes and churches and make their lives tell far more than they had ever done before. They, accordingly, drew up an agreement containing several points concerning their Christian life, e.g. that they were going to be more faithful in their daily study of the Bible, more faithful and earnest in their prayer life, more faithful in their Sabbath observance, more faithful in trying to bring others to Christ, etc. One article was that they were going to give up the use of tobacco. They all signed this compact and took it home with them.

I am sure the expressions given and the resolutions made by these fourteen young men are representative of those made by the great majority of the seven hundred men that were here at the Class, and that great streams of inspiration and power have flowed from the Class out into all of the hundred churches in our Kunsan field and that they will be greatly helped and stimulated by the men who have been in here at the Class.

Well, on toward the end of the class one of the speakers, one of our Korean pastors, said to the men: "Is it not strange that you have been here for nearly ten days, under very trying circumstances, so many packed in one room that you can not possibly sleep in comfort, and when you come to the church you are so crowded that no one has elbow-room, yet there has not been the slightest unpleasantness during this whole time? Do you know why this is? Why, it is because of the Spirit of Christ in your hearts, because of the Christian spirit that is among you. Why, if this same number of non-Christians were gathered together under such uncomfortable circumstances there would be friction right from the start; and it would not be two days before the whole thing would wind up in a big fuss." And he was absolutely right about it. It was a joy to me to have him recognize that fact and have him point it out to the men. It was a wonderful testimony to the power of the religion of Jesus Christ to bind men together in love and enable them to live together in harmony and fellowship, to bear and forbear, under most trying circumstances.

In view of the ever increasing popularity and the great educational and inspirational value of our Classes we feel a most urgent need for additional dormitories and for an auditorium. The largest auditorium that we have here is the local church, which is entirely too small at time of Classes and other special gatherings. Will you not, therefore, join with us in your prayers that He whose we are and Whom we serve will make it possible for us to get this additional material equipment which we need so urgently.

With so many encouragements in the work, so many wonderful opportunities opening up on all sides, it is particularly hard to leave Korea at this time, but the time for our regular furlough has come around; and as our quota of workers at this Station has been so short for some years past, making an unusually heavy share of the work and responsibility to fall upon Mrs. Bull and me, the Mission has thought best that our furlough be not deferred and that we go home at this time when it is normally due; so, as stated above, we are making our plans for leaving here about June 1st.

While it will be hard to leave the work, it is needless to say that we are delighted at the prospects of going to the homeland for another brief sojourn, and are very happy indeed at the thought of seeing our children and many friends and loved ones once more.

According to our present plans we will sail from Kobe, Japan, on the S.S. President Madison on June 2nd, and from Yokohama on June 4th, arriving in Seattle June 14th. A letter addressed to us Care S.S. President Madison, American Mail Line, Seattle, Washington, will reach us if it gets there anywhere around the time of our arrival, viz. June 14th. We will have lots of time on the train crossing the Continent and it would be lovely to have some letters from our friends to read on the way. Of course, there is an abundance of time for us to hear from you even before leaving Korea, which, I assure you, we would be delighted to do.

Looking forward with great joying to seeing many, many of you before so very long, I am

Yours in the Master's service,

W. F. Bull

Received at Nashville, Tennessee, February 23, 1932.
Address: Rev. and Mrs. W. F. Bull, Kunsan, Korea.
Postage: Letters five cents, postcards three cents.

DIARY

1932

May 27 — lunch basket, we had no trouble on train at all. Met Elizabeth K. Gompertz & baby at Taiden (Taejon) & were glad to help her on the way. Changed to 1st class on ferry & had a good night's rest crossing to Japan. We both needed that rest sorely. I was like someone strange all day Fri. but felt normal after that rest.

May 28 — We had good breakfast at Hotel at Shimonoseki & fine trip to Kobe, had whole section to ourselves until in afternoon when Japanese man asked boy to get Willie to let him sit in our section. He has lived in U.S. many years & spoke good English, had a nice looking woman with him who, he said, was his wife & who had also been in U.S.. Man had a handsome gold-headed cane which he had bought in second-hand store in N.Y. It had been presented to Rear Admiral Brown of Norfolk, Va. by police force of Navy Yard of Norfolk in 18[illegible]. It had been left by A. Ad. Brown to his niece & she had sold it & it had landed in the N.Y. store & been bought as curio by this Jap. man.

8:30PM   When we reached Sannomiya Station we found Miss Santel waiting for us. She had a car ready & soon got men to attend to our trunks etc. In a short time we were in her home & all of our baggage under the same roof. We had a lovely, airy room, wonderful beds, etc. & got a fine rest. Found Catherine McCune at Miss Santel's & enjoyed so much renewing old acquaintance. It was a great pleasure to be there with her for a few days.

May 29 — Sunday—I rested—Willie went to church in the A.M.

May 30 — Went to office about S.S. tickets & then shopping, back to lunch, rest & then shopping.

May 31 — To office again & shopping in forenoon. Afternoon rested & went to Dr. Fulton's for dinner in evening. Had a lovely dinner & enjoyed Dr. & Mrs. F. so much. Mr. & Mrs. Young were there & also C. McCune. Went to see Mr. Oakley's pictures of Palestine after dinner. In morning in looking for Bank of Chosen, came upon Post Office & went in to ask for Virginia's letter, found Dr. McIlwaine sitting at the side of room writing. He & Mrs. McIlwaine were leaving Japan after 40 years of service as he is now 70 years of age. Hard to lose so good a couple from the work. He helped us locate office in which we found Va's welcome letter & then took us to the Bank of Chosen to cash draft. He is a lovely man.

June 1 — More shopping. Went to office about order for R.R. tickets.

June 2 — To Or. Hotel to see Express man about baggage, had early lunch. Two cars to take hand baggage, Miss Santel went in one car with most of our baggage & Miss McC.'s two bags. Miss McC. & Miss Kellow went down in car with us. Woman chauffeur, Miss S., & Miss K. had to go back in car. Miss McC. stayed on S.S. with us. Her love for Koreans & zeal in work did us good. Just as boat was pulling out, four letters were handed to us; one from Va. & G.N., one from Margaret & 2 from Alby—one addressed to Kobe & one to Yokohama.

June 3 — Reached Yokkaichi early in the morning, were anchored there all day. Took on pottery. Left for Yokohama late that afternoon. Good day for writing & getting everything straight in cabin.

June 4 — Reached Yokohama early in the morning. It was raining hard. Went out for a while in morning to do shopping. After lunch went out again for a long walk, as rain had stopped, to help digestion. Sailed at 5 o'clock for Seattle. Found Special class all right except for feeling of being "roped off", first experience after long years of service. Small crowd in 1st & Special classes.

June 5 — Calm sea, uneventful.

June 6 — Still calm. Mr. Allison's pictures—China & Henmin[illegible]?

June 7 — Rough — had to stay in bed.

June 8 —   ″   — ″   ″   ″   ″   ″

June 9 — Up in room but weak — went out to dinner. Movie picture "The Cheat(?)" Meridian Day — smoother sea but I still far from well tho I went to all meals. Meals good but my mouth seems to give nothing a good taste. Fare good on boat. Made out Customs Declaration as best we knew.

June 10 — Mr. Clark's pictures of Japan, Korea, & Formosa.

June 11 — Miss Thoburris (?) Films from India.

June 12 — Captain's dinner. English service in A.M.

June 13 — Speeding on our way — packing.

June 14 — Reached Victoria early in the morning, left Victoria for Seattle at 10 o'clock, reached Seattle at 2:30. Went thru Customs, took taxi to Frye Hotel, got room, sent off telegrams to Va., Wm. & Mgt., rested, went for walk, got dinner at Hotel in Coffee Shop. Listened to radio, went to room & then later to

R.R. Station. Left Seattle at 9:30 on Empire Builder.

Had lower berths 5 & 6. Fine dining car. Good trip across. Cloud burst near Shelby, Mont. delayed us several hours. With that exception a wonderful trip across & that did not inconvenience us. Made up most of the time.

June 17 — & reached Chicago at 9:30 Fri. A.M. Red caps transferred us at once to the train. Agent of Great Northern had telegraphed from Seattle for reservations for us. Agent from Chicago telegraphed to Conductor of our train (car) at Shelby, Mont. & said that he had reserved seats 9 & 11 for us from Chicago to Cincinnati. Had comfortable trip down. Delegates from rep. con. on train from Chicago. Alice Longworth in seat next to me. Little girl came to station to meet her at her station first in Cin. suburb, a beautiful child, seemed so delighted to see her mother after her short absence.

How can we express our feelings when our boy, whom we had not seen for seven years, met us at station. So dear & sweet he is, as he has always been.

June 18 — Slept late, had lunch with William downtown, thru dinner at Miss Craven's.

June 19 — Lovely day with William, breakfast & noon meal together at Miss C.'s, drove to St. Thomas in afternoon, visit with Mrs. Jewett & her son, & tea with them. Lovely home. So many nice things about William. Met Mr. Morgan & wife & little boy. After supper went for drive & stopped in to see Mrs. McNair & Gladys & met latter's fiancee. Went to Mt. Auburn church in morning. Weak sermon but full house, & many young people.

June 20 — Met William for lunch downtown. W. bought suit of

light-weight clothes. Lunch at Normandie. Dinner at Miss C.'s. William came in took us for drive.

June 21 — W. went to breakfast at Miss C.'s. We three had lunch at same place & W. & I dinner there. In A.M. went to W.'s apart. & also after lunch & dinner. Came back to rooms in afternoon to lie down. Enjoyed radio. Alby telephoned from R. So glad to hear her sweet voice again.

June 22 — W. alone to get breakfast at Miss C.'s. All three had lunch there. A desperately hot day. Enjoyed Wm.'s apartment. Hard day to work. Met David Oman. Found him an attractive, sweet boy. Telegram from Mamie asking us to go to R. Thurs. Oh, Father, I am weak & do not see how I am to go on & leave Wm. alone here with no prospect of seeing him soon again. I ask Thee to lead on. I shall try to follow as Thou leadest, tho in weakness I often waver. Thou knowest how I long to see the girls & how my heart is torn. I thank Thee for Thy goodness. Fail Thou me not!

June 23 — Had lunch with William at Gibson Coffee Shop & a pleasant time with our boy. Lovely dinner at Miss Craven's. Went to Wm's apart. & to show & "Swiss Movements".

June 24 — Downtown with William lunch at Shittitos' Tea Room. Told Miss C. good-bye. Shall long remember her kind words about our boy. Dinner, three of us, at the Red Lion Inn, drove around city, then left for R.R. Station. David Oman took baggage down to Station. How can I write of telling William good-bye & of leaving him at R.R. Station. Thou, my Father in Heaven, alone knowest the pain & agony. Good trip on C. & O.

June 25 — How can I describe our meeting our girls at R. Seven years of waiting. Almost too much for me. Mamie & Aunt

Elizabeth P. & Cornelia Reed waiting at side of train!! The joy was beyond words. Margaret too thin but well. Alby thin and worn after three years of training. Much happiness & gratitude in our hearts.

June 26 — Mamie & her two girls had to go to Norfolk before church. Mrs. Coit & children (4) here, all brave. Robert wonderful boy, & girls so attractive. Mrs. C. has had sorrow upon sorrow & yet is brave & true.

My dear Friends:

We are now out on the great Pacific Ocean, on our way back to Korea from our fourth furlough, to take up once more our Life's work.

While this furlough has been in the main very delightful indeed, there have been some things quite disappointing. In looking forward to furlough one thing that always stands out most prominently in pleasant anticipation is meeting again the many very dear friends whom we have not seen for many years, and also forming new friendships and ties. While we have not been denied this very great pleasure and privilege altogether, we have been greatly disappointed in that we have not seen as many of our old friends as we had hoped. On account of Mrs. Bull's accident, i.e. breaking her leg soon after Christmas, we have both been kept pretty close at home at Mission Court.

It was indeed, as always, a great pleasure and privilege to make this delightful haven of rest our headquarters during this furlough, to have a place that we could call "Home" where our children could come to be with us. We were very happy indeed to have two of them with us all the time, three of them a good part of the time, and all four of them for at least a part of the time. We can not begin to express our appreciation of what the good ladies have done in providing such a lovely place which our missionaries on furlough can call "Home" and where they can have their children with them.

We are also quite sorry that, at the last, we were so rushed in getting ready to start back that we failed to see again many of the dear friends whom we had seen from time to time, to say "good-bye".

As the Lord had very graciously given us an auto to take back with us for use in our work, we planned to drive across the Continent to Los Angeles where we were to take the boat, thus saving enough on R.R. fare to pay ocean freight on the car.

Leaving Richmond on October 10 we made our first stop at Stovall, North Carolina, to see our very dear friends, Rev. and Mrs. A. M. Earle, who used to be members of our Kunsan Station in Korea. Our next stop was another over-night stop at Hendersonville, North Carolina, to see our daughter, Margaret, who is teaching in Fassifern School at that place. From there we went on to Pine Bluff, Arkansas, for a weekend visit to the First Presbyterian Church in that place. This is the church that sent Mrs. Bull out to Korea when she went out for the first time, thirty three years ago, and which has been interested in her support ever since. We had a most delightful visit in that church, renewing old acquaintances and forming many new and delightful ones. We were only sorry that our time there had to be so short.

Leaving Pine Bluff, our next objective was San Antonio, Texas, where our son, W. F. Jr., is now located. Since he had been able to be with us only a very small part of the time that we had been in America, we planned to go by San Antonio and have a visit with him on our way to Los Angeles to take the boat for Korea. We spent sixteen days in San Antonio, and it is needless to say that those were very, very happy days, and all too short! A very delightful feature of our visit to San Antonio was seeing again our dear friends Dr. and Mrs. P. B. Hill, who were for several years members of our Korea Mission. Dr. Hill is now pastor of the First Presbyterian Church of San Antonio, and we were delighted to have the opportunity to see something of the very excellent work that he is doing for the Master in that city. It was also a very great pleasure to speak to his splendid congregation on Sunday morning and to other units, or organizations, of the church at other times. Their interest and enthusiasm were very helpful and inspiring. It would be hard to find a more interesting and earnest congregation anywhere.

From San Antonio we came on to Los Angeles, via El Paso, where we took the boat for Korea. There is a population of about six hundred Koreans in Los Angeles, and a number of Christians among them, both Presbyterian and Methodist, each denomination having its own church with Korean pastor. It happens that the pastor of the Presbyterian Church used to be my personal helper in Korea. Of course I communicated with him when I found that I would go through Los Angeles. He wrote asking me to hold a series of meetings for them for a week. I was unable to do this, but took much pleasure in speaking to a joint meeting of the two congregations for two nights while I was in their city. Their cordiality and hospitality was thoroughly Korean, which means that it simply could not be surpassed anywhere in the world.

We found the drive across the Continent very interesting and delightful, and were not at all fatigued by the trip. The car is now safely on the boat with us, and we are very, very happy in the thought that we have it for use in our work among the churches in our field. There are thirty odd churches in the field of which

I have oversight and practically all of them can be reached by auto. Since I have been on this furlough a fine steel and concrete bridge has been put across a large river that has divided my field in two. This bridge makes the most distant church in my field now within comparatively easy reach by auto.

We are now nearing the Hawaiian Islands, and Honolulu. We will probably arrive there tomorrow afternoon, so I am getting this ready to mail back to you from that place. As we are now getting down in the tropics the air is quite balmy, which makes life on deck very enjoyable. The open-air swimming tank is quite popular, and deck sports, such as shuffle-board, ping pong, table golf, etc., etc., are being greatly enjoyed by the more active passengers, while others enjoy sitting in their deck chairs, reading or chatting or writing, or maybe, dozing. We are due to spend a full day in Honolulu, which will give us an opportunity to go ashore and enjoy the delights of this "Paradise of the Pacific."

We are due to arrive at Yokohama, Japan, on December 4 and Kobe on the 5th, when we will leave this boat and transship for Korea. We should arrive in Kunsan by December 9. It will take several days after our arrival to get our house opened up and things in shape for house-keeping again. We will stay with our colleagues, Mr. and Mrs. Vail, until we can get our house ready for occupancy again.

A letter from Mr. Vail brings the information that our Annual Men's Training Class will begin on December 27 and that they are expecting me to conduct the early morning prayer meetings, teach an hour each day and preach every night to the large mass-meetings. I mention these facts with the purpose of asking you to remember the Class, and, especially, that the Lord will give me a message that shall be a blessing to the hundreds (probably between 600 and 1000) men who will be in attendance on these meetings. You will get this letter in sufficient time to make a note of these dates and this request. The Class begins December 27 and runs thru January 7. These Classes are always times of great inspiration and encouragement to those who attend. Will you not pray earnestly that this may be the very best that we have ever had?

While we rejoice with joy unspeakable that the Lord has honored us in allowing us to go back for another term of service, and, while we are very happy as we again plan to take up the work, there are reasons which make it harder to go back this time than ever before; so we urge that you remember us constantly in your prayers that we may be sustained by His grace and given the power to have the most fruitful term of service yet—and remember that we are always glad to hear from you. Just a little note reminding us that you are thinking about us and supporting us in your prayers is often a very great encouragement and inspiration.

Yours in the Master's Service,

W. F. Bull

Rec'd at Nashville, Tenn., Dec. 5, 1933.
Address: Dr. W. F. Bull, Kunsan, Korea.
Postage: Letters five cents, cards three.

April 11, 1934.

Kunsan, Korea.

Dear Friends in the Homeland:

While crossing the Pacific on our way back to Korea, I wrote a letter to you which I mailed back from Honolulu. Since our arrival in Korea our time has been so filled with various and sundry things that it has seemed hard to find time for another letter.

As I wrote in my last, leaving the dear ones in the homeland this time was the hardest yet; but the royal welcome that we received on our arrival at our Station went a long way to comfort our hearts, and in making us feel glad to be back; and to feel that, after all, it is worth even the great price that we are paying.

We arrived at K. S. on December 8 at 7:05 A.M. In spite of the cold winter weather and the unearthly hour, a delegation of about thirty of our local Christians came out to a junction eighteen miles out from Kunsan to meet us, though they had to leave Kunsan at 5:00 A.M., which was long before daylight. On seeing this delegation our hearts were made glad, of course, at the thought of coming back to such a loyal and appreciative people. As our train stopped at a station half way between Kunsan and the junction a group of Christians, members of the church at that place, were on the platform to welcome us. But when we arrived at Kunsan we were simply overwhelmed to see how many had come out at that hour, and in the cold, to greet us and welcome us back to Korea and to life and work among them again. There was a perfect throng at the Station to meet us. Old men and old women, young men and young women, school boys and school girls, Christians and even some non-Christians were there, the non-Christian Prefect of the County being among them.

Our missionary colleagues were not in the least behind the Koreans in making us feel glad to be back. While we were getting our house opened up (after being closed for 18 months) and ready for starting house-keeping again, we were taken in by our good friends and neighbors, the Vails, and made to feel very much at home.

Getting our house straightened out for house-keeping, receiving callers daily from far and near, holding frequent conferences with Helpers and church leaders, etc., etc. Christmas was upon us before we knew what was happening.

Two days after Christmas our Men's Annual Training Class began and ran for ten days. The Committee in charge of the Class had arranged for me to lead the early morning prayer meetings (5:30 to 6:45 A.M.) daily and to preach at the evening services. This was quite a responsibility and meant a lot of work in preparation. However, it was also a great privilege and I enjoyed the work very much, for there were pastors, elders, leaders and helpers, the outstanding men from practically all of the one hundred and seven churches in our Kunsan field. There was a total of about six hundred men in attendance on this Class.

From the end of our Men's Class until February 15, when I went over to Chunju to teach in our North Chulla Men's Bible Institute for a month, I was at home preaching in the local churches, with an occasional visit to nearby country churches. The large city church in Kunsan, which has its own Korean pastor, has set off two other churches in the city and these have been assigned to my oversight.

The work in our Bible Institute was also a great pleasure, for this brings us in contact with picked men, leaders, from all over our Chunju and Kunsan fields.

Returning from Chunju on March 16, I was at home only a few days before our Women's Annual Training Class began. I had not expected to have part in this; but, as Miss Greene was taken sick with grippe and had to drop out of the teaching force, I was pressed into service and taught for ten days some of the subjects that Miss Greene had been expecting to teach. The women are very bright and eager to learn and it was a real pleasure to teach them. There were over four hundred women enrolled and a good many more in attendance.

I wrote before going on furlough that on account of the drastic cuts that had been administered to our work budget I had been forced to give up my special assistant in our tent meetings, viz. my music leader. During absence on furlough my organization just about went to pieces, due to my absence and to the lack of a trained leader. For this and other reasons I have not as yet been able to resume the evangelistic campaigns that we have been conducting for some years; but I am praying that the Lord will make it possible for me to reorganize the scattered "Gospel Band" and make it possible for us to resume this special work that has been so fruitful in the past.

Due to the loss of my special assistant, and lack of funds for the running expenses of these meetings, I had almost become discouraged in trying to carry on this particular work; but the wonderful day of opportunity still continues in Korea and there are so many open doors on all hands that I am praying that if it is the Lord's will (and I believe it is) for us to continue this work that He will make it possible for us to do so. Will you not add your prayers to ours that the Lord will make it possible for us to enter some of these wide open doors, and lead many, many, yet to a saving knowledge of our Lord and Master?

In my last letter I referred to our delightful visit to Dr. Hill's church in San Antonio, Texas. While we were there some of the friends in that church made it possible for us to bring back a "movie" outfit with us. We have showed the pictures that we brought out with us to our Bible Institutes, Training Classes and other groups and they have all enjoyed, and appreciated the pictures to the greatest extent imaginable. We hope to get some good Korean pictures to take back to America with us to help you visualize life in Korea, especially the progress of the Kingdom in the land.

Soliciting most earnestly a constant remembrance in your prayers, especially that the Lord will make the latter days of our ministry the most fruitful yet, I am

Yours in His Service,

W. F. Bull

Received at Nashville, Tennessee, May 5, 1934.
Address: Rev. Dr. W. F. Bull, Kunsan, Korea.
Postage: Letters five cents, postcards three cents.

August 13, 1934.

My Dear Friends in the Homeland:

When missionaries return from furlough they always find an innumerable list of things that have accumulated during their absence and which are awaiting their attention on return to the field. On account of Mrs. Bull's accident, we were out of the country somewhat longer than usual, eighteen months altogether. My absence from my evangelistic field, Mrs. Bull from the Kunsan Mary Baldwin Schools for Girls, of which she is principal, and our absence from our home, which was closed up for the entire eighteen months, has meant that there have been so many things demanding our attention since we have been back that we have not had the time for letter writing that we have wished.

As I said in my last letter, this return to the field was the very hardest yet, not that we were any the less eager to get back to the work, but for the reason that just the two of us came this time, leaving all of our children in the U.S. While it has been the hardest, we have had very many happy experiences and compensations since our return. In the spring visitation of the churches in my field I was very happy to find them, practically all, in a good, healthy, flourishing and most encouraging condition.

Some weeks ago I had the very great pleasure of taking part in the ordination of two very fine young men as elders in our largest city church. One of these young men is the son of the very first man baptized into the Church, nearly forty years ago. So you can see how the seed sown in those early days is still bearing rich fruit. The other young man is the son of an old man, a day-laborer, who used to work about our Station compound, doing gardening or anything else that came to hand. His little boy was taken into our Mission school here at our Station and given an education. He was then trained in our hospital and became an expert druggist. He worked in our Mission hospital for a number of years most faithfully and efficiently. He now has a large drug store of his own in Kunsan City and has become a successful businessman and is one of the mainstays of the church there both financially and spiritually.

Another young man who has been one of my Helpers for a number of years, and almost like a son to me ever since he was a small boy, graduated from our Theological Seminary while we were in America on furlough. He is a young man of unusually attractive personality, deeply consecrated and of a deep, rich spiritual experience and has, consequently, been very much in demand by the churches as a pastor since his graduation. I had the very great pleasure of having part in his installation in one of the very best churches within the bounds of our Southern Presbyterian Mission.

We have been in the midst of a typical Korean rainy season for some weeks now, and I think it is just about the wettest and rainiest season that I have ever experienced, though I have been through a good many bad ones. It has been the rarest thing for a good many weeks that we have had a whole day without any rain. The rain has come down incessantly and in torrents. One very objectionable, or disagreeable, feature of the rainy season is that everything gets so musty and covered with mould, or mildew, especially anything made of leather. Shoes in the closet, or even out in the room, become in the shortest time almost perfectly white, or greenish white, with mould. Books on the shelves become so covered with mould that you can not handle them without having to wash your hands. Leather bolts, suitcases etc., become completely covered, the houses become very musty no matter how you try to air them out. It is always a relief when the rainy season is over and we can get things aired out and dried out and free from mould and mildew.

As Korea is quite a mountainous country, every year when the torrential rains of the rainy season come down, the mountain streams and river rise very rapidly and frequently overflow their banks, washing out roads and bridges, causing lots of damage to crops and property, and often even to life.

As you have no doubt seen from the papers, while America has been suffering seriously from drought, we around on this side of the Globe have been suffering from torrential rains and devastating floods, especially in China, Japan and Korea. If you have noticed the location of our Station on the map, i.e. Kunsan, you will remember that it is near the mouth of a large river that empties into the Yellow Sea. Just above here there is a low, flat section of country that is inundated almost every rainy season. This year the rains were unusually heavy and the streams and creeks in that territory suddenly overflowed their banks and a large town was completely covered with water, the water coming up to the eaves of the one-story houses. A great many of the more poorly built houses, being composed largely of mud, collapsed; and many of those which were more substantially built, i.e. of timbers, were lifted bodily from their sites and carried down the river. One house with two men on the roof and the one with a Korean woman with a little baby in her arms were carried past our Station on their way out to sea, but boats went out and rescued them. For several days the river in front of our place was strewn with debris and wreckage from the houses that had been demolished by the floods.

It was said by the Koreans that the houses that floated down the river were simply alive with snakes that had been run out of their haunts and dens by the flood and taken refuge on the houses, even on the houses to which people were clinging; but, it is said, they showed no disposition to harm their co-refugees. There was evidently a bond of sympathy between them!

Speaking of the rainy season:—It was right during the rainy season that my colleague, Mr. Vail, and I went out to the ordination service referred to above. The church in which the young pastor was being installed is eighteen miles from here. It was raining when we left here, but as we have very good roads to that place, (so far as good roads go in Korea), we only allowed ourselves enough time to get there for the service. When we were about two thirds of our way to the church we had a "flat". There was nothing to do, of course, but to stop and make the change. Just at that time the rain had stopped; but as we got out we noticed a heavy, black cloud hanging low and coming rapidly in our direction. We had no sooner gotten the car jacked up and started in on the operation when the cloud literally burst right over us, or rather on us, and quicker than it takes to tell it we were drenched as though we had fallen over-board. As we were both on the program for the installation service there was no such thing as turning back, so we had to go on as we were. There was no time to change, nor did we have any change of clothing to change to. On account of the delay we were a little late, and the Korean pastor, Chairman of the Commission, had already begun the service, so we had to go right into the pulpit with our wet clothes on and take our part in the service in that plight—but such are the exigencies of a missionary's life!

We are looking forward with much pleasure and interest to the fall work. The churches all seem eager for a forward movement and the non-Christians were never more receptive to the Gospel message. On account of our greatly reduced budget I have not been able to reorganize my "Gospel Band" or resume actively the tent meetings that we have conducted in times past, but I am still hoping that God is going to make it possible for us to do so. Will you not remember us earnestly in your prayers as we get out among the churches for the fall work, and will you not pray especially that the Lord will make it possible for us to resume our special work with tent and organized corps of workers, since this has proved so fruitful in the past. I am sorry that I do not have more time for writing, for I would find it a great pleasure to be able to write to you personally, I sincerely hope that as many of you as possible will let me hear from you, for I always find your letters interesting and encouraging.

Yours in the Master's service,

W. F. Bull

Rec'd at Nashville, Tenn., Sept. 17, 1934.
Address: Rev. Dr. W. F. Bull, Kunsan, Korea.
Postage: Letters five cents, postcards three cents.

Kunsan, Korea (Chosen).

Dear Friends in the Homeland:

The year 1934 marks the fiftieth anniversary of Protestant missionary work in Korea. The 1934 meeting of the General Assembly met in September at Pyeng Yang and at this meeting of the Assembly special Jubilee celebrations were observed. The regular sessions of the Assembly were held in the West Gate Church, which seats about 1,500 people, but for the Jubilee celebration we had to adjourn to the Union Christian College auditorium-gymnasium, which seats 6,000, and even this auditorium was filled to capacity. A very elaborate program was prepared, with speeches from a number of those who had had a prominent part in the development of the work here in Korea during those fifty years. There were also representatives from the Government and other secular organizations who came to bring congratulations and expressions of appreciation. There were also fraternal delegates from same of the churches in Manchukuo and from China, and a delegate from the United Churches of the Philippine Islands, who spoke in excellent English, which was translated into Korean by one of our Korean pastors who has been educated in America.

Pyeng Yang is probably the largest mission station in the world, and the Lord has blessed the work there wonderfully and there are today over twenty Presbyterian Churches in that city. On Sunday afternoon, during the meeting of the General Assembly, there was a mass meeting of representatives of all the churches in the city on the athletic grounds of the College. There were between 12,000 and 15,000 people present for the open air service that afternoon. At the close of the service the entire congregation formed in line and, with banners flying and the College and High School bands playing, marched through the streets of the City, distributing Christian tracts to the people along the way. Mr. Unger, of our Mission, got a good "movie" of this meeting and procession and I had a duplicate made of the film, so I hope to have the pleasure of showing it to you when we go home on our next furlough.

Coming down from Pyeng Yang, I stopped in Seoul for meetings of the Federal Council of Missions and for the fall meeting of the Bible Committee of Korea. From October to December was spent in the regular fall visitation of the twenty odd churches of which I have the oversight, holding examinations for the catecheumenate and for baptism and administering the sacraments. These are always very interesting occasions and many interesting stories come out during the examinations. At one of my churches a most interesting old lady came before the session for baptism. She is 63 years old and has been a Christian for only a year or so. On being asked how she happened to become a Christian she replied that she had always had a most earnest desire to get up on a high mountain to worship God and to hold direct communion with Him; that in her earnest search for God, as the answer to the longings of her soul, she had been a regular frequenter of the Buddhist temples, but in vain had she sought satisfaction there among the idols. She said also that she had always been troubled about the evil in her life and was tremendously concerned as to what was going to become of her after death; so, when she heard the Gospel message she said, "That is just what I have been looking for," and since then she has enjoyed infinite peace and happiness. She is a dear old lady and her testimony and experience make one glad that he is alive and having even a small part in such a glorious work.

We have just recently finished another of our splendid annual Men's Training Classes. I believe I have remarked in a previous letter that the Class each year seems to be the very best we have ever had. I am quite sure the men went away this year feeling sure that the Class this year was the very best yet, and I think I am quite willing to agree with them. There was the usual large crowd, between 500 and 600 present, our dormitory and auditorium accommodations being filled to about twice capacity. As many as twenty-eight people sleeping (on the floor) in a room 12×16 ft. This is just a sample of the way they all slept, or tried to sleep. The benches in the church had to be taken out so that they could sit on the floor, tailor fashion, and thus pack in many, many more than would be possible with the benches in. The men were sitting on the rostrum also in this same manner, leaving just room enough for the speaker to stand. They were standing in the vestibules packed in so tight that it would have been almost impossible to get in another one.

We were especially blessed in our guest speaker for this Class. He was a man of unusually attractive personality and filled with the Spirit and power of God. Each night and at the early morning prayer meetings (5:30 to 6:45 a.m. at which time the church was also filled!) he brought to them searching and stirring messages and practically every one present got a blessing and went back to their homes and churches to pass it on to others. Just today there was a man in to see me from one of my country churches which had gotten down so low numerically and spiritually that it was just about dead. He told me that several young men from that church had come in to this class, who had just about lost all the religion that they ever had and were very little different from the young men of the world, only that they attended church very indifferently. They went back home completely made over. Since they have been back they have reorganized the defunct Sunday School, have organized a Christian Endeavor Society, and they and the church have taken on new life.

Another group of young men, who were working during the day and could not come in for regular study in the Class came in regularly every evening from a town 18 miles away for the evening service, spending the night in the dormitories, attending the early morning prayer meetings and going back to their homes, on their bicycles, before breakfast in order to be back in time for the day's duty. Is it not a privilege to minister unto such an eager and appreciative people?

One thing that contributed very materially to the success of our Class this year was the wonderful weather that we have been having. Up to the present we have been having almost perfect spring weather, and we are just now having our first experience of real winter for 1934-35. A few days ago sweet violets were blooming in our yard, i.e. in the open. Mrs. Bull plucked a bunch of them and brought them in our living room and for several days the room was filled with their fragrance; but now the ambitious little violets are blighted, for every thing is white with snow and the boys are out skating on the pond in front of our house. Hope to go out and join them for a little while after I get this letter off to you! I can still do most of the "stunts" that I learned on "Put-in Creek" in

Norfolk, or on "Bassett's Pond" at Hampden-Sydney.

A few mornings ago, as we were at the breakfast table, a messenger boy came in with a telegram from our nearest Station, Chunju, saying that our Mission hospital at that place had burned down during the night. We went over that afternoon to see the extent of the damages and to show our sympathy with our Sister Station in their distress. We found that the hospital had been completely destroyed, only the brick walls left standing, and not a stick of wood in the building left. Fortunately they had time to get out the X-ray machine and practically all their surgical instruments.

Miss Kestler, the Superintendent of the Hospital, has lived in a little apartment in the hospital building. The fire started in the attic (supposedly from a defective flue), and Miss Kestler was awakened by the crackling and roar of the fire at about five o'clock in the morning. She made no attempt to save anything of her own, but slipping on a kimono and slippers began at once rounding up the hospital staff and getting out the patients. There were 36 patients in the hospital at that time and they were all gotten out safely; but, by that time Miss Kestler's apartment was enveloped in flames, and not a single thing she owned, not even a pocket handkerchief, was saved. Her heroism in not attempting to save anything of her own, not even her heirlooms, but giving all her strength and attention to getting the patients out of the burning building made a great impression upon the Koreans and has been greatly appreciated by them. Would it not be wonderful if all of God's people were as faithful to the souls that He has committed to us as Miss Kestler was to the lives that had been committed to her, and thinking first of saving them instead of being so much concerned about our own material possessions, of saving them for our old age, or for "a rainy day?" Miss Kestler's earthly possessions were entirely wiped out in a few hours, but I am sure she has laid up for her untold possessions that will endure throughout all eternity. Will it not be wonderful if, when we are called upon to give an account of our stewardship we shall hear Him say: "Well done, thou good and faithful servant, enter thou into the joys of thy Lord?" Paul could say, when he was in a Roman prison, deprived of even his personal liberty, "I have all things, and abound." Is it not wonderful how trivial these material things appear when looked at in the light of eternity, and as compared with the value of a soul?

The letters that I have received from some of you have been greatly enjoyed and appreciated. I wish it were possible to answer every one of them individually but the days are so full and the time so short it is impossible to do that, but I hope you will continue to remember us in your prayers and to let us hear from you as you have the time.

Yours in the Master's service,

W. F. Bull

Received at Nashville, Tennessee, February 6, 1935.
Address: Rev. Dr. W. F. Bull, Kunsan, Korea.
Postage: Letters five cents, postcards three cents.

PERSONAL REPORT of W. F. Bull
TO KUNSAN STATION FOR YEAR 1934–35.

As last summer was our first after returning from furlough we found so many things awaiting to be attended to about our place that we stayed at home for the summer months, i.e. July and August.

In Sept. I went to Pyeng Yang and Seoul for meetings of Presbyterian Council, Korean General Assembly, Federal Council, Bible Committee (and meeting of Board of Trustees of the Christian Literature Society.) These meetings were of special interest and importance as there were a number of very vital matters occupying the hearts and thought of the workers throughout Korea.

This meeting of the General Assembly was of particular interest because of the fact that special exercises were held in celebration of the Fiftieth Anniversary of Protestant Missionary Work in Korea. There were fraternal delegates from Manchukuho, Shangtung, the Philippines, from various and sundry organization and from Government Officials in Korea.

Besides the regular fall visitation of the churches in my field the only incidents worthy of special note in which I had part was the Prayer Retreat at Chungju, Nov. 8th. to 12th. This was a memorable occasion and I believe that great good was accomplished toward the bringing about a deeper spiritual experience for all those who were present, and an experience which has been passed on widely to others.

I finished up my fall itinerating in time to answer a SOS call from Mokpo for assistance in their Men's Training Class. Was glad that I could help them out and enjoyed the work in the Class and the fellowship of the Station during those days greatly.

Returning from Mokpo on Dec. 21st. I was busy with Xmas. preparations and celebration until our Men's Training Class which began on Dec. 26th. The Class this year was, as usual, a very excellent one. The outstanding feature of the Class was the very excellent and high toned work of Mr. Yi Yak Sin, the pastor in Fusan, who was our guest speaker.

Between the close of our Class, January 5th. and the beginning of our North Chulla Men's Bible Inst. in Chunju, with the exception of weekend trips, I was at home catching up on back correspondence and attending to a host of odds and ends that had been awaiting attention for some time.

The Bible Inst. is always a privilege and pleasure. It is a privilege to have a share in the training of the leaders for our churches and to be associated with them and to enjoy the privilege and pleasure of the fellowship with the members of Chunju Station

Returning from Chunju on March 7th., the day the Bible Inst. closed, I made a flying trip to Seoul with Mrs. Bull, returning the next day. Was at home for a few days and then went back to Seoul for meeting of the Trustees of the Christian Literature Society and of the Bible Committee.

Probably the outstanding event of the year, at least so far as I have been concerned, was the Prayer Retreat for Missionaries and Korean Moksas, held at Chunju April 27th. to May 1st. Like the Retreat at Chungju this was a time of blessed experience for all who were present: a time when we could see the real power of the Gospel and the grace of God working in the hearts of men. I have never had anything to give me a greater uplift and encouragement than these meetings did and I praise God that He put it into the hearts of Dr. Holdcroft and Mr. Soltau, who were the main promoters, to plan for and carry them through to a successful conclusion.

The spirit that was manifested at meeting of our Presbytery at Oh Soo, May 9th. to 13th. was about the best I have seen for years, and was remarkable for moderation, kindness and brotherly love, and it was remarked by the Korean brethren quite a number of times during the meetings that they had never seen such a peaceful meeting and that it was plainly the result of the blessings everyone had received during the Prayer Retreat at Chunju.

All of the twenty odd churches in my field have been visited at least twice during the year, and some of them oftener, with the exception of the little group on the island of Pian Do largely on account of the time that it takes to visit this group I have found it rather difficult to do so, but am planning a trip out there after Anl. Mtg., probably in July.

The church at Yong San Li in Puan is another outstanding example of the faithfulness of God's promise in Gal. 6:9. For a good many years I have been visiting that group regularly spring and fall as I have all my other groups, but for a good many years I felt almost as though I were wasting my time in doing so, for it seemed so lifeless and hopeless. There were just two men in the congregation who seemed in any way to have the root of the matter in them, but they were so old and ignorant that they seemed to have no capacity for leadership on in any way to build up the church. Though they were old they were hard workers, i.e farmers, and they would work from early morn till late at night. Their hands were hard and horny and their minds and bodies always tired from their constant labors. They would always be very late in assembling for the night service, half past nine, or maybe later, and when they would come they would be so tired they would go to sleep before I would get started into the service, and be sound asleep before I could announce my text. I felt almost that I would be using my time and strength to better advantage if I would spend it in trying to get a new group started rather than on that group that seemed almost hopeless; but trusting in His promise, we kept up the visits, I am afraid almost too perfunctorily, and we are now having the great joy of seeing that church blossom out into a strong, wide awake church. Each of these old men had a young son that they brought up in the church. They are both proving themselves to be very fine young men now and very earnest and active in the church work, and under the blessing of God the church is growing into a very earnest and active body.

I have found the churches throughout the entire field in an unusually hopeful and active condition, in fact more so than I have seen them for a good many years, e.g. this spring I examined 39 at Tai Sil Li and fifty-six at Songedong, and practically every one of the churches eager and anxious for help in special meetings or evangelistic campaigns. However, they are not sitting still and waiting for someone to come and lead them, or do the work for them. When I went down to Puan a short time ago I visited a new group with about forty or fifty who seem to have decided definitely to become Christians, and another forty or fifty who attend irregularly. This group has been started by the volunteer efforts of a young man who works in the Puan Kun Chung and another young man who is a policeman at that place, i.e. the place where the new group is started about twenty li from Puan Umnai.

When I went to Chi Chi Po, in Puan County about a year ago there was a young policeman located at that place who was apparently a very earnest Christian. While his duties made it impossible for him to attend church on Sunday morning he was always present at the night services, including Wednesday night, and very interested in the work and programs of the Christian Endeavor, taking an active part in the programs. He had already been received as a Catechumen, and applied for baptism, but on account of his not being able to attend church on Sunday morning I was not quite clear what I ought to do about it, and told him that I would think about it and consult with some of my colleagues on the subject, and, maybe, baptize him when I came back in the fall. I went back in the fall resolved to baptize him if he was still there and was continuing his activities and interest in the church; but when I went in the fall I was sorry to find that he had been transferred to another part of the country and lost to sight so far as I was concerned. It was with special pleasure that I discovered on this visit that this young man had begun work immediately on his location at his new post working to establish a church and had succeeded in getting quite a number interested. All of the churches in Puan County have been quite interested in this new group and at a meeting of the Leaders' Conference it was decided that all the churches would forego their privilege of having the Helper and Bible Woman of that field visit them for awhile and have them give all their time and strength to the development of this new group. This group gives promise of growing into a flourishing church before long.

I had evidence on several occasions on my recent trip that we are still living in the spirit and earnestness of the Apostolic days, for it is clear that the Christian are preaching the Gospel as they go about their daily occupations. On asking a woman during recent examinations how she happened to become a Christian she said that a Christian woman came to her house with merchandise for sale and that she preached to her and that she became interested and began coming to church. The young man referred to above as working in the Kun Chung in Puan has work that takes him all over the county, and I was told on this trip that he preaches very earnestly and very faithfully wherever he goes, and that it was his work, in connection with that of the young policeman that was responsible for the establishment of this new and flourishing group.

The words of our Master are strikingly true today, vi. that the fields are white to the harvest, and it behooves us to pray earnestly that the Lord will enable us to make the most of our wonderful opportunities and that He will thrust out into the harvest many, many more laborers to gather in the ripening grain.

January 11, 1936.

Kunsan, Korea.

My dear Friends in the Homeland:

We have just passed another high-light in the year's work of our Station and I feel that I want to tell you about it.

The two outstanding events of the year at practically all of our Stations, certainly at Kunsan, are the two Ten Days' Bible Training Classes, one for men and one for women.

Our Men's Class has just closed, and, as usual, it was a time of great inspiration and encouragement to the seven hundred men that were in attendance.

One of the explanations of the remarkable success of the Work in Korea is the place that has been given to the Bible. The Koreans have accepted it, as it is, the VERY WORD of GOD, and the only infallible rule of faith and practice, and have been, like the Bereans, very faithful in the study of it.

From the earliest days the missionaries established a system of Bible study classes beginning with each little country church, or group scattered throughout the country, going on up through Classes, or Conferences, for groups of churches in some individual missionary's field, to our Ten Days' Station Classes, our Month's Bible Institute and our Union Theological Seminary in Pyeng Yeng, for all of Korea.

The Class that we have just closed here is our Men's Ten Days' Training Class for the men of all the 108 churches in our Kunsan field. There were 532 who were enrolled, i.e. paid in their registration fee of 30 sen, or about 10 cts. at present rate of exchange. They come in in delegations from the country churches, bring their rice and other food in packs on their backs, many of them walking from long distances. We (the Mission) furnish dormitories, largely our Boys' and Girls' School dormitories, as the Classes are generally held during the school vacations. We also furnish fuel, lights and water, the men doing their own cooking.

One of our greatest, if not the greatest, problem that we have is finding sleeping space for those who come in to the Classes. We use every bit of available space, including even any rooms that might happen to be vacant in the hospital at that time; but even then we are "put to" in the extreme to find sufficient space and the men sleep in unbelievably uncomfortable and crowded quarters. I have frequently gone around at night to see how they were sleeping, or trying to sleep. They sleep on the heated floors, and literally so packed and jammed in, that it is impossible to find space between them to step. Sometimes they are so uncomfortably crowded that they will try to vary the discomfort by trying to sleep sitting up, leaning against the wall. I have measured the dormitory rooms in which they were sleeping and then gone around at night and checked up on the numbers that were sleeping in those rooms with the following results. In a room 8×8 ft. I found that there were 13 sleeping, in a room 7½×11 ft. there were 15, in a room 12×16 there were 28, and in a room 12×26 there were 48. This is just a sample of how the whole 532 men were sleeping, and will give you some idea of their eagerness to study the Bible, and to get the inspiration and the blessings that an occasion like the Bible Classes offers.

These men, most of them, come in from small country churches, where they are surrounded all the year around with a most unsympathetic and blighting atmosphere, absolutely nothing to encourage but everything to discourage. They come in to the Classes and see the large crowds of earnest Christians from other churches, and listen for ten days, morning and evening, to some man who has been selected as special guest speaker because of his outstanding gifts and qualifications for work of this sort, and they are tremendously inspired and encouraged, and get help and strength that goes a long way to carrying them through the next year of trials and temptations of their heathen environments. The men hardly get through with one Class before they begin looking forward to and planning for the next Class.

We have been offering prizes to the churches that send in the largest delegation each year. This year the church that won the prize sent in 44 delegates, and the church that came next to them sent in 42. Pretty good numbers for country churches to send in for ten days of Bible study!

Not only are we terribly crowded for dormitory accommodations but also for auditorium space. Our local church is our largest auditorium, and this is entirely inadequate to accommodate the large crowds that assemble for our Classes; for not only do the large number of men who have come in from the country attend these meetings, but the special speaker that we have invited for the occasion always draws a large number of the local people, who are so busy in the day that they can not be regular members of the Class, but take advantage of the night meeting eagerly.

During the Class that we have just closed, the church was so packed each night that we had to resort to the unique Korean method or repacking. They sit tailor fashion on the floor, and so close together that they can hardly move. Long before the time for the meeting to begin the church is literally packed and jammed until it is simply one solid block of condensed humanity, but still they come, until they are standing banked up in the rear of the church and standing in a perfect jam in the vestibules. In order to make room for these late comers to get in and sit down, we ask those who are already seated to please stand up. The entire congregation then rises right where they are. We then ask them to take one or two steps forward, which they do. We then ask them to sit down again, which they do, literally having to wedge themselves in to do so. This leaves a few feet of vacant space in the rear of the church, so those who have been standing outside can come in and wedge themselves in also and sit down. The men are also sitting on the rostrum, tailor fashion, and so thick that the speaker hardly has room to stand.

One of the special features of the Ten Days' Classes is the early morning Prayer meetings, which are attended by practically all the men of the Class. The first bell rang this year at 5 a.m. and the second bell at 5:30, at which time the meetings would begin, when it was still perfectly dark outside, and it would still be almost dark sometimes when the meetings would close. As usual, it was bitterly cold this year during our Class, with the thermometer way down below freezing and snow on the ground most of the time. It was quite an impressive sight to go down each morning, between 5:00 and 5:30 and see the church packed with an earnest, eager, expectant body of about 600 men assembled for prayer meeting. I wonder how many places or churches could muster as many as 500 or 600 people for an early morning prayer meeting, in the dead of winter when it was still dark, and snow on the ground! Such is the faith and zeal of the people among whom we are privileged to work.

Our Classes at Kunsan have always been outstanding in our Mission for their splendid attendance, and we have always been "put to" in the extreme to find accommodations for same. At the last Annual Meeting of our Mission the Mission undertook to make out a list of the most urgent needs in our Mission, i.e., for all of our five Stations, and a Bible Class Building for Kunsan Station was put the very first on the list, i.e., at the very top of the list. This is something that we have been praying for for quite a number of years. Will you not add your prayers to ours that the Lord will supply this need for us very soon?

One of the men that came into the class this year is a very interesting case. He sat right up at the front, right in front of the pulpit, each night, and he seemed to be drinking in every word that was said. A year or so ago he came into our Mission hospital here with a large cancer on his jaw. At that time he was not a Christian. He was told that there was nothing that they could do for him, that his case was hopeless, that he might as well go on back home. He went to another hospital, after leaving here, and was told exactly the same thing. He naturally became discouraged, and went home to die. He had heard the Gospel message, and had been greatly impressed, and he said to himself: "Well, if I am going to die, I had better get ready to, so I guess I had better be a Christian, so that when I die I can go to the right place." After returning to his home he began coming to one of my churches. After he became a Christian he began to pray for himself, in which, of course the members of the church encouraged him, and united heartily with him in praying that the Lord would heal his disease. Well, to make a long story short, much to his delight, and to the delight of all the members of the church, he gradually began to get better, and today he is practically well, though he still has ugly scars left from the disease. The non-Christians in his village, seeing this wonderful answer to prayer, were greatly impressed and now there are about fifteen Christians in that village, who will no doubt prove to be the nucleus of another church. I baptized this men into the full membership of the church this last fall. So the work goes on and we are glad every day that the Lord has so blessed and honored us as to let us have even a small part in such a wonderful work. Will you not remember us in your prayers constantly that the Lord will use us more and more for His glory through the salvation of a multitude of this people?

Yours in His Glorious Service,

W. F. Bull

Received at Nashville, Tennessee, February 8, 1936.
Address: Rev. W. F. Bull, Kunsan, Korea.
Postage: Letters five cents, postcards three cents.

Dear Friends and Fellow-Workers in the Homeland,

I came in yesterday from the country, i.e. from the visitation of several of my country churches and am going out again tomorrow, and am trying, during this one day at home, to get off a letter to you, trying to give you an idea of the wonderful day of opportunity that is present here in Korea today, and to encourage you in your sympathetic cooperation with us.

Since the close of our North Chulla Men's Bible Institute in the early part of March I have spent most of my time away from home, either in the regular spring visitation of my churches or in holding evangelistic campaigns with tent and Gospel Band. I am very grateful to say that the Lord has made it possible for me to resume this work in which I have engaged for some years past, with very gratifying results.

Besides the regular visitation of twenty of the twenty-seven churches in my field that I have personal responsibility for (there are eight churches in my field that have Korean pastors, whose salaries they pay in full, themselves) I have held tent meetings in connection with four of them. One of these churches was an organized church with three ordained elders. This church took the initiative in these meetings, securing the services of a very gifted Korean pastor from Seoul, paying all of his expenses and transportation charges on my tent and equipment. They asked me to come and help in the meetings, presiding at same and helping generally to "boost" them. This I was very glad indeed to do. As I could not get there for the first night with my tent and helpers, the first meeting was held in the church, with the result that the church was packed and jammed, with as many people on the outside, in the yard, as there were in the church. We were there for the second night and had tent up and were ready for the crowds that assembled. The tent was filled, and the Gospel preached with great zeal and earnestness. A number decided to become Christians during those meetings and the church was greatly encouraged and strengthened by them.

At the other three places where we held meetings there was much interest on the part of the non-Christian populace and the churches were greatly revived, taking on new life and zeal. We are already making definite plans for meetings in the fall and have settled already on four important places for meetings.

Sunday before last, I visited the church at Songedong, and spent parts of two days examining applicants for admission into the church. We examined altogether twenty-two applicants, six for admission to the catechumenate, one, who was baptized in infancy, for full membership into the Church and fifteen adults for baptism, on profession of their faith. All fifteen for baptism were received, and at the Sunday morning service it was a most impressive and inspiring sight to see fifteen adults lined up in front of the pulpit to be received into the Church, those who had witnessed a good profession of their faith in the Lord Jesus Christ—those who had so recently been in heathen darkness, worshiping idols and evil spirits, and without God or hope in this world or for the next. In that same church, on the same day, I took part in the ordination of an elder, presided at the election of another; and in the afternoon visited a new church that had just been set off by the Presbytery at its last meeting from this church.

At the church that I visited last weekend there is a very interesting family. The father was converted about forty years ago by reading a sheet tract that was given away on a market day. Ever since then he has been a very faithful and earnest member of the church, and has for a good many years been a very active and consecrated elder. His oldest son is also an elder in the same church, and on the Sunday that I was there recently, the fourth son played the organ and the fifth son led the singing, and at the congregational meeting that followed the church service for the election of officers was elected deacon. The organist and the song leader were beautifully dressed in well tailored American style suits and were so well-groomed and such nice-looking young men they reminded me of the well-groomed, nice-looking movie stars.

I have also recently visited a number of churches which have for some years seemed lifeless and almost hopeless; and even in those churches, almost all, there are signs of new life, and I have been most pleasantly surprised, in these churches where I was not expecting to find anything, a number of people to be examined for admission into the church.

Altogether the situation is most encouraging right now and I am very happy that the Lord has made it possible for me to resume the work with tent and special band of helpers in the direct evangelistic work. Will you not continue to pray very earnestly that the Lord will bless our work for Him, and enable us to make the most of this unexcelled day of opportunity that is ours now in Korea.

Yours in the Master's Service,

W. F. Bull

Rec' d at Nashville, Tennessee, June 27, 1936.
Address: Rev. W. F. Bull, Kunsan, Korea.
Postage: Letters five cents, postcards three cents.

1936

PERSONAL REPORT of W. F. Bull
TO KUNSAN STATION OF S. P. M. IN KOREA: 1935-36.

Truly God has been very good to us in giving us the very great privilege of having a share in the work in this very choice portion of His vineyard.

I think that at the end of each of the many years that we have been privileged to work for Him in this country, as we have come to write our report for the year, we have felt constrained to begin the report with praise and thankingsgiving for the many blessings and monies received during the year, and I do not know that I have ever felt more like doing so than I do this the thirty-seventh year of our sojourn in them, for truly this past year has been full to overflowing with loving kindnesses and tender mercies, and many blessed experiences. There are so many things that I would like to write about, or at least mention, that if I did this report, which should be brief, would become a volume of no small proportions.

From the close of last Anl Mtg. on June 22nd. I was at home engaged in preparation for going to Sorai Beach to have part in their week's Bible Conference which began on July 29th. This was a very difficult, but most delightful experience. The gatherings for these meetings were largely composed of Northern Presbyterian Missionaries, with a sprinkling of members of the other missions, and it was indeed a joy and delight to enjoy the inspiration of the fellowship of these mature, ripened, consecrated and earnest servants of our Master.

Returning from Sorai on August 6th. I was at home just five days when the summer Conference for church workers, under the auspices of our North Chulla Presbytery began. Then for five days we had a very delightful and enjoyable time. All the pastors in our Presbytery, with only two or three exceptions were present, as also practically all the Helpers, and a goodly number of elders. We were fortunate in having Rev. A. P. Hassell, D.D., of Japan with us at that time who rendered valuable assistance in the conference. It was a time of very enjoyable fellowship with our Korean brethren in the study of the Word and in meditation and conference on spiritual things. This seemed to be a time of rich blessing to all present.

After the close of our Summer Conference, I was at home until Sept. 4th. when I left for Pyeng Yang to attend meetings of our Council of Presbyterian Mission and the meeting of our General Assembly. During the Assembly it was my privilege to serve on the Forward Movement Committee or the Chin Heung Pou, under whose auspices the Prayer Retreat to Diamond Mt. for the Pastors of our Assembly was arranged.

Returning from General Assembly on Sept. 19th. I went to a called meeting of our Presbytery on 20th. On Sept. 24th. I began my regular fall itinerating with a trip down into Puan County, including a trip to the island of "The Flying Goose," or Pi An Do. The old one-legged man, who used to be gate-man at our hospital has been very true and faithful, in spite of hardships and persecutions, and has managed to hold the little group together, but that is about all. The church at that place, because of the very great wickedness of the island people, has not made much progress, and has suffered much persecution from the unsympathetic islanders, and it was pathetic to see how happy the old leader was to have some sympathetic souls to come to see him and with whom he could have real Christian fellowship, even if for only a few days; and it was most pathetic to see him standing on the beach, with tears running down his cheeks, as our boat pulled off from the shore and headed out to sea on our way back to the mainland, leaving him again surrounded almost entirely by unsympathetic, and even hostile, heathen.

We took boat for the island from a place called Ton Chi. When we arrived at Ton Chi we found one of the Kunsan City elders there on a business trip. He spent several days in that town, and, of course, as they always do he spent a good part of it in preaching to the people of the town, and when we went to the Puan City Church this spring we met several very nice young men from Ton Chi who had been attending that church for sometime, as a result of this faithful elder's preaching. As Ton Chi is a good size town, we are planning to hold some tent meetings there this fall, and with these young men as a nucleus, we hope to get a church started there. On this trip we also visited Chi Chi Po. We had felt, or understood that Chi Chi Po was just about at the very end of our field, and that there was just a narrow strip of land between there and the sea to the south, but on this trip we made an investigation trip on down beyond Chi Chi Po and found that it is twenty li to the sea below Chi Chi Po, and that between Chi Chi Po and the sea there is a large tract of reclaimed land and a number of villages scattered throughout that section, and that down on the sea shore below Chi Chi Po there is a large town called Cook Po.

We are planning to hold tent meetings down in this section in the fall, with the hope of getting a church started there. By this trip, which is rather belated, we discovered that our field, instead of being 150 li long is 170 long.

I was engaged in my regular fall visitation of the churches until Dec. 4th, when I went to Tai Ku to help in a great Poo Heung, Sa Kyong Whei, which was conducted under the auspices of the North Kyong Sang Presbytery for all of the church workers, as well as the rank and file of the church members. The meetings were held in the large Central Church in Taiku City. This is the second largest church auditorium in Korea, the large church in Shin Wee Chu being the largest. It was to be my privilege to conduct the Sai Pyek Keedo and the Devotional hour each day; but I only got through four days of the meetings, for on the third day I took a bad cold, which rapidly developed into a severe case of flu, which put me in bed and kept me there for the rest of the Class. I preached four times on Sunday the fourth day, but was just about all in when I went to bed that night, and was not able to get up the next morning. Mr. and Mrs. Herbert Blair, my host and hostess, were so lovely to me while I was sick that it almost compensated for being sick. I am sure an own brother or sister could not have been more lovely, or kinder than they were to me while I was sick in their home.

Returning from Taiku it took me some time to recuperate and regain my strength, so I spent the time until Xmas. quietly at home, but by that time I had sufficiently recuperated and recovered in strength to enter heartily into all the Xmas festivities and activities and for our Men's Training Class, which, as usual, began immediately after Xmas.

Though we were disappointed in getting our special speaker for the occasion, the Class, as usual, was a great success. There were 535 men enrolled, i.e. who paid their entrance fee of 30 sen; but there were between six and seven hundred in all who were in attendance on the Class.

Speaking of our Annual Training Classes, we have always been greatly embarrassed to find sleeping accommodations for the large crowds that come in for these occasions and have had to crowd them into unbelievably cramped quarters; so we are very grateful that the Lord has made it possible, through one of His servants' generosity, or faithfulness in stewardship, to put up a nice large dormitory building, which will go a long way to relieve the terrible congestion that we have always had at time of our Men's and Women's Classes each year. This friend is Miss Cammy Cary of Richmond, Virginia who is making it possible for us to put up this dormitory as a memorial to her Mother.

From the end of our Men's Class till time to go over to Chunju for our North Chulla Bible Inst. I was at home getting ready for my teaching in said Institute, which began on Jan. 28th. and ran until Feb. 27th. As usual it was a great privilege and pleasure to have part in this training of our church workers and leaders in our churches and to enjoy the rare privilege of fellowship with the members of Chunju Station.

The spring visitation of the churches this year was unusually interesting, as there was so much evidence of life and interest in the churches, as also an unusually open-mindedness and interest on the part of the non-Christians.

Besides the regular visitation of the churches, I was enabled, by the grace of God and the help of some special friends, to resume, to some extent, the evangelistic work with tent and special corps of Helpers, holding meetings at four different places. There was much interest at each of the places. The churches seemed to be encouraged and revived, and goodly numbers of non-Xtns. were interested and we hope some of them brought to a saving knowledge of the Lord.

One of the outstanding events of the year was the Prayer Retreat for the Pastors and missionaries of our General Assembly, held in the General Assembly's Assembly Hall, at Onsoiri in the Diamond Mountains, from April 1st. to May 4th. There were 193 Korean pastors and missionaries present at this Retreat and it was an occasion of great refreshing and deepening of the spiritual life and reconsecration, and it was indeed a privilege to be there.

The church at Songedong has continued to be true and faithful to its record and has this year set off another group. It is always an encouragement and inspiration to visit that church.

As is well known in this part of the country, this year marks the sixtieth that I have spent in this world. The year has been quite a happy one, due to the many encouragements in the kindness and loving appreciativeness of the Korean Christians, for they have been marvelously kind and charitable in overlooking all of my many faults, failings and weaknesses, and showing most gracious spirit of love and appreciation. This has been manifested by five celebrations of my "Han Kap" or 61st birthday, according to Korean count. The first was at Chunju during the Men's Bible Institute. This particular one was not one the Korean initiative but on my own. As the birthday came around while I was over there in the Inst. I gave them a small amount of money for a beef stew and for a few other little extras, and invited myself and the other members of the faculty to come to the mess-hall and have dinner with the students, which we did. We all had a good square meal and a jolly good time together.

The second "Han Kap" celebration was in our local church at Kung Mal, the Third at Man Kyong Umnai, under the auspices of the Tai Chei Chick Whei of my field, the fourth was in Kunsan, given by the three churches in the city, and the fifth over in Cheung Chung Do at Hong San Umnai, under the auspices of the Tai Chei Chick Whei of that field. These were all lovely and were greatly appreciated by both Mrs. Bull and myself, but the thing that I think I appreciated most of all was that of an old lady 105 years old walking 15 li to be present at the meeting in Hong San. She brought me a very pretty present. After the meeting was over a picture was taken by which to remember the occasion. I told the dear old lady that I wanted her to stand by me when the picture was being taken. She was pleased to do so, and while the man was getting ready to take the picture she reached out and took hold of my hand and held onto it with a very firm grip all the time the picture was being taken. I guess there will not be any special criticism of holding hands with a lassie only 105 year old. She is a dear old soul. Her mind is still as clear as a bell and her faith, zeal and enthusiasm an example and inspiration to us all.

This past year has been one of joy and happiness and I am hoping that, even though I have passed my "Han Kap", that the Lord is going to let me have many more years of service for Him among this very wonderful people, for, notwithstanding all their many faults and failing, shortcomings and weaknesses, they are a wonderful people spiritually. The other day, when I was down looking after the building of our new dormitory I noticed a book open and turned pages side down on a pile of lumber. I picked it up to see what it was and found that it was a commentary on the Gospel of Matthew, which one of the Christian carpenters had brought along to study during the rest periods. The very next day I noticed one of the coolies who was working on the house site, during one of the rest periods, sitting on a log reading his pocket Testament. When the Boss called them to work, he got up, slipped his little Testament back in his pocket and went on pulling the ropes for the pile driver that was being used to tamp the rocks down in the trenches for the foundation. Such is the people among whom we work, and it is indeed a great privilege to work among them and for them. As the Lord has chosen the weak things of this world to confound the mighty can we not renew our prayers, with zeal, faith and fervor that He will soon stir up His strength and His might to use this little country to show to the nations of the world that HE IS GOD.

Respectfully submitted,

W. F. Bull

Dear Friends in the Homeland:

The Koreans, like the Chinese and other eastern nations, reckon time in cycles of sixty years; so when one reaches his sixtieth birthday they say he has lived one cycle, or a "Han-Kap," and a great deal is made over the occasion, and if they have any means at all they generally give a very elaborate feast in honor of the occasion. If the person, man or woman, has any children they generally take things in hand and make a great "to do" over it, giving an elaborate feast, inviting all their friends and relatives from far and near. They prepare new and special clothes for the parent, or parents, if they both happen to be living, and have them seated right in the center of things at the feast, with a specially large and heavily ladened table set before them. Then when everything is ready to begin they, the children and grand-children, all come in and line up before their parents and then bow down to the ground before them. This is supposed to be a very glad and joyous occasion, since they have been blessed with having their parents with them for so many years.

This year happens to be the sixtieth anniversary of my birthday, or my "Han-Kap," and the churches in my field have been very lovely about having "Han-Kap" celebrations for me. I have had five of them, thanks to the love and gratitude of the Christians in my churches.

The first celebration, however, was not given by the Koreans. It happened that my birthday came around while I was over in Chunju, teaching in our North Chulla Men's Bible Institute. I gave the students a small amount of money and told them to get some beef and a few other little extras for their supper that evening, and then invited myself and the other members of the faculty to have supper with them at the mess hall. Meat is a very rare article in the diet of the Koreans, so to have beef stew is a very special occasion. We all enjoyed a good, square meal and lots of fun and good fellowship.

The second Han-Kap celebration was in our local church and under the auspices of that organization. It is customary, when a Han-Kap celebration is staged, for the children of those being so honored to prepare nice new suits of clothes just as grand and luxurious as their circumstances will permit; so, on this occasion, the Woman's Auxiliary of the church had made very beautiful suits of Korean clothes for both Mrs. Bull and myself. They came for us up to our house and escorted us down to the church, and made us sit on the platform in all our glorious apparel, with which, I am sure, Solomon in all his glory could not compare. They had a number of very kind and congratulatory speeches, all of which was followed by a very delightful and elaborate feast.

The next, and third, celebration was under the auspices of all the churches in my field, and this was also a very memorable occasion, for they had taken much interest and pains in working it up. A number of very gracious and kind speeches were made, after which I was presented with a very lovely pure Korean gold signet ring. These exercises were followed with a very elaborate feast. According to Korean customs I was required to sit in the middle of the gathering, on a raised seat at a specially large and heavily ladened table. When everything was ready to begin eating, one of the elders present said: "According to our Korean customs, on an occasion like this it is customary for the children of those who are being so honored to line up in front of their parents and then altogether bow down before them, but as there are so many of us here today it will be impossible for us to do that, so I suggest that we select certain of our number who have been especially closely associated with our pastor to do the bowing." He then named a young pastor who has been associated with me for a number of years, i.e., until he graduated from the Seminary and became a pastor. He calls himself my spiritual son. Then he named a colporteur and another young man who have been associated with me as Helpers and who, like the others have been members of my evangelistic band, hence very closely associated with me in the work. These three then came forward and lined up before me and then in a very dignified way greeted me by bowing very profoundly, after which we all began to show our appreciation of the very excellent feast that had been prepared.

The next, and fourth celebration was under the auspices of the three churches in the city of Kunsan. They had declined to go in with the other churches on their celebration, as they wanted to have one all on their own. This was also done very beautifully and graciously. On this occasion we were presented with a very pretty solid silver (Korean) flower vase.

The next, and last celebration was over in the province of Cheung

Chung Do, across the River from here, and under the auspices of the churches in that field. There are forty odd churches over there that are under the oversight of the Home Mission Committee of our North Chulla Presbytery, and are cared for by two very fine Korean pastors. On this occasion also there were a number of very gracious speeches, which were followed by the presentation of a very pretty, pure Korean gold medal, then another feast.

I think the thing that I enjoyed and appreciated most of all in all these different celebrations was the fact that at the last one, i.e. the one in Cheung Chung Do, an old lady ONE HUNDRED AND FIVE YEARS OLD walked a distance of about five miles to be present at this meeting and to bring me a very pretty present.

After the meeting a picture, to remember the occasion, was taken. In order to get a pretty background, or setting for the picture we went up to a park on a hill back of the town. The road up the hill was quite steep and rough, but the old lady tripped up the hill just about as lively as anyone else. I told her that I wanted her to stand by me in the picture. She seemed very pleased to do so, and while the man was getting ready to take the picture she reached out and took hold of my hand and held on to it with a very firm grip all the time the picture was being taken. However, I guess I'll not be criticized very severely for holding hands with such a young lassie!! She is a dear old soul and has a most interesting history, of which I wish to write a little more particularly.

Over in a certain village in Cheung Chung Do there lived a very wealthy old "yangban," the head of a very large clan. Some years ago, when the Japanese began coming into Korea in large numbers he became greatly alarmed about his property, fearing that the Japanese would get it away from him by fraud or force. Thinking that if he lined himself up with the Americans then the Japanese would not be able to get his property (largely in rice fields) away from him so easily; he professed to becoming a Christian. At his own personal expense he built a large church, ordered all of his connection, i.e., sons and grandsons with their wives and children, all of his tenants on his rice farms to become Christians and attend church. He also established a nominally Christian school, putting up the building himself, paying the teacher's salary, etc., etc. There were enough sons and grandsons in this large connection to make up quite a good sized school. Also on Sunday there would be quite a good sized congregation that would gather for service. During the old man's life-time, due to his patriarchal authority, the church was large, and apparently flourishing; but after his death, when the property was divided up among his sons and they were at liberty to do as they pleased, they gradually fell away from the church, spending their substance in riotous living. Since the sons and grandsons, after having come into possession of the rice fields, did not attend church themselves, they did not, of course, care whether the tenants attended or not so gradually the whole congregation fell away—except the wife of the old patriarch, the old lady mentioned above. She had become a real, earnest Christian, and even though everyone else fell away she remained true and faithful; so on every Sunday, or Sunday night, or Wednesday night she would wend her way up to the church on the hillside, open the doors, go in and sweep out the church with her own hands (though she had servants to sweep out her room at home) ring the church bell, and then wait a while to see if anyone else would come. After waiting a little while she would go in and have a little service all by herself, praying especially for those who had attended church

411

and fallen away, and that the church would be revived. She kept this up week in and week out for several years. I used to have charge of that field and used to visit that church regularly fall and spring, even though this old lady was the only Christian there, and it was always a joy and delight to visit that church on her account. She was always so bright and happy and apparently so glad to see someone of a kindred spirit, i.e. whom she considered a true Christian and who could understand her spirit. She would always have a present of some kind ready, a chicken, or a string of eggs or something else.

In her case Gal. 6:9 has been abundantly verified. "Be not weary in well-doing, for in due season ye shall reap if ye faint not," for through her faith and faithfulness many of those who had fallen away have come back into the church, and other new believers have come into the church, and the church has grown to be a good, strong, active church. Though she is ONE HUNDRED AND FIVE YEARS OLD she continues to be bright and happy. Her mind is as clear as a bell and she is interested in everything. She is a dear old soul. Her face has been described as a "sun-burst of wrinkles," and I am sure when she goes into the presence of the Lord she will get a most royal welcome. The Korean pastor who is in charge of that field now, in joking with her about her age said, "Umminie (Mother) I don't believe you are ever going to die, I think you are just going to keep on living 'till the Lord comes."

Yours in the Master's service,

W. F. Bull

Received at Nashville, Tennessee, August 29, 1936.
Address: Rev. Dr. Wm. F. Bull, Kunsan, Korea.
Postage: Letters five cents, postcards three cents.

October 21, 1936.

Out in the Yellow Sea.

My dear Friends in the Homeland:

I am now on a sail boat in the Yellow Sea, just leaving the island of "The Flying Goose," (so named from its supposed resemblance to a wild goose in flight) where we have just finished a brief series of very successful evangelistic tent meetings. This was the second series of meetings that we have held on this trip; the first being at a seaport town on the mainland, just opposite the islands we are visiting. In the meetings at the port on the mainland there was much interest, and on the last night when we asked for a show of hands as an expression of their purpose to become Christians the hands went up so thick and fast that it was impossible to count them. This place is quite a distance from the nearest church and it is going to be quite a problem to follow up this work and care for those who have become interested. Will you not therefore pray for them that they may remain firm and steadfast in their decision to be Christians? On the last night of the meetings on the island of "The Flying Goose" when I was asking for decisions, one man spoke up and said: "We all want to believe. Just send us a teacher to lead us." The substance of this remark is that they want to establish a school for their children, which are very numerous, that are growing up on the island. They guarantee to put up the school building and provide 20.00 yen per month toward the teacher's salary. This is not quite enough for a living for a teacher, particularly if he is married. They want me to supplement this amount with five yen per month, which is about (or almost) $1.50 per month, and to select and send to them a Christian teacher, who will be not only the school teacher during the week, but the leader of practically all the church services, or practically an unordained pastor for that little group. This is a splendid opportunity, and I would probably be able to send a suitable man, but our Mission budget has been reduced so severely in the last few years (till it's only about one third of what it was a few years ago) and our budget so pitifully small that I do not know whether I can squeeze $1.50 more out of it or not. Will have to go in home and do some figuring to see if it can be done.

The Lord has blessed us with wonderful weather on this trip— delightfully mild and pleasant, with almost no wind. We are always happy when we are holding tent meetings when the wind is stayed, for the wind is hard on the tent, and sometimes when heavy winds come up in the night we have to get up out of our warm beds and go out in the wind (and sometimes rain) in the middle of the night and let the tent down to keep it from being blown down and damaged.

The day we finished up at the seaport on the mainland there was a strong wind blowing, and there was a heavy sea on, so we could not leave for the islands as we had planned, but by night the wind had subsided, so, adapting our plans to the tide and wind (which is always a wise thing to do out here, rather than trying to "buck" them) we planned to leave at 3:30 the next morning. I went to bed quite early and had a good sleep until 3 a.m. when we got up and went aboard our ship (an open sail boat), pulled up anchor about 3:30 a.m., and headed out to sea. Though the wind had subsided somewhat the sea was still quite rough. I made up (or rather down) my bed on the bottom of the boat, and had a very comfortable night's rest, as I never get sea-sick, but all of my helpers (five in all) were terribly sea-sick and quite generous to the fish that were following in our wake. We dropped anchor in the island harbor, which was our first objective, at about 5 a.m. The helpers all hastened to go ashore and to an inn where they could get on a still, warm floor and get a little rest before the duties of the day began, as they had been cold and sick and unable to get any rest. But I was so comfortable in my bed on the floor of the boat that I stayed there until broad day-light, or until about seven o'clock, when I got up and went ashore and to the little church on this island. Soon my young man cook (who is also a member of my band) had some nice hot water for me, so I got washed up and shaved and by that time he had a nice breakfast for me, to which I did full justice; after which I felt fine and ready for almost anything the day had in store.

As this was Sunday we made no attempt to get the tent up that day, but held services, morning and evening, in the little church. These services were well attended and much interest manifested.

We are now out in the open sea again, headed for another island where we plan to begin meetings tonight. From this island we will go back to the mainland and hold meetings at one or two places before going in home.

The meetings that we have been holding on this trip have been made possible by a faithful group of friends in the homeland. As I have written, when the "depression" struck so hard and our budgets were reduced so drastically, I had to give up this special work of tent evangelism in which I had been engaged for some years, and which had proved so well worth while; but I am very grateful that the Lord has raised up this group of friends who have made it possible for me to resume this work by their prayers, their sympathetic cooperation and financial backing.

Will you not pray very earnestly that the Lord will make it possible for us to continue in this work, by giving us the financial backing and the physical strength and vigor to enable us to "carry on" for many years yet to come?

Yours in His service,

W. F. Bull

Received at Nashville, Tennessee, November 30, 1936.
Address: Rev. W. F. Bull, Kunsan, Korea.
Postage: Letters five cents, postcards three cents.

May 12, 1937.

Kunsan, Korea.

Dear Friends in the Homeland:

I have been wanting to get off another letter to you for some time, but it has seemed very hard to find the time to do so, and since it has been so long since I have gotten off a letter to you I am not going to wait any longer for an opportunity to write a letter, but am sending a copy of my annual report to our Mission to our Correspondence Department at Nashville, with the request that they send out same to my friends in place of a regular letter at this time.

Very sincerely yours,

W. F. Bull

1937

PERSONAL REPORT OF W. F. BULL
TO KUNSAN STATION OF S. P. M. IN KOREA FOR YEAR 1936-37

Returning from Annual Meeting on Chidi San last July, I spent my summer vacation, as usual, at home and for my recreation during that time I undertook the overseeing of the building of our new Bible Class Dormitory, viz. the Maria Abert Cary Memorial Dormitory. This was a very pleasant task for it was providing a long felt need at our Station for more and better dormitory accommodations for our large men's and women's Bible Training Classes, for our Bible Institute, for summer conferences and other such occasions, and relieving the congestion and discomfort that have always been present at time of our Classes, due to overcrowding.

The work on the new dormitory was completed on November 30, when I took over the keys from the overseer. As the work on the building had run so late into the fall I could not wait on it to begin my fall work.

I went to Kwangju to attend the meetings of our General Assembly and of the Presbyterian Council on September 10, and from there went to Seoul to attend the meeting of the Federal Council and of the Bible Committee.

This meeting of the Federal Council seems somewhat epochal, in that plans were launched for the revamping of the Council, since it seemed that the Council was about to die a natural death as an executive or business organization, for sheer lack of enough business to justify its existence. At that meeting one whole day was set aside for prayer and inspirational and devotional conferences. A very excellent program had been prepared and the meetings proved to be such a great success and inspiration that all who were in attendance seemed inspired to feel that it would be well to change the purpose of the Council from a business or executive body, so that the main object of the Council would be devotional and inspirational. The matter of revamping the Council was referred to an enlarged Executive Committee for study and report at this coming meeting of Council.

Returning from the Federal Council in Seoul I went almost at once to have a share in a devotional conference in Chunju under the auspices of our Presbytery. This was a very helpful occasion, and lasted for five days.

I began my fall itinerating on October 10, and from that time on until December 20, I was engaged almost constantly in the regular visitation and oversight of my country churches.

Besides the regular visitation of my country churches I was able to hold tent meetings at four different places, with very gratifying success at at least one place, viz, Ton Chi, a port town in Puan County, on the coast just opposite Pi An Do. There were two very nice young men at this place who had previously become interested in Christianity through the preaching of one of our Kunsan elders who spent a few days in that town while waiting for a boat to take him out to the islands. With these two young men as a nucleus we had meetings there with the hope of getting a church started, and we were not disappointed. We had good crowds every night and splendid interest and attention. There were forty or so that during the meetings expressed their intention of becoming Christians, and on the very first Sunday after we left they met for church service, with about forty or fifty present, and have been meeting regularly every Sunday since.

The church at Chi Chi Po, which has been such a problem for so many years, but which has for several years past seemed to have some life in it, has again lost ground until it is now in a pitifully weak condition. Speaking of Chi Chi Po, I have for some years thought of it as just about the extreme southern end of our field, but last spring I made an exploratory trip down beyond there and found that there is still a stretch of fairly well populated territory between there at the seacoast below, of about 20 li, and that there are some large villages in that section. One section is where a large reclaiming project has been put through and much rice fields land reclaimed. There is one very large village down on the coast below Chi Chi Po called Chuck Po which is quite large and prosperous.

Also the new church at Kal Chone, in Puan, which started off with seemingly so much promise has been most disappointing, for it seems as if some of the young men who seemed to be such promising leaders did not really have the root of the matter in them. While they have completed the church building at that place and still continue to meet regularly on Sunday for church services, that church has been quite a disappointment and quite a burden to all the other churches in the Pu An field.

The church at Ai Kong Ni, which for a number of years has seemed just about dead under the leadership of two old men has taken on new life since these old men have passed away and the leadership has fallen into the hands of their two sons, who are very bright, faithful second generation Christians, and under their leadership the church seems to be growing into a good strong church. I hope that one of these young men will be elected as elder this spring.

The churches in Kim Chei and Man Kyeng fields have continued to be good, strong healthy churches. The churches at Pun Turi and Chuk Dong continuing to have their own pastors, i.e. for full time services, viz. Yune Sing Myeng at Pun Turi, and Rev. Yi [illegible] Sek at Chuk Dong, while Rev. Yi Chai Un has continued to look after the churches of Myeng Yang Ni, Naing Chung Ni and Man Kyeng Umnai. The church at Pok Cheung Ni has recently called Rev. Peik Yong Keui for full time. The church at Pu An Ummai has prospered under the ministry of Rev. Moon Chan Kyu, who has also done good work in encouraging the weaker churches in the country around the Umnai.

Finishing up the administration work in my field on December 20, I was at home until December 28, when our regular mid-winter Men's Bible Training Class began, and then for ten days I was quite busy with that, going from 4:30 every morning until about 10 or 10:30 every night. But as this is always a privilege and pleasure it was not a burden. We had the pleasure of having with us this year as our special speaker Rev. Hwang Heui Un, a pastor of one of the Methodist churches in Pyeng Yang, who is quite a noted and popular speaker for special meetings. There were 550 men enrolled in the class, but at least 700 were in attendance on the Class from first to last. There are always quite a number who just drop in for a day or two and who do not register because they do not want to pay the registration fee for just the short time that they are going to be here.

Our nice, new, lovely, commodious Maria Abert Cary Memorial

Dormitory building was used for the first time and it was quite an asset toward the success of the Class.

From the close of our Men's Class on January 8, till February 16, when our North Chulla Men's Bible Institute began in Chunju, I was at home, preaching in the local churches on Sunday, conducting marriage ceremonies in nearby churches, catching up on accumulated correspondence, and last but not least as a time-waster and as a user up of energy and strength and patience, being grilled by representatives of the police department, frequently being called away from my meals, or awakened from sleep to come and be quizzed by them.

On February 2, Dr. Fulton arrived at Kunsan and then for several days, with the other members of our Station, I was with him in conferences, or escorting him to conferences with different groups of the nationals.

On February 15, the day before our North Chulla Men's Bible Institute was to begin, Dr. Fulton arrived at Chunju from Soonchun. As the people of Chunju were preparing to give him a rousing reception on his arrival at that city I went over a day in advance to get a "movie" of the occasion, thinking that it would be a memorable day in the history of our Mission. There were at least 3,000 people at the Railroad Station that day to welcome Dr. Fulton to Chunju.

My duties in the Bible Institute began on February 16 and then for a month it was my privilege to have a share in the teaching and the training of about 140 very choice young men from all over our Chunju and Kunsan fields for the Master's service. This indeed was a great privilege. Then, also, it is always a great privilege to sojourn at Chunju, for the friends there are always so very kind and cordial and the fellowship with them a great privilege and pleasure.

Then too, while I was in Chunju for the Institute I had the pleasure of preaching in the city churches on Sundays, and in the Central church every night for a whole week during some special meetings that they were having there in that church.

In summing up the work of the past year I would say that the Lord has been wonderfully good to us, far beyond anything we have deserved, for which we praise His Holy Name and take courage and face the coming year in hope and humble dependence upon His help and confidence in His promises.

Respectfully submitted,

Yours in His service,

W. F. Bull

Received at Nashville, Tennessee, June 5, 1937
Address: Rev. Dr. Wm. F. Bull, Kunsan, Korea
Postage: Letters five cents, postcards three cents

October 5, 1937.

Kunsan, Korea.

My dear Friends in the Homeland:

I have just recently returned from attendance on the 26th meeting of the General Assembly of our Korean Presbyterian Church and on the Annual Meeting of the Federal Council of Evangelical Missions in Korea. At this meeting of the General Assembly there were 82 ordained Korean pastors, 82 elders and 31 Foreign Missionaries, the missionaries being members of the five Presbyterian Missions cooperating with the General Assembly, viz., the Northern Presbyterian (the Presbyterian Church in the U.S.A.), the Southern Presbyterian (our own), the Canadian Presbyterian (now the United Church of Canada), the Australian Presbyterian Church, and the Presbyterian Church in America (Dr. Machen's).

We were very grateful that this meeting of the Assembly was a quiet and peaceful one, as the last few meetings have been rather stormy, on account of the feeling that has been running high between north and south, our southern section of the country rather resenting the preponderating influence of the north, due to their overwhelming numbers and the greater advancement of the work in the north and the resulting predominating influence in the Assembly, e.g., in the membership on the Assembly committees, etc. This feeling became so intense that it seemed that the only way out was to divide the Assembly into a Northern and a Southern Assembly. To avoid this an overture was sent up to the General

Assembly to organize synods and that the Assembly meet only every three years. This was sent down to the Presbyteries and I am grateful to say that it was voted down by a vote of 20 Presbyteries against 7, which proved that the spirit of division was not nearly so strong as that for unity. It was largely that a few hot headed southerners were doing the agitating.

We felt that we were fortunate being allowed to meet this year, since on account of the present disturbed conditions in this part of the world all public assemblies are strictly prohibited, except those under Government auspices and presided over by Government officials for the promotion of patriotism and nationalism. We therefore felt that we were the recipients of special grace in being allowed to meet at all. However, there were certain subjects that were strictly prohibited from our discussions, and to see that these instructions were carried out there were about six policemen that sat in on every session from early morning to late at night. At the meeting of the Federal Council also there were certain forbidden subjects of discussion and seven policemen sat in on all of our sessions even at the administration of the Lord's Supper on Sunday morning.

I am hoping to have tent meetings in a number of places this fall, but am wondering if we will be allowed, since all public meetings are prohibited. We had some fine meetings in the spring, and will be quite disappointed if we are not allowed to have any this fall. The meetings that we had in the market town of Nam Po in the spring were quite outstanding for the size of the crowds attending and for the interest manifested. In the meetings that I hold ordinarily with my corps of trained helpers I generally do the preaching myself, but on this occasion I had a specially gifted and outstanding Korean pastor to do the preaching. These meetings were held in a section of the country where the Japanese have put through a reclamation project on a vast scale. Thousands and thousands of acres of marsh land have been reclaimed from the tides and converted into very rich rice fields. This reclaiming project was accomplished by putting in sea-walls and keeping out the salt water from the sea; so what used to be vast tracts of marsh land is now a fertile plain of rice fields. People have moved into this district from far and near to work those rice fields and villages have sprung up here, there and everywhere in this section, the people all becoming tenants of the Development Company that put through the project, with the result that this district became quite populous. Some of the immigrants to this section had been attendants on churches in the places that they came from, but when they came here, as there was no church in their immediate neighborhood, they did not take the trouble to look up and attend some church at some little distance from them, so fell away from the church. So we thought it would be a good thing to hold tent meetings in this district as a spiritual reclaiming project to bring back those who had fallen away, and also to reach some of the many new people who have moved into that district, and try to get a church started among them.

We were encouraged to come and hold meetings in this district by a non-Christian Korean who was the overseer of the rice fields belonging to the Development Company. He had noticed that among the large number of tenants working in the fields (they work the fields cooperatively) that there were some who did not drink, smoke, or get into fusses and broils with the other workmen as most of them do. He was so much impressed by these facts that he began to make inquiries and he asked them "How is it that you do not drink, smoke or fuss and fight like the rest of the people?" They answered, "Because we are Christians." The overseer had also noticed that they worked more industriously and faithfully than the others. He said, "Well, if that is true, I wish all of my tenants were Christians." So he asked an elder in one of my nearby churches to arrange for some preaching in that neighborhood with the idea of getting a church started there. The elder came to me with the proposition so I was planning to cooperate with them in this and began making plans for same. The Korean overseer was also quite interested and active in making plans for the meetings, trying to get permission for the use of a site belonging to the Development Company on which to pitch our tent. His Japanese employer told him that if he was going to be interested in that kind of thing then he had better be looking for another job, so on the strength of that he subsided in his efforts to promote Christianity among his workmen and to get a church established. However, we pitched our tent in the market place of a town right on the edge of this reclaimed district and had large crowds and splendid interest every night. Our tent was literally packed and jammed almost every night, with men standing five and six deep around on the outside of the tent, so that we had to lift the side curtains so that they could see as well as hear. During the meetings we frequently had to resort to the unique Korean method of "packing," viz., after the tent is filled to just about capacity, with the people sitting on straw mats on the ground tailor fashion, with more people still coming, we asked those who have already gotten seated to please stand up. Then after they have arisen where they have been sitting we ask them to please walk forward a step or two, which they do. We then ask them to please be seated again, which they do, leaving an empty space in the rear of the tent which is soon filled up by the later arrivals. This method of "packing" results in their being packed in literally "like sardines in a box," with the result that they are so uncomfortable that often fights start, especially among the boys who always crowd in together. But even though they are packed in so uncomfortably they will sit and listen intently for a full hour, and sometimes even longer, at a time. My tent seats about 1,000 people, but by lifting the side curtains we can have a congregation of 1,200 or 1,500. It was estimated that we had as many as 2,000 on some of the nights during the meetings of which I have just been writing.

It is a great sorrow to me that I have not been able to find as much time for this kind of direct evangelistic work as I would like, but due to having the oversight of my own field with about thirty churches in it, teaching in Training Classes, Bible Institutes, etc., and having so much of the administrative work of our Station falling on me (just at present I am the only man at our Station) having at present the oversight of our Boys' School and of my colleague, Mr. Vail's field, while he is on furlough. I am very happy to say, though, that we are expecting reinforcements in a few days now in the persons of Mr. and Mrs. John Talmage, the son and daughter-in-law of Dr. and Mrs. Talmage of our Kwangju Station.

I have plans for tent meetings, or evangelistic campaigns, in several different places this fall and am hoping that we will be allowed to hold them, but on account of disturbed conditions just now I have doubts of being able to get permission. Will you not take for granted that we will be holding these meetings and remember us very definitely in your prayers? Even though we should not be allowed to hold meetings, I am planning definitely to get out and do a lot of evangelistic work in unevangelized sections, i.e. from house to house and with individuals, so will you not remember us very definitely in your prayers?

Yours very sincerely in the Master's service,

W. F. Bull

Received at Nashville, Tennessee, October 29, 1937
Address: Rev. W. F. Bull, Kunsan, Korea
Postage: Letters five cents, postcards three cents

July 22, 1938.

Birmingham, Ala.

Dear Mrs. Chamberlain,

This letter should have reached you some time ago, but Miss Greene left it with the Nashville office, and it was not forwarded to me until last Monday, the 18th. Dr. Fulton is now is possession of a copy of it, obviating the need of sending it on to him, as your father instructs.

I could hardly believe the things described herein. The Jap. govt. is certainly pressing with determination, for the complete subjugation of the Christian body, to Shintoism.

Last Tuesday Mrs. Vail and I had the pleasure of a brief visit with Miss Greene in Atlanta.

We will sail probably on Sept. 8th, and if there is any message or missive you would like to send to your parents by us, we would be happy to bear it.

With best wishes, I am

Most Sincerely yours,

John B. Vail.

June, 1938.

The following is a communication sent to the Board of World Missions—

P.S. (To letter of June 3d to John B. Vail)

I am planning to send this under separate cover and by Miss Greene, since I want to write about some things that it would not be wise to write about in the regular mail, and I am really taking up where I left off in letter sent by mail. The reason that our assignments are all worded as they are, instead of the way they used to be, viz, "In charge" of certain fields is because the Mission has become convinced that we can no longer exercise "sessional powers" under the Presbytery, for it seems to be a foregone conclusion that the Presbyterian is going to yield to the pressure that is being applied, to conform to certain practices which our consciences can not approve. Soonchun Presytery and So. Chulla have already taken official action sanctioning the ceremonies in question. The Soonchun missionaries have severed their relations with said Presbytery, and while our Mission refrained from taking a formal action ordering our members to do so, the consensus of opinion was that it was up to all of us to do so.

Our Presbytery was scheduled to meet on May 3d, but we were ordered to put the meeting off for a month, during which time the officials have been putting in most effective propaganda to make all of our pastors and elders yield to their demands—and they have practically all—in fact all have gone over and agreed to "go out". In fact many of them have already done so and it seems to be a foregone conclusion that at our meeting which is set for next Tuesday (June 7), the Presbytery will not be allowed to meet until they are all ready to comply with the demands. Very much pressure and coercion have been applied to bring about this state of affairs. Public meetings have been held all through the country, under the auspices of the police, and all sorts of ruses have been resorted to to get the people to do what they want them to. The latest is that they are assuring the people that it is in no way spirit worship and in no way in conflict with the Commandments or with the Christian consciences. They state positively that there are no spirits there and that it is purely and simply a patriotic ceremony—and the Christians are, saying "Well, then, with that understanding we will participate," and so they are yielding all along the line. Some of them have been hit over the head with chairs and all sorts of methods have been resorted to, including threatening to confiscate all their property and drive their families out of the country—the place most frequently mentioned in connection with this threat is "Mee-kuk," the significance of which you can readily see. Also, in these public meetings referred to, the police-speakers do not hesitate to talk against us and do their best to estrange the people from us. This is bearing fruit. I never go to town that I do not hear a dozen times or so "Mee-kuk Nom," "Se Yang Nom", and some times, or frequently, they put the "Ah," on it showing that they definitely mean to be insulting. In fact we are living in such an atmosphere today that I am very glad that my forty years are so near up, for I do not know that I will be able to hold out much longer. The latest ruse that the "nationals" are working is that they are trying to bring about a union of the Korean and Japanese churches, and the Japanese pastors all over the country are allowing themselves to be made tools of by the government. The pastor in Kunsan has called on Yi Soo Hyen (Pastor of 1st Church in Kunsan), who is moderator of our Presbytery right now, and told him that the Japanese are very eager to bring about a union of the two churches. They had a meeting a few days ago and organized a Council. The Jap pastor was elected chairman and Yi Soo Hyen vice-chairman. They are to have a big mass meeting in Kunsan tomorrow (Sunday) aft. at which the Japanese pastor will preside and make the leading address. He will be followed by Yi Soo Hyen, who will explain the object of the new organization, etc,. Yi Chang Kyu is on to read the SS lesson—and is sick over it. Though I am full "Tang Whoi Chang" (moderator during session) in the Shin Heung Dong church, copastor of the Tong Boo church and practically the founder of all the churches in Kunsan I have not been even notified that such a meeting was to be held. The police man, Pak Soonsa, from our local police station was in to see me yesterday and I asked him what this new movement to unite the two churches means, and he said, without hesitation, the object is to make Japanese out of the Koreans. The Japanese pastor told Yi Soon Hyen and I got it from him first hand, that early in the game the government thought of using Buddhism as a means of "nationalizing the Koreans", so they started out to revitalize that cult, spending thousands and thousands of yen renovating their old, dilapidated temples, and fostering that religion in every way possible. They called a great meeting of the priests at the Government General in Seoul, but they came to realize that that was a hopeless proposition, for when the priests left they all went back to their abodes in their temples in the mountains, that they had no contacts with the people and no influence over them, so they gave up this as hopeless and turned to the Christian church, for it was live and virile, living among the people in vital contact and having great weight and influence, so this movement that is now being carried out by the Japanese Christians is simply a ruse of the Government (they acting under directions from the police department). Similar meetings are being held all over the country. Some time ago, a meeting was held in Seoul, and simultaneously with the one here in Kunsan there was one held over in Chunju. As you can readily see, the whole movement is highly anti-foreign and is aimed to drive a wedge between us and the Korean Church.

I have before me as I write a little pamphlet published in Korean by the Government General, explaining their objectives in the war with China. On one page that I have opened before me right now is this statement: "If Japan, Manchuria and China would just join hands earnestly, the <u>Western nations</u> would not be able to continue to do as they wish."

잠흔수 '난 이스 1년 서양 의 '일 훈, 깐 즉, 지 나, 이 세 나 라 가 찬 우 로 주 세게 손을 뫼 여러 나라가 '산 말 제 먹는 대 토 하 라 라 교 생 나 하 여 포 이 제 못 하 x

(See Korean above. This copied from pamphlet—it is wrong peace.)

We are being treated with contempt and suspicion at every turn. We can hardly pass a police station without being dragged in and subjected to a gruelling questioning. Before we went to Mission Meeting, our local police came and demanded to know all that we were planning to bring up to the Mission. Asked for a copy. Policemen sat in with us in all of our sessions, demanding a copy of all reports before they were allowed to be presented and finally a copy of the minutes was demanded.

From May 12th. to 17th. we (the Evangelistic Comt. of our General Assembly) held a Conference for church leaders for all of Korea in the Diamond Mountains. We were due to begin on the night of 12th at 8:00 o'clock, but we did not get started until 12:00 A.M. on the 13th. The reason for this being that they demanded that we participate in a Shrine service before we could go ahead with our meeting. I was called down to the police office at 11:00 P.M. on the 12th. We stood our grounds and finally were able to go ahead with our meeting. There were seven or eight police present at every service. Every address had to be written out in full and a copy handed in to the police before the address could be made—even the prayers were censored. They had to be written out in full and a carbon copy handed to the police and the men were not allowed to deviate one word from the written copy.

A few days ago at a meeting in a large town between Taiden and Taiku, the Christian leaders were called in for a "round table conference" and were told that they would all have to participate in shrine worship services and were then questioned one at a time, if they would do so. One elder spoke up and said he could worship only the living and true God, the maker of heaven and earth and all things therein, including the Japanese Emperor. They flew into a rage and grabbed him up and put him in jail for blasphemy against the Emperor, declaring that the Emperor is higher than God. The man is now in jail awaiting trial on charges of lese-magesty and if he is found guilty he will be sentenced to a term in the penitentiary. Well, such are the times in which we are living and one wonders just how much longer God is going to allow such real blasphemy to go on and just when He is going to take a hand in it. Surely it must be SOON!!!

It was also the consensus of opinion at time of Anl. Mtg. that we could not continue to subsidize Helpers that take part in certain ceremonies, and they all are doing it, including Mr. Kang.

I have been wanting to write some of these facts home for some time but it has been impossible and I am now taking advantage of Miss Greene's going on furlough to send them to you. It was agreed, though we avoided taking any official action, as can readily be understood in view of the self-invited guest that we had, that the policy laid down for our schools by Dr. Fulton should be extended to the evangelistic work also. The situation that we find ourselves in has many, many ramifications, if the evangelistic work, then why not the hospitals, training classes and Bible Institutes and every thing else? e. g. the Korean doctors in our hospitals are required to go out and they are yielding, then can we consistently continue them in our employ? Can we consistently continue to run our Training Classes and Bible Institutes that are under the joint control of Mission and Presbytery, if we feel that we must withdraw from the Presbytery, as most of the Mission seem to think we must do? I have my resignation all written out ready to hand in at this meeting of Presbytery on 7th. inst. should the Presbytery vote to "go out" as it seems assured they will do. I feel the folks at home should know these facts so that they may help us out with their prayers. I am writing all this for you to read and pass on to others.

Yours in the Master's service,

W. F. Bull

P.S. #2. The Christian Endeavor organization has been disbanded all over the country by order of the Government. We heard at the police office in Kunsan yesterday that this was because that organization was getting large sums of money from America and that that was sure to make them pro-American rather than pro-Japanese. Last night the C. E. was formally announced disbanded in the church by order of the police department.

P.S. #3. June 13th. Well, Presbytery is over. Closed up on the evening of 11th. It was indeed a most heart-rending affair.

I got to Chunju, where the meeting was to be held on 7th. Found that the Comt. on Bills and Overtures had been meeting since the day before—and guess where they were meeting!—down in the Police Department, by order of that Department. All the matters that were to come before the Presbytery had to be examined and passed upon by that Dept. Several of the Presbyters elect had already been intimidated and had "sold out" so were acting as the tools of the police, with the result that the election of officers was merely approving those whom the police had already appointed in advance. We met at 8:00 P.M. on one day and in the very first business session on the next day an elder in the Tong Boo church (East Gate Church) named Choi Kyeng Youle, got up and made a motion (which every one felt sure that he had been instructed to make) that we send a telegram of congratulations and thanksgiving to the War Department on the downfall of Huschow. Of course no one dared to open his mouth in protest, as the police were right there seeing that their demands were carried out. After that motion had passed successfully the same man got up and moved that the Presbytery give its sanction to attendance on shrine services. It was then announced by the moderator that there could be no discussion of the motion, nor could a negative vote be taken, so it went through without a single protest, until Dr. McCutchen got up and asked: "Mr. Chairman, does this mean that no one is going to be given an opportunity to register dissent?", to which the Moderator replied "Yes". Dr. McC. then said "Well, then I'll have to say that I can not consent to such an action." Swicord followed with a similar expressions. As I said earlier in the letter, I went over to Chunju with my resignation from the Presbytery written out and in my pocket ready to be submitted, but we had a conference and it was decided that we had better remain in the Presbytery so that in case the Presbytery passed such an action, we could register a protest with the General Assembly; so after this action was taken, we served notice on the Presbytery that we were going to register a protest with the General Assembly—which we did. The police were present, of course, in all these actions and showed quite a bit of excitement when we registered our protest verbally. After we brought in our written notice of an appeal to the General Assembly, they called up the Moderator and ordered him not to allow our protest to be received or be recorded in the minutes of the Presbytery and forbade the Presbytery's sending it on up to the General Assembly.

On the morning that the motion was passed to go out to the Shrine, the Presbytery ran out of business to act upon, because the committees had not been able to meet and had not reported anything to the Presbytery, so we came to a standstill and at about 10:30 a motion was made that the Presbytery adjourn in order to give the committees an opportunity to meet and get something for the Presbytery to work on in the afternoon. This motion was passed and a closing prayer made, when one of the Korean policemen got up, and speaking for the Japanese policeman said: "Since the Presbytery is now adjourning for a little while, how about taking advantage of this opportunity and the Presbytery go out to the Shrine." There was a dead silence for a while, for, of course no one wanted to go, but after a while one of the elders got up and said: "Since the Presbytery is adjourning now so that the committees may work and get something for the Presbytery to work on, if we go out to the shrine when will we get the Presbytery's work done?" The policeman answered "You can do your work later." Then another presbyter got up and said "But Mr. Chairman, it is raining. How can we go out in the rain? Those who are prepared with umbrellas and rain coats will be all right, but those who are not prepared will get soaked." The Chairman looked over to the police and said: "How about postponing the shrine service until tomorrow morning and let us go ahead with our work now." The Japanese policeman said. "No. We have decided that now is the time for you to go, and go you must." So the whole Presbytery was dragged out, almost by the nape of their necks and forced to take part in the shrine service—and they were a most unhappy crowd. Then, under the instigation of the Japanese, there was an agitation in this Presbytery to restore ancestor-worship for the Koreans. There was a great deal of indignation over this and the matter failed.

Yesterday afternoon, there was a great mass meeting in the Kunsan City Hall boosting the affiliation of the Korean and Japanese churches. The hall was packed to capacity. The pastor of the Kunsan Japanese church presided. The Governor from Chunju was present, also the head of the Educational Department from the Government General in Seoul and also the chief of police here in Kunsan, none of whom are Christians, but they each made congratulatory speeches, and they all started off their speeches with reference to the China war, and emphasized the necessity of the whole nation being united in the purpose of carrying the war on to a successful finish—showing where the motivation for this so-called union of the Japanese and Korean churches is coming from.

You will also be interested to know that the Tong Boo church here in Kunsan filed a petition with this meeting of Presbytery that the pastoral relation in that church be dissolved. A commission from the Presbytery is in Kunsan making investigation today preparatory to acting on the matter. Hope they will not "pussy-foot", but act like the occasion calls for. However, I am staying strictly away from Kunsan today. Do not want to even see any members of the commission, so that it can not possibly be said that I tried to influence them.

After you have read this will you kindly send it to our daughter, Alby, viz, Mrs. W. B. Chamberlain, #3904 Seminary Ave., Richmond, Va.

Dear Alby, after you have read this, please take it over and show it to Mr. and Mrs. Boyer at Mission Court, and after having showed it to them, please mail it to Miss Lavelette Dupuy at 632 N. Elm St., Greensboro, N. C., and, Miss Dupuy, will you kindly send to Miss Wilkins and, will Miss Wilkins kindly send to Dr. Fulton after having read. I feel that these are facts that those mentioned herein will be intensely interested in, therefore this request that this letter be passed around.

August 22, 1938.

Kunsan, Korea.

My dear Friends in the Homeland:

This is Monday a.m., supposedly the preacher's rest day, but in Korea there is no such thing, certainly so far as the missionaries are concerned; and while there is a host of things awaiting my attention at this very minute I feel so strongly the urge to write to you that I am letting everything else wait for the present in order at least to get this letter started, for with me I find it is half the battle to get a letter started. If I once get a sheet of paper in my typewriter and get the words, "My dear Friends" written, the letter then just naturally grows and keeps calling for attention until it is finished. The occasion for the "urge" that prompts this letter is that I had such a wonderful day yesterday that I want to share some of its joy with you.

I went to the country yesterday in my Plymouth. Left home at 9:30 a.m., and got back at 7:30 p.m. When I went to bed at 10:00 o'clock I got to thinking over the events of the day and got so thrilled and elated that it took quite a time to get to sleep. The occasion for this happy day was the establishment of a new church by the separation of a colony off from one of our best and oldest churches. When I came to Kunsan in 1899, Rev. Wm. M. Junkin had already been living here for four years and had succeeded in getting a nice little Christian group established. This was meeting every Sunday in Mr. Junkin's home, since the group was small and they had no church. Among those in this group was a little handful of Christians who lived in a town called Man Cha San, about seven miles away. They walked in every Sunday for worship. This little group seemed very zealous and very much in earnest. In a short time they succeeded in gathering others about them and in getting a church established in that town, and from that day to this, nearly forty years, the church at Man Cha San has been noted for its faithfulness, earnestness and consecration, and particularly for the large number of very faithful and efficient church workers that it has produced; preachers, elders, deacons, unordained evangelists, Bible women, etc.

Several groups, or colonies, have separated off from that church, and yesterday was the occasion of the separating off of another group and the forming of a very fine young church. The church is young but it is composed of very fine, well tested and tried Christians of long standing, some of them having been pillars in the Man Cha San Church. They have built a lovely little church, entirely at their own expense, not calling on any outsiders for help, not even on me, their acting pastor. As it was such a special occasion, I took my band along with me to furnish special music. On this occasion, as is the custom on all special occasions, a history of that church was given, and it was most thrilling and inspiring. As we reviewed the history of that group, a long list of names of men and women, I could not help thinking of them as a part of the "great cloud of witnesses" referred to in Heb. 12:1 and I felt sure they were looking down with unspeakable pleasure upon that scene. They were men and women with whom I have been very closely associated in the Lord's work and in the closest of Christian fellowship and affection, and I thought of what a wonderful joy it will be to meet them again in the presence of the Master.

Speaking of "my band," as most of you know Mr. Homer Rodeheaver gave me a set of band instruments for use in evangelistic meetings. I have been especially interested in this line of work for some years, using for this purpose a large tent and a corps of trained workers. Well, the band that I organized some years ago has been badly broken up by the young men who composed the band getting jobs in other places and moving away. I have managed, though, to hold on to a small unit that has continued to help me in my tent meetings. The larger unit had become so scattered that I have had to reorganize the band, and have just recently imported a teacher from Seoul, a young man who used to be a member of the Salvation Army band, and have held a summer school of music and have coached the new organization until they have now gotten where they can make pretty good music, producing real harmony. Our daily sessions were from 9 a.m. until 10 p.m., but the men were so very much in earnest that they worked before and after hours. One night after coming home and going to bed, before I dropped off to sleep, I heard one of the men down in the Bible Class building, where the men were making their headquarters, playing a cornet solo. The piece he was playing was "Have Thine Own Way, Lord, Have Thine Own Way," and he was playing it beautifully. The cornet he was using is an unusually sweet toned instrument, and the young man was playing it perfectly accurately. The hour was going on to 11 o'clock and of course it was pitch dark in all the land, but as he played, and the silvery tones of the cornet rang out and floated out through the darkness over a wide stretch of territory in this country which up to a few years ago was a dark, heathen country, knowing nothing of the True God, worshiping only idols and evil spirits. I thought how wonderful it was for the darkness of the night to be filled with such beautiful music and songs of spiritual light, and as I lay there and listened my whole soul was flooded with joy to think of the darkness of the night of this country being flooded with the silvery notes of such a beautiful song, and I praised the Lord, as I very frequently do, for allowing me to have a share in this wonderful work. It is far better than anything this world can give.

Last night at 11:15 I was down in our living room getting the news that was being broadcast in English from Shanghai. After I had been listening a while the announcer said: "And now here is one from Norfolk, Virginia (my hometown as you may know). Did you ever hear of a man being drunk on the 'water wagon'? Well, this happened in Norfolk. A man was driving the water wagon while drunk and was arrested and fined $150.00 in U.S. Currency." I am passing this on to you as being quite a joke, as the announcer seemed to think, and as quite interesting in that it came to me here in Korea, from my home town, via the air and Shanghai.

As you no doubt know there has never been a time in the history of the work in Korea that we have been so beset with problems, difficulties and sorrows, and never a time when we needed your prayers more than now. It is a very serious question as to whether we can continue to occupy the position re the work that we have for many years and we are praying very earnestly that the Lord will lead us out of the wilderness. Will you not add your prayers to ours? Notwithstanding the difficulties that we are meeting with just now, I am planning some evangelistic campaigns for this fall. Will you not remember us very especially in these meetings? The Koreans were never more open to the Gospel message than they are today.

Yours in the Master's service,

W. F. Bull

Received at Nashville, Tennessee, October 5, 1938
Address: Rev. Dr. W. F. Bull, Kunsan, Korea
Postage: Letters five cents, postcards three cents

Sept. 26th, 1938.

Kunsan, Korea.

My Precious Ones,

I am very grateful that I feel well enough to sit up and write to you tonight, but even as it is I do not feel like writing a long letter, so will have to come to the point of my story right away.

Our Pastor's eldest son was married last week and they brought the bride home on Friday evening and gave a big wedding feast on Saturday. John Talmage and I both went down and we did full justice to the meal as it was really quite attractive, but it seems that it was a little off in some way and both of us get desperately sick, to say nothing of five other Koreans. I went to bed rather early that night (Sat.) but had hardly gotten in bed before I had to go out to the bathroom—and then the fire-works started—going at both ends diarrhea and vomiting desperately. This kept up all night. About breakfast time yesterday I was completely exhausted, in fact so much so Mother actually thought I was passing out. As you know there is some cholera in this part of the world now, and one of the terrific symptoms in that horrible disease is excruciating cramps. Well, at about 8:30 yesterday A.M. I began having cramps in my feet and then very shortly I had a terrific cramp in the calf of my leg which felt like my leg was being broken in two. While I thought that that was pretty serious looking I had the consolation that I had recently been inoculated with anti-Cholera virus, so thought that there was not much danger re. that. My country cook

447

was in the room and I made him grab my leg and massage it until the cramp let up a little then I had him run for the doctor—and he was here in a few minutes. He gave me another "shot" and some other treatment, and after awhile I began to get quite—and right now I am very grateful to say I am just about normal—but I had a pretty tough time and Mother quite a scare. John Talmage was just about as sick as I was, though he did not have the cramps.

Well, we have a pretty large Station with the Misses Dupuy back with us. We were expecting a telegram from the Vails today saying that they had arrived in Japan, but we have had no word from them so we are afraid they are not on that boat.

Well, Precious Ones, I guess I'll close for this time and get ready to turn in, as I am just about ready to do so.

We are having beautiful weather now, which makes one feel like he wants to get out into the country.

With all the love in the world for each of you Darlings,

Most devotedly and affectionately,

Daddy

My dear Friends in the Homeland:

I have just come in from holding a series of tent meetings in connection with a very weak little church in my field. This little church is situated out in a large section of land which within the last few years has been reclaimed from the sea and saltwater tides by a Japanese Development Company. It was up till its reclamation a vast space of marshland, but it is now a very fertile rice plain. This feat was accomplished by quite an engineering undertaking, viz, putting in tens of miles of seawalls, or dykes, to keep out the tidewater. After this vast waste of marshland was reclaimed and converted into a fertile rice plain people came flocking in from far and near to cultivate these rice fields as tenants of the Development Company. Villages sprang up here and there, almost overnight, and this soon became quite a populous district. The First Church in Kunsan became quite interested in the large population that had come to live in this plain, feeling that they should by all means have a church to administer to them, so, of their own initiative, (i.e. without any suggestion from the missionaries) they began doing evangelistic work out in that section. In the course of time they succeeded in getting a little group started, and then as the group was small and financially weak they helped them very substantially to get a little church building (almost building it outright for them), then for two or three years they sent leaders out there practically every Sunday for the Sunday School and church services. This is a distance of ten miles. The leaders would frequently go out on Saturday so that they could visit in the congregation and work up a crowd for the Sunday services. On account of this church being within the bounds of my field it was turned over to me by the Presbytery to look after, which I have been trying to do for several years; but for some reasons the church has not gone forward very well and for some time I have wanted to hold a tent meeting in this section, and have just gotten around to such, with most gratifying and pleasing results.

We pitched our tent, which is 72 feet long and 33 wide, right out in the middle of this large plain and it could be seen from far and wide. Besides the tent doing its own advertising my Gospel Band, which accompanies me on all my evangelistic trips and helps in the meetings would go out each afternoon in the surrounding villages advertising the meetings. The result was that we had good crowds, splendid interest and attention and numbers of decisions each night; and on Sunday morning at the regular service in the church there were about a hundred new people present who had expressed a determination to become Christians during these meetings, and on Sunday night, the very last meeting, the tent was so crowded that we had to raise the side curtains all around the tent. As the invitation was given that night, a nicely dressed old gentleman, of about 60 years of age, jumped up in his seat and said with much enthusiasm, "Why, of course we want to believe. We all want to believe. Who is there who does not want to believe?" He was literally radiant with joy in his newly found faith.

This is a time now when there are many discouraging things but such demonstrations as this series of meetings show that the

Lord is working in the hearts of the people and that their hearts and minds are open to the Gospel message as they always have been. Will you not pray with us and for us that the Lord may continue to bless us with His presence and give us faith and courage to go on in His name in spite of the tremendous obstacles and problems with which we are being beset these days.

Yours in the Master's service,

W. F. Bull

Rec'd at Nashville, Tenn., Nov. 7.
Address: Rev. W. F. Bull, Kunsan, Korea
Postage: Letters five cents, postcards three cents

Oct. 23d, 1938.

Kunsan, Chosen.

My own VERY Precious Children and Little Sis,

I spent quite a while writing you very fully about our resignations from our Presbytery and from the oversight of the churches we have been looking after. I also wrote pretty fully re conditions under which we are living. I wrote simple facts that no one could deny, but Mother thought that it would not be wise for me to send it and insisted on my not doing so, so as usual I submitted to her good judgment and have cut out the first page of this letter and about a third of the second, and am sending on to you in this modified form. I guess that it is true that "discretion is the better part of valor," so this accounts for this letter being cut up and patched up.

To change the subject I will write about "Rats!" For a long time, in fact ever since we have been back from furlough our house has been absolutely free from these creatures, but of late they have begun to overrun the house. Under our sink in the kitchen there is a pipe that goes down through the floor. The rats have made a hole between this pipe and the floor and have been coming up from the cellar through said hole. Well, of late when we would go out to the kitchen at night (late) and turn on the light a rat, generally a whopping big one would leap off the table or off the shelves, and before we could get at him with a stick or anything he would be down through that hole, and we would probably just see his tail disappearing down the hole. The other night, while I was lying awake and not able to get to sleep I tried to figure out some plan to catch these rats. We have traps but they are so wily that they will not go in the trap, especially after we have caught one, even though we smoke the trap before resetting. Well, I conceived the plan of making a wooden disk and fitting it up close against the sink, but hanging it attached to and supported by a long string that goes out and fastens to the door facing in the dining room, so that if this string is unloosed and released the wooden disk would fall of its own weight and slide down the pipe and cover the hole in the floor so that the rat could not get out. Well, last night was the second night that I "sprung by surprise" on the rats and I have caught one each night. Night before last I came down to get the news broadcast in English from Shanghai that come on at 11:15. I slipped out in the dining room and untied the string and dropped the trap and then opened the kitchen door and went out into the kitchen, as I did a big old rat jumped down off the shelves and raced for the spot under the sink, but I had beaten him to it and he worked frantically to get out through his usual home, but it was stopped up completely, and as I shut the kitchen door and went for him with a tennis racket, he beat it for the wood box and from there to other inaccessible places. I chased him around by myself for a while, but was not able to get him, so I went out to the radio, shutting up the kitchen completely, of course, got the news, then went down to our Sarang and waked up Sangah who was sleeping soundly and made him come up and help me. We had quite a time chasing him around—and all the time I was thinking of our dear little Ginger who used to take so much interest in our rat killing escapades when she was a little girl in our home.

We finally chased the rat out into our butler's pantry and shut it up in there and succeeded in killing it. After killing it we found that it was a lady rat and that she was expecting an early and large addition to her family—which made us particularly glad that the new bunch did not get spread out in our house.

Well, Precious Ones, I must close for this time. With all the love in the world for the sweetest bunch of folks in the world,

Most devotedly and affectionately,

Daddy

P.S. I am wondering if this letter will be held up, on account of the free way I have written on certain subjects, so should you get it, be sure to let me know, saying "your letter re the rat killing" was received, etc.

My Own Precious, Darling, Beautiful Little Girlie,

Your precious letter of Sept. 26th. with most interesting inclosures came duly to hand a few days ago, and was most highly enjoyed, as always. We were greatly interested in the program of pageant at Roanoke Island that you sent, and we were plenty proud to see the name of our own precious little girl along with that of other celebrities, such as Auslander, etc.—and we are sure that there was not a one there that could compare with our little girl for pure, sweet unadulterated loveliness. Well, Darling, it will be a happy day when we can be with our precious little girlie and have her with us day in and day out. When we come to America and establish a home we expect to have a room in that home that shall be designated as your room, i.e. as long as you are willing to occupy it! But by that time maybe you will be such a famous authoress that you will have to have a home all of your own, with a retinue of servants, etc., etc.

Well, Precious One, I must close for this time. Always remember that we are loving you like "putting out fire" and longing for you like the "deer longs for the water-brooks."

Most affectionately and devotedly,

Daddy

Nov. 13th, 1938.

Kunsan, Korea.

My Own Precious Loved-Ones,

This is Sunday afternoon and Mother and I are the only living souls at the Station this aft. i.e. of the missionaries. John Talmage and his wife and Elizabeth Woods are in Seoul still at the language school, and Miss Dupuy and her sister, Miss Jean, are in Seoul today too. Miss Jean is on her way to Peking for a "Kukyeng" and Miss Lavalette has gone as far as Seoul with her. Since Mother and I are the only ones at the Station we are not trying to have any English church services, so I am taking advantage of this opportunity to get off a little love note to my Darlings.

Went out to one of our country churches this A.M. and as I came back, and approached our house from across the plain and saw it sitting up on the hillside I thought of how I used to approach it on horse-back years ago, when I used to itinerate on horse back, and how, as I would get in hailing distance of the house I would whistle—and how there would be a general excitement in the house as you would all hear the whistle and beginning giving me a royal welcome home. Those were good old, happy days. Then I thought of the piles of game I WOULD GENERALLY, or frequently bring in hanging to my saddle, and of how you would all begin pulling at the game, and of how often William, in particular, would get a big old geese, almost as big as he was, and take it around in his arms all day, not giving it up until he would go to sleep at night.

Speaking of "Itinerating." In the early days I used to keep a diary, and a day or two ago I came across one of my very old diaries and was looking over it and came across this entry:—

Under the date of Oct. 28th. 1906 there is this entry:

"Conducted services for congregation at Seo-san (large village on Chung Chung side of the river about 3 miles up the river) both morning and evening. About 9:00 o'clock lay down with my clothes on for a little sleep, expecting to get up at 12:00 to catch the tide for home.

Didn't get to sleep until after 11:00, for the joy of going home and the misery of clothes full of fleas. Waked up at 1:15 and got everything on boat and started home. Reached home about 3:00 A.M. Went in quietly and was in the bedroom before anyone knew I was in the house. Libbie waked up first and soon all three kids (little Alby had not arrived at that time) were awake and everybody happy. It seemed like Christmas morning. Va. 3 years old, waked up and saw me. I didn't say anything, just looked at her. She raised up on her knees in bed and was so pleased and tickled to see me that she couldn't say anything—just put her head first on one side and then the other—making monkey faces—Well, bless her little heart she was one cute little "Monkey" anyhow, and was always very cute and original in giving expression to her emotions—and a joy and delight to her Mother and old dad.

Well, those were happy days when we had you all about us, and the Lord only knows how we are longing for you all the time.

I wrote to you sometime ago about the scheme that I had devised for catching rats in our kitchen. Well, it has worked like a charm and I have caught seven so far. Caught two a few nights ago. At this rate I hope we will be able to rid our house of them completely before long.

While I was changing to a new sheet, to continue this letter I stopped long enough to crack two pecans that grew on our tree this year. We have a pecan tree that is about thirty years old, but it has never born until last year when it had quite a number of nuts on it, but they did not mature and all fell off. This year it bore quite a number. Most of them fell off when they were still quite small, but a lot of them stayed on until they seemed mature, but on cracking them we have been disappointed to find that they have not filled out on the inside. I think that probably by trimming out some of the branches and fertilizing it heavily next spring then maybe we can get a good crop next fall—if we are here to get them, if not then maybe the other members of the Station can enjoy them.

I listened in on a broadcast from Shanghai just a little while ago and heard a whole lot about the terrible persecution of the Jews in Germany. It is awful to think what they are having to suffer, all on account of Hitler's villainy. It would be the best thing that could happen for the world if something would happen to him.

I do not know whether you have heard of Lillian Crane Southall's sorrow. You know she married Thompson Southall, who used to visit us at Mission Court. Well they came out and joined our Mission. They were up in Seoul at the Language school and Lillian gave birth to a little boy that died immediately after it was born. It did not live an hour I understand. John Talmage's wife, Rosalin, is expecting too. She too is a tiny little thing and she and Lillian were in the same house. We are uneasy should the effect it might have on Rosalin, fearing that it might make her nervous, etc.

I am not doing any itinerating this fall, since I have resigned from the Presbytery and have given up charge of the field of which I have had the oversight, so have just been running out for the day on Sundays—in the capacity of visitor, i.e. without any responsibility for holding examination, administering the Sacraments, etc. We are all (the missionaries) in the same boat. But we find more than enough to keep us busy.

The Boyers landed in Kobe on Friday, and maybe crossing the Straights today and be in Chunju soon now. Am crazy to see them, which no doubt I'll do in a day or so now, and get some word through them of you precious ones. Will be mighty nice to see someone who has seen you all so recently, and to get word directly from them. I do not know whether Mother has written to you or not, but we have gotten the very sad news that Vails are not coming back. This is quite a knock out blow to us as Mr. Vail was a very efficient and capable worker, and did not shirk, but took willingly all the work we wanted to put on him—which was quite a relief to my old shoulders.

Well, Precious Ones, I guess I'll have to close for this time. With all the love in the world for the sweetest bunch of folks that ever came down the pike,

Most devotedly and affectionately,

Daddy

Dec. 18th, 1938.

Kunsan, Chosen.

My Own Precious Darlings,

Next Sunday (just a week from today) will be Xmas, and my, but how we will be thinking about you all and longing for you!!! Well, MAY-BE, next Xmas will be able to all be together. Won't that be grand, if we are?!!!

Well, Precious Ones, this has been another Sunday that I have spent quietly at home. Simply attended services this morning in the local church and our little service in English, this afternoon at which I preached. The powers that be are doing all in their power to separate us and the Korean churches, so if we visit the churches even on Sunday, just to have service with them the police make it so hot for them that we are refraining from visiting the churches, even though we would like to go and even though the churches want us to come, or rather would want us to come if the way were clear.

I have received letters from fifteen churches in my field saying that they would prefer that I would not visit them. The letters were all exactly alike, showing them they had been dictated, and we knew, of course, that they did not want to send the letters.

Well, on the 6th. of this month I went down to Kwangju, on the invitation of that Station to be the special guest speaker for their ten days women's Class. Just got home on Friday aft. Most of that time Mother was the only person present at the Station, i.e. the only member of the Station. John and his gang were still in Seoul and Miss Dupuy and her sister were in Kwangju for the Class.

I had a fine time in the Class, as the women were exceedingly appreciative and responsive. I stayed with the Knoxes for the first half of my sojourn in Kwangju and at the Paisleys for the second half. I had the devotional exercises each morning for an hour, an hour of Bible study each afternoon and the preaching hour each night, making three hours a day which gave me a pretty full schedule. Then besides that I spent from two to three hours each day in Dr. Levie's dental chair.

Mother and I have had a very special invitation to come over to Chunju for Xmas. dinner. They are going to have a Station dinner. Have had two turkeys for some time fattening them up for the occasion. It's mighty tempting, but we always like to have our Xmas. in own little home as I hardly think we will go. Surely do wish we had all of you dear ones with us! Xmas. has a way of making us blue, for it makes us think of our precious kiddies and of the happy times we used to have together.

Miss Dupuy is planning for quite a house-party here this Xmas. Just about all the single ladies in the mission will be here—and my, but what a yelling and screaming there will be!!! and such horse play as Miss D. does pull off!

These are very distressing times in Korea. I wish I could write you fully and freely about them, but it is the part of wisdom not to do as I am refraining. You are probably getting the facts from either sources, though. However, what you are getting will always be rather ancient history by the time it gets to you.

The authorization of a loan of $25,000,000.00 to a near-by country will probably have unfortunate repercussions so far as we are concerned. It will be interesting to watch and see the psychological effect, so far as we are concerned.

We are continuing to have very pleasant fall weather so far. No really cold weather yet. It will begin to get really cold, no doubt along about Xmas.

When I got back from Kwangju on Friday I found a nice lot of mail waiting for me here, among which were dear letters from each one of you. Of course I had a grand time reading them.

Well, Precious Ones, I guess I'll have to close for this time. With worlds and worlds of love for each of you Dear Ones,

Most devotedly and affectionately,

Daddy

December the twenty fifth, 1938.

Kunsan, Korea.

My Own Very, Very Precious Ones,

As you can see from the above date this is Christmas day, and except for the longing in our hearts, which is so GREAT that it is really painful and depressing, we would be very happy indeed, for we have been and are having a very pleasant Xmas indeed. Santa Claus has been unusually good to us and we are very happy over the tokens of love and friendship that we have received, and chiefly on account of the lovely things you Darlings have sent us.

Dr. and Mrs. Talmage and Mariella are spending Xmas. with John and his family. Miss Dupuy, as usual, has quite a bunch of "Saxies" with her for an Xmas. House party, consisting of Miss Colton and Kiss Fontaine from Chunju, Misses Pritchard (trained nurse) and Miss Dodson from Kwangju and Miss Aurine Wilkins from Soonchun. We were invited to the Talmages for Xmas. dinner and had real turkey, etc. This was yesterday for the mid-day meal. Then everybody assembled at the same place for Station dinner last night. We are invited to Miss Dupuy's for dinner tomorrow, and then we are planning to have the bunch for supper tomorrow night.

Just as we were about ready to go over for supper last night someone knocked at our front door and I got up and went out to see who it was and found Mr. Swicord and a Japanese gentleman named Mr. Oda who has been sent down from the Governor General in Seoul to investigate conditions down this way. The police have been making themselves so officious and things so disagreeable for us that a committee from our Mission went up to Seoul to make complaint to the Governor General, and this gentleman has been sent down as a result. The police here in Kunsan have been especially officious and it has been impossible for any of us to come to or leave Kunsan without being ordered into a little police box in front of the Rail Road Station and questioned at quite a length, ladies included.

On the 20th. inst. I went into the garage in Kunsan to have a little work done on my car, and as I drove up there were two Japanese policemen there in front of the garage. As soon as I stopped they began questioning me. I happened to have a little bag on the seat by me (one that we use to take our mail back and forth to Kunsun in). They said in a very rough and ugly way: "What's that there?" I said: "It's Just a little bag." They then said: "What's in it let's see it!" This made me indignant and I said: "There is nothing for you to see it." "There is no reason for you to see it." This made him mad, so he simply reached over me and grabbed it, and I didn't do a thing but grab it and snatch it out of his hand. I was of course enraged to be treated with such indignity—having lived here for forty years and to be insulted like that. But I took hold of the bag and dumped the contents out on the seat by me and told them to look. Well, I was so indignant at being treated in such an insulting way that I simply boiled all night long, so the next morning I went in to the head office in Kunsan and asked to see the head man and made a very indignant protest. They were very courteous at the head office and said that the men had gone too far and that they would caution them about making this unpleasant in the future, which they evidently did, as I have been out to the RR station several times in the last two or three days and I have not been "pestered" at all—which is quite a relief.

Well, in about two days now it will be the time that our regular men's mid-winter training class has usually come off, and ordinarily I would be quite busy right now getting ready for this special event. This has been the great event of the year for us ever since I have been in Korea, but this year we will not be able to have such—it seems to have gone by the board. The Classes have been under the joint auspices of the Presbytery and Mission for a good many years, and a large part of the faculty has always (of late years) been largely composed of representatives from the Presbytery, but since we have withdrawn from the Presbytery, and are not cooperating with them just now it has seemed impossible to hold the Class.

Well, Precious Ones, I guess I'll have to close for this time. With worlds and worlds of love,

Most devotedly and affectionately,

Daddy

My Precious Little Margie,

I wish you could know how your Mother and old dad are longing for you this day. You are SUCH A PRECIOUS GIRLIE and we are so crazy about you. Well, you certainly did send us a most generous lei of lovely things for our Xmas. presents. I was especially pleased with the lovely selection that you sent me. I am crazy about nice toilet articles—and you certainly did send me a nice lot and I am crazy about my soxs too. Think they are beautiful. Shall take great pleasure in wearing them.

We were greatly pleased to learn that another of your poems had been accepted for publication. It is only a question of time before the publisher will realize what a smart little girl we have and be clamoring for her compositions—at any price!!

Devotedly,

Daddy

송상훈

순천매산고등학교와 고려대학교 영어교육과를 졸업하고 공군기술고등학교 영어교관으로 군 복무를 하였다. 전역 후 전주기전여고에서 영어교사로 근무하던 중 전북대학교 영어영문학과에서 석사 학위를 받고 박사과정을 수료하였다. 현재 전주신흥고등학교에서 영어교사로 살아가며, 전주강림교회를 섬기고 있다. 옮긴 책으로는 『사랑을 심는 사람들』(2000, 보이스사), 『기전여학교 교장 랭킨 선교사 편지』(2022, 보고사)가 있다.

내한선교사편지번역총서 8

윌리엄 불 선교사 부부 편지 I, 1906~1938

2023년 6월 2일 초판 1쇄 펴냄

지은이 윌리엄 불 부부
옮긴이 송상훈
펴낸이 김흥국
펴낸곳 도서출판 보고사

책임편집 이경민
표지디자인 김규범

등록 1990년 12월 13일 제6-0429호
주소 경기도 파주시 회동길 337-15
전화 031-955-9797(대표)
     02-922-5120~1(편집), 02-922-2246(영업)
팩스 02-922-6990
메일 kanapub3@naver.com / bogosabooks@naver.com
http://www.bogosabooks.co.kr

ISBN 979-11-6587-493-3
     979-11-6587-265-6 94910 (세트)
ⓒ 송상훈, 2023

정가 25,000원

〈이 번역서는 2020년 대한민국 교육부와 한국연구재단의 지원을 받아 수행된 연구임
(NRF-2020S1A5C2A02092965)〉